U0448323

莱阳方言
调查研究

宫钦第 栾瑞波 著

序

记得很清楚，十多年前，宫钦第、栾瑞波伉俪在生活十分困难的情况下，先后来到苏州大学，攻读枯燥乏味的音韵学和方言学。数年间，孜孜不倦，乐此不疲。面对他们，我脑中就不禁会浮起"举案齐眉、陋巷箪瓢"这样的词语。我由此更深地相信，物欲诱惑再大，也终有不为所动的人。我一点不用担心做生意赚钱的人太多，以致方言被人遗忘。"吾道不孤"啊！

二位都是胶东莱阳人。山东是个人口大省，更重要的，是孔孟之乡，是中华文化的重要发源地。山东的方言当然重要。迄今以来，对山东方言的研究，已经成果斐然。只是我们始终不能满足，始终希望有更多的研究问世。

就方言来说，山东省偏西大部，属冀鲁和中原官话，是汉语北方官话的主体，也是普通话的基础。但东部胶东半岛的方言，却更吸引人的眼球。它带着强烈的东夷人的特质，好像透出浓厚的海洋气息，令人刮目相看。

胶辽方言的特点多数集中在声母上。最突出的是分尖团。汉语这一自古以来就有的特点，随着漫长历史的冲刷，正在全国范围内消退，但在胶辽地区却保持得比较完好。尤其引人注目的是其音值，无论精组字还是见系字，其声母在胶东各地都表现得丰富多彩，为全国少见。如莱阳的尖音是舌叶音ʧ，团音则是舌面中音c，都是汉语方言极为少见的。再如日母字为零声母，合口呼字较少；语法方面，用"叫"做被动句标记，等等，都是较显著的特点，值得注意。在本书搜集的众多词汇中，细细翻检的话，相信也能找出许多有特色的现象来。

记录各地基本的方言现象，这是一项十分繁重，却又必不可少的工作。无论要研究现代的还是古代的汉语，或者要拿来跟国内或国外的语言做比较，都必须在对本方言的基本事实了解清楚后才谈得上。如果见到一两个语言现象，就急于从此推测并得出结论，就不免失之于肤浅和似是而非。像胶东地区这么珍贵的方言宝库，我们实在觉得了解得太少太少。我们总是鼓励年轻人耐得住寂寞，发挥充沛的精力，为学界提供更多有价值的资料，就如我们眼前的《莱阳方言调查研究》。

如果说，上面的话是方言学界的老生常谈，那么，今天不但老的没有过时，而且又有了新的问题，那就是方言的消退。

近几十年来，推普工作取得了很大成绩，听不懂普通话的人几乎没有了，老人也都能说上几句，孩子们的普通话说得越来越好。但随后却出现越来越多的人说不好，甚至不会说方言的问题。越来越多的方言现象在人们记忆中消退。令人欣慰的是，这几年来，这种现象正得到社会越来越多的关注，各阶层人士都认识到，方言承载了地方传统文化，方言的消失将是地方传统文化的流失，亟须保护。这使我们方言工作者感到欣慰，感到力量的增大，但肩膀上也感到分量的加重。

我这话也许给作者增加担子了，但是，我想他们不会怪我。相信他们一定会凭着他们的理念，拿出真诚和努力，为我们描出丰富美妙的方言图景。

汪　平

2018 年夏 于苏州还读书庐

目　录

第一章　绪言
　　第一节　地理人口简况 …………………………………………… 1
　　第二节　历史沿革 ………………………………………………… 1
　　第三节　方言概况 ………………………………………………… 2
　　第四节　标音符号 ………………………………………………… 5
　　第五节　发音合作人 ……………………………………………… 7

第二章　语音
　　第一节　单字音系（老派）……………………………………… 8
　　第二节　音节结构 ………………………………………………… 10
　　第三节　同音字表 ………………………………………………… 13
　　第四节　语流音变 ………………………………………………… 41
　　第五节　比较音韵 ………………………………………………… 54
　　第六节　莱阳方言的音韵结构特征与地理政区 ……………… 70

第三章　词汇
　　天文 ………………………………………………………………… 81
　　地理 ………………………………………………………………… 82
　　时令、时间 ………………………………………………………… 84

农业 ·· 87
植物 ·· 90
动物 ·· 95
房舍 ·· 100
器具、用品 ·· 102
称谓 ·· 106
亲属 ·· 108
身体 ·· 112
疾病、医疗 ······································· 115
衣服、穿戴 ······································· 118
饮食 ·· 121
红白大事 ·· 125
日常生活 ·· 127
讼事 ·· 130
交际 ·· 131
商业、交通 ······································· 133
文化教育 ·· 136
文体活动 ·· 138
动作 ·· 139
位置 ·· 147
代词等 ··· 149
形容词 ··· 151
副词、介词等 ···································· 153
量词 ·· 157
附加成分等 ······································· 165
数字等 ··· 166

第四章 语法
第一节 构词法 ······································· 172

第二节　形容词的比较级和生动形式 ……………………… 207
　　第三节　谓词的体 …………………………………………… 226
　　第四节　句式 ………………………………………………… 248

第五章　语料记音
　　第一节　歌谣 ………………………………………………… 258
　　第二节　谚语、俗语 ………………………………………… 260
　　第三节　歇后语 ……………………………………………… 262
　　第四节　谜语 ………………………………………………… 264
　　第五节　故事 ………………………………………………… 266

参考文献……………………………………………………………… 272

第一章　绪言

第一节　地理人口简况

　　山东省莱阳市地处胶东半岛中部，地理坐标为东经120º31′—120º59′12″，北纬36º34′10″—37º9′52″。市境东南濒临黄海丁字湾，南接即墨，东接海阳，北邻栖霞，西接莱西，西北毗邻招远，扼胶东半岛咽喉，有"半岛陆路旱码头"之称，历代为兵家重地。市境南北长65公里，东西宽35公里，全市总面积1734.05平方公里。境内为低山丘陵区，地势北高南低，胶东第一大河流五龙河及其支流蚬河自北向南从莱阳中部贯穿入海，境内海岸线长27.5公里。

　　莱阳市共辖9镇17乡826个自然村（1984年）。9镇是：城厢镇、沐浴店镇、古柳镇、团旺镇、穴坊镇、羊郡镇、姜疃镇、万第镇、龙旺庄镇；17乡是：榆科顶乡、西留乡、谭格庄乡、柏林庄乡、河洛乡、冯格庄乡、吕格庄乡、中荆乡、龚家庄乡、高格庄乡、岚子乡、前淳于乡、大夼乡、照旺庄乡、赤山乡、山前店乡、石河头乡。据2010年第六次人口普查，全市总户数为28.3万户，总人口为87.86万人，少数民族有满族、回族、朝鲜族、壮族、苗族、白族等，一般都说汉语。

第二节　历史沿革

　　莱阳古为莱夷地，商时为莱国地，西周时为莱侯国地，东周、秦时为齐国东境即墨地。西汉时先后为邹卢（治在今莱西古城里）、挺（治在今莱阳中古城)、昌阳(治在今海阳庶村南)、长广(治在今海阳发城)、观阳(治在今牟平半城)县之地,先后隶于胶东国、东莱郡、琅邪郡、北海国、东莱郡。晋咸宁三年(277),观阳、昌阳并入长广;元康八年(298),复置昌阳县(治在今莱阳境内昌山村南)。唐贞观元年(627),卢乡、观阳并入昌阳,时昌阳辖于莱州,隶于河南道。后唐同光元年(923),庄宗李存勖为避祖(李国昌)讳,改昌阳为莱阳,仍辖于莱州。金天会九年(1131),划莱阳东北部归新设置的栖霞县,时莱阳辖于莱州,隶于山东东路。明洪武九年(1376)七月,升登州(治在今蓬莱)为府。九月,莱阳自莱州划出,隶于登州府。清雍正十三年(1735),县东境行村、嵩山、林寺三乡与大嵩卫城(今海阳凤城)划出,隶于新置的海阳县;青山乡划归宁海州(后改称牟平县)管辖。

抗日战争时期,原莱阳县分为莱东、莱阳(即今莱西市)、莱西南、五龙四县。后莱东、五龙两县合并为莱阳县(合并时称莱东县,后改称莱阳县);莱阳(今莱西)、莱西南两县合并为莱西县。1958年莱西县并入莱阳县,1962年复又析出,仍为莱西县。1987年撤销莱阳县,设莱阳市。(以上据《康熙莱阳县志》《民国莱阳县志》《莱阳市志》)

第三节　方言概况

一、莱阳方言的主要特点

莱阳方言属于汉语北方方言的胶辽官话东莱片,地处山东境内东区东莱片与东潍片的交界地带,具有过渡性特点。

莱阳境内方言内部一致性强,具有胶东方言的基本特点:

(1) 古全浊声母清化,例如:爬 p^ha^{53}、锭 $tiəŋ^{41}$、状 $tsuɑŋ^{41}$、学 $ɕyɤ^{53}$。

(2) 声母分尖团音,例如:精 $tɕiəŋ^{313}$ ≠ 经 $ciəŋ^{313}$、清 $tɕ^hiəŋ^{313}$ ≠ 轻 $c^hiəŋ^{313}$、星 $ʃiəŋ^{313}$ ≠ 兴 $çiəŋ^{313}$。

（3）古日母字今多读零声母，例如：揉 = 油 iəu³¹³、乳 = 雨 y³⁴、软 = 远 yæ³⁴。

（4）古清声母入声字今多读上声，例如：八 pa³⁴、颩①kua³⁴、瞎 ɕia³⁴、一 i³⁴、滴 ti³⁴、福 fu³⁴、宿 ʃy³⁴、德 tɤ³⁴、客 kʰɤ³⁴、桌 tsuɤ³⁴、国 kuɤ³⁴、镢 cyɤ³⁴、越 yɤ³⁴。

（5）普通话今读 tʂ tʂʰ ʂ 声母的字，以"知₂庄：知₃章"为条件分为"ts- tʃ-"两组声母，例如：助 tsu⁴¹ ≠ 住 tʃy⁴¹、抄 tsʰɔ³¹³ ≠ 超 tʃʰiɔ³¹³、生 səŋ³¹³ ≠ 声 ʃiəŋ³¹³。

（6）普通话的音节 nu（奴、驽、努、怒）和 nuŋ（农、浓、哝），胶东方言大多合并为一个音节，或都读 nu，或都读 nuŋ；莱阳方言都读 nuŋ，例如：奴 = 农 nuŋ⁵³。

（7）"泥"字今音读 m 声母。

（8）比较句有"起"字句，被动句一律用"叫₁"（莱阳方言：<u>tsɔ³⁴</u>/<u>ciɔ³⁴</u>）作标记。

此外，莱阳方言又有自己的特色。例如：

（1）莱阳方言尖音（精组细音）字今读 tʃ tʃʰ ʃ，与半岛沿海地区其他方言今读 ts tsʰ s 不同。

（2）很多半岛沿海地区胶东方言今读卷舌音 tʂ tʂʰ ʂ 声母的字，莱阳城区话和北乡话今读 ts tsʰ s，与精组洪音字合并，例如：争 = 增 tsəŋ³¹³、衬 = 寸₂ tsʰən⁴¹、山 = 三 sæ³¹³。

（3）与东潍片不同，莱阳方言一部分古见系二三四等字有精组白读音，例如：跤撵~ tʃiɔ³¹³/<u>ciɔ³¹³</u>、叫₂ tʃiɔ⁴¹吹~儿/<u>ciɔ⁴¹</u>~唤、肩~膀 tʃiæ³¹³/<u>ciæ³¹³</u>。

（4）与东莱片很多其他方言今读复元音韵基（韵腹 + 韵尾）不同，莱阳方言古蟹、效摄的韵基今分别单元音化为 e 组韵母和 ɔ 组韵母，例如：艾 e³¹³、矮 ie³⁴、乖 kue³¹³、袄 ɔ³⁴、腰 iɔ³¹³。

（5）阳声韵咸山摄韵母鼻化，与东潍片相同；阳声韵深臻摄保留 -n 尾，与东莱片相同。

---

① 除了方言材料本身外，本文使用简化字行文。方言材料中，凡是一对一的繁简字，本文一律使用简化字；如遇有一简对多繁的情况，则一般不做简化处理。

（6）阳声韵曾梗摄基本上与通摄不混，与东莱片相同，与东潍片不同。

（7）古蟹止臻山摄端系合口洪音舒声字今读开口呼，与东莱片相同，与东潍片不同。

（8）阴平、阳平和上声的调型与东潍片相同，与东莱片不同。

（9）构词法和构形法都可以用语音内部屈折形式表达：儿化既是名词性词语的构词标记，又是构形标记，即谓词完成体的体标记，例如名词"花儿 xuar^{313} 红~"和谓词"花儿了xuar^{313} ~钱"都用儿化作标记；子尾和持续体则都以"韵基延长＋曲折调"作标记，例如位于非句尾的子尾词"篓子 ləuəu^{343} 个~太破了"和持续体"搂着 ləuəu^{343} ~他腰"都用相同的语音形式做标记。

二、莱阳方言的内部差异

莱阳方言内部有差异。从地域上看，大致可以分为城区话（城区及其以南30公里左右的地区）、北乡话（城区以北的谭格庄、西留、榆科顶、石河头等乡镇）和南乡话（南乡指与海阳、即墨接壤的沿海3个乡镇：羊郡、穴坊和龚家庄）三个小片。

语音方面差别较大，其差异主要有：

（1）声母方面：①中古知₂庄组开口字、止摄庄章组开口字、知庄章组合口字，南乡多读舌尖后音 tʂ- 组声母，例如：志 tʂʅ^{41}、查 tʂʰa^{41}、瘦 ʂou^{41}；北乡和城区读 ts- 组声母。②本组声母在普通话中有部分字今读舌尖前音 ts- 组声母，莱阳南部与中古音的对应比普通话整齐，都读 tʂ- 组声母，例如：责 tʂɤ^{41}、册 tʂʰɤ^{35}、涩 ʂɤ^{35}、色 ʂɤ^{35}、塞 ʂɤ^{35}。③中古知₃章组多数字，境内今都读 ʨ ʨʰ ɕ，北乡实际发音舌位略后。

（2）韵母方面：①北乡比其他地域少4个音节，城区、南乡的 məi（妹）、liən（林）、nəi（内）、ne（奈）音节，北乡分别读 mən（妹）、lən（林）、nən（内奈）。②表示第一人称的"咱"：城区通常读 tsa^{53}，北乡通常读 tsa^{42}，南乡通常读 tsən^{41}。

（3）声调方面：城区和北乡老派有4个声调（新派3个声调），部分地区处于合并为 3 个声调的演变过程中，有一字两调现象，连读变调较复杂；北乡老派的调型、连读变调与城区老派相同；南乡则只有 3 个声调，城区和北乡老派的阳平字，在南乡与去声字合并。以下行文时，如无必要，一律以城区老派读音为准。

莱阳方言内部除了语音的差异外，词汇和语法方面也有区别。大致说来，北乡的方言特色词汇保留的比其他地域多，其他地域吸收的普通话词汇较多。北乡语法演变也相对缓慢，例如比较句"他不高起俺"，在北乡是日常用语，其他地方则较少使用。这种现象或许与北乡所处的地理位置有关：北乡为山区丘陵地带，外来因素的影响迟滞，加上乡民文化程度偏低，思想观念比较保守，因而方言颇具山区特色；中部、南部是莱阳盆地和沿海冲积平原，交通便利，经济文化发达，易受普通话和地域权威方言的影响。

第四节　标音符号

本文采用国际音标标音，所用辅音、元音音标及其他有关符号如下：

一、辅音表

发音方法		发音部位	双唇	唇齿	舌尖前	舌尖中	舌尖后	舌叶	舌面前	舌面中	舌根
塞音	不送气	清	p			t				c	k
	送气		p^h			t^h				c^h	k^h
塞擦音	不送气				ts		tṣ	tʃ	tɕ		
	送气				ts^h		$tṣ^h$	$tʃ^h$	$tɕ^h$		
鼻音		浊	m			n			ȵ		ŋ
闪音						ɾ					
边音						l		ɭ			

续表

发音方法 \ 发音部位		双唇	唇齿	舌尖前	舌尖中	舌尖后	舌叶	舌面前	舌面中	舌根
擦音	清		f	s		ʂ	ʃ	ɕ	ç	x
	浊					ʐ				

二、元音表

	舌面					舌尖		
	前		央	后		前		后
	不圆	圆	不圆	不圆	圆	不圆	圆	不圆
高	i	y			u	ɿ	ʮ	ʅ
半高	e			ɤ	o			
中			ə					
半低	ɛ				ɔ			
	æ							
低			a	ʌ	ɑ			

三、声调符号

声调采用五度标调法，即用 1，2，3，4，5 五个数字表示不同的音高。记录时，本调调值标在音标的右上角，变调后的调值标在本调之后，用"-"隔开。如无必要，轻声一般不记调值，只在音标左侧标出轻声符号"·"，例如：报喜的 pɔ^{41}ɕi$^{34\text{-}32}$·lə。

四、其他符号

ø，零声母符号

ɻ 在音节末尾表示韵母儿化

__、__ 在汉字或音标下分别表示白读音和读书音。

~在元音之上表示元音鼻化。

◌在字或音标下表示同音替代字。

字的右下角加注数字区别多音字，例如：抹₁~布，抹₂涂~。

第五节　发音合作人

本文记录的是以姜疃镇董格庄村（位于镇政府驻地以西 5 公里处）为代表的莱阳方言的一些语音、词汇、语法上的特点，兼及石河头乡、穴坊镇的部分特点。记音以老派为准。主要发音人是：

老派发音人：

宫恒爽，男，1926 年生，姜疃镇董格庄村，初中毕业，教师。

朱维福，男，1927 年生，沐浴店镇（原石河头乡）思格庄村，小学毕业，农民。

新派发音人：

宫授岗，男，1947 年生，姜疃镇董格庄村，小学毕业，农民。

高凤娥，女，1947 年生，中荆乡前中—姜疃镇董格庄，小学二年级，农民。

孙正民，男，1951 年生，城厢镇岔道口村，高中毕业，工人。

李翠娥，女，1957 年生，穴坊镇富山村，高中毕业，农民。

王廷昌，男，1960 年生，穴坊镇南山后村，大学毕业，教师。

栾瑞光，男，1960 年生，沐浴店镇（原石河头乡）思格庄村，初中毕业，农民。

祝国东，男，1966 年生，城厢镇岔道口村，高中毕业，农民。

宫丽丽，女，1979 年生，姜疃镇董格庄—城厢镇岔道口，初中毕业，农民。

王晓昂，男，1984 年生，穴坊镇穴坊村，初中毕业，农民。

第二章 语音

第一节 单字音系（老派）

一、声母表

莱阳方言共有 22 个声母。

p 布步百北　　pʰ 怕盆匹朋　　m 满麦泥倪　　f 飞风房福
t 道单夺跌　　tʰ 泰同铁秃　　n 难怒纳捺　　　　　　　l 连辣冷锐
ts 祖争中铡　　tsʰ 仓草初穿　　　　　　　　　s 散岁山瑞
tɕ 姐张朱植　　tɕʰ 清陈出尚　　ȵ 年女赁捏　　ʃ 修徐胜神
c 经菊极俭　　cʰ 朽缺权腔　　　　　　　　　ç 休虚贤匣
k 贵柜共国　　kʰ 开哭狂磕　　　　　　　　　x 花胡喝获
ɵ 闻岸安日羊荣

说明：
（1）tɕ tɕʰ ʃ 的实际发音部位略后。
（2）c cʰ ç 的实际发音部位略前。

二、韵母表

莱阳方言共有 36 个韵母。

ɿ 资支此思　　i 知吃比米　　u 佛鹿初故　　y 女猪渠雨
a 妈爬沙喝　　ia 俩家夹瞎　　ua 爪花瓜挖
ɤ 百特择色　　iɤ 铁蛰茄野　　uɤ 桌国禾我　　yɤ 靴略确药

e 盖派害爱　　ie 介鞋挨矮　　ue 怪蛙坏帅
ɚ 二儿耳而
ɔ 饱高桃到　　iɔ 要招巧轿
ei 非雷队岁　　　　　　　　uei 威跪亏灰
əu 斗头流狗　　iəu 绸绣九有
æ̃ 竿俺短钻　　iæ̃ 边间先眼　　uæ̃ 管宽转碗　　yæ̃ 权冤仙羡
ən 根本村臻　　iən 邻金欣人　　uən 温文困滚　　yən 军群云熏
ɑŋ 忙党桑钢　　iɑŋ 良丈江羊　　uɑŋ 桩夼黄望
əŋ 明等耕增　　iəŋ 冰领京硬
uŋ 东龙鬆瓮　　yŋ 穷垄₂松荣

说明：

（1）a ia ua 的 a 是央、低、不圆唇元音，也可记作 ʌ。

（2）ɤ 韵母拼唇音时，舌位比 ɤ 略低。

（3）e ie ue 的 e 实际音值介于 e、ɛ 之间，略近于 e。

（4）ɚ 的实际音值为 ɚ，行文时一律写作 ɚ。

（5）æ̃ iæ̃ uæ̃ yæ̃ 的 æ 实际音值介于 æ、ɛ 之间，略近于 æ。

三、声调表

莱阳方言（老派）共有 4 个声调。

阴平（313）波汤狼鱼　　阳平（53）堂航夺石
上声（34）党厂国乙　　　去声（41）坐浪六屋

说明：

（1）上声的实际调值有两个自由变体，一是 34，一是 33，本文记作 34。

（2）阳平的实际调值为 553，记作 53。

（3）新派只有三个声调，去声与阳平合并，调值为 53。

（4）北乡（老派）单字音有 4 个声调：阴平 534、阳平 42、上声 34、去声 41；南乡有 3 个声调：平声 313、上声 35、去声 41。

第二节　音节结构

一、声母韵母拼合简表

表内"○"表示不相拼合；合口呼、撮口呼括号里的韵母，表示横列一组的声母只能与括号里的韵母相拼。

表2-1　莱阳方言声母韵母拼合简表

声母＼四呼	开口呼	齐齿呼	合口呼	撮口呼
p pʰ m	八盆忙	比偏名	布普木（u）	○
f	飞饭	○	扶福（u）	○
t tʰ	短桃	爹天	读拖冬（u uɤ uŋ）	○
n	拿南	○	诺农怒（uɤ uŋ）	○
l	蓝纶	梨亮	鲁龙	律略垄₂（y yɤ yŋ）
ts tsʰ s	钻穇沙	○	祖吹顺	○
tʃ tʃʰ ʃ ʒ	○	赵钱先年	○	住全松女
c cʰ ç	○	家桥乡	○	驹穷学
k kʰ x	割糠汉	○	关筐花	○
∅	安恩	烟人	晚温	远云

说明：

（1）p pʰ m t tʰ 五个声母能拼开口呼、齐齿呼和合口呼韵母，不拼撮口呼韵母。值得注意的是：

①拼合口呼时，p pʰ m 只拼单韵母 u，不拼其他合口呼韵母；t tʰ 除了跟单韵母 u 相拼外，还与韵母 uɤ uŋ 相拼。

②m 不拼韵母 əu，普通话的 mou 音节，莱阳方言读 mu，例如"牟、哞、某、谋"等。

（2）f、n、ts tsʰ s、k kʰ x 八个声母只拼开口呼和合口呼韵母，不拼齐齿呼和撮口呼韵母。值得注意的是：

① f 不拼韵母 əu，普通话的 fou 音节，莱阳方言读 fɔ，例如"否、缶"；拼合口呼时，f 只拼单韵母 u，不拼其他合口呼韵母。

② 拼合口呼时，n 只拼韵母 uɤ uŋ，不拼其他合口呼韵母。

（3）tʃ tʃʰ ʃ ȵ、c cʰ ç 七个声母只拼齐齿呼和撮口呼的韵母，不拼开口呼和合口呼韵母。tʃ tʃʰ ʃ 与 c cʰ ç 表现为尖团音的对立，例如：酒 tʃiəu³⁴ ≠ 九 ciəu³⁴。

（4）l、0 与开齐合撮四呼的韵母都相拼。值得注意的是：旧读 l 不拼韵母 iəu，普通话的 liou 音节莱阳方言读 ləu，例如：流 = 楼 ləu⁵³，此类字有"流、六、留、柳、溜、硫、刘、瘤、浏、榴"等；撮口呼韵母中，l 只拼 y yɤ yŋ，不拼其他撮口呼韵母。

二、音节表

莱阳方言音系里，不计声调，单字音节共计 377 个，带调单字音节共计 1154 个。

表 2-2　莱阳方言音节表（一）

呼	开口呼											齐齿呼				
韵	a	ɤ	ɹe	ɹ	e	ɔ	iə	əu	æ̃	nə	ɑŋ	əŋ	ia	ir	i	ie	iəu
p	八	波			拜	包	杯		半	本	棒	崩	□₁	鳖	笔		表
pʰ	爬	坡			牌	袍	配		攀	盆	胖	朋	□₂	撇	皮		飘
m	妈	墨			埋	帽	美		满	闷	忙	梦		灭	米		庙
f	发					否	肥		烦	粉	房	风					
t	打	德			戴	岛	堆	斗	短	蹲	荡	灯		碟	弟	掉	丢
tʰ	他	特			抬	掏	腿	投	贪	吞	堂	疼		铁	踢		挑
n	哪				耐	脑	内		男	恁	攮	能					
l	辣	肋			来	涝	雷	留	乱	嫩	狼	冷	俩	列	梨	聊	刘

续表

呼	开口呼											齐齿呼					
ts	楂	泽	枝	宰	枣	嘴	走	斩	尊	葬	争						
tsʰ	茶	拆	瓷	材	吵	催	愁	惭	存	仓	层						
s	洒	色	丝	晒	嫂	岁	瘦	酸	渗	桑	僧						
tʃ												睫	姐	直		招	酒
tʃʰ												髂	彻	妻	前	瞧	绸
ʃ												傻	舌	细		笑	手
ȵ													镊	你		鸟	拗
c												加	揭	吉	街	胶	舅
cʰ												恰	茄	棋		桥	球
ç												狭	血	喜	鞋	孝	休
k	割	隔		该	高	给₂	沟	敢	根	纲	耿						
kʰ	渴	客		开	烤	剋	口	龛	肯	炕	坑						
x	喝	黑		孩	蒿	嘿	猴	旱	狠	航	恒						
∅	阿	鳄	耳	艾	袄		藕	俺	恩	昂		牙	叶	日	矮	摇	肉

□₁pia⁴¹：象声词，形容枪声、鞭子声等。□₂pʰia⁴¹：象声词，形容耳光、鞭子声等。

表 2-3 莱阳方言音节表（二）

呼	齐齿呼				合口呼								撮口呼				
韵	iæ̃	iən	iaŋ	iəŋ	ua	uɤ	u	ue	iei	uæ̃	uən	uaŋ	uŋ	yɤ	y	ye	yæ̃	yən	yŋ
p	辫	鬓	□₃	冰			步												
pʰ	偏	贫		平			普												
m	面	民		命			木												
f							佛												
t	电		丁		夺		堵						东						

续表

呼	齐齿呼				合口呼								撮口呼				
tʰ	天		停		拖	图					童						
n					诺						农						
l	莲	林	两	岭	骡	辱					龙	略	驴				垄₂
ts					爪	桌	祖	拽	追	赚	准	桩	宗				
tsʰ					欻	锉	锄	揣	锤	穿	纯	窗	虫				
s					耍	所	苏	帅	税	拴	顺	爽	鬆				
tʃ	毡	针	丈	井										嚼	猪	俊	炯
tʃʰ	钱	寝	昌	城										鹊	取	全	皴
ʃ	闪	信	箱	星										雪	树	仙 舜	松
ȵ	年	赁	酿	宁										虐	女		
c	建	金	江	京										脚	菊	卷₂ 军	窘
cʰ	谦	芹	腔	庆										瘸	渠	犬 裙	穷
ç	闲	欣	响	杏										学	虚	玄 训	胸
k					褂	国	谷	乖	柜	关	棍	广	公				
kʰ					胯	科	枯	快	奎	宽	坤	狂	孔				
x					花	河	湖	坏	灰	环	昏	晃	红				
∅	炎	人	养	英	瓦	饿	雾	外₂	位	碗	问	汪	瓮	月	儒	□₄ 元	闰 勇

□₃piaŋ³¹³：詈语"屄养"的合音。□₄ye³¹³：命令牲口停止前进。

第三节 同音字表

凡 例

1. 本表所收莱阳方言常用字按韵母、声母、声调三级排列。

2. [313][53][34][41]分别代表阴、阳、上、去四声。

3. 字的右下角加注"又""旧"和"新"分别代表"又读""旧读"

和"新读"。其他多音字的右下角加注数字，按照表中出现的先后排序，为了行文简洁，轻声的"的、地、得、着、了、过、子、个"等不计入排序。

4.有歧义的字后加例词，例词中用"～"代替本字，例词释义用"（ ）"标出。

a

p　[313]巴芭吧～喀疤笆屋～扒[53]拔泼浸入冷水中使热食变凉 鈸跋鲅魃雹[34]把靶八朳叭捌剥～皮 烳～刺毛儿（一种有毒刺的毛虫）[41]爸耙坝罢灞欛霸[轻]琶膊又，胳～

pʰ　[313]葩趴乓乒～球□～猫儿（游戏，藏猫猫）[53]爬钯（耙）[34]刨₁～子（小推刨）[41]怕帕啪[轻]杷

m　[313]妈麻麻[34]马玛码嬷～瞜（看）[41]骂蚂迈抹₁～布[轻]蟆蛤～

f　[53]乏伐阀筏罚[34]发～财髮₁理～法砝

t　[313]大₁父亲的兄弟[34]打答搭褡达靼妲沓一～纸耷[41]大₂大小

tʰ　[313]他她它塌[34]塔獭漯榻[41]挞闼撻（拓）～本踏踩～事故

n　[313]拿[53]拿[34]哪[41]那新纳钠衲捺

l　[313]拉₁～肚子，～耷[34]拉₂砬石～渣垃～圾喇邋～撒／邋邋[41]辣刺通过来回摩擦弄碎、损伤：～苞儿米，绳子～人 瘌蜡腊落～腚後 粝①～粗～饭儿[轻]啦蜊蛤～零②霖～（开始下毛毛雨）

ts　[313]渣楂猹楂豆腐～ 蹅③～凳子 奓挓张开：～掌着手儿[53]咱又杂又砸又咋[34]乍～陌生拃～量词：一～ 扎～咕（修理，捉弄），水～手（刺骨般冷冻），～衣裳（用缝纫机做衣服） 札眨闸匝唓～奶□～～花（一种药材）[41]咱又杂又砸又诈炸～药榨～油煤油～铡栅

tsʰ　[313]叉杈又差₁[53]茶茬₁查碴话～儿，玻璃～儿察[34]擦搽衩茬₂

---

① 粝，《广韵》："卢达切，䉤粝。"《中原音韵》收入"家麻·入声作去声"。
② 零，《广韵》："卢各切，《说文》云：雨零也。"
③ 蹅，见于《中原音韵》"家麻·平声阴"。

第二章 语音　15

　　　　　好~儿（富裕人家）插喳~啦（背后说人坏话）馇~猪食聚~楂［41］汊杈又岔差2~错诧
　　　　　镲

s　　　［313］仨杉沙纱砂挲裟鲨［34］洒1不小心使内容物倾出、散落趿靸撒傻新杀
　　　　　刹煞1动词：~风［41］洒2渗漏，重物自动沉入水底：瓮~水卅飒萨瞰~么（寻找）厦
　　　　　煞2威（威严）霎

k　　　［313］嘎［34］坷石~垃儿合1~档，~药，~账恰~伏蛤1~蜊鸽鸹~葛割搳①~胫
　　　　　年［41］戒尬~指尬跲②伸腿绊人［轻］家1用于地名：思~庄、汪~庄

kʰ　　　［34］卡渴魝③动物张大嘴直接咬啃野地里的植物叶子：驴~草榼~子（做麵食的模具）嵑④~上门
　　　　　（随手关门）磕~头瞌咖［41］喀油或油制品变质后的味道：发~

x　　　［313］哈（躬）煆在热锅里焐一会儿：~饽饽塌从顶部开始崩坏倒塌：房子~了［53］
　　　　　合2动词：~瓦；量词，层：两~儿［34］喝~水合3名词：~子（众怒）蛤2~蟆蟅~虫子（蛀木
　　　　　的白色蠹虫）

∅　　　［313］阿［34］盒⑤~炕（在炕上铺盖被褥）

ia

p　　　［41］□象声词，形容枪声、鞭子声等

pʰ　　　［41］□象声词，形容耳光、鞭子声等

l　　　［34］俩

ʧ　　　［313］喳~~（胡说，乱说）［34］眨~咕眼儿

ʧʰ　　　［41］髂拉~2（胡乱闲逛）镲

ʃ　　　［34］傻

c　　　［313］家傢加枷袈笳嘉葭佳甲胛［34］贾1假1~角钾夹荚袷睞⑥~咕眼
　　　　　儿（多次眨一只眼使眼色暗示）颊［41］价驾架嫁稼假2介词，用3犍

－－－－－－－－－－－
① 搳，《集韵》："居辖切，刮也。"
② 跲，《广韵》："古洽切，躓碍（绊倒）。"
③ 魝，《广韵》："苦加切，大啮也。"
④ 嵑，《集韵》："克盍切，闭户也。"
⑤ 盒，《广韵》："安盍切，《说文》云：覆盖也。"
⑥ 睞，《集韵》："睒睞，讫洽切，眇也。一曰目睫动。"按：《集韵》有2个字形，今取莱阳方言与声旁"夹"同音的"睞"，取"目睫动"义。

cʰ	[313] 卡₁ 名词：发~ 掐₁ 双手对扼 [34] 卡₂ 动词，被夹住或堵塞不能活动：~儿石头缝儿里出不来了，~儿壳儿 掐₂~花 [41] 卡₃ 动词，特指食物堵塞喉咙 恰洽
ç	[313] 虾遐瑕暇霞 [53] 匣侠狭峡辖 [34] 瞎傻 [41] 下吓夏厦
∅	[313] 丫（桠）牙伢讶芽呀蚜鸦雅崖涯睚衙鸭 [53] 鸭男阴 [34] 亚哑娅研爷₁ 动词，长辈收义子/义女/义孙 压押轧擫 [41] 爷₂ 动词，晚辈拜义父/义母/义祖

ua

ts	[313] 抓₁①名词：~子（齿状农具）②动词：~儿把糖 髽 □ 胡说八道：管哪儿瞎~~ [34] 爪 抓₂ 动词，捕捉：~鱼摸虾
tsʰ	[313] 欻 ~吃（低声说话） 戳₁ 胡乱翻找 [41] 戳₂ 用力捅
s	[34] 耍刷₁ ~子，~油漆 [41] 刷₂ 以刮擦的方式挑选、淘汰（把个头儿大的）~出来
k	[313] 瓜呱挂₁ 连续性动词：悬挂，接通电话 [34] 寡剐刮颳 ~风 [41] 卦挂₂ 非延续性动词：悬挂，电路断开 褂
kʰ	[313] 夸垮咵 象声词 [34] 胯刮₁ ~胡子 [41] 挎跨
x	[313] 华 中~ 花哗铧话₁ 动词：~消 劃₁ 分开或割破表层：~儿个口子 [53] 滑猾₂ [41] 化华 姓 桦话₂ 名词 画划 ~船 劃₂ 在表面上擦过去，集中：~洋火、~溜 滑猾₂
∅	[313] 洼₁ 形容词 哇凹 [53] 娃娲 [34] 瓦挖刮₂ ~虱子 鸹 □ 䁲（翻白眼）蛙 青~ [41] 袜洼₂ 名词：良田

ɤ

p	[313] 波菠玻 新~ 播簸₁ 颇~ 饽勃渤帛泊₁ 动词 舶驳博搏 [53] 白伯箔脖薄 [34] 跛北百柏拨钵剥 ~削 檗擘 不费力地用手分开：把饽饽~开 焙 烘烤：~刺毛儿螷 ~螂（螳螂卵）□ 弄；抚养 [41] 簸₂ ~箕 轻·pə 吧 助词
pʰ	[313] 坡玻 旧 颇拍₁ 用力打：~他一巴掌，~打儿他几双鞋底子 脬 量词：一~屎 [53] 婆 [34] 泼拍₂ 轻轻打：巴掌儿，~打（身上的雪、灰等）泊₂ 用于地名：姜家~ 迫粕魄 [41] 破
m	[313] 磨₁ 动词 摩魔馍模 ~糊、劳~ 摹膜 [53] 蘑 [34] 没₁ ~收抹₂ 涂~摸 ₁ 无意中获得：个鱼稳儿锅台上，叫₁ 猫~着了，偷着吃儿一多半儿去 [41] 磨₂ 名词 末茉沫秣

陌麦脉莫摸 2 有目的的探取、寻找：~鱼，~索 漠寞墨默

t ［313］□~弄（不懂装懂帮倒忙）［34］得1德［轻］·tə 着子

tʰ ［34］特［轻］·tə 他她它

l ［34］裂1撕，有意分成幾部分［41］肋劣勒裂2自动破裂：~几个噗，~口子□很饱：撑得~~的［轻］·lə 了的地得

ts ［53］泽择薅贼宅［34］子1动物的卵 仄昃责啧则侧~楞测~验（暗中考察，内心比较分析）窄摘

tsʰ ［34］册策侧测~验（考试）拆［41］□用锹铲

s ［34］塞色涩啬穑瑟

k ［313］哥歌新戈新痂革动词：~职、~命 嗝饹鸽新［34］咯挌搔人痒处阁格胳骼隔膈革名词：皮~割新疙旮蛤~蟆蛞①蛊（蝌蚪）［41］个新［轻］·kə个

kʰ ［313］坷坎~勒［34］柯刻咳克客喀渴~望嗑瓜子儿磕新瞌新［41］课新壳

x ［313］喝新□用手或工具从容器内朝外舀或撩水（或别的液体）：~水［53］劾核~桃、审~□用巴掌或片状物击打别人或物体［34］黑

Ø ［53］额［41］厄扼轭噩鄂鳄

iɤ

p ［53］别［34］鳖憋瘪［41］彆（别）动词，对着干

pʰ ［34］撇瞥□用不标准的普通话进行交际

m ［313］咩［41］灭蔑

t ［313］爹［53］迭叠谍喋牒碟蝶蹀~躞耋［34］跌

tʰ ［34］帖贴铁

l ［34］咧趔~趄［41］列烈裂~分、猎劣新

tʃ ［313］遮［53］截蜇辙折1~断 堨地基下~［34］姐接节疖结（植物）~儿果了这1近指代词者赭鹧褶蟹②~蟆哲蛰蜇［41］借藉浙［轻］蔗甘~

tʃʰ ［313］车1［34］且切扯□用巴掌劈打［41］妾窃彻撤澈掣［轻］趄趣~

---

① 蛞，《集韵》："苦活切，又古活切，虫名，科斗也。"按：莱阳方言今音"古活切"。
② 蟹，《集韵》："子列切，虫名。《说文》：小蝉蜩也。"

ʃ	[313] 些奢赊 [53] 斜邪蛇佘舌折₂~本儿涉又 [34] 写揳往墙上~钉子楔㪿~屑捨设建~，~计 [41] 泻卸谢射麝社舍赦泄涉又摄新
ȵ	[34] □₁远指代词 [41] 捏聂镊蹑摄旧啮孽蘖
ɕ	[53] 杰桀竭洁结₁油在低温下出现团块状凝结物劫捷 [34] 解~开绳子皆结₂~论揭羯
ɕʰ	[313] 趄斜躺 [53] 茄伽 [34] 怯惬~意 [41] □（烧火煮饭）欠火候
ç	[53] 偕又谐携挟 [34] 偕又血协胁歇蝎撒① 揭开，打开：~门，~锅
∅	[313] 爷₃名词，祖父 额~来（啦）盖 [53] 爷₄名词：爷儿们，大~（旧时对官僚、财主等的称呼，自以为身份地位高而傲慢无礼的人）[34] 也野耶椰噎惹 [41] 冶夜掖液腋叶业页孽热

uɤ

t	[313] 多 [53] 夺铎踱 [34] 大₃~伯（大伯子）朵躲堕又掇双手端着 [41] 驮₁名词：~子剁垛跺惰堕又舵[轻]砣
tʰ	[313] 拖跎 [53] 驮₂动词佗陀驼砣鸵 [34] 妥椭讬托脱拓~宽，开~庹 [41] 唾
n	[313] 挪移动 [53] 挪拿走据为己有：好东西都叫他~家去了 [34] 懦糯 [41] 诺
l	[313] 罗啰~嗦锣箩胴摞螺~号 [53] 骡 [34] 掳抢夺：根项链叫人家一把~去了 捋~青草，~树叶 [41] 裸乐₁洛落骆络烙酪[轻] 逻巡~
ts	[53] 昨凿浊镯擢濯~村 [34] 左₁姓作₁~祸（孩子调皮捣蛋或做了坏事）拃量词：一~菜 柞酢卓桌啄涿琢捉灼酌茁拙着₁容纳：一铺炕~不开八个人 [41] 左₂~右佐坐座做~人作₂祚
tsʰ	[313] 搓磋蹉 [53] 矬 [34] 撮戳绰 [41] 挫锉措错皵② ~皮（皮肤粗糙）
s	[313] 蓑唆梭 [34] 所嗦琐锁索绳~，勒~缩 [41] 朔铄烁
k	[313] 哥歌戈过₁过过，越过（空间）锅 [34] 果裹馃括~弧，概~眊~眜各搁国帼郭葛诸~亮 [41] 个①名词：~头儿②量词，用于一个或强调数量多：一~，七八~，~~过₂

---

① 按：依《广韵》，"撒"为"揭"的俗字，莱阳方言此字同"揭"，音同"歇"，疑因俗字声旁误读而造成今方音，故暂取俗字"撒"。

② 皵，《集韵》："仓各切，皴也。"

	硌~牙 [轻] 过	
kʰ	[313] 科蝌苛轲棵稞颗窠小~子儿 剞剖开：~鱼 嗑瓜子儿 [34] 可 [41] 课阔扩 [轻] 廓轮~	
x	[313] 豁~达，~上去了 劐把鱼肚子~开 [53] 禾何河荷活合盒获又或又鹤阖 [34] 火伙郝霍藿和1连词、介词 [41] 和2~气，~面 货祸贺获又或又惑	
∅	[313] 俄哦 䂵①搓揉：~䂵 峨娥嫦~ 蛾鹅莪涡窝蜗倭踒卧 [53] 讹娥人名 [34] 我 [41] 饿涴沃恶漠沙~（沙滩）遏握把~醒萼愕颚	

yɤ

l	[34] □（贬义）吃食物吃得又快又多 [41] 略掠劣	
tʃ	[313] 矍 [53] 绝嚼着2~火 [34] 爵拙茁	
tʃʰ	[34] 雀鹊撮扫：~出去	
ʃ	[313] 削捼 [53] 谁勺硕 [34] 雪薛说芍~药 [轻] 少多~（疑问代词）	
ȵ	[53] 虐	
c	[313] 决（大水）冲破（堤岸）：大坝~几个口子 掘崛厥噘撅蹶 [53] 决~分，~断 诀抉鴂橛倔绝 [34] 觉1角茞荋~ 脚镢镢	
cʰ	[53] 瘸阙 [34] 缺却确壳纸~子搉撅折断	
ç	[313] 靴 [53] 学噱 [34] 穴	
∅	[34] 挼（捼）搓揉：搓~，挼~约~数儿，~么 捐折断弱身体~ 虐又唷 [41] 曰月钥乐2若握~着岳弱悦阅钺越跃粤虐又疟约特指契约：立~药	

ɚ

∅	[313] 儿而 [34] 尔迩耳饵 [41] 二贰

ɿ

ts	[313] 资姿咨兹滋1增添水分，使不干枯：~润 孳孜辎淄锱缁之芝支吱枝肢栀脂 [34] 紫姊子2仔籽牸眦梓滓□~么（怎么）只衹~有纸止芷址沚趾旨

---

① 捼，《集韵》："语可切，搓也。"

指［41］自字恣舒服渍刬使锥尖一使劲儿就~进去了滋₂水快速下渗至志痣

tsʰ ［313］呲泚疵跐雌₁~黄眵虻嗤训斥：~达，好一顿~媸差₃［53］茬词祠辞瓷慈磁疵雌₂~雄［34］此齿恀蛴~蠐［41］刺₁次寺伺饲嗣赐厕₁~所翅［轻］匙钥~

s ［313］司丝思私斯厮撕嘶霂①~雾（开始下毛毛雨）师狮诗尸［53］时鲥［34］死史使驶豕矢屎虱始又单字音施［41］四泗驷肆巳祀似姒士仕市柿示氏舐试是事俟视嗜谥侍恃笹噬始又开~，~终［轻］厕₂茅~坑儿

i

p ［313］屄脏字［53］鼻［34］匕比秕妣毕彼鄙蓖~麻笔滗~面汤必逼壁~子璧［41］币闭敝蔽弊毙祕陛辟复~避臂箅小~儿（用高粱秆穿的帘子）篦~子（密齿梳子）愎碧弼

pʰ ［313］丕披批纰稀疏砒匹［53］皮疲啤裨貔~子［34］脾琵枇僻劈癖譬闢霹［41］疕庇屁媲痹麻~

m ［313］尼泥₁名词，内向动词②倪霓咪眯糜靡弥獼竹篾：蓆~儿抿~着嘴儿笑［53］迷谜［34］米呢~子大衣［41］泌泥₂外向动词腻秘密蜜觅幂

t ［313］低堤提₁垂手拿着：~溜［53］提₂用力向上拽出：~韭菜花儿狄籴迪笛敌嫡涤［34］抵底邸柢羝的嘀滴［41］弟递娣第地帝谛蒂~巴儿

tʰ ［313］梯剔殢③过度劳累，糟糕：真~了！真草鸡了！［53］提题蹄并~啼蹄荑［34］体屣踢剔［41］替悌涕惕倜

l ［313］梨犁黎狸篱唠逦［53］离漓厘［34］礼李里俚哩浬理裏鲤璃垒砌醴蠡［41］丽吏隶戾例厉励砺荔詈利俐痢苙力历疠峯~沥雳立粒笠栗慄砾捋两指用力夹住物体下滑，挤掉汁液、渣滓：~猪肠子［轻］娌妯~类畜~

tʃ ［313］鸡~巴知蜘隻唧［53］集疾蒺佶直［34］挤荠剂济跻夼糜~咫唧徵帜积绩迹即鲫脊瘠棘~手缉辑籍藉寂墼稷际这₂~么汁执织职质炙

---

① 霂，《广韵》："息移切，小雨。"
② 依梅祖麟（1980：438）：内向动词所代表的动作由外向内，外向动词所代表的动作由内向外。
③ 殢，《广韵》："他计切，极困。"按：据《广韵》，"殢"义合，音仅声调不合。同反切的去声字"剃"，莱阳方言变读为阴平，依此例可取"殢"字。

秩值植殖繁~［41］祭冀骥滞螛制製置智稚雉挚峙痔治致室掷

tɕʰ ［313］妻凄萋栖痴哧［53］齐脐耆鳍池驰弛漦持豸①［34］龇刺 2 特指细小毛刺戳伤眼睛：~儿眼了 莿②~~儿菜 七漆膝茸戚嘁尺吃耻［41］砌炽叱斥赤饬敕迟憩［轻］嚏阿~侈奢~

ʃ ［313］西栖［53］席蓆畦十什拾实食石［34］犀洗玺徙葸息媳熄悉蟋膝昔惜夕析淅晰暂蜥锡习袭隙檄湿失蚀识式饰［41］细世势逝誓室适释［轻］绤③白~布（小作坊织的白粗布）殖骨~系提~儿

ŋ̩ ［313］尼旎［34］你□ 2 那么［41］昵逆匿溺

c ［313］几茶几讥叽机肌饥饥鸡稽畸羁基姬妓屐级击激吉□~日（今天）［53］及汲极［34］奇 数幾虮己急戟棘~尖（酸枣树）脊~肩窝［41］计技继髻繫（系）~鞋带儿寄记纪忌既季悸痣［轻］给 1 供~家 2 人~，娘~，苗~（地名）

cʰ ［313］欺期［53］奇崎骑琦岐歧芪衹祁祈颀骐棋琪祺旗麒岂杞［34］启企绮起给~你 蹊 1 跷~其乞讫迄［41］气汽弃器契泣憩［轻］箕簸~去 用在谓语动词前后：怎吗~做什么~了？洗衣裳~了。

ç ［313］兮奚溪牺羲曦 1 名词 熙希稀唏歆［34］喜意禧蟢僖嘻嬉熹吸呼~蹊 2 独辟~径［41］系（係繫）戏曦 2 动词：~眼［轻］下①方位词，用于名词之后：底儿~②趋向动词，用在动词后：坐~

ø ［313］衣依医翳伊沂移夷咦姨长辈：阿~胰霓笔直的彩虹饐~毛［53］宜仪姨平辈：小~子怡饴贻疑遗颐［34］倚椅旖迤已以拟矣一乙揖［41］艺呓刈诣羿裔谊义议蚁异肄懿弋亿忆意薏癔屹抑邑悒熠益溢缢逸轶佾毅翌翼亦弈奕译怿驿绎易场役疫日［轻］爷 5 大~（伯父）尾 1 二~子

u

p ［313］抱~孩子［34］补哺蒲~~儿丁（蒲公英）卜不埠 1 名词：~土（飞尘）鹁

---

① 豸，《广韵》："池尔切，虫豸。"按：依《广韵》，"豸"当为不送气声母，莱阳方言仅见"虫豸儿"一词，"豸"似是受前字同化影响而变为送气声母。

② 莿，《集韵》："七迹切，草名，蓟也。"按：《集韵》音合，"蓟"义未稳，"蓟"义"麻秸、草茎"与前释"草名"龃龉，疑"蓟莿"形近而误；莱阳的莿莿儿菜即刺蓟，又疑"莿莿儿"俗音讹作"莿莿儿"，因乏确证，姑取音合的"莿"字。

③ 绤，《集韵》："迄逆切，《说文》：麤葛也。"

	[41] 布佈怖步埠部簿醭白~儿 [轻] 胉又：胳~
pʰ	[313] 铺1~床仆前~后继僕~人谱 [34] 菩捕葡脯蒲~团浦圃溥普笸~篓扑噗璞樸~实蹼 [41] 铺2瀑曝 [轻] 醭白~
m	[313] 模2~范，~子摹~仿牟哞眸谋构成名词：阴~ [53] 谋构成动词：~生 [34] 母拇姆亩牡某 [41] 募幕墓暮慕没2~有木沐目苜牧睦穆 [轻] 蟆蛤~
f	[313] 夫芙肤麸敷俘孵弗拂蒥①~子苗（野菜）附~上 [53] 符扶凫浮佛如来~服伏茯畐②满~流儿一车货 缚 [34] 府俯腑甫辅抚斧釜腐讣赴沸幅辐福 [41] 父傅赋付咐附~会，~议驸副富阜妇负复腹覆馥 [轻] 袱包~ 蝠蝙~ 髪2头~佛仿~
t	[313] 都~城嘟督 [53] 独读渎椟犊毒 [34] 堵赌肚1名词：~子疼，猪~犊笃 [41] 杜肚2动词：积聚力量使人或物的某一部分圆而凸起 妒蠹度渡镀 [轻] 涂糊~
tʰ	[53] 徒途图 [34] 土吐1动词屠荼涂~抹，~料秃突 [41] 兔菟吐2构成名词：~麵（唾液）
l	[313] 卢芦垆庐泸炉1名词鸬颅鲈撸边干边学 [34] 卤鲁橹虏蝼~蛄辱麓戮 [41] 路潞璐赂鹭露1炉2动词，用烤箱烤点心擼鹿漉陆1录绿1~肥禄碌劳~命
ts	[313] 租诅组阻俎逐 [53] 卒族 [34] 祖竹足烛嘱瞩触用拳头碰触提醒、示意对方：~儿他一把 [41] 助筑祝
tsʰ	[313] 粗初 [53] 锄雏 [34] 刍反~楚础猝促蹙簇蹴触接~，~电焌③在地面或硬物上按擦棍状物燃着的一端灭火：把烟头儿~死助帮~ [41] 醋畜怵矗
s	[313] 苏酥稣甦梳疏蔬 [53] 属1家~熟1~悉 [34] 数1动词俗束速叔~伯淑蜀属家~，~于 [41] 素嗦诉塑溯肃谡数2名词漱 [轻] 索利~
k	[313] 姑沽轱1①动词，滚动：~辘②量词：~儿辜孤箍箛 [53] 核水果的~ [34] 古估牯轱2~辘儿（轮子）股鼓膂瞽贾2蛊骨谷榖汩凸 [41] 故固锢雇顾 [轻] 蛄蝼~ 瓜黄~
kʰ	[313] 枯骷窟 [34] 哭苦 [41] 库裤酷

---

① 蒥，《广韵》："方六切，蒥蒥。"
② 畐，《广韵》："房六切，满也。"
③ 焌，《广韵》："仓聿切，火烧，亦火灭也。"

x	［313］乎呼烀~饼子 弧忽惚㧐用巴掌打 互相~ ［53］胡葫猢湖煳糊蝴鬍壶狐瓠浒和 3~牌 囫觳鹄髑 ［34］虎唬琥 互接触 毂~辘儿（车轮中心的零件）［41］户护沪戽怙［轻］火柴~
∅	［313］乌呜钨污巫诬梧捂 1动词：~儿一笤帚 ［53］无吾吴蜈 ［34］五伍捂 2①动词：轻轻用手遮盖并封闭起来②名词：~眼儿 午坞兀机舞侮武鹉戊 ［41］务雾误悟晤痦恶屋勿物沃

y

l	［313］驴 ［34］吕闾铝旅膂屡缕 1动词，打：拿起棍子来好一顿~ 绺履 ［41］虑滤律率绿 2 碌~碡
tʃ	［313］朱诛茱~萸侏~儒蛛株珠诸猪术 1白~ ［53］轴 名词：车~ ［34］主拄煮足知~咀竺妯~娌嘱瞩 ［41］住注驻柱蛀著箸聚铸苎贮屡遽［轻］碡碌~帚笤~，扫~治疗~
tʃʰ	［313］蛆趋殊 ［53］除厨储~菜，~蓄 ［34］褚处 1杵取娶出龋 1~一戏黢黑~揿系，抽缩：~裤腰带 ［41］处 2处所趣［轻］鸲鹆~
ʃ	［313］须鬚需书抒舒枢姝输 ［53］徐秫孰熟 2生~ 属 2~马赎 ［34］署薯曙暑鼠黍粟夙戍宿叔~塾私~殊 ［41］序叙绪絮庶恕续树竖婿墅戍酗术 2述恤［轻］希图~
ŋ	［34］女
c	［313］居 1住，居所：隐~车 2拘驹距~远，~离 ［53］局 ［34］举莒矩桔橘苣菊掬鞠锔~碗 ［41］句巨拒炬距差 1~，间~剧倨据锯踞具惧俱棋居 2~高临下［轻］究讲~
cʰ	［313］区驱岖躯渠瞿衢通~去 1动词，滚开祛 ［34］屈曲蛐麹 ［41］去 2动词：来~
ç	［313］虚墟嘘吁长~短叹 ［34］许吸~铁石，对上嘴~诩栩旭蓄 ［41］酗煦
∅	［313］鱼渔淤馀榆逾儒濡蠕谀萸 ［53］如茹快速往嘴里送葱、油条等长条形食物余畭於于盂愉虞姓禺隅愚 1形容词：~蠢籲呼~ ［34］语雨禹羽乳尾 2~巴宇芋竽愚 2动词：~弄熨~帖 ［41］与屿汝御誉预豫喻愈裕遇寓迂娱孺入玉狱浴欲慾缛褥驭聿郁鬱育域

e

p [313] 白~~(胡说八道) [53] 伯₁叔~哥哥 [34] 摆 [41] 拜败稗捭①别，不要

pʰ [313] □①动词，成堆状：~歪(姿势不正当地坐着) ②名词，堆状物：牛屎~ [53] 排牌惫~邋(脏) [34] 徘~徊 [41] 派

m [313] 埋霾 [34] 买 [41] 卖

t [313] 呆歹 [34] 大₄~夫 得₂哎动词，吃：~饭 殆怠逮□动词，介词，副词：在 [41] 代贷袋黛待①招~，~遇②将要，想要 带戴□流淌不止：漦水一~~的 [轻]黮②黮~(脏兮兮的)

tʰ [313] 台苔₁舌~胎态 [53] 台抬苔₂蒜~鲐 [34] 太₁副词：~大 [41] 太₂~~汰泰贷

n [313] 奶₁形容词，柔嫩，有乳制品般的口感：豆腐发~ [53] 奶₂形容词：~气(死皮赖脸) [34] 乃芴~小~狗儿芋头 奶₃名词：乳汁，乳房 [41] 奶₄动词，用自己的乳汁喂孩子：~孩子 奈柰耐

l [313] 来莱猍③ [53] 莱东~ [41] 睐赖癞籁

ts [313] 灾哉栽₁~花儿斋 [34] 宰载崽 [41] 在动词：爹娘都~，事~人为 再栽₂~上个钻儿载债寨

tsʰ [313] 猜揩~腋钗差₄侪掫①动词，揉：~眼，~麵②形容词，泥泞：街上精~ [53] 才材财豺柴裁纔 [34] 采採彩睬踩 [41] 菜蔡□吃饱了再添饭：~饭，猪快~肥了

s [313] 腮鳃筛 [34] 甩摆~尾巴 [41] 赛晒

k [313] 该垓 [34] 改□介词：在 [41] 丐钙盖溉概

kʰ [313] 开 [34] 凯铠揩~油楷慨

x [313] 咍欬④~儿他一搋孩表数量极多，叠用：~~的 [53] 亥孩骇氦 [34] 海榿醢咳叹息：~声叹气 [41] 害

---

① 捭，《玉篇》："补解切，别也。"《集韵》："部买切，裂也。"按：《集韵》音合义不合。《玉篇》"解"有"诸买、居买、谐懈、古隘"四切，如依《玉篇》音"古隘"，则《玉篇》音义皆合。

② 黮，《广韵》："丁来切，黮黮，大黑貌。"

③ 猍，《广韵》："落哀切，猍黮，大黑。"

④ 欬，《广韵》："苦盖切，伐也，击也。"按：莱阳方言有古送气声母擦化现象，例如"塌、同、呕"等字的白读音。

∅	[313] 艾哀埃唉癌皑 [34] 蔼霭 [41] 爱~情,~亲~碍隘狭~	

ie

tɕʰ	[53] 前~日(前天)
ɕ	[313] 阶秸街 [34] 解~决,~放 [41] 介芥界疥蚧届戒诫
ç	[53] 鞋 [41] 械解姓懈澥邂蟹
∅	[313] 挨靠近,拖延:紧~着,~筛 崖 [53] 捱~揍 [34] 矮 [41] 爱愿意 隘~口 沿河~

ue

ts	[34] 跩 [41] 拽
tsʰ	[313] 揣 [41] 踹
s	[313] 衰摔 [34] 甩 [41] 帅率蟀
k	[313] 乖蝈 [53] □拷篮子 [34] 拐㧅 [41] 怪
kʰ	[34] 㧟搔痒㧟 [41] 会1~计侩脍块快筷
x	[313] 歪动词:~~(哭闹着索要) [53] 怀槐淮 [41] 坏 [轻] 徊
∅	[313] 歪蛙青 [34] 崴外1动词,获得意外之财:真叫他~着了,拾草拾儿50块钱 [41] 外2 见~,~头儿(外面)

ye

∅	[313] □叹词,喝令牲口停止前进

əi

p	[313] 杯卑碑悲揹 [34] 北新 [41] 贝狈被背臂鐾~刀1布 辈备倍焙蓓 悖婢 [轻] 伯2大3~(大伯子) 壁照~避躲~别指~葡萝~惫疲~
pʰ	[313] 披㕻坯胚邳㔌 [53] 培陪赔 [34] 呸 [41] 沛配佩珮帔辔
m	[313] 媒眉嵋媚霉发~ [53] 莓梅枚玫煤 [34] 每美镁穄乌~ [41] 袂妹昧寐魅楣倒~
f	[313] 飞非菲啡扉霏诽匪翡□儿化后重叠表示程度深:胖得~儿~儿的,气得~儿~儿的

	[53] 肥 [34] 妃斐 [41] 废肺吠费痱	
t	[313] 堆□从底部开始崩坏倒塌:(土墙被水)泡~了,(人醉酒后)~萎了 [34] 兑₁~儿账 [41] 对碓队兑₂	
tʰ	[313] 推颓 [34] 腿 [41] 退褪₁蜕	
n	[34] 馁 [41] 内	
l	[313] 雷擂 [34] 儡累₁积~蕊垒堡 磊蕾镭肋鸡~ [41] 累₂~人,连~ 类泪芮瑞锐	
ts	[34] 嘴 [41] 最罪醉	
tsʰ	[313] 崔催摧璀 [41] 脆萃悴淬瘁翠□得意:你看把她~得	
s	[313] 虽 [53] 随隋 [34] 荽荾~绥 [41] 岁祟碎遂隧燧邃穗	
k	[34] 给₂□指笑声清脆响亮:笑得一~~的	
kʰ	[34] 剋	
x	[34] 嘿	

uəi

ts	[313] 追椎锥惴 [41] 坠缀赘缒槌线~儿	
tsʰ	[313] 吹炊 [53] 垂陲锤棰槌棒~儿淳地名:~于	
s	[53] 谁 [34] 水₁名词髓 [41] 水₂动词:墨水扩散使字迹模糊不清:这张纸儿写字儿~税锐~角瑞睡	
k	[313] 归圭闺硅规龟 [34] 癸鬼诡轨 [41] 瑰贵柜刽桂跪鳜	
kʰ	[313] 亏悝盔窥溃崩~ [53] 愧又魁奎葵逵暌馗匮又馈 [34] 傀 [41] 愧又匮又馈又揆对折喟	
x	[313] 灰诙咴恢麾挥晖辉翚徽 [53] 回茴蛔 [34] 悔诲晦毁虺 [41] 卉汇彙贿溃~脓会₂荟绘桧烩秽讳惠慧彗	
∅	[313] 卫危偎煨微薇威围帷萎痿圩 [34] 伪委诿桅唯维惟韦违伟苇纬玮炜尾未~ [41] 未味为位魏畏喂尉蔚慰胃谓猬渭	

ɔ

p	[313] 包苞胞新鲍₁姓 [34] 宝保葆堡褒饱鸨 [41] 报暴曝爆刨电~子

	抱泡 名词：~儿 鲍 2 鱼 苞 兽类繁殖，禽类孵卵：~了六个小猪，~小鸡 豹鳔垺 2动词：灰尘飘入：~眼了［轻］跑 虫～眼（虫吃孔）	
p^h	［313］咆泡 1名词：血、胞旧 剖抛［53］刨 2～地，推 狍袍［34］跑［41］炮泡 2动词	
m	［313］毛 1名词 茅猫锚囗 ~弄（糊涂，马虎）［53］锚猫 ~儿头（猫头鹰）毛 2形容词：~衫、~收入［34］卯铆毛 3钱：六~钱 撖①被迫（用石头、土块、拳头等）击打伤害他人；再熊就~他［41］冒帽貌矛茂贸闹 ~肚子：拉稀 撖 2主动（用石头、土块、拳头等）击打伤害他人；骅朝人家家儿～石头。囗用滚水杀菌：把排骨～～	
f	［34］否缶	
t	刀 1名词 叨㨂用筷子夹菜，分：(把一碗麵条) ~开 魛［34］刀 2动词，买：~布 导倒 1 悼祷蹈［41］到倒 2 盗稻［轻］掇拾～	
t^h	［313］滔韬掏淘 ~气 陶涛焘饕 ~餮绦［53］桃逃啕淘 ~麦子［34］讨［41］套［轻］萄葡～	
n	［313］挠铙孬［34］姥旧 恼脑瑙 暖又：~乎囗丝～（食品变质后的一种现象）［41］闹	
l	［313］牢劳 ~力 捞 1打～，一把 唠痨［53］牢劳 ~动 崂［34］老姥 新 捞 2得到意外之财：~不着 暖又：~乎［41］涝捞 3往外拿钱：老三结婚，恁两个儿～儿几个钱？	
ts	［313］遭糟［53］凿［34］早枣澡藻沼 ~泥 找 1寻求，退回：~人，~钱 叫 1被动句标记 囗打：两句话还没说完就～起来了［41］灶皂造噪燥躁笊罩焯找 2得到超乎寻常的报酬：叫他～着了，个小工程儿挣儿百十万儿［轻］蚤蚤蚤	
ts^h	［313］操糙曹 姓 嘈剿吵抄钞［53］漕槽巢［34］草骠炒愺② ~利（形容词，快）：恁做点儿营生儿就是~利，已可把昌果儿种 2上去了［41］肏 詈词［轻］蟪蛸	
s	［313］骚臊捎梢稍筲艄［34］扫嫂［41］哨鞘 1鞭子～ 潲 ~雨 俊③ ~灵（形容人干练或做事又快又好）：一打上眼就知道，他是个～灵人儿 囗动词，牲口后退	
k	［313］高篙膏羔糕皋诰［34］搞稿镐［41］告	
k^h	［34］考烤［41］靠犒熇 ~猪油 铐 囗因伙食差而身体受不了	
x	［313］号 1动词：~丧 蒿薅毫豪嚎壕嗥［53］毫 一丝一～［34］好形容词 郝	

---

① 撖，《广韵》："莫角切，打也。"
② 愺，《广韵》："七到切，言行急。"按：似因避讳脏字，莱阳方言由去声变读为上声。
③ 俊，《玉篇》："诉到切，快性也。"《集韵》："先到切，快也。"

	[41] 号 2名词: ~数 好动词浩皓耗昊镐灏
∅	[313] 爊~胶 熬嗷翱 [53] 敖傲遨 [34] 袄 [41] 奥懊澳媪

iɔ

p	[313] 标镖骠黄~马 彪膘（膔）□傻 [34] 表婊裱錶 [41] 摽鳔
pʰ	[313] 漂1~流~白 飘嫖剽瞟 [53] 瓢1名词 [34] 殍 瓢2构成谓词:①形容词:~偏②动词:~歪 [41] 票漂2~亮
m	[313] 苗描瞄 [34] 秒渺缈藐邈 [41] 妙庙
t	[313] 刁叼蛁蚂~（水蛭）貂凋碉雕□~零儿: 陡峭 鸼①盯, 盯梢 叫贼儿~上去了 [34] 屌置词 [41] 钓吊掉调1 窎②~远, ~脚
tʰ	[313] 挑条量词: 一~鱼 迢 [53] 条名词: 纸~儿 调2 笤 [34] 窕 [41] 眺跳粜
l	[313] 撩撂尥 [53] 聊辽僚獠 [34] 了1嘹~亮燎1烧瞭1形容词: ~亮（宽敞明亮）寥 [41] 料了2疗瞭2动词: ~望 镣燎2焯: ~菠菜 廖姓
tʃ	[313] 焦蕉礁椒交拾~（翻绳游戏）跤浇勦 聨③耳朵一~~的 钊朝1嘲1~嘎（吵嘴） 召沼~气招昭啁 [53] 着3~急, 不~调儿 [34] 铰绞~劲儿 搅无理~三分 [41] 叫2名词: ~儿窖醮酵~子, 发 兆赵照肇 [轻] 螵蛸（螳螂卵）
tʃʰ	[313] 悄缲1动词跷高~憔樵撬名词: 钢 超峭晁 [53] 瞧朝2~代, ~西 嘲2~笑潮 [34] 锹1动词, 用足前部踢 [41] 俏诮峭鞘1刀~儿缲2名词 愀~彪子锹2①动词, 用锹子刨土石②名词: ~子
ʃ	[313] 消宵逍霄硝销萧箫潇烧 [53] 韶 [34] 小少~数, ~年 [41] 笑啸邵绍 [轻] 哮咆~
ȵ	[34] 鸟袅 [41] 尿
c	[313] 交郊胶皎跤教1~书 骄娇矫浇缴 [34] 佼狡饺绞~盘 铰侥搅叫1被动句标记 [41] 教2说~校1较觉2轿叫2动词

---

① 鸼，《广韵》:"都聊切, 熟视。"
② 窎，《广韵》:"多啸切, 窎窅, 深也。"
③ 聨，《广韵》:"侧交切, 耳中声。"
④ 嘲，《广韵》:"陟交切, 言相调也。"

| c^h | [313] 敲翘跷~着脚 [53] 乔侨荞桥 [34] 巧雀雀斑~(斑鸠) [41] 窍撬动词
| ç | [313] 嚣枵□薄 [34] 晓 [41] 孝哮~喘酵~母,发~效校2
| ∅ | [313] 幺吆坳夭妖爻扰要1达~,~求腰谣遥摇窑瑶尧饶绕姚淆邀 [34] 咬肴舀杳窈 [41] 要2~饭鞠耀鹞□断:~奶

əu

| t | [313] 兜篼都丢 [53] 头~荐(枕头),粉笔~儿 [34] 斗抖蚪陡□鸟啄物 [41] 鬭豆逗痘脰窦 [轻] 朵
| t^h | [313] 偷 [53] 头投1 [34] 投2动词,用清水冲洗:~衣裳掟~炉子 [41] 透
| l | [313] 搂1~草镂偻留溜馏蹓~达~榴~炮营旧馏旧琉~球儿 [53] 楼髅流旧琉~璃瓦硫刘旧溜 [34] 搂2抱搂2名词,线:千丝万~瘘篓绺柳旧辘1转~(动词,量词) [41] 六旧陆2遛~狗露~漏陋辘2车~辘儿 [轻] 栎白~蟉蟹~,蛤~芦葫~
| ts | [313] 掫邹诹绉皱 [34] 走□~儿(介词:在) [41] 奏揍做~饭骤
| ts^h | [313] 擉~起来□晾干 [53] 愁 [34] 瞅 [41] 凑
| s | [313] 嗖搜馊飕晾干,风干锼 [34] 叟艘擞~麵 [41] 嗽瘦
| k | [313] 勾沟钩佝够1往上~篝 [34] 狗枸苟 [41] 够2足~构购蚼垢
| k^h | [313] 扣1专指衣扣及扣纽扣的动作,把袄~儿~上抠眍1名词:~眼儿 [34] 口 [41] 叩扣2寇蔻
| x | [313] 齁眍2动词:~溜着眼 [53] 侯喉猴瘊睺 [34] 吼㾗~拾(轻易打败对方) [41] 厚后後候
| ∅ | [313] 欧瓯鸥殴偶藕 [34] 讴呕 [41] 沤怄

iəu

| t | [313] 丢彪虎生三子得一豹,豹生三子得一~
| l | [313] 瘤新镏新 [53] 流新刘新 [34] 柳新 [41] 六新
| tʃ | [313] 舟州洲赒啾~扯(胡乱说话) 揪周宙粥 [34] 酒肘咎轴形容词:(车轴等)发涩,不顺滑 [41] 就昼咒纣柩
| tʃ^h | [313] 秋鳅~鳝鳅抽 [53] 囚泅仇绸稠筹踌畴酬酋遒 [34] 丑醜 [41] 臭售旧 [轻] 鹠鸦~

ʃ	[313] 修羞收 [34] 手首守 [41] 秀绣锈袖兽受授寿售新 [轻] 烧火~
ȵ	[313] 牛耕~ [34] 扭1①动词：~头②形容词：弄~了忸纽钮妞 [41] 扭2动词：~螺丝拗谬
c	[313] 纠~缠，~正赳究 [34] 九久玖灸疚韭旧~店（地名）[41] 救旧臼舅
cʰ	[313] 丘邱蚯阄 [53] 求俅逑球裘 [34] 朽~木
ç	[313] 休羞 [34] 朽不~ [41] 嗅
∅	[313] 尤优忧犹由~不得，~子儿（理由）油邮蚰幽悠柔温~揉蹂黝牛~子（粮囤里的棕色虫子）[53] 由自~柔~突 [34] 有友酉莠鱿 [41] 又右佑幼柚釉鼬诱游肉

$$\tilde{æ}$$

p	[313] 班斑颁扳般搬癍 [34] 板版坂阪舨 [41] 半伴拌绊鞶扮办瓣
pʰ	[313] 攀潘蟠盘 [53] 盘蹒 [41] 盼判叛襻
m	[313] 瞒嫚蛮发~□越过嫚 [53] 蛮野~，南~鳗 [34] 满馒~头埋~怨 [41] 曼漫墁~墙，~儿身上幔慢漫缦镘□至多
f	[313] 番翻藩 [53] 凡帆矾烦繁樊 [34] 反返 [41] 泛犯范範饭贩梵姏~产
t	[313] 丹单担1动词：~待耽端 [34] 胆疸掸短断1拦路打劫：~道 [41] 旦但担2名词：~子淡氮惮弹1蛋诞段缎椴煅锻断2~开，~绝，决~□~麵（罗麵）
tʰ	[313] 贪滩摊~开，一~血瘫坍湍 [53] 谈痰谭潭檀坛昙弹2团抟 [34] 毯坦袒疃 [41] 探叹炭碳
n	[313] 南楠难1~办，难听 [53] 男南 [34] 暖温~ [41] 难2真~人，遭儿~
l	[313] 蓝篮岚峦栾銮鸾婪滥~柿子斓擥①寻捡收获后遗漏的果实：~地瓜 [53] 孪兰栏阑澜囡圆~ [34] 览揽榄缆1名词拦懒卵 [41] 烂滥乱缆2动词：捆，系
ts	[313] 簪钻1动词 [34] 斩崭盏攒鬃旧时妇女的发髻鏨1①构成名词：~子②动词，用手指轻戳：~儿她一指头□~豆腐（用卤水点豆腐）[41] 钻2名词站暂赞瓒绽栈醮

---

① 擥，《集韵》："卢甘切，取也。"

tsʰ	[313] 氽参₁掺骖搀餐蹿身材在较短时间里明显长高：一年~儿个头□两~子儿（因为走了两条不同的路而未在中途相遇）[53] 蚕惭谗馋残栈~单禅₁蝉[34] 惨穆黪黑~~（肤色黑）铲镟~头（犁铧）[41] 鏊₂动词，用力向下凿灿璨孱窜	
s	[313] 三叁山衫珊跚姗酸[34] 散₁松~伞删潸糁[41] 散₂分~算蒜疝	
k	[313] 甘泔柑坩干天~，~戈杆₁子肝奸竿骭①~腿子乾₁~湿，肉~儿尴[34] 感敢橄杆₂~秤秆赶擀[41] 幹赣	
kʰ	[313] 看₁~守，~孩堪勘龛坩②~子[34] 刊坎砍槛侃瞰[41] 看₂~见	
x	[313] 憨酣鼾[53] 含函涵寒韩还₁副词：~有邯[34] 喊罕□拿[41] 汉汗旱悍焊撼憾翰	
Ø	[313] 安按~照，~理儿氨桉铵鞍庵鹌[34] 俺掩~豆唵③手抓食物快速往嘴里填[41] 揞~上药面儿暗黯案岸蔓地瓜~哎语气词，引起对方注意	

iæ̃

p	[313] 鞭编边[34] 扁匾蝙贬砭[41] 卞汴便₁~于辨辩辫变遍	
pʰ	[313] 偏篇翩[53] 骈[34] 谝~弄便₂~宜[41] 骗片	
m	[313] 绵棉眠□①动词，摔：~跤②名词，圈儿：转~儿[34] 免勉娩冕愐渑缅~怀腼~腆渑~池□动词，孩子或动物成长过程中不时地阶段性厌食：~食[41] 面麵	
t	[313] 颠巅癫点₁动词，用力来回打、砸、捣（接触面积不大）：~蒜，~儿几撅掂[53] 填坑坑洼洼的场儿都得~上点儿泥[34] 点₂踮典碘[41] 店惦电殿奠佃甸淀垫	
tʰ	[313] 天添[53] 田恬甜填[34] 舔腆□~脸（铁青着脸）	
l	[313] 廉镰帘帘连[53] 连莲涟链鲢联怜[34] 敛脸撵~驮子[41] 殓练炼恋	
tɕ	[313] 尖歼占₁~卦沾毡粘詹瞻煎笺间₁动词：~壁子（砌墙壁分成多个房间）肩[34] 拣剪展搌~水辗践碱~场地（盐碱地）[41] 占₂战渐箭饯贱溅颤₁荐	

---

① 骭，《集韵》："居案切，《说文》：骹也。"《说文》："骹，胫也。"按：《集韵》义合，音仅声调不合，疑因声旁误读而造成今方音。

② 坩，《广韵》："口含，瓦器。"

③ 唵，《广韵》："乌感切，手进食也。"

	间 2 动词：~ 苗 鉴［轻］见 动 ~ 儿
tɕʰ	［313］千仟迁阡钎歼 又 牵签籖潜［53］钱前缠泉［34］浅蟾 金 ~ ［41］颤 2 ~ 悠堑倩
ɕ	［313］先苫膻氇舢纤歼 又 搧煽［53］涎［34］陕闪［41］线扇骟 ~ 猪 善缮鳝膳单 姓 禅 2 ~ 让 擅赡
ȵ	［313］年拈 ~ 种 鲇黏 焦 ~ 念 1 ~ 咕（反复不停地说）［34］碾辇撵捻 纸 ~ 儿 蹍［41］念 2
c	［313］监 1 ~ 牢，~ 视 兼间 ① 名词：明 ~ 旁 ~ ② 动词：~ 隔 坚悭奸姦犍艰肩［34］减碱俭检捡简柬拣茧趼［41］见舰件剑谏涧铜建健腱键毽绢 手 ~ 鉴监 2 国子 ~ ［轻］今 如 ~
cʰ	［313］谦牵铅骞虔黔乾 2 ~ 坤［53］钳［34］遣谴［41］欠茨嵌歉搛 ~ 菜 倩
ç	［313］杴 木 ~ 掀锨［53］咸鹹衔嫌闲弦［34］险显娴贤陷 1 动词：~ 害 蚬 ~ 河 ［41］陷 2 名词：~ 阱 馅限现苋宪献县
∅	［313］奄淹 1 ~ 没 阉腌炎盐檐阎 姓 焉蔫胭烟沿 ~ 海，前 ~ 研严 ① 形容词：~ 实 ② 动词：~ 门窗边（使严丝合缝）酽岩然燃延芫 1 ~ 荽 鸢［53］妍阎 ~ 王 严 ~ 格 酽岩延 ~ 安然燃缘颜 又 ［34］掩 1 ~ 护 魇眼演兖俨染冉衍蜒 □ 遇到（某种情况），趁机：~ 着人家的空儿［41］验厌恹艳焰雁赝燕晏宴堰彦谚颜 又 砚淹 2 浸湿：~ 水 掩 2 藏

uæ̃

ts	［313］专砖［34］转 1 ~ 眼，~ 送，~ 身 ［41］传 1 水浒 转 2 ~ 过来 篆撰赚纂
tsʰ	［313］川钏穿掸踹［53］传 2 ~ 说 船［34］喘椽［41］串窜篡甑 ① ~ 麦 馀子
s	［313］闩拴栓［41］涮
k	［313］官倌棺观 1 参 ~ 冠 1 鸡 ~ 子 鳏关［34］管馆莞［41］贯惯灌罐观 2 道 ~ 冠 2 ~ 军
kʰ	［313］宽［34］款［41］髋

---

① 甑，《说文》："小春也。初薿切。"

x	[313] 欢獾 [53] 桓还₂动词:~账 环寰 [34] 缓 [41] 唤涣换痪焕幻患宦豢	
∅	[313] 剜惋婉琬腕~眼儿 豌弯湾 [53] 丸完玩顽 [34] 宛~转碗晚挽绾~袄袖儿皖 [41] 腕万	

yæ̃

tɕʰ	[53] 全荃痊泉颧
ɕ	[313] 宣喧仙鲜蚬 [53] 旋漩 [34] 选癣 [41] 羡馅
c	[313] 涓捐绢娟鹃睊 [34] 卷₁ 踡踢 馂 [41] 眷卷₂ 倦圈₁猪~
cʰ	[313] 圈₂圆~儿 [53] 拳颧 [34] 犬权蜷鬈 [41] 劝券
ç	[313] 悬轩暄₁形容词,馒头、棉制品等软而有弹性 [53] 玄 [41] 炫炫绚楦鞋~暄₂动词,用力塞填:~树叶碹发~
∅	[313] 园袁猿辕苑箢~笼渊冤援缘又 [53] 元沅原源员圆ㄨ援缘又 [34] 芫₂~荽远阮软 [41] 圆ㄨ院愿怨媛

ən

p	[313] 锛掰费力分开:(把大树枝)~下来,(钢管)~不断 [34] 本 [41] 笨奔
pʰ	[313] 喷₁动词:~水 [53] 盆 [41] 喷₂①形容词:~香,大~(果蔬、流行病等处于旺盛期) ②量词:一~子病儿,这~子都发烧
m	[313] 门~窗扪~心自问 [53] 门门径,窍~儿,走後~儿 [41] 闷懑 [轻] 们妹月~眉眼~前儿
f	[313] 分₁①动词,分开,分离:~三个组儿②名词,度量衡单位:~数芬吩氛纷 [53] 焚坟分₂动词,茎上生出分枝:~儿三个枝儿 [34] 粉 [41] 分₃①动词,哄抢:家产叫外人~了②名词:成~份氛忿愤奋粪
t	[313] 吨砘趸蹲敦墩撴惇蹾礅 [53] 屯~兵 [34] 扽₁内向动词,捅:~儿他一把盹打~儿 [41] 囤沌扽₂外向动词,猛拽 钝炖顿盾遁 [轻] 饨馄~
tʰ	[313] 吞₁动词 [53] 屯豚臀 [41] 褪₂吞₂名词:~子(嗓子)
n	[313] 奶₅~~(祖母) [34] 恁第二人称代词
l	[53] 仑伦论₁《~语》囵沦纶~巾 轮 [41] 论₂嫩

ts　　［313］尊遵樽榛臻谆［34］怎［41］捘攒

tsʰ　［313］村参2～差［53］存唇［34］寸1动词，断下一小截忖岑碜食物里有砂［41］寸2名词衬

s　　［313］孙狲森参3人～［41］渗瘆～人

k　　［313］根跟1［34］艮跟2介词，通常儿化［41］哏□①（水平、能力等）超过②自傲，极端固执：～～

kʰ　［34］恳垦肯啃（龈）掯勒～［41］搇①摁：掐着脖子～着头，强1儿去了裉①衣服腋下接缝处：卡～②靠～儿（预定时限）

x　　［313］很□～唬（呵斥，说话态度粗暴）［53］痕［34］狠［41］恨

∅　　［313］恩［41］摁

iən

p　　［313］宾滨缤鬓彬斌［41］膑殡

pʰ　［313］拼姘［53］贫［34］品频［41］聘牝

m　　［34］民泯岷旻闽皿闵悯敏

l　　［313］林淋1～雨琳～琅霖邻遴粼嶙鳞抡轮～到你了临～时，光～［53］临～安磷麟琳人名用字［34］凛懔廪檩［41］吝赁租～蔺躏淋2锅算子～水

tʃ　　［313］针真贞～节徵～求［34］诊珍疹津儘枕1名词：～木箴斟揕节约［41］进枕2动词尽烬晋镇振赈震浸阵朕劲上～儿症

tʃʰ　［313］侵亲1抻展开或拉长［53］辰晨忱秦陈臣尘沉［34］寝［41］呲猫～沁趁称1对称

ʃ　　［313］心辛锌新薪身申伸呻绅娠深鑫［53］寻神［34］沈审婶［41］甚肾慎信芯灯～儿［轻］辰时，腥黏～，豆～气，泥1～气

ŋ̍　　［41］赁～个房子

c　　［313］巾斤今扲金襟筋［34］仅锦紧谨馑瑾槿禁［41］近劲□詈词，交合

cʰ　［313］钦衾［53］芹芩琴禽擒勤［41］□詈词，交合

---

① 搇，《集韵》："丘禁切，按也。" 按：依《集韵》反切，当音cʰiən⁴¹，莱阳方言似因避讳同音脏字而变读。

ɕ	[313] 欣鑫	[41] 衅挑~
ø	[313] 人仁因茵姻音阴荫吟隐淫霪垠 [53] 银龈仁 [34] 壬任₁姓 引₁蚓尹饮~料忍寅殷瘾葚桑~儿 [41] 刃仞纫认任₂责 荏妊引₂量词饮~鸡 印胤	

uən

ts	[313] 谆	[34] 准準
tsʰ	[313] 春椿 [53] 唇纯淳~朴醇 [41] 蠢 [轻] 鹑鹌~	
s	[41] 顺~心舜瞬	
k	[313] 闺~娘(女儿) [34] 滚磙鲧 [41] 棍	
kʰ	[313] 坤昆崑琨鲲髡捆₁(用软索之类的东西)抽打 [34] 捆₂~起来 [41] 困	
x	[313] 昏婚荤 [53] 魂馄诨浑~浊 [34] 混₁~合,~儿一块儿 [41] 混₂~日 子横₁~里儿 [轻] 唤使~	
ø	[313] 温瘟纹蚊闻 [53] 文雯 [34] 吻刎紊稳①形容词:平~,沉~②动词:放 置,搁 [41] 问璺	

yən

tʃ	[41] 俊峻骏竣箘	
tʃʰ	[313] 皴䏎清楚,真相大白:这1个事儿~了	
ʃ	[313] 熏黄~~ [53] 寻巡₁量词:一~12岁,酒过三~ [34] 崤笋隼槔损旬询 荀巡₂动词循勋逊舜瞬 [41] 迅讯汛殉	
c	[313] 均钧君军 [41] 菌郡	
cʰ	[313] 痻①指因恐惧而身体蜷缩不会动弹:老鼠看见儿猫就吓~了 [53] 群裙	
ɕ	[313] 熏薰燻醺 [34] 勋 [41] 训驯	
ø	[313] 云芸纭耘雲匀音~话 [34] 允 [41] 运酝恽郓晕熨闰润孕韵	

---

① 痻,《广韵》:"渠云切,痻也。"《玉篇》:"痻,足气不至转筋也。"按:《广韵》义合,音 仅声调不合。

aŋ

p　　［313］邦帮绑1名词：用整块兽皮做的旧式男靴 梆浜沙家~ 傍［34］绑2动词 榜膀1~子［41］谤蒡磅1 镑棒蚌1

pʰ　［313］滂［53］旁庞［34］彷膀2~胱 磅2~礴 螃蹼蹯［41］胖

m　　［313］忙芒~茫［34］莽蟒盲氓

f　　［313］方芳坊防1边~ 肪番~瓜［53］房［34］仿妨访纺防2~备, 瞧~儿［41］放

t　　［313］当1~时 档裆噹~啷（悬挂） 耽端~午［34］党挡［41］当2~铺, 上~ 宕荡

tʰ　［313］汤摊~上（意外, 灾难）［53］堂棠螳唐塘搪糖［34］倘淌躺膛傥［41］烫趟

n　　［313］□ 物体在水里泡胀了［34］囊囔攮馕［41］齉□ 人多［轻］脓溃~

l　　［313］狼啷莨~菪 琅［53］郎廊［34］朗榔螂［41］浪

ts　　［313］脏赃臧庄1南~北疃［41］葬藏1西~ 臢奘

tsʰ　［313］仓苍沧疮舱［53］藏2隐~［轻］蹭磨~

s　　［313］桑双~眉角（一种绿色大蚂蚱）［34］嗓搡磉［41］丧［轻］生老~儿

k　　［313］冈刚岗纲钢1名词 肛缸缰~绳［34］港讲~弄：商量［41］扛抬高价格 杠更1副词 钢2动词 犟~孙头

kʰ　［313］亢康慷 慨糠［53］扛~儿肩上, ~活［41］抗吭1含在嘴里 炕

x　　［313］夯［53］行1吭2语气词（征询意见）杭航□ 量词, 种类［34］吭3语气词（叮嘱）［41］向

∅　　［313］昂肮~脏［34］喤□ 孩子哭闹着跟大人要东西 □烧火暖炕：~炕；~上把麦糠、花穣（麦秸的上半截）

iaŋ

p　　［313］□ 詈语："尿养"的合音

l　　［313］凉量1~长短, ~盐 梁粱［53］良粮梁~山好汉［34］两俩伎~ 辆䩞理会: 不~着你 睖怒视: 目~［41］亮谅晾量2数~［轻］令节~儿 灵悟 零孤~儿

tʃ [313] 将₁~来 蒋浆桨豇~豆 张章漳獐璋樟瘴蟑胀₁~麵汤~了 [34] 长₁涨₁~上 奖掌港籦箕~（地名）[41] 丈仗杖将₂~帅 酱帐胀₂账涨₂~秤 障嶂绛₁~紫色 [轻] 正周~睛猫儿眼~（北乡）

tʃʰ [313] 枪跄昌菖娼猖鲳锵戕长₂~短儿，个嘴~着 [53] 墙蔷长₂~嘴，~~儿 㣗㣗场晒粮食的场所：打~肠常嫦尝偿 [34] 厂敞氅抢场市~，~儿（地方）□~子（厨用小铲子）呛₁刺激性气体使眼、鼻子难受，熏：叫烟~儿眼 [41] 畅倡提~唱尚和~怅呛₂刺激性气体或其他异物进入气管引起咳嗽：烟~儿吞子了，水~人戗说话~人炝

ʃ [313] 相₁互 厢湘箱襄镶商墒伤绱又~鞋底殇 [53] 祥详翔 [34] 想鲞赏裳响橡~子巷~子口（地名）[41] 上相₂~面尚~书绱又~鞋底象像橡~皮 [轻] 性记~

ŋ [313] 娘₁~~，对父亲的兄弟的配偶的面称 [53] 娘₂对母亲的背称 [34] 娘₃~~，皇妃 [41] 酿~造厂

c [313] 江刚~够 姜姓~ 薑生~ 僵繮疆荆中~村 [34] 讲耩（塝）~地 [41] 虹弧状的彩虹降₁下~绛~紫色犟（强）偏~糨~糊

cʰ [313] 羌腔强₁欺侮~人 [53] 强₂比……好 [34] 强₃~求，勉~

ç [313] 乡香①名词：檀~②形容词：味儿~ [34] 享响饷 [41] 向降₂投~绛₂~色项巷香₂动词，食物发腻：白肉~人 [轻] 行₂德~

Ø [313] 央秧快决殃鸯鞅羊佯扬₁~场，表~杨阳晒~~仰嚷壤穰瓤蝇苍~ [53] 洋阳阴~，~光扬₂抛洒，挥霍 [34] 养痒氧疡溃~ [41] 让样恙漾酿~酒

uaŋ

ts [313] 妆庄桩装₁把体积小于器物的东西放进器物内 壮₁名词：半~子（半成熟期的人或动物）[34] □个头大而整齐：这捆儿葱真~ [41] 撞₁状壮₂①动词，壮大：~胆儿②形容词，结实，强壮：块布真~！装₂用力把大于器物且有弹性的东西压缩放进器物内：把棉花~儿个小包裹

tsʰ [313] 窗床₁量词：一~被 [53] 床₂幢 [34] 闯又~撞₂①使……竖立：~苞米秸子②脚腿因落地过猛回挫受伤 [41] 创闯又~撞₃使液体在容器中来回晃荡，清洗内壁：用水把瓶子~~

s [313] 霜孀双₁量词 [53] 双₂一对~儿（孪生子），~棒儿 [34] 爽

k [313] 光₁咣胱新 [34] 广犷 [41] 光₂动词：沾染桄一~线逛

kʰ	［313］匡诓哐眶筐［53］狂［34］夼［41］旷矿况框
x	［313］荒慌肓［53］黄潢璜磺蟥簧皇凰遑惶徨煌蝗［34］恍晃~眼幌谎［41］㨃摇~［轻］䏘旧:膀~
∅	［313］汪芒麦~儿望［53］王亡［34］往又枉网罔惘［41］旺忘妄往又

əŋ

p	［313］崩绷嘣象声词［34］搒搂抱:~着脖子搂着腰［41］柄锨~迸蚌2~埠甭蹦泵
pʰ	［313］烹抨怦砰嘭［53］朋棚硼鹏蓬篷［34］捧彭澎膨［41］碰
m	［313］明~日鸣公鸡打~虻瞎汉儿~（牛虻）蒙1朦蠓虫瞢（瞢）气~子懵［53］萌盟檬［34］蒙2古猛锰［41］孟梦~淹没:水深能~人
f	［313］风讽枫疯丰峰蜂锋烽封葑［53］冯逢缝［41］凤奉俸
t	［313］灯登噔象声词蹬［53］腾折~［34］等戥［41］邓凳澄~清瞪镫磴栋量词:一~房子［轻］蠹①蛞~（蝌蚪）
tʰ	［313］樋［53］疼腾滕藤誊［34］苘~蒿
n	［313］脓囗~~儿（猪的俗名）［53］能
l	［313］仍扔［53］棱［34］冷［41］愣楞［轻］睖斜~人儿
ts	［313］曾1姓增缯争狰挣1撑开,张开峥狰铮睁筝䥽［41］挣2赠综1织布机上的~粽子猣牡家囗~~:自高自大囗裂开:䶢子~了［轻］庄2地名用字:董格~、李格~怔愣~
tsʰ	［313］撑瞠蛏噌［53］曾2层［41］蹭~痒痒儿掌椅子~儿
s	［313］生牲笙甥僧［34］省1
k	［313］更2~换绠赓耕緪毛~儿（粗毛线）［34］耿庚埂哽梗名词:草~儿粳羹颈1名词:脖~子［41］更1副词颈2动词:~~脖子
kʰ	［313］坑吭4铿
x	［313］亨哼扔［53］恒衡［41］横

---

① 蠹，《广韵》:"德红切，蛞蠹，科斗虫也。"

iəŋ

p　　［313］冰兵宾~服槟［34］丙柄把~炳秉饼禀［41］并併並病

pʰ　　［53］平评坪苹萍屏瓶凭［34］乓

m　　［313］名铭酩明鸣冥溟瞑［41］命

t　　［313］丁叮盯钉1名词疔靪［34］顶酊鼎［41］订钉2动词定锭腚碇

tʰ　　［313］听厅汀莛麦~儿，秆儿［53］廷亭婷葶苈棵［34］停庭蜓挺1~胸，~好艇䑩［41］挺2~尸

l　　［313］伶拎铃零绫［53］灵玲羚翎龄陵凌绫菱［34］苓岭囹领聆蛉棂垄1辆量词，一~车［41］令另［轻］粮乾~

ʦ　　［313］正1~月征徵~求蒸贞坚~不屈侦菁精睛晶旌筝经麻~儿真［34］井阱整拯掌手巴~儿［41］正2怔证症政净郑靖静甑小~儿酒［轻］杖担2~（北乡）仗爆~（北乡）

ʦʰ　　［313］青清晴1动词蜻鲭蛏~子称2~呼，~重量坑石［53］成城诚盛1程澄橙丞乘情晴2形容词惩［34］请呈逞骋承［41］秤亲2~家磬

ʃ　　［313］升昇阩星惺猩腥声馨［53］绳［34］省2反~醒擤［41］圣性姓胜盛2兴剩［轻］上①方位词，用于名词之后：山~②趋向动词，用在动词后：考~大学裳衣~

ɳ̥　　［53］宁咛拧1动词，扭转狞柠凝~望［34］拧2形容词，别扭，抵触娘闺~（女孩）［41］佞

c　　［313］京惊鲸经更2五~荆耕旌［34］茎竞境景憬璟警［41］径敬竟镜颈

cʰ　　［313］轻氢倾卿［53］擎噙~着泪［34］顷苘~麻［41］庆磬罄

ç　　［313］兴1~旺，许馨［53］行2邢形刑型［41］兴2高~杏幸

ø　　［313］应鹰蝇莹荧~~（勉强维持）萦莺营~生萤英瑛迎婴撄樱缨鹦盈嬴赢颖［53］营~长茔［34］影郢［41］凝~汤~成冻了硬映［轻］样和……~

uŋ

t　　［313］东冬中~间儿［34］董懂［41］冻栋~梁动洞恫峒胴侗重多么沉~儿

[轻] 衕① 过~（胡同）

tʰ	[313] 通 [53] 同桐铜童僮潼瞳彤 [34] 桶捅筒统 [41] 痛恸 [轻] □糊~：葱、蒜泥等变味	
n	[313] 浓 [53] 农浓哝侬奴驽 [34] 努 [41] 怒弄动词：~儿些什么营生？	
l	[313] 咙珑胧栊眬笼聋 [53] 龙隆窿 [34] 拢陇垄螂刀₁~（螳螂）[轻] 弄词尾	
ts	[313] 中₁仲忠钟盅终鐘宗综₂合棕踪鬃 [34] 总冢种₁名词：~类肿 [41] 中₂射~种₂动词：~树众纵重₁轻~粽新	
tsʰ	[313] 匆忽葱囱聪驄充衝要~忡春 [53] 从丛虫重₂复曾~孙子幢量词：一~碑 [34] 宠崇 [41] 冲说话~	
s	[313] 鬆~紧 [34] 耸怂悚 [41] 送宋诵□告~（告诉，诉说）	
k	[313] 工功攻公蚣宫弓躬供₁~不起恭龚 [34] 汞拱巩 [41] 贡共供₂上~（祭祀）茳水~儿（水草）	
kʰ	[313] 空₁~气,~瓢 [34] 孔恐 [41] 空₂闲~儿,~缺控	
x	[313] 哄₁很多人同时发声,喧哗烘轰薨 [53] 红虹鸿洪宏弘泓横₂~山儿（山名）[34] 哄₂~孩子同和 [41] 讧閧起~	
∅	[313] 翁嗡 [41] 瓮	

yŋ

l	[34] 垄₂
ʨ	[34] 囧炯迥窘
ɕ	[313] 嵩松讼 [41] 诵颂
c	[34] 窘
cʰ	[53] 穷琼穷邛崃山
ç	[313] 兄凶吉~兇~手汹匈胸雄₁形容词芎川~ [53] 熊①名词②形容词：坏，软弱雄₂名词：动物的精液 [41] □骗
∅	[313] 茸撋往前推拥痈融庸镕雍壅罋缨红~枪戎绒~包儿 [53] 戎绒条儿~,~毛

---

① 衕，《广韵》："徒红切，通街也。"又："徒弄切，通街。"按：莱阳方言今音"徒弄切"。

［34］永泳咏甬勇俑涌恿蛹踊臃壅容蓉溶冗荣［41］用佣

第四节　语流音变

一、连读变调

莱阳方言（老派）有 4 个单字调，双音节词语连读共有 16 种组合，连读变调后有 11 种组合出现多类读法，合并后连读变调实为 12 类，如表 2-4 所示。

表 2-4　莱阳方言两字组连读变调表

前字＼后字	阴平 313	阳平 53	上声 34	去声 41
阴平 313	（1）34+313 （5）32+34	（2）32+53 （5）32+34	（3）313+34（不变） （5）32+34	（4）32+41 （5）32+34
阳平 53	（7）53+313（不变） （8）32+313	（2）32+53	（5）32+34 （6）53+34（不变）	（9）53+41（不变） （10）34+41 （4）32+41
上声 34	（1）34+313（不变）	（11）34+53（不变） （2）32+53	（2）32+53 （5）32+34 （6）53+34	（10）34+41（不变） （4）32+41
去声 41	（12）41+313（不变） （8）32+313	（2）32+53	（5）32+34	（4）32+41

注：①表中相同的编号代表连读变调调式相同。②构词引起的变调不计算在内。（变调构词详见第四章第一节）③谓词前字儿化用于完成体时，通常恢复本调，不再出现连读变调。（详见第四章第三节）

连读变调后产生一个变调调值：32。12 类连读变调中，有的前字、后字都可以发生变调，连读变调情况比较复杂。根据前后字变调情况，共分 4 种类型：

（1）前后字都不变调，共 8 种：阴平＋上声（部分）、阳平＋阴平（部分）、阳平＋上声（部分）、阳平＋去声（部分）、上声＋阴平、上

声 + 阳平（部分）、上声 + 去声（部分）、去声 + 阴平（部分）。

（2）前后字都变调，共4种：阴平 + 阴平（部分）、阴平 + 阳平（部分）、阴平 + 去声（部分）、上声 + 上声（部分）。

（3）前字变调后字不变，共17种：阴平 + 阴平（部分）、阴平 + 阳平（部分）、阴平 + 上声（部分）、阴平 + 去声（部分）、阳平 + 阴平（部分）、阳平 + 阳平、阳平 + 上声、阳平 + 去声（部分）2类、上声 + 阳平（部分），上声 + 上声（部分）2类、上声 + 去声（部分）、去声 + 阴平（部分）、去声 + 阳平、去声 + 上声、去声 + 去声。

（4）前字不变调后字变的调型没有。

12类连读变调分别举例如下（序号依表2-4）：

（1）34+313 此类有：阴平 + 阴平、上声 + 阴平（不变）。例如：

① 阴平 + 阴平：羊毛 ₁iaŋ³⁴mɔ³¹³，乾 ₁爹 kæ̃³⁴tiɤ³¹³，磨 ₁刀 ₁mɤ³⁴tɔ³¹³，生人 səŋ³⁴iən³¹³ 陌生人

② 上声 + 阴平：养猫 iaŋ³⁴mɔ³¹³，两身儿 liaŋ³⁴ʃiənɻ³¹³，买鱼 me³⁴y³¹³，起空 ₁cʰi³⁴kʰuŋ³¹³ 腾空

（2）32+53 此类有：阴平+阳平、阳平+阳平、上声+阳平、上声+上声、去声+阳平。例如：

① 阴平 + 阳平：开学 kʰe³²çyɤ⁵³，爹娘 ₂tiɤ³²ŋiaŋ⁵³，山头儿 sæ̃³²tʰəuɻ⁵³，麻绳儿 ma³²ʃiəŋɻ⁵³

② 阳平 + 阳平：铜钱 tʰuŋ³²tʃʰiæ̃⁵³，茶壶 tsʰa³²xu⁵³，爬墙 pʰa³²tʃʰiaŋ⁵³，皮条 pʰi³²tʰiɔ⁵³

③ 上声 + 阳平：口粮 kʰəu³²liaŋ⁵³，水 ₁壶 suəi³²xu⁵³，显灵 çiæ̃³²liəŋ⁵³，有毒 iəu³²tu⁵³

④ 上声 + 上声：早起儿 tsɔ³²cʰiɻ⁵³，死水 ₁sɿ³²suəi⁵³，底火儿 ti³²xuɻɻ⁵³，把手儿 pa³²ʃiəuɻ⁵³

⑤ 去声 + 阳平：上学 ʃiaŋ³²çyɤ⁵³，散 ₂席 sæ̃³²ʃi⁵³，算钱 sæ̃³²tʃʰiæ̃⁵³，入伏 y³²fu⁵³

（3）313+34 此类有：阴平 + 上声（不变）。例如：

阴平 + 上声：乾 ₁草 kæ̃³¹³tsʰɔ³⁴，留种 ₁ləu³¹³tsuŋ³⁴，羊奶 ₃iaŋ³¹³ne³⁴，

毛₁笔 mɔ³¹³pi³⁴

（4）32+41 此类有：阴平+去声、阳平+去声、上声+去声、去声+去声。例如：

①阴平+去声：阴历 iən³²li⁴¹，仙鹤 ʃyæ̃³²xuɤ⁴¹，磨₁墨 mɤ³²mɤ⁴¹，霜降 suaŋ³²ciaŋ⁴¹

②阳平+去声：拾粪 ʃi³²fən⁴¹，锄地 tsʰu³²ti⁴¹，如数₂儿 y³²suɤ⁴¹，学费 çyɤ³²fəi⁴¹ ₓ，白麵 pɤ³²miæ̃⁴¹ ₓ，寒露₁ xæ̃³²lu⁴¹

③上声+去声：八路 八路军 pa³²lu⁴¹，韭菜 ciəu³²tsʰe⁴¹，吃饭 ʧʰi³²fæ̃⁴¹，板凳儿 pæ̃³²təŋɤ⁴¹

④去声+去声：坐轿 tsuɤ³²ciɔ⁴¹，布票儿 pu³²pʰiɔɤ⁴¹，闰月 yən³²yɤ⁴¹，地气 ti³²ʧʰi⁴¹ 风水（宝地）

（5）32+34 此类有：阴平+阴平、阴平+阳平、阴平+上声、阴平+去声、阳平+上声、上声+上声、去声+上声。例如：

①阴平+阴平：心焦 ʃiən³²ʧiɔ³⁴，当₁门儿 taŋ³²mənɤ³⁴，遮些儿 ʧiɤ³²ʃiɤ³⁴，营生 iən³²sən³⁴ ₓ

②阴平+阳平：饕逸 tʰɔ³²tsʰæ̃³⁴，风头儿 fəŋ³²tʰəuɤ³⁴，安排 æ̃³²pʰe³⁴，望头儿 uaŋ³²tʰəuɤ³⁴

③阴平+上声：端午 taŋ³²u³⁴，生铁 sən³²tʰiɤ³⁴，尊长₁tsən³²ʧiaŋ³⁴，酸枣儿 sæ̃³²tsɔɤ³⁴

④阴平+去声：耽误 taŋ³²u³⁴，生日 sən³²i³⁴，馀数₂儿 y³²suɤ³⁴，泥₁块 mi³²kʰue³⁴ ₓ

⑤阳平+上声：拾草 ʃi³²tsʰɔ³⁴，苹果 pʰiəŋ³²kuɤ³⁴，抬水₁tʰe³²suəi³⁴，团长₁tʰæ̃³²ʧiaŋ³⁴ ₓ，淘米 tʰɔ³²mi³⁴，鞋底儿 çie³²tiɤ³⁴，甜枣儿 tʰiæ̃³²tsɔɤ³⁴ ₓ，穷种₁ cʰyŋ³²tsuŋ³⁴ ₓ

⑥上声+上声：水₁碗儿 suəi³²uæ̃ɤ³⁴，打闪 ta³²ʃiæ̃³⁴，土改 tʰu³²ke³⁴，请客 ʧʰiən³²kʰɤ³⁴，榖雨 ku³²y³⁴，小狗儿 ʃiɔ³²kəuɤ³⁴，好说 xɔ³²ʃyɤ³⁴ ₓ，小手儿 ʃiɔ³²ʃiəuɤ³⁴ ₓ

⑦去声+上声：漾奶 ₃iaŋ³²ne³⁴，大₂雨 ta³²yu³⁴，兑水₁ təi³²suəi³⁴，入草 y³²tsʰɔ³⁴

（6）53+34 此类有阳平+上声、上声+上声。应指出的是，部分字组的前字有两种变调，可以自由变读，其中的变调式32+34与第（5）类相同，例如：

①阳平+上声：团长₁ tʰæ̃⁵³tʃiaŋ³⁴又，陈米 tʃʰiən⁵³mi³⁴，白吃 pɤ⁵³tʃʰi³⁴，甜枣儿 tʰiæ̃⁵³tsɔɻ³⁴又

②上声+上声：胆敢 tæ̃⁵³kæ̃³⁴，小写儿 ʃiɔ⁵³ʃiɤɻ³⁴，好说 xɔ⁵³ʃyɤ³⁴又，小手儿 ʃiɔ⁵³ʃiəuɻ³⁴又

（7）53+313 此类有：阳平+阴平（不变）。例如：

阳平+阴平：决分₁ cyɤ⁵³fən³¹³，拔牙 pa⁵³ia³¹³又，平安 pʰiəŋ⁵³æ̃³¹³，鞋帮儿 çie⁵³paŋɻ³¹³又

（8）32+313 此类有：阳平+阴平、去声+阴平。例如：

①阳平+阴平：红麻 xuŋ³²ma³¹³，鞋帮儿 çie³²paŋɻ³¹³又，拔牙 pa³²ia³¹³又，石灰 ʃi³²xuəi³¹³

②去声+阴平：变天 piæ̃³²tʰiæ̃³¹³，下班儿 çia³²pæ̃ɻ³¹³，立秋 li³²tʃʰiəu³¹³，上梁 ʃiaŋ³²liaŋ³¹³

（9）53+41 此类有：阳平+去声（不变）。例如：

阳平+去声：肥瘦儿 fəi⁵³səuɻ⁴¹，杂费 tsa⁵³fəi⁴¹，学费 çyɤ⁵³fəi⁴¹又，白麵 pɤ⁵³miæ̃⁴¹又

（10）34+41 此类有：阳平+去声、上声+去声（不变）。例如：

①阳平+去声：嘲₂笑 tʃʰiɔ³⁴ʃiɔ⁴¹，极力 ci³⁴li⁴¹，得数儿 tɤ³⁴suɻ⁴¹，强₂项儿 cʰiaŋ³⁴çiaŋɻ⁴¹

②上声+去声：八路公交车 pa³⁴lu⁴¹，死犟 sʅ³⁴ciaŋ⁴¹，狗叫₂ kəu³⁴ciɔ⁴¹，杆儿秤 kæ̃ɻ³⁴tʃʰiəŋ⁴¹

（11）34+53 此类有：上声+阳平（不变）。例如：

上声+阳平：手疼 ʃiəu³⁴tʰəŋ⁵³，死活 sʅ³⁴xuɤ⁵³，铁桥 tʰiɤ³⁴cʰiɔ⁵³又，小学儿 ʃiɔ³⁴çyɤɻ⁵³又

（12）41+313 此类有：去声+阴平（不变）。例如：

去声+阴平：菜园 tsʰe⁴¹yæ̃³¹³，裤腰 kʰu⁴¹iɔ³¹³，後窗 xəu⁴¹tsʰuaŋ³¹³，二梁 ɚ⁴¹liaŋ³¹³

为了方便比较，下面列出若干组有变调的字组（序号依表2-4），做出比较附列如下：

（1）阴平 + 阴平、上声 + 阴平合并为 34+313。例如：

凉 liaŋ^{313} ≠ 两 liaŋ^{34}：凉心 = 两心 liaŋ^{34}ɕiən^{313}

羊 iaŋ^{313} ≠ 养 iaŋ^{34}：羊毛₁ = 养猫 iaŋ^{34}mɔ^{313}

（2）阴平 + 阳平、阳平 + 阳平、上声 + 阳平、上声 + 上声、去声 + 阳平合并为 32+53。例如：

合 xuɤ^{53} ≠ 伙 xuɤ^{34}：合房 = 伙房 xuɤ^{32}faŋ^{53}

梯 tʰi^{313} ≠ 题 tʰi^{53} ≠ 体 tʰi^{34}：梯形儿 = 题型儿 = 体形儿 tʰi^{32}ɕiəŋ^{53}

（4）阴平 + 去声、阳平 + 去声、上声 + 去声、去声 + 去声合并为：32+41。例如：

夹 cia^{34} ≠ 嫁 cia^{41}：夹和₂ = 嫁祸 cia^{32}xuɤ^{41}

（5）阴平 + 阴平、阴平 + 阳平、阴平 + 上声、阴平 + 去声、阳平 + 上声、上声 + 上声、去声 + 上声合并为 32+34。例如：

银 iən^{53} ≠ 寅 iən^{34}：银虎 = 寅虎 iən^{32}xu^{34}

团 tʰæ̃^{53} ≠ 探 tʰæ̃^{41}：团长₁ = 探长₁tʰæ̃^{32}ʧiaŋ^{34}

午 u^{34} ≠ 误 u^{41}：端午 = 耽误 taŋ^{32}u^{34}

半 pæ̃^{41} ≠ 扳 = 搬 pæ̃^{313}、岛 = 倒 ₁tɔ^{34} ≠ 到 tɔ^{41}：半岛 = 扳倒₁ = 搬到 pæ̃^{32}tɔ^{34}

（6）阳平 + 上声、上声 + 上声合并为 53+34。例如：

糊 xu^{53} ≠ 虎 xu^{34}：糊口 = 虎口老虎的嘴 xu^{53}kʰəu^{34}

骑 cʰi^{53} ≠ 起 cʰi^{34}：骑马儿 = 起码儿 cʰi^{53}mar^{34}

（10）阳平 + 去声、上声 + 去声合并为 34+41。例如：

活 xuɤ^{53} ≠ 火 xuɤ^{34}：活页 = 火热 xuɤ^{34}iɤ^{41}

二、轻声

莱阳方言里的轻声变调主要有两类：一类只有声调发生变化，另一类不仅声调发生变化，声母、韵母也会发生变化。

（一）两字组轻声词的变调

莱阳方言两字组后字轻声的音节受前字影响，调值轻重有所不同，例如：摊子 $tʰæ^{313-31}tə^1$、坛子 $tʰæ^{53-34}tə^2$、毯子 $tʰæ^{34-32}tə^4$、探子 $tʰæ^{41}tə^2$。变调情况如表 2-5 所示。

表 2-5　莱阳方言轻声变调表

前字＼后字	阴平 313	阳平 53	上声 34	去声 41
阴平 313	（1）32+2 （2）32+4	（1）32+2 （3）34+21	（4）31+1 （3）34+21	（1）32+2
阳平 53	（3）34+21	（5）34+2 （6）53+4	（5）34+2 （6）53+4	（3）34+21
上声 34	（2）32+4	（2）32+4 （5）34+2	（2）32+4 （6）53+4	（2）32+4
去声 41	（7）41+2 （5）34+2	（8）41+21 （5）34+2	（7）41+2 （5）34+2	（8）41+21 （6）53+4 （5）34+2

下面按表 2-5 的序号分别举例。

（1）32+2　此类的本调分别为：阴平＋阴平、阴平＋阳平、阴平＋去声。

东家 $tuŋ^{313-32}ciɑ^2$，生分 $_1səŋ^{313-32}fən^2$，爹爹 $tiɤ^{313-32}tiɤ^2$，哥哥 $kuɤ^{313-32}kuɤ^2$，砖头 $tsuæ̃^{313-32}tʰəu^2$，书房_{学校} ʂy$^{313-32}$faŋ^2，欺负 $ɕʰi^{313-32}fu^2$

（2）32+4　此类的本调分别为：阴平＋阴平（此类主要是动词重叠式）、上声＋阴平、上声＋阳平、上声＋上声、上声＋去声。

分₁分 $_1fən^{313-32}fən^4$，迎迎 $iəŋ^{313-32}iəŋ^4$，凉凉 $liaŋ^{313-32}liaŋ^4$，访听 $faŋ^{34-32}tʰiəŋ^4$，祖宗 $tsu^{34-32}tsuŋ^4$，保人 $pɔ^{34-32}iən^4$，骨头 $ku^{34-32}tʰəu^4$，指头儿_{指望} $tʂɿ^{34-32}tʰəuɻ^4$，老实 $lɔ^{34-32}ʂi^4$，椅子 $i^{34-32}tə^4$，篓子 $ləu^{34-32}tə^4$，米尺 $mi^{34-32}tʂʰɿ^4$，伙家 $xuɤ^{34-32}ciɑ^4$，福气 $fu^{34-32}tɕʰi^4$，买卖 $me^{34-32}me^4$

（3）34+21　此类的本调分别为：阴平＋阳平、阴平＋上声、阳平＋阴平、阳平＋去声。

麻烦 $ma^{313-34}fæ̃^{21}$，多少 $tuɤ^{313-34}ʂʏ^{21}$，前年 $tɕʰiæ̃^{53-34}ŋiæ̃^{21}$，学生 $ɕyɤ^{53-}$

^{34}səŋ^{21}，寻思 ʃiən$^{53\text{-}34}$sʅ^{21}，行₁市 xaŋ$^{53\text{-}34}$sʅ^{21}，黄历 xuaŋ$^{53\text{-}34}$li^{21}，长₂处₂ʧʰiaŋ$^{53\text{-}34}$ʧʰy^{21}

（4）31+1 此类的本调为：阴平+上声。

雲彩 yən$^{313\text{-}31}$tsʰe^1，生产 səŋ$^{313\text{-}31}$sæ̃^{1}，刀₁子 tɔ$^{313\text{-}31}$tə^1，公子 kuŋ$^{313\text{-}31}$tə^1

（5）34+2 此类的本调分别为：阳平+阳平、阳平+上声、上声+阳平（前字不变调）、去声+阴平、去声+阳平、去声+上声、去声+去声。

长₂虫 ʧʰiaŋ$^{53\text{-}34}$tsʰuŋ^2，石头 ʃi$^{53\text{-}34}$tʰəu^2，匏子 pa$^{53\text{-}34}$tə^2，十五节日 ʃi$^{53\text{-}34}$u^2，胰子 i$^{53\text{-}34}$tə^2，指头手指 tsʅ^{34}tʰəu^2，釜台 fu^{34}tʰe^2，外甥 ue$^{41\text{-}34}$səŋ^2，顺当₁ suən$^{41\text{-}34}$taŋ^2，後年 xəu$^{41\text{-}34}$ŋiæ̃^{2}，砚台 iæ̃$^{41\text{-}34}$tʰe^2，棒槌儿 paŋ$^{41\text{-}34}$tsʰuəɻ^2，露₁水₁儿 lu$^{41\text{-}34}$suəɻ^2，豆腐 təu$^{41\text{-}34}$fu^2，漏子 ləu$^{41\text{-}34}$tə^2，办法儿 pæ$^{41\text{-}34}$faɻ^2，动见儿 tuŋ$^{41\text{-}34}$ʧiæ̃ɻ^2，道士 tɔ$^{41\text{-}34}$sʅ^2

（6）53+4 此类的本调分别为：阳平+上声（前字不变调）、阳平+阳平（前字不变调）、上声+上声、去声+去声。（后三类主要是动词重叠式）

头昫儿 tʰəu^{53}ʃiaŋɻ^4，同情 tʰuŋ^{53}ʧʰiəŋ^4，前头儿 ʧʰiæ̃^{53}tʰəuɻ^4，拾拾 ʃi^{53}ʃi^4，抬抬 tʰe^{53}tʰe^4，挖挖 ua$^{34\text{-}53}$ua^4，躺躺 tʰaŋ$^{34\text{-}53}$tʰaŋ^4，烫烫 tʰaŋ$^{41\text{-}53}$tʰaŋ^4，动动 tuŋ$^{41\text{-}53}$tuŋ^4

（7）41+2 此类的本调分别为：去声+阴平（前字不变调）、去声+上声（前字不变调）。

意思 i^{41}sʅ^2，夏天 çia^{41}tʰiæ̃^{2}，日子 i^{41}tə^2，戒子儿 cie^{41}təɻ^2，个子 kuɤ^{41}tə^2，舅母 ciəu^{41}mu^2

（8）41+21 此类的本调分别为：去声+阳平（前字不变调）、去声+去声（前字不变调）。

日头儿 i^{41}tʰəuɻ^{21}，太₂平 tʰe^{41}pʰiəŋ^{21}，木头 mu^{41}tʰəu^{21}，透灵 tʰəu^{41}liəŋ^{21}，正₂屋 ʧiəŋ^{41}u^{21}，破费 pʰɤ^{41}fəi^{21}

（二）两字组轻声词的变韵

莱阳方言两字组轻声后字的韵母也会发生变化，常见的有如下几种类型：

（1）后响复韵母常常丢失主要元音，保留介音。例如：

i ＜ ia　地下 ti$^{41-34}$ɕi^2，留下 ləu$^{313-32}$ɕi^2，庄稼 tsuaŋ$^{313-32}$ci^2，人家₂ iən$^{313-34}$ci^2（ən$^{534-34}$ci^2 ₍北乡₎）

i ＜ iɤ　大₂姐 ta$^{41-34}$tʃi^{21}，扚扯 tɔ$^{313-32}$·tʃʰi，割舍 ka$^{34-32}$ʃi^4，强₂些 cʰiaŋ$^{53-34}$ʃi^{21}，好些 xɔ$^{34-32}$ʃi^4，姥爷 ₅lɔ$^{34-32}$i^2，亲热 tʃʰiən$^{313-32}$ i^2，蝴蝶儿 xu$^{52-34}$tiɤ^2

i ＜ iən　点₂心 tiæ̃$^{34-32}$ʃi^4，翻新₍特指旧房拆建₎ fæ̃$^{313-32}$ʃi^2

u ＜ ua　黄瓜 xuaŋ$^{53-34}$ku^2，番瓜 faŋ$^{313-32}$ku^2，茭瓜 ciɔ$^{313-32}$ku^2

u ＜ uɤ　利索₍利著₎ li^{41}su^2，忙活 maŋ$^{313-32}$xu^4，疑惑 i$^{53-34}$xu^2，调₂和 tʰiɔ$^{53-34}$xu^2，暖和 nɔ$^{34-32}$xu^4/ lɔ$^{34-32}$xu^4

y ＜ yɤ　裂绝 liɤ^{41}cy^{21}

（2）鼻韵母主要元音央化。例如：

ən ＜ æ̃　叫₂唤 ciɔ^{41}xuən^{21}，使唤 sɿ$^{34-32}$xuən^4，场院 tʃʰiaŋ$^{53-34}$uən^2

əŋ（ən）＜ aŋ　乾₁粮 kæ̃$^{313-32}$liəŋ^2，漂亮 pʰiɔ^{41}liəŋ^2，闺娘 kuən$^{313-32}$ȵiəŋ^2，衣裳 i$^{313-32}$ʃiəŋ^2，天上 tʰiæ̃$^{313-32}$ʃiəŋ^2，巴掌 pa$^{313-31}$tʃiəŋ^1，擀杖 kæ̃$^{34-32}$tʃiəŋ^2 ₍北乡₎，爆仗 pɔ^{41}ʃiəŋ^2 ₍北乡₎，（团旺 tʰaŋ$^{53-34}$·uən）

（3）鼻韵母主要元音前化。例如：

æ̃ ＜ ən　囤囤 xu$^{53-34}$læ̃^{2}；偏沉 pʰiæ̃$^{313-32}$tʃʰiæ̃^{2} ₍北乡₎

aŋ ＜ əŋ（ən）　节令儿 tʃiɤ$^{34-32}$liaŋɤ^4，鲜灵 ʃyæ$^{313-32}$liaŋ^2，精灵儿 tʃiəŋ$^{313-32}$liaŋ^2，周正 tʃiəu$^{313-32}$tʃiaŋ^2，苍蝇 tsʰaŋ$^{313-32}$iaŋ^2，中₁荆 tsuŋ$^{313-32}$ciaŋ^2，（头晕 tʰəu^{53}·iaŋ）

（4）主要元音裂化为前响复韵母。例如：

əu ＜ u　葫芦 xu$^{53-34}$ləu^2，嫌乎 ɕiæ$^{53-34}$xəu^2

əu ＜ ɔ　核桃 xɤ$^{53-34}$tʰəu^2，火烧 xuɤ$^{34-32}$ʃiəu^4

əu ＜ i　修理 ʃiəu$^{313-31}$ləu^1，直立 tʃi$^{53-34}$ləu^2

əu ＜ uɤ　耳朵 ɚ$^{34-32}$təu^4，笤笤 pʰu$^{34-32}$ləu^4

（5）其他：

u ＜ a　头髪₂tʰəu$^{53-34}$fu^2

u＜ɤ 老婆 lɔ³⁴⁻³²·pʰu，胳膊 kɤ³⁴⁻³²pu⁴（kɤ³⁴⁻³²pa²_{北乡}）

ɤ＜ɔ 推刨 ₂tʰəi⁵³⁴⁻³²pʰɤ²_{北乡}

yɤ＜iɔ 多少 tuɤ³¹³⁻³⁴ʃyɤ²¹

iən＜i 亲₁戚 tɕʰiən³¹³⁻³²tɕʰiən²

iæ̃＜yæ̃ 姻缘 iən³¹³⁻³²iæ̃²/iən³¹³⁻⁵³iæ̃⁴

iæ̃＜iən 如今 y⁵³⁻³⁴ciæ̃²¹

iən＜iəŋ 黏腥 ȵiæ̃³¹³⁻³²ʃiən²，豆腥 təu⁵³⁻³⁴ʃiən²，泥₁腥 mi³¹³⁻³²ʃiən²，身上 ʃiən³¹³⁻³²ʃiən²/ʃiən³¹³⁻³²ʃiəŋ²

（三）两字组轻声词的变声

l＜t 兄弟 çyŋ³¹³⁻³²lə²，到底 tɔ⁴¹⁻³²lə²_{（~是哪么个营生儿?）}

t＜ts 沉重儿_{分量} tɕʰiən⁵³tuɲ²¹，河中间儿 xuɤ⁵³tuɲ²ciæ̃³¹³⁻³²·ɚ。

三、儿化

莱阳方言的 36 个韵母，除原来的卷舌韵母 əɤ 外，都可以儿化。儿化的方式都是韵母卷舌，本文一律在韵母后加 -ɤ 表示卷舌。

（一）儿化韵母与基本韵母的关系

根据韵母卷舌的变化形式，莱阳方言的儿化韵母可以分为 5 类：

（1）韵母 ʅ i u y, a ia ua, ɤ iɤ uɤ yɤ, ɔ iɔ, əu iəu 儿化时，韵母直接加卷舌动作。例如：

iɤ＜ʅ 树枝儿 鸡翅儿 瓜子₂儿

iɤ＜i 米粒儿 小鸡儿 净理儿

uɤ＜u 猪肚₁儿 小屋儿 小姑儿

yɤ＜y 喜蛛儿 小雨儿 成宿儿

aɤ＜a 鞋鞡儿 一查儿 刀₁欛儿

iaɤ＜ia 豆芽儿 咱俩儿 小虾儿

uaɤ＜ua 鸡爪儿 说话₂儿 红花儿

ɤɤ＜ɤ 老婆儿 小钵儿 傍黑儿

iɤɤ＜iɤ 树叶儿 小车₁儿 字帖儿

uɤɤ＜uɤ 唱歌儿 课桌儿 出错儿

yɤr ＜ yɤ 豆角儿 小雪儿 家雀儿

ɔr ＜ ɔ 蹦高儿 小道儿 洗澡儿

iɔr ＜ iɔ 跑调₁儿 小瓢₁儿 小桥儿

əur ＜ əu 布兜儿 小狗儿 耍猴儿

iəur ＜ iəu 流油儿 老秋儿 打球儿

（2）韵母 e ie ue 儿化时，其主要元音的音值同时发生变化：e ＞ æ。例如：

ær ＜ e 锅盖儿 鞋带儿 苦菜儿

iær ＜ ie 台阶儿 小鞋儿 小南街儿

uær ＜ ue 一块儿 碗筷儿 墙外儿

（3）韵母 æ̃ iæ̃ uæ̃ yæ̃ 儿化时，鼻音丢失。例如：

ær ＜ æ̃ 做饭儿 花瓣儿 门槛儿

iær ＜ iæ̃ 好脸儿 鞋垫儿 鼻筒眼儿

uær ＜ uæ̃ 小碗儿 撒欢儿 耳环儿

yær ＜ yæ̃ 跳远儿 画圈₂儿 批卷₂儿

（4）韵母 əi uəi nei yən iən yən 儿化时，韵尾 -i、-n 丢失，例如：

ər ＜ əi 刀₁背儿 一对儿 麦穗儿

ər ＜ nə 打盹儿 墙根儿 大₂门儿

uər ＜ uəi 对味儿 小锤儿 喝水₁儿

uər ＜ uən 花纹儿 打滚儿 树棍儿

iər ＜ iən 菜心儿 论₂斤儿 好人儿

yər ＜ yən 合群儿 话₂音儿 铆榫儿

（5）韵母 ɑŋ iɑŋ uɑŋ, əŋ iəŋ uŋ yŋ 儿化时，韵母直接加卷舌动作，主要元音都轻度鼻化，本文记作 -ŋr。

ɑŋr ＜ ɑŋ 帮忙儿 小疮儿 赶趟儿

iɑŋr ＜ iɑŋ 头晌儿 卖唱儿 对象儿

uɑŋr ＜ uɑŋ 天窗儿 小筐儿 奖状儿

əŋr ＜ əŋ 水₁泵儿 小坑儿 老等儿（鱼鹰）

iəŋr ＜ iəŋ 蛋青儿 窗棂儿 光₁景儿

uŋɾ＜uŋ 酒盅儿 窟窿儿 进贡儿

yŋɾ＜yŋ 红缨儿 大₂兄儿 耍熊儿

除了上述 5 类外，还有例外现象：

ɚ＜i/u/ɤ 猜谜儿，媳妇儿，这不儿，两个儿，小老婆儿_{斥责孩童时的爱称}

iɚ＜i 玩意儿

uɚ＜u 样数₂儿_{种类}

从上述可以看出，儿化时有的韵母需要改变主要元音音值或丢掉韵尾，导致一些原来不同的韵母儿化后变得相同，基本韵母儿化后有 6 组韵母合并，每组各举 1 例如下（注音略去轻声音节［·ɾə］）：

牌儿＝盘儿 pʰæɾ，秸儿＝间儿 ciæɾ，拽儿＝转₂儿 tsuæɾ，对儿＝顿儿 tɚ，鬼儿＝滚儿 kuɚ，枝儿 tsiɾ、鸡儿 ciɾ 的儿化韵母相同

因此，莱阳方言共有 30 个儿化韵母，他们与基本韵母的关系如表 2-6。表中先列儿化韵母，括号里是该儿化韵母的基本韵母。

表 2-6 莱阳方言儿化韵母表

开口呼	齐齿呼	合口呼	撮口呼
iɾ（＜ɿ）	iɾ（＜i）	uɾ（＜u）	yɾ（＜y）
aɾ（＜a）	iaɾ（＜ia）	uaɾ（＜ua）	
ɔɾ（＜ɔ）	iɔɾ（＜ɔ）		
ɤɾ（＜ɤ）	iɤɾ（＜iɤ）	uɤɾ（＜uɤ）	yɤɾ（＜yɤ）
æɾ（＜e æ）	iæɾ（＜ie iæ）	uæɾ（＜ue uæ）	yæɾ（＜yæ）
əɾ（＜əi ne ɾə）	iəɾ（＜iən）	uəɾ（＜uəi uən）	yəɾ（＜yən）
əuɾ（＜əu）	iəuɾ（＜iəu）		
aŋɾ（＜aŋ）	iaŋɾ（＜iaŋ）	uaŋɾ（＜uaŋ）	
əŋɾ（＜əŋ）	iəŋɾ（＜iəŋ）	uŋɾ（＜uŋ）	yŋɾ（＜yŋ）

（二）儿化的构词特点

1. 儿尾词 [·ɹə]

莱阳方言的儿化构词有一个不同于普通话的特点：名词性儿化词都可以附加上自成音节的儿尾词 [·ɹə]。单音节词儿化后，通常要带上儿尾词 [·ɹə] 才能单说，例如：

事儿 sʅɹ$^{41-34}$·ɹə，蹄儿 tʰiɹ$^{53-34}$·ɹə，把儿 paɹ$^{34-32}$·ɹə，芽儿 iaɹ^{313}·ɹə，爪儿 tsuaɹ$^{34-32}$·ɹə，坡儿 pʰɤɹ^{313}·ɹə，褶儿 tʃiɹ$^{34-32}$·ɹə，活儿 xuɤɹ$^{53-34}$·ɹə，雀儿 tʃʰyɤɹ$^{34-32}$·ɹə，布儿 puɹ^{41}·ɹə，鱼儿 yɹ^{313}·ɹə，盖儿 kæɹ^{41}·ɹə，街儿 ciæɹ^{313}·ɹə，块儿 kʰuæɹ^{41}·ɹə，瓣儿 pæɹ$^{41-34}$·ɹə，燕儿 iæɹ^{41}·ɹə，船儿 tsʰuæɹ$^{53-34}$·ɹə，圈$_2$儿 cʰyæɹ^{313}·ɹə，杯儿 pəɹ^{313}·ɹə，水$_1$儿 suəɹ$^{34-32}$·ɹə，村儿 tsʰəɹ^{313}·ɹə，信儿 ʃiəɹ^{41}·ɹə，棍儿 kuəɹ^{41}·ɹə，俊儿 tʃyəɹ^{41}·ɹə，笑儿 ʃiɔɹ^{41}·ɹə，嫂儿 sɔɹ$^{34-32}$·ɹə，走儿 tsɔuɹ$^{34-32}$·ɹə，酒儿 tʃiɔuɹ$^{34-32}$·ɹə，汤儿 tʰaŋɹ^{313}·ɹə，箱儿 ʃiaŋɹ^{313}·ɹə，双$_2$儿 suaŋɹ^{53}·ɹə，缝儿 fəŋɹ$^{53-34}$·ɹə，影儿 iəŋɹ$^{34-32}$·ɹə，洞儿 tuŋɹ$^{41-34}$·ɹə，蛹儿 yŋɹ$^{34-32}$·ɹə

有些单音节词只有儿化形式，单说时，儿尾词 [·ɹə] 通常也不得省略。例如：

袖儿 ʃiɔuɹ$^{41-34}$·ɹə 袖子，兄儿 ɕyŋɹ$^{313-32}$·ɹə 弟弟，豆儿 tɔuɹ$^{41-34}$·ɹə 豆子，场儿 tʃʰiaŋɹ$^{34-32}$·ɹə 地方

多音节词语儿化后，后面的儿尾词 [·ɹə] 则可有可无，例如：

马蹄儿 ma$^{34-32}$tʰiɹ^{53}（·ɹə），咱俩儿 tsa^{53}liaɹ^{34}（$^{-32}$·ɹə），大$_2$舅儿 ta$^{41-32}$ciɔuɹ^{41}（·ɹə），小马蹄儿 ʃiɔ^{34}ma$^{34-32}$tʰiɹ^{53}（·ɹə），小饼儿 ʃiɔ$^{34-53}$piəŋɹ^{34}（$^{-32}$·ɹə），小马蹄子儿 ʃiɔ^{34}ma$^{34-32}$tʰi$^{53-34}$·təɹ（·ɹə），小辫子儿 ʃiɔ$^{34-32}$piæ^{34}·təɹ（·ɹə），没$_2$有脸儿 mu$^{41-32}$·iəu liæ̃ɹ^{34}（$^{-32}$·ɹə）不好意思（没$_2$有脸 mu$^{41-32}$·iəu liæ̃^{34} 不知羞）

除了儿化构成名词的构词作用外，莱阳方言谓词的完成体也可以用儿化形式表示，即儿化还有构形作用——谓词（动词和形容词）儿化，相当于"谓词+了"。（关于儿化的构形作用详见第四章第三节）儿化构形时，不论单音节词还是多音节词语，都不允许使用儿尾词 [·ɹə]。试比较：

短儿：

儿化构词：说话₂专门儿揭短儿 tær³⁴⁻³²·rə，真不是个东西！

儿化构形：短儿 tæ̃r³⁴ 三公分

火儿：

儿化构词：兄弟，借个火儿 xuʁr³⁴⁻³²·rə

儿化构形：他当₁场就火儿 xuʁr³⁴ 了

跑儿：

儿化构词：天着天儿早起跑跑儿 pʰɔr³⁴⁻³²·rə

儿化构形：个猫跑儿 pʰɔr³⁴ 屋顶儿上去了

此外，单音节谓词儿化构形、多音节谓词前字儿化构形时，儿化词一律读本调。略举数例如下：

支儿 tsʅr³¹³ 50 块钱，贩儿 fær⁴¹ 些苹果，嫁儿 ciar⁴¹ 个穷主儿

糊墙 xu⁵³⁻³² tɕʰiaŋ⁵³：些报纸都糊儿墙 xur⁵³ tɕʰiaŋ⁵³

开箱 kʰe³¹³⁻³⁴ ʃiaŋ³¹³：夜来就开儿箱 kʰer³¹³ ʃiaŋ³¹³ 了

2. 儿化构词的泛化

莱阳方言里，除了普通名词可以儿化外，专有名词如人名、地名以及量词、象声词等也都可以儿化。

专有名词中的人名儿化非常普遍，可以是姓氏直接儿化，例如：王儿 uaŋr⁵³⁻³⁴·rə、孙儿 sənr³¹³·rə、高儿 kɔr³¹³·rə 等；也可以是全名的末字儿化，例如：李明国儿 li³⁴·miəŋ kuʁr³⁴（⁻³²·rə）、刘丽娥儿 ləu⁵³⁻³⁴·li uʁr⁴¹（·rə）。

地名儿化在北乡很常见，例如：汪家庄儿 uaŋ⁵³⁴·cia tsuaŋr⁵³⁴（·rə）= uaŋəŋ⁵³⁴⁴ tsuaŋr⁵³⁴（·rə）、唐家庄儿 tʰaŋəŋ⁵³⁴⁴·tsuaŋr⁵³⁴（·rə）、我乐₁儿 uʁ³⁴⁻³² luʁr⁴¹（·rə）。城区、南乡的村名一般不儿化，村名中的"庄"字变读为轻声，同时变韵，例如：董格庄₂ tuŋ³⁴⁻³²·kə·tsəŋ = tuŋuŋ³⁴³·tsəŋ、留格庄₂ ləu³¹³⁻³²·kə·tsəŋ = ləuəu³¹³³·tsəŋ。

量词儿化主要指的是名量词儿化，例如：个儿、两儿、斤儿、块儿、双₂儿、亩儿地 mur³⁴·lə 一亩地 等。动量词单用时一般不儿化，动量词重叠后可以儿化，强调"每次都是如此"，重叠方式可以是 A 儿 A 儿或者 AA 儿，二者意思完全相同。例如：

末儿末儿 mɤɹ⁴¹mɤɹ⁴¹（＝末末儿 mɤ⁴¹mɤɹ⁴¹）考第一

遭儿遭儿 tsɔɹ³¹³tsɔɹ³¹³（＝遭遭儿 tsɔ³¹³⁻³²tsɔɹ³¹³⁻³⁴）不在家

打扑克儿把儿把儿 paɹ³⁴paɹ³⁴（＝把把儿 pa³⁴⁻⁵³paɹ³⁴）输

方言里的象声词通常都可以儿化，例如：

累₂得呼儿呼儿 xuɹ³¹³xuɹ³¹³ 直喘

嗤儿嗤儿 tsʰɿɹ³¹³tsʰɿɹ³¹³ 把块布裂₁开了

照着脸上口儿口儿 pʰiaɹ⁴¹pʰiaɹ⁴¹ 两巴掌

方位短语"名词／代词＋裏"的"裏"通常也要儿化。例如：

剪子纔刚儿稳儿到 uənɹ³⁴ 哪儿裏 naɹ³⁴ 去了？

——恁纔刚儿上谁家儿裏 ciaɹ³¹³ 来？

——俺就逮在（＝改在）这₁儿裏 tʂɿɹ³⁴⁻³²·rə。

他手儿裏 ʃiəuɹ³⁴ 有的是钱

个狗关儿逮在厢屋裏 ·u·lə（＝屋儿 ·uɹ）

这种表达形式在城区、南乡有限制条件：句末的"名词＋裏"，如果是单音节名词，一般不儿化，"裏"读轻声［·lə］。例如：

站儿逮在水₁裏 ·lə

——恁这₁歇儿逮在（＝改在）哪儿裏 naɹ³⁴⁻³²·rə？

——俺逮在（＝改在）家裏 ·lə。

第五节　比较音韵

一、莱阳方言古今声母与普通话声母比较

（一）莱阳方言声母演变特点

1. 浊音清化

莱阳方言古全浊声母清化后，塞音、塞擦音声母今音以"平声送气、仄声不送气"为条件分为两类，例如：爬 pʰa⁵³：拔 pa⁵³，铜 tʰuŋ⁵³：洞 tuŋ⁴¹，钱 tʂʰiæ⁵³：贱 tʂiæ⁴¹，床 tsʰuaŋ⁵³：状 tsuaŋ⁴¹，棋 cʰi⁵³：极 ci⁵³；少数全浊声母古平声字清化后今音不送气，与送气声母形成文白异读。例如：蒲 pu³⁴ ~儿丁：pʰu³⁴ ~团，跑 ·pɔ 虫~眼：pʰɔ³⁴ ~步，提 ti⁵³ ~蒜苗儿：

t^{h}i^{53}~鞋跟儿，头 təu^{53}~粉笔~儿：t^{h}əu^{53}~顶，填 tiæ̃^{53}~街：t^{h}iæ̃^{53}~房，屯 tən^{53}~兵：t^{h}ən^{53}天桥~，饨·tən馄~：——，腾 təŋ^{53}折~：t^{h}əŋ^{53}~云驾雾，槌 tsuəi^{41}~线~儿：ts^{h}uəi^{53}棒~儿。

2. 帮系、端泥组、精组、见系洪音字今音与普通话声母一致。

3. 知庄章组与《中原音韵》音类的分合关系基本一致，莱阳方言今音大致以"知₂庄：知₃章"为条件分为"ts-洪：tʃ-细"两组声母："ts-洪"组包括古知₂庄组开口、章组止摄全部字，古知庄章组合口（知章组遇摄、章组入声除外）全部字，例如：争愁色庄组开，摘撑茶知二组开，枝虱诗章组开，缀宠橡知组合，阻揣栓庄组合，锥春水章组合；"tʃ-细"组包括古开口章组（止摄除外）、知₃组全部字，古合口知章组遇摄全部字，例如：帐丑侄知三组开，针车石章三组开，猪褚住遇摄知组，诸处树遇摄章组。

4. 中古知系与精组声母今音合流。精组洪音与知₂庄组合流为 ts- 组声母，例如：灶＝罩 tsɔ^{41}，粗＝初 ts^{h}u^{313}，三＝山 sæ̃^{313}；精组细音与知₃章组合并为 tʃ- 组声母，例如：煎＝沾 tʃiæ̃^{313}，抢＝厂 tʃ^{h}iaŋ^{34}，需＝输 ʃy^{313}。

5. 见晓组、精组声母分尖团音，尖音精组在今细音前读 tʃ- 组声母，团音见晓组在今细音前读 c- 组声母。例如：浆 tʃiaŋ^{313} ≠ 江 ciaŋ^{313}，枪 tʃ^{h}iaŋ^{313} ≠ 腔 c^{h}iaŋ^{313}，箱 ʃiaŋ^{313} ≠ 乡 çiaŋ^{313}。

6. 见晓组、精组声母有文白异读。关于此类现象，民国《莱阳县志》（1935 年修）已有零星记录："耕（更）读如京，又如精"，"敲如锹"，"虹弓形曰虹，音如酱"，"无理强舌曰搅，音照"。

莱阳方言今音口语中，民国《莱阳县志》所录的"耕敲虹"仅有见系文读音，但其中的"搅"和很多其他见晓组字都有精组白读音，例如：

眹 tʃia^{34}~咕眼儿：cia^{34}~咕眼儿，结 tʃiɤ^{34}~儿两个瓜：ciɤ^{53}猪油~了：ciɤ^{34}~儿冰，鸡 tʃi^{313}~巴：ci^{313}~蛋，交 tʃiɔ^{313}拾~：ciɔ^{313}~往，跤 tʃiɔ^{313}摔~：ciɔ^{313}摔~，浇 tʃiɔ^{313}~麦子：ciɔ^{313}~水~地，铰 tʃiɔ^{34}~布：ciɔ^{34}~布，绞 tʃiɔ^{34}~劲儿：ciɔ^{34}~尽脑汁，搅 tʃiɔ^{34}无理~三分：ciɔ^{34}~乎，叫 ₁tsɔ^{34}被动标记：ciɔ^{34}被动标记，叫 ₂tʃiɔ^{41}吹~儿：ciɔ^{41}~唤，肩 tʃiæ̃^{313}~膀：ciæ̃^{313}~膀，间 tʃiæ̃^{313}~壁子：tʃiæ̃^{41}~苗儿：ciæ̃^{313}~隔四~房子，拣 tʃiæ̃^{34}~出来：ciæ̃^{34}挑~，碱 tʃiæ̃^{34}~场地：ciæ̃^{34}火~，鉴 tʃiæ̃^{41}~定

ciæ̃⁴¹ ~定，见 ·tʃiæ̃ 动~儿：·ciæ̃ 动~儿，劲 tʃiən⁴¹ 上~儿：ciən⁴¹ 使~儿，绛 tʃiaŋ⁴¹ ~紫：ciaŋ⁴¹ ~紫，港 tʃiaŋ³⁴ 籔箕（地名）：kaŋ³⁴ 芦儿~（地名），经 tʃiəŋ³¹³ 麻~儿：ciəŋ³¹³ ~济，窘 tʃyŋ³⁴ ~得说不出话儿来：cyŋ³⁴ ~得说不出话儿来，揩 tsʰe³¹³ ~腚：kʰe³⁴ ~油，憩 tʃʰi⁴¹ 歇：cʰi⁴¹ ~格庄（地名），跷 tʃʰiɔ³¹³ 高~：cʰiɔ³¹³ ~脚，撬 tʃʰiɔ³¹³ 钢~：cʰiɔ⁵³ ~起来，牵 tʃʰiæ̃³¹³ ~着牛：cʰiæ̃³¹³ ~着牛，颧 tʃʰyæ̃⁵³ ~骨：cʰyæ̃⁵³ ~骨，坑 tʃʰiəŋ³¹³ 石~：kʰəŋ³¹³ ~人，磬 tʃʰiəŋ⁴¹ ~儿：cʰiəŋ⁴¹ ~儿，希 ·ʃy 图~，çi³¹³ ~望，酗 ʃy⁴¹ ~酒容易出事儿：çy⁴¹ ~酒行凶，蚬 ʃyæ̃³¹³ 羊郡的~：çiæ̃³⁴ ~河，馅 ʃyæ̃⁴¹ 肉~：çiæ̃⁴¹ 肉~，鑫 ʃiən³¹³ 人名用字：çiən³¹³ 人名用字，熏 ʃyən³¹³ 黄~~：çyən³¹³ 烟~火燎，勋 ʃyən³⁴ ~章儿：çyən³⁴ ~功，巷 ʃiaŋ⁴¹ ~子口（地名）：çiaŋ⁴¹ 大街小~，馨 ʃiəŋ³¹³ 温~：çiəŋ³¹³ 温~

有意思的是，一部分见晓组字的精组又读音仅用于书面语的场合，变为文读，见晓组的本音则多用于口语，变成了白读音，例如：

棘 tʃi³⁴ ~手，荆~密布：ci³⁴ ~子，哮 ·tʃiɔ 咆~：çiɔ⁴¹ ~喘

更有意思的是，一部分见晓组字丢失了团音，仅剩下了精组音，此类多为书面语，只有少量口语词。例如：

墼 tʃi³⁴ 拖~盘炕：—，冀 tʃi⁴¹ 晋察~：—，骥 tʃi⁴¹ 骐~：—，遽 tʃy⁴¹ ~然：—，屦 tʃy⁴¹ ~：—，矍 tʃyɤ⁵³ ~铄：—，窖 tʃiɔ⁴¹ 地瓜~子，豇 tʃiaŋ³¹³ ~豆：—，炯 tʃyŋ³⁴ ~~有神：—，迥 tʃyŋ³⁴ ~然不同：—，鳍 tʃʰi⁵³ 鱼~：—，畦 ʃi⁵³ 菜~子：—，檄 ʃi³⁴ ~文：—，隙 ʃi³⁴ 间~：—，绤 ·ʃi 白~布：—

另外，与胶东其他方言不同的是，莱阳少量精组尖音字有见晓组的白读音，有的字甚至丢失了本音，仅保留见晓组的读音。由于精组与知庄章组合流，此类现象还包含了少数知庄章组字。例如：

绝 tʃyɤ⁵³ ~对：cyɤ⁵³ ~种，脊 tʃi³⁴ 屋~：ci³⁴ ~肩窝，旌 tʃiəŋ³¹³ 接~：ciəŋ³¹³ ~旗，趄 tʃʰiɤ³⁴ 趔~：cʰiɤ³¹³ 斜躺，雀 tʃʰyɤ³⁴ ~家：cʰiɔ³⁴ 斑~儿，倩 tʃʰiæ̃⁴¹ 人名用字：cʰiæ̃⁴¹ 人名用字，羞 ʃiəu³¹³ ~愧：çiəu³¹³ ~愧，驯 —：çyən⁴¹，痣 tsɿ⁴¹ 黑~（新读）：ci⁴¹ 黑~，傻 ʃia⁵³ ~瓜：çia⁵³ ~瓜

7. 古日母与影云以微疑母合并，今多数读零声母，例如：冗日＝拥影＝永云＝勇以 yŋ³⁴，热日＝谒影＝叶以＝业疑 iɤ⁴¹，屋影＝物微＝误疑 u⁴¹，喂

影=卫云=味微=魏疑uəi⁴¹;少数古日母字例外,今读l声母。这种现象与清末文献(张祥晋《七音谱》卷三:七音篇)中的记录基本吻合:

"日母所属字'人如汝儒若然髯柔热惹'等,由吾高密西南莒州、诸城、日照尽南海,北至昌邑抵北海,凡自牟、汶、潍水以东,至成山尽东海,登、莱两郡,皆读为此谱牙音三位'缨'模(张氏分声母为四十音模,音模即等韵家所谓字母,如喉音四位:公空翁烘;牙音四位:警轻缨兴)之音。而自潍县以西,寿光、乐安、青州、临淄,以至武定、济南、东昌、临清、泰安、兖州、济宁各府县所属,及沂水以西,沂州、蒙、费,皆读为此谱重舌三位'隆'模之音。惟'而耳尔二儿仍辱蕊芮'等,通山东省皆读为重舌'隆'模,惟秃舌之人,乃读'缨'模。"①

按:张氏所云"由吾高密西南……登、莱两郡",正是现代胶东官话分布之区域,依张氏记音,当时本区古日母字读零声母("缨"模);又强调只有"而耳尔二儿仍辱蕊芮"9个字,除了"秃舌之人"读零声母外,山东省都读l声母。胶东官话一些方言如青岛、诸城等,古日母字今音与之基本一致;更多的方言如牟平、文登、莱阳等与之大同小异,不同的仅有"而耳尔二儿"等止摄字,今音不读l声母,而读零声母,同张氏所谓"秃舌之人"所读。

(二)声母比较表

表 2-7 莱阳方言与普通话声母对照表

莱阳	普通话(第一横行是汉语拼音)																					
	b	p	m	f	d	t	n	l	z	c	s	zh	ch	sh	r	j	q	x	g	k	h	
	p	pʰ	m	f	t	tʰ	n	l	ts	tsʰ	s	tʂ	tʂʰ	ʂ	ʐ	tɕ	tɕʰ	ɕ	k	kʰ	x	∅
p	波																					
pʰ		坡																				
m			马				泥															

---

① 转引自钱曾怡、张树铮等(2001:361)。

续表

莱阳	普通话（第一横行是汉语拼音）																				
	b	p	m	f	d	t	n	l	z	c	s	zh	ch	sh	r	j	q	x	g	k	h
	p	pʰ	m	f	t	tʰ	n	l	ts	tsʰ	s	tʂ	tʂʰ	ʂ	ʐ	tɕ	tɕʰ	ɕ	k	kʰ	x	∅
f				风																		
t					德																	
tʰ						特																
n							楠															
l								兰							仍							
ts									资			支										
tsʰ										此			齿									
s											思			是								
tʂ												珠				鲫						
tʂʰ													出				七					
ʂ														书				西				
ʐ̩					女																	
tɕ																	吉					
tɕʰ																		棋				
ɕ																			戏			
k																				公		
kʰ																					孔	
x															扔						红	
∅															褥							袄

表 2-8 附：莱阳方言古今声母比较表

条件	全清	次清	全浊		次浊	全清	全浊	
			平声	仄声			平声	仄声
	帮 p	滂 pʰ	並 pʰ	p	明 m			
	非 f	敷 f	奉 f		微 0			
	端 t	透 tʰ	定 tʰ	t	泥（娘）n ȵ m	来 l		
今洪	精 ts	清 tsʰ	从 tsʰ	ts		心 s	邪 s tsʰ	s
今细	tɕ	tɕʰ	tɕʰ	tɕ		ɕ	ɕ tɕʰ	ɕ
今洪	知 ts	彻 tsʰ	澄 tsʰ	ts				
今细	tɕ	tɕʰ	tɕʰ	tɕ				
	庄 ts	初 tsʰ	崇 tsʰ	ts		生 s		
今洪	章 ts	昌 tsʰ	船 tsʰ	s		书 s	禅 tsʰ	tsʰ
今细	tɕ	tɕʰ	tɕʰ	ɕ		ɕ	tɕʰ	ɕ tɕʰ
					日 0 l			
今洪	见 k	溪 kʰ	群 kʰ	k	疑 0 ŋ	晓 x	匣 x	
今细	tɕ	tɕʰ	tɕʰ	tɕ		ɕ	ɕ	
	影 0				云 0 ɕ	以 0 l		

二、莱阳方言古今韵母与普通话韵母比较

（一）莱阳方言韵母演变特点

1. 入声韵消失，古入声字并入阴声韵。与普通话相比，莱阳方言有如下特色：

（1）咸山摄入声开口一等全部与假摄二等合流，见系字今音韵母也为 a，例如割 ka³⁴、磕 kʰa³⁴、喝 xa³⁴。

（2）咸山摄入声开口三四等字（iɤ 叶铁）、果假摄开口三等字（iɤ 茄借）韵母合流，但与蟹开二见系字（ie 界鞋）韵母保持对立。

（3）宕江摄入声字，普通话与《中原音韵》相同，读同歌戈、萧

豪，莱阳方言则读同歌戈（ɤ 熛~剌毛儿剥~削，uɤ 索勒~，yɤ 角三~儿尺）、家麻（a 熛~剌毛儿剥~皮雹索~紧儿绳子，ua 戳，ia 角三~儿眼）。

2. 阴声韵止摄、蟹摄三四等字今音分合关系与《中原音韵》支思、齐微二韵部之分合关系基本一致。

3. 果摄多数一等开口字与合口字合并，今读合口呼。例如：佐 = 坐 tsuɤ⁴¹，哥 = 锅 kuɤ³¹³，河 = 禾 xuɤ⁵³。

4. 古蟹止臻山摄合口一、二等字（入声字除外）韵逢端泥精组声母（含臻合三来母、精母平声字）今读开口呼。例如：对 təi⁴¹、嘴 tsəi³⁴、尊 tsən³¹³、存 tsʰən⁵³、暖 næ̃³⁴。

5. 阳声韵 -m 尾消失：咸摄并入山摄，韵母鼻化；深摄并入臻摄。例如：潭 = 檀 tʰæ̃⁵³，尖 = 煎 tɕiæ̃³¹³；林 = 邻 liən³¹³，金 = 巾 ciən³¹³。

6. 阳声韵曾梗摄合流。通摄阳声韵读同曾梗摄的，除了唇音字外，还有少量其他声母的字，例如：栋一~房子熥脓~软粽~子综织布机上的~豵牡豕。

7. 阳声韵宕江摄与曾梗摄有文白异读。一部分宕江摄字有曾梗摄白读音，形成文白异读，例如：

娘 niaŋ⁵³ 爹~：niəŋ³⁴ 闺~，粮 liaŋ⁵³ 口~：·liəŋ 乾~，辆 liaŋ³⁴ 车~：liəŋ³⁴ 一~，掌 tɕiaŋ³⁴ 灶：tɕiəŋ³⁴ 巴~，仗 tɕiaŋ⁴¹ 打~：·tɕiəŋ 爆~，杖 tɕiaŋ⁴¹ 拐~：·tɕiəŋ 担2~，裳 ʃiaŋ³⁴ 衣~：·ʃiəŋ 衣~，上 ʃiaŋ⁴¹ ~火：ʃiəŋ 天~

一部分曾梗摄字（包括个别合流进来的通摄字）有宕江摄白读音，形成文白异读。例如：

零 liəŋ³¹³ ~分儿：·liaŋ 孤~儿，灵 liəŋ⁵³ 透~：·liaŋ 生~儿，令 liəŋ⁴¹ 命~：·liaŋ 节~儿，蹭 tsʰəŋ⁴¹ ~痒痒儿：·tsʰaŋ 磨~，生 səŋ³¹³ ~火：·saŋ 老~儿，正 2tɕiəŋ⁴¹ ~派：·tɕiaŋ 周~，睛 tɕiəŋ³¹³ 眼~子：·tɕiaŋ 猫儿眼，性 ʃiəŋ⁴¹ ~子：·ʃiaŋ 记~，荆 ciəŋ³¹³ ~子：·ciaŋ 中~，行 çiəŋ⁵³ 不~：·çiaŋ 德~，更 kəŋ⁴¹ ~好：kaŋ⁴¹ ~儿好，蝇 iəŋ³¹³ 绿头儿：·iaŋ³¹³ 苍~；脓 nəŋ³¹³ ~软：·naŋ 溃~

（二）韵母比较表

表 2-9 莱阳方言与普通话韵母对照表（一）

普通话		莱阳话																		
拼音	音标	ɿ	ʅ	a	ɤ	e	ər	ɔi	əu	æ̃	ne	ɲa	aŋ	əŋ	i	ai	iʏ	ie	ɔi	ieu	uei
i	ɿ	四																			
i	ʅ		诗																		
a	A			妈																	
o	o																				
e	ɤ					德															
er	ɚ						耳														
ai	ai							盖										矮			
ei	ei										美	妹									
ao	au								高												
ou	ou									豆											
an	an										俺										
en	ən											根									
ang	aŋ												方								
eng	əŋ													碰							
i	i														李						
ia	iA															家					
ie	iɛ																野	街			
iao	iau																角		胶		
iou	iou									流										酒	
ing	iŋ													明							
uei	uei				醉																
uan	uan										段										
uen	uən											村									

墨 德

表 2-10 莱阳方言与普通话韵母对照表（二）

普通话拼音	音标	莱阳话 iæ̃	iən	iɑŋ	iəŋ	u	uɑ	uɣ	ue	uei	uæ̃	uən	uɑŋ	uŋ	y	yɣ	yæ̃	yən	yŋ
o	o					佛													
e	ɣ						鹅												
eng	əŋ									横[1]									
iao	iɑu															脚			
ian	iæ̃	眼															仙		
in	in	银																	
iang	iɑŋ			粮	粮														
ing	iŋ			蝇	蝇														
u	u					土									猪				
ua	uɑ						瓜												
uo	uo					国									说				
uai	uai						怪												
uei	uei								伟										
uan	uan								关										
uen	uən											温						损	
uang	uɑŋ										窗								
ueng	uəŋ										瓮								
ong	uŋ											东							垄[2]
ü	y														吕				
üe	yɛ															月			
üan	yæ̃																冤		
ün	yn																	军	
iong	yŋ																		穷

表 2-11 附：莱阳方言古今韵母比较表（一）

摄	韵	条件	a	ia	ua	ɤ	iɤ	uɤ	yɤ	ɿ	ə	ıe	i	u	y	e	ie	ue	əi	uəi	iə	ɔ	əu	iəu
果	歌开一		他			多																		
	戈合一	帮组			魔																			
		其他						坐																
	戈开三						茄																	
	戈合三								靴															
假	麻开二	见系																						
		其他	沙	架																				
	麻开三						姐																	
	麻合二				瓜	蜗																		
遇	模合一													粗								做		
	鱼合三	庄组								所			初											
		其他													锯									
	虞合三	庄组											雏											
		其他												雨										
蟹	咍泰开一	帮组																	贝					
		其他														菜								
	皆佳夬开二	见系	尬	佳												街								
		其他	罢													柴								
	祭废开三齐开四						犁																	
	灰泰合一	见系																外	会₂					
		其他																罪						
	皆佳夬合二				话													槐						
	祭废合三	精非组																肺						
		其他																税						
	齐合四												畦					奎						

续表

摄	韵	条件	a	ia	ua	ai	au	ɤ	iɤ	uɤ	yɤ	ɿ	ər	i	u	y	e	ie	ue	əi	uəi	iɔ	ɔ	eu	ieu	uei
止	支脂之微开三	帮组												皮						被						
		精庄组										瓷	玺													
		日母												耳												
		泥知章组见系												衣												
	支脂微合三	庄组																								揣
		精泥组非敷奉																								嘴
		其他													谁	季					苇					
效	豪开一																							高		
	肴开二	见系																						胶		
		其他				抓																		包		
	宵三萧四																						鳔	苗		
流	侯开一	帮组													亩									茂		
		其他																								走
	尤幽开三	帮非组													富									否 彪		
		来母																							柳	
		其他																								舅

表2-12附：莱阳方言古今韵母比较表（二）

摄	韵	条件	a	ia	ua	ai	au	ɤ	iɤ	uɤ	yɤ	ɿ	ər	i	u	y	e	ie	ue	əi	uəi	iɔ	ɔ	eu	ieu	uei
咸入	合盍开一乏合三		喝														盒									
	洽狎开二	见系		甲																						
		其他	插																							
	业叶开三帖开四																		接 跌							

续表

摄	韵	条件	a	ia	ua	ɤ	iɤ	uɤ	yɤ	i	u	y	e	ie	ue	əi	uə	ɔ	iɔ	əu	ieu
深入	缉开三	知庄组				涩															
		日母									入										
		其他								急											
山入	曷开一		渴																		
	黠辖开二	见系		瞎																	
		其他	铡																		
	薛月开三屑开四						辙铁														
	末合一	帮组			泼																
		其他						活													
	黠辖合二				滑																
	薛月合三屑合四	非组	罚	袜																	
		来母					劣														
		其他						拙	月												
臻入	质栉迄开三	庄组				瑟															
		其他								吉											
	没合一	並明母				勃															
		其他									骨										
	术合三	庄组														蟀					
		其他										橘									
	物合三	非组									佛										
		见系														掘	屈				
宕入	铎一	帮组						摸													
		其他	落					郭													
	药三	章组奉						绰	缚												
		其他							脚											雀	

续表

摄	韵	条件	a	ia	ua	ɤ	iɤ	uɤ	yɤ	i	u	y	e	ie	ue	iə	ieu	ɔ	ciɔ	əu	iəu
江入	觉开二	帮组	雹								樸										
		知庄组									桌										
		其他		角							握							饺			
曾入	德开一						北														
	职开三	庄组					侧														
		其他								力											
	德合一											国									
	职合三												域								
梗入	陌麦开二					宅															
	陌昔开三锡开四	群以母					液			易	剧										
		其他								笛											
	陌麦合二											获									
	昔合三												役								
通入	屋沃合一											哭									
	屋烛合三	见系										菊									
		其他									缩	福	叔							六	肉

表2-13附：莱阳方言古今韵母比较表（三）

摄	韵	条件	a	æ	iæ	uæ	yæ	ne	ien	uen	yen	ɑŋ	iɑŋ	uɑŋ	əŋ	iəŋ	ue	uŋ	yŋ
咸	谈覃开一			男															
	凡合三			范															
	咸衔开二	见系			减														
		其他		衫															
	严盐开三添开四				尖天														

续表

摄	韵	条件	a	æ̃	iæ̃	uæ̃	yæ̃	ən	iən	uən	yən	aŋ	iaŋ	uaŋ	əŋ	iəŋ	uŋ	yŋ
山	寒开一			栏														
	山删开二	见系			雁													
		其他		瓣														
	仙元开三先开四	心邪母			线		鲜											
		其他			棉													
	桓合一	见系				官												
		其他		短														
	山删合二					关												
	仙元合三先合四	非敷奉		饭														
		知章组微				晚												
		来母			恋													
		精见系日					拳											
深	侵开三	庄组						森										
		其他							林									
臻	痕开一							根										
	真臻殷开三	庄组						衬										
		其他							芹									
	魂合一	见系								温								
		其他								村								
	谆文合三	非敷奉来						分										
		知章组微								准								
		其他								遵	军							

续表

摄	韵	条件	a	æ̃	iæ̃	uæ̃	yæ̃	ən	iən	uən	yən	aŋ	iaŋ	uaŋ	əŋ	iəŋ	uŋ	yŋ
宕	唐开一											汤						
宕	阳开三	庄组												霜				
宕	阳开三	其他											羊					
宕	唐合一													光				
宕	阳合三	非敷奉										房						
宕	阳合三	见系微												框				
江	江开二	帮泥组										邦						
江	江开二	知庄组												窗				
江	江开二	见系										扛	耩					
曾	登开一	溪母上声						肯										
曾	登开一	其他													疼			
曾	蒸开三	日母													仍			
曾	蒸开三	其他														冰		
曾	登合一																弘	
梗	庚耕开二	见系													埂	杏		
梗	庚耕开二	其他	打									盲			甥			
梗	庚清开三青开四													灵	明	镜		
梗	庚耕合二								横					矿		横	轰	
梗	庚清合三青合四															茎		兄
通	东合一	帮组												蠓				
通	东合一	其他												粽			工	
通	冬合一													脓			鬆	
通	东合三	非组												风				
通	东合三	其他														忠	融	
通	锺合三	非组												蜂				
通	锺合三	其他															共	松

三、莱阳方言古今声调比较

（一）莱阳方言声调演变特点

1. 平分阴阳

古清声母平声字多数今读阴平。例外："皆椰施蓰犀奇~数~僖嘻嬉熹刍妃荽绥篙艘讴删潜刊勋庚"等部分字今读上声；"瑰"今读去声。

古全浊声母平声字多数今读阳平。例外："跎芙弧渠瞿衢侪裴邳颓陶曹嘈豪嚎壕嫖迢憔樵晁悬虔黔茳"等部分字今读阴平；"脾琵枇其菩脯葡蒲屠茶涂蟾贤橡权蜷鬈岑频旬询荀循巡彷螃磅~~磅跨呈承停庭茼彭澎膨崇"等部分字今读上声；"碴亥孩骇"今读去声。

古次浊声母平声字无规律地分化为阴平、阳平两类，例如：眉 məi³¹³ ≠ 梅 məi⁵³，南 næ³¹³ ≠ 男 næ⁵³，梨 li³¹³ ≠ 厘 li⁵³，羊 iaŋ³¹³ ≠ 洋 iaŋ⁵³；其中部分字有阴平、阳平两读，例如：拿谋挪娥姨莱猫锚牢琉由柔蛮南连阎严醾岩然燃延援门轮琳临仁梁阳绫营浓戎绒。例外："璃竽桅唯维惟韦违嘹鱿民氓闽壬容荣榔囊盲氓"等部分字今读上声；"矛游楣楞"今读去声。

2. 浊上变去

古清声母、次浊声母上声字多数今读上声。例外："垮组阻俎夥诽匪璀瞟剿沼皎缴矫痿蒋桨婉琬，雅迤偶藕壤"等部分字今读阴平；"杞岂浒"今读阳平；"冶裸蚁汝往"今读去声。

古全浊声母上声字多数今读去声。例外："怠殆技腐辅釜咎谝缓皖艇窘迥泳荠撼践葚"等部分字今仍然读上声；"妓很"今读阴平。

3. 去声仍去

古去声字多数今仍然读去声。例外："绉皱骱按惋鬓瘴诤剀殡氽亢，讶摞卧艾槭媚卫绕炕镂望，附~上~溃~崩~宙傍讼铿"等部分字今读阴平；"胯屉讣赴太诲晦疚档逊舜瞬禁，砑芋，乍牸眦剂捕逮亥悼翡"等部分字今读上声。

4. 入派三声

古清声母入声字多数今读上声。例外："塌踏甲胛博搏嗝削决匹屐级击激吉菹弗拂督窟忽惚揔粥"等部分字今读阴平;"挞跶恰握碧惕倜泣邑悒亿忆意薏癔抑益腹覆屋筑祝畜怵蠹肃谡酷沃恤郁鬱"等部分字今读去声;"抉诀嫡崒囫"今读阳平。

古次浊声母入声字多数今读去声。例外:"惹扐邋辱麓戮兀杌"等少量字今读上声;"膜"今读阴平。

古全浊声母入声字多数今读阳平。例外:"闸特穴蛴值植殖瘠辑籍藉寂夕檄习袭犊俗塾"等部分字今读上声;"勃饽帛舶矍掘崛僕逐"等少量字今读阴平;"洽愎弱迟瀑曝复腹覆馥剧述"等少量字今读去声。

(二)声调比较表

表2-14 莱阳方言古今声调比较表

中古	莱阳	阴平 313	阳平 53	上声 34	去声 41
平	清	边多清抄针糠安			
	全浊		肥糖瓷愁潮拳咸		
	次浊	忙闻年锣瓤鱼油	梅亡男龙如仪王		
上	清 次浊			饱腿嘴井厂苦碗猛武碾鲁忍眼有	
	全浊				辫动坐兆善舅杏
去	清 次浊 全浊				布凳菜趁照炕瓮慢雾内漏闰雁用凤电字寨睡轿换
入	清			泼得雪窄涩国一	
	次浊				墨物捺辣肉业药
	全浊		伐夺族宅石局狭		

第六节 莱阳方言的音韵结构特征与地理政区

莱阳古属东齐莱夷地。古代东夷部族有很多分支,莱夷是其中的一支。《史记·齐太公世家》上说,周武王"封师尚父于齐营丘。莱侯来伐，与之争营丘。营丘边莱。莱人，夷也，会纣之乱而周初定，未能集远方，是以与太公争国。"莱侯战败，其地归齐所有。以上表明姜尚是带着自己的部族和军队来到齐地的，而且人数众多。这其实是一种以军队为基础的大规模扩张移民行为，它必然会冲击、侵染甚至覆盖当地土著的语言。汪启明（1998：46）指出："在姜太公封到齐国的时候，对原来的东夷文化有较多的保留，《史记》上说他'至国，修其政，因其俗，简其礼，通工商之业，便鱼盐之利，而人民多归齐，齐为大国'。管仲相齐时，也'俗之所欲，因而予之；俗之所否，因而去之'。可见姜太公到齐国之后，并没有强迫同化东夷人的原来的风俗，而是各从其便……可能姜齐政权对说哪种语言并没有加以限制，让语言在人们的接触中自行融合。"这样一来，东夷语在与"姜语"的融合中就成为齐语的底层，后来孟子称其为"齐东野人之语"。从零散的文献记载中可以考见，齐民当时所操的方言是有其独特的特色的。例如：

《春秋公羊传》庄公二十八年："春秋伐者为客，伐者为主。"何休注："伐人者为客，读伐长言之，齐人语也；见伐者为主，读伐短言之，齐人语也。"

《礼记·中庸》："壹戎衣而有天下。"郑玄注："衣读如殷，声之误也。齐人言殷如衣。"（殷，上古真部阳声韵字，衣，上古脂部阴声韵字，殷、衣阴阳对转。）

《孟子·滕文公下》："孟子谓戴不胜曰：'子欲子之王之善与，我明告子。有楚大夫于此，欲其子之齐语也，则使齐人傅诸？使楚人傅诸？'曰：'使齐人傅之。'曰：'一齐人傅之，众楚人咻之，虽日挞而求其齐也，不可得矣。引而置之庄岳之间数年，虽日挞而求其楚，亦不可得矣。'"

《孟子·万章上》："咸丘蒙问曰：'语云：盛德之士，君不得而臣，父不得而子……不识此语诚然乎哉？'孟子曰：'否。此非君子之言，齐东野人之语也。'"

扬雄《方言》卷一："眉，黎，耊，鲐，老也。东齐曰眉。"郭璞注："言秀眉也。"

扬雄《方言》卷三:"班,彻,列也。北燕曰班;东齐曰彻。"

以上几则都是论述齐语的特色,也说明了当时不仅有大方言区的差别,而且在方言区的内部也有方言的差异,东齐就可以算是齐语区的一个方言片。齐语与当时的共同语"雅言"是有差别的,否则,孔子就没必要"诗、书、执礼"都坚持说"雅言"(《论语·述而》)。齐语区的这种方言特色至唐宋文献中仍偶有记载,例如北宋胶东人杨安国的方言被称作"东音":

杨安国,胶东经生也,累官至天章阁侍讲,其为人讦激矫伪,言行鄙朴,动有可笑,每进讲则杂以俚下廛市之语,自扆坐至侍臣、中官,见其举止,已先发笑。一日侍仁宗,讲至"一箪食,一瓢饮",安国操东音曰:"颜回甚穷,但有一箩粟米饭,一葫芦浆水。"又讲"自行束修以上,吾未尝无诲焉",安国遽启曰:"官家,昔孔子教人也,须要钱。"仁宗哂之。(北宋·魏泰《东轩笔录》卷之九)

东莱与东齐所指的区域大致相同,都包含胶东半岛地区,可见东齐作为一个独立的方言区存在了很长的时间,东齐方言可以看作是现代胶东方言的较古老的底层。今天在莱阳方言中,我们仍然可以找到一些齐语区先民方言的遗迹。如:

《周礼·秋官》下:"蝈氏掌去蛙黾。"郑玄注:"齐鲁之间谓蛙为蝈。"(按:今莱阳方言蛙、蝈同韵母:青蛙 tɕʰiəŋ$^{313\text{-}32}$·ue、蝈蝈 kue$^{313\text{-}32}$·kue。)

扬雄《方言》卷十一:"蝇,东齐谓之羊。"郭璞注:"此亦语转耳。"(按:今莱阳方言蝇、羊同音 iaŋ:苍蝇 tsʰaŋ$^{313\text{-}32}$·iaŋ:羊 iaŋ^{313}。)

《尔雅·释诂》上:"鲐背,寿也。"郝懿行《尔雅义疏》:"《说文》云:鲐,海鱼也。……《诗》及《尔雅》并云:鲐,一音夷。今登莱海上人呼此鱼正如台,无音夷者。"(按:今莱阳方言:鲐鲅 tʰe$^{53\text{-}34}$·pa。)

唐宋以后,东齐方言在典籍中虽偶有叙及,但从记录内容来看,与官话差别已不显著,至少上举北宋仁宗皇帝及其官宦都能大致听懂胶东经生杨安国的话。据鲁国尧(1979)文的研究,此时东齐方言已与当时的大北方方言融为一体,其间已无很大的差异,基本上保持着同步的语音变化。

鉴于古代文献中只有零星的记载，难以构成体系，此处涉及的与方言地理有关的历史人文地理现象仅从近代谈起。

梅耶（1924：42）指出："语言区域的分界常与古代的行政区域相符。……由于这些区域的划分实际上与自然的要求相符，因此，语言间的相似无疑也可以用这些关系来加以说明。"中华民族有着悠久的历史文化，重农轻商、安土乐业的传统观念根植于国人心中已久，自有秦始建帝制，两千余年以来，中国的传统地方行政一直有着严密的区域划分和严格的政治管理制度，这一切不可能不对方言的发展演变产生影响。关于中国的方言地理和历史人文地理之间的关系，周振鹤、游汝杰（1986：65）指出："这种行政区划制度对全国各地的政治、经济、文化都产生深远的影响。这种影响使得一府（或与府相当的州、郡）或一省（或与省相当的路、州）之内的语言、风俗等文化因素趋向一体化。特别是唐宋的州、元代的路和明清的府所辖的地域不大不小，对于一体化来说是最适中的。……因此州（府）属各县与州（府）治之间在政治、经济、文化、交通之间的密切接触，也必然有助于消除各县方言的特殊之处。"这自然会使同一地域的各方言既带有不同的个性特征，又表现出突出的一致性。就胶莱河两岸及其以东的胶东半岛地区来说，除了行政区划的影响之外，对方言产生影响的最重要最独特的因素是驻军。驻军数量庞大，来自不同的方言区，而且他们都世代定居隶籍当地，这自然会对方言的发展产生重大的，甚或是决定性的影响。所以，在讨论莱阳方言的时候，我们不能不同时涉及胶东半岛地区的建制沿革、驻军对各县市方言所产生的影响。

从地理位置看，胶东半岛三面环海，只有西面地接中原，是以鲜少第二方言的接触感染和冲击，中原官话的影响也只能是自西向东逐步蚕食、点滴渗透，加之海运商旅往来的侵染程度又受很多因素限制，因而东部沿海地区的方言在驻军外来影响定型后，其演变发展始终表现为保守的状态。

一、莱阳和胶东方言的音韵结构共性与人口地理

从来历（与中古音的对应关系）看，莱阳方言与胶莱河两岸及其以东的胶东半岛各县市方言的音韵结构有着很大的一致性，其共同特点表现为：（1）帮系、端泥组、精组和见系洪音字今音与普通话声母一致。（2）知庄章组与《中原音韵》音类之分合关系基本一致，方言今音大致以"知₂庄组：知₃章组"为条件，分为两类：虽然知₂庄组声母的音值各有参差，但知₃章组的音值都是 tʃ tʃʰ ʃ。（3）见精二组声母分尖团音，尖音虽有不同，团音则一致，今读 ɕ ɕʰ ç。（4）日母字（止摄和少数例外字除外）今音为零声母（i-、y- 开头的音节）。（5）果摄一等字开口与合口合并，以读合口呼或圆唇音为常。（6）咸入山入开口一等见系字今音韵母为 ɑ，如"割磕喝"。（7）蟹开二见系字与麻开三、咸入山入开口三四等韵母保持对立。（8）止摄、蟹摄三四等字今音分合关系与《中原音韵》支思、齐微二韵部之分合关系基本一致。（9）曾入开一、梗入开二今音韵母合并为一类，如"北＝百""刻＝客"。（10）大多数清入声字今音归上声。

莱阳与胶东半岛各方言之间的一致性绝不是偶然的。结合胶东半岛的自然地理条件，这种音韵结构的一致性，就会得到合理的解释。胶莱河以东地带多丘陵山地，交通闭塞，经济发展长期落后于中原地区，人民生活贫寒困苦。是以从上古开始，胶东居民就开始向外地迁徙。"从考古材料来看，（通过人口的迁移，）胶东半岛对辽东半岛的影响从史前便已经开始"，"到了汉代，这种影响仍然不断"。（刘君惠，1992：206）近代以来，胶东居民外迁的移民活动，一直绵延不绝，至清末民初，情况更为突出，"山东人多从海路迁入，在大连和营口登陆……'闯关东'的山东人主要来自旧青州府、登州府和莱州府"。（周振鹤，游汝杰，1986：37—38）而移入胶东半岛的居民却为数寥寥，且多为明以后政府强制征派的军户，主要屯田驻守在沿海地区，对丘陵内陆的方言不会产生多大的影响。这必然导致胶东半岛地区的方言与其他地区的方言鲜少接触，孤立于其他方言之外（至今现代胶东官话在官话方言中

仍然是非常独特的一支），而在方言内部，却显示出非常强的一致性。

至于金、元少数民族政权在山东维持了近两个半世纪的统治（1129—1368），从现有的材料来看，女真、蒙古等少数民族的语言似乎并没有留下多大的影响，从略。

二、莱阳和胶东方言的音韵结构差异与政区地理

莱阳与其他胶东半岛方言的一致性，是就音韵结构的总体特征（特别是音类的来源）而言的，涉及具体的音值，则不同区域之间也存在着较大的差异。根据方言地理学的观点，方言差异的形成既与自然地势阻隔的因素有关，还与历史行政地理有关。桥本万太郎（1985：204）指出："语言历史上的演变，大部分都不是由该语言内在的因素引起的。那么，比亲属关系更重要的是跟周围语言的互相影响和作为其结果的整个结构的区域性推移和历史发展。"桥本的说法虽然有失偏颇，但他对地理、历史因素的注重，却有着重大的方法论意义。

从地理角度看，胶东方言有两条重要的地理分界线：

一是半岛内陆与半岛沿海分界线。半岛内陆包括牟平、烟台、蓬莱、栖霞、招远、莱阳（内陆）等地，方言的主要特点是：（1）没有 tṣ-组声母；（2）精组洪音与知₂庄组合并，精组细音与知₃章组合并。半岛沿海包括荣成、文登、海阳、莱阳（沿海）、平度、青岛、胶州、莱州等地，方言的主要特点是：（1）有 tṣ- 组声母；（2）精组不分洪细今读 ts- 组。

另一条是海莱山区分界线。海莱山区以东方言的主要特点是：（1）前鼻音韵母不鼻化；（2）上声为降升调。海莱山区以西方言的主要特点是：（1）前鼻音韵母全部或部分鼻化；（2）上声不是降升调。莱阳位于海莱山区以西，前鼻音韵母部分鼻化，上声为中升调。

从古代政区角度看，胶东方言可以按古代政区分为登州府和莱州府两类。

莱州府今方言的主要特点是：（1）很多方言日母止摄字今读 l̩ 声母；（2）很多方言影疑母开口一二等字今读 ŋ 声母；（3）古蟹止臻山摄合口

字，韵逢端泥精组声母今全部或部分读合口呼；（4）曾梗摄与通摄舒声字韵母合流；（5）古次浊平声字今读阴平。

登州府今方言的主要特点是：（1）日母止摄字今读零声母；（2）影疑母开口一二等字今读零声母；（3）古蟹止臻山摄合口字，韵逢端泥精组声母今读开口呼；（4）曾梗摄与通摄舒声字韵母不混；（5）古次浊平声字今无规则分化为阴平、阳平两类。

登州府今方言内部还应析出宁海州今方言（今牟平、文登、荣成、威海古属宁海州辖地，金元以来，或独为一州，或辖于登州府，政区相对独立，参表2-15），其方言不同于其他登州府今方言的特点是：蟹开二皆、佳韵见系字韵母有对立。

莱阳居民向来喜欢自称为"东莱人氏"，说"西边人"和"海岸人"说话"西莱子腔"（西莱子腔说话弯舌头，"登天"是"冬天"），称他们为"西部莱子"。当地居民区分东莱、西莱，以 tṣ- 组声母的有无和曾梗通摄舒声字韵母的分混为标准。

东莱、西莱之分跟胶东历史上的行政区划有关。东莱之地，"秦属齐郡，汉高帝（刘邦）始分置东莱郡，隶于青州"[①]，魏晋因之。表2-15列出了有宋以来胶东半岛的建制沿革情况。

表2-15 胶东半岛古政区表[②]

朝代	一级政区	州府（治），县级政区		
宋	京东东路	登州（蓬莱）	莱州（掖县）	密州
		牟平 文登 黄县 蓬莱	莱阳 掖县 即墨 胶水	胶西 高密 等
金	山东东路	宁海州（牟平）	登州（蓬莱）	莱州（掖县）	密州
		牟平 文登	福山 栖霞 黄县 蓬莱	莱阳 招远 掖县 即墨 胶水	胶西 高密 等

---

① 《寰宇记》以莱在齐之东陲，故名东莱，治在今掖县境内，东汉时曾徙治黄县，后复迁回。

② 本表材料取自《山东通史》。

续表

朝代	一级政区	州府（治），县级政区			
元	般阳路	中书省直隶宁海州（牟平）	登州（蓬莱）	莱州（掖县）	益都路 胶州（胶西）
		牟平 文登	福山 栖霞 黄县 蓬莱	莱阳 招远 掖县 胶水	即墨 胶西
明	山东省	登州府（蓬莱）		莱州府（掖县）	
		宁海州（牟平）文登 福山 栖霞 黄县 蓬莱 莱阳 招远		掖县 胶州（即墨 高密）平度州（潍县 昌邑）	
清	登莱青道	登州府（蓬莱）		莱州府（掖县）	
		宁海州（牟平）文登 福山 栖霞 黄县 蓬莱 莱阳 招远 海阳 荣成		掖县 胶州（即墨 高密）平度州（潍县 昌邑）	

从表 2-15 中可以看出，胶东半岛的政区划界变化不大，最大的变化是从明朝起，原莱州府所隶之县（府治掖县除外）全部划归登州府，莱阳因此从莱州府转隶于登州府。根据当地居民所认可的方言差异，东莱显然是指明季以来的莱州府以东，"西莱"则是指明季以来的莱州府及其以西。上述登州府、莱州府各自的主要方言特点所显示的方言划界正好与明以后登州、莱州二府的划界相吻合，说明古代政区划分对方言确实会产生一定的影响。

从政区角度看，莱阳曾先后隶于莱州府、登州府，地处二府交界地带；从地理角度看，莱阳地处海莱山区西侧，半岛内陆与半岛沿海分界线从境内穿过；从方言区角度看，莱阳正好位于东莱片与东潍片的交界地带；因而莱阳方言具有很多过渡性方言特色就不足为奇了。（参表 2-16）这些方言特色为语音史的研究提供了重要的线索，也为分析不同语音特征的历史层次提供了有利的证据。

表 2-16 胶东方言韵母鼻化表

例字	前鼻音韵母				止蟹山臻摄合口字				蟹开二见系		声调	
	南咸	眼山	金深	宾臻	嘴止	对蟹	端山	论臻	街见佳	谐匣皆	阴平	上声
牟平	nan	ian	cin	pin	tsei	tei	tan	lən	ciei	çiai	42	213
莱阳	næ̃	iæ̃	ciən	piən	tsəi	təi	tæ̃	lən	cie	çie	313	34
青岛	nã	iã	tɕiẽ	piẽ	tsue	te	tã tuã	lẽ luẽ	tɕiɛ	tɕiɛ	213	55
潍坊	nã	iã	tɕiẽ	piẽ	tsuei	tuei	tuã	luõ	tɕiɛ	ɕiɛ	214	55

不同的方言代表了语言发展的不同历史阶段。参对中古音，以不同方言区的中心城市方言为支点，分析不同方言演变的内因，可以看出，表2-16中的语言现象代表了胶东方言发展演化的不同历史层次。例如前鼻韵尾的鼻化，牟平方言代表了前鼻韵尾的第一层次；莱阳方言处于第二层次，显示了前鼻韵尾鼻化初始阶段所经历的过程，音变的条件是前低元音的韵尾先弱化；青岛和潍坊是方言演变的第三阶段（此处 V 指主要元音）：

牟平 V+-n ＞莱阳（前低）V 鼻化:（央中）V+-n ＞青岛 V 鼻化。

止蟹山臻摄合口字 -u- 介音的丢失看来似乎有些不同。地处登州府与莱州府交界地带的青岛方言部分字今音有开合两读，这种现象正是词汇扩散过程中语音演变最常用的方式。北方官话里合口 -u- 介音丢失的现象，清人潘耒（1645—1708）在其《类音·音论》里已有记录："北人读湍如滩，读潘如攀，读肱如公，读倾如穷……，南音则判然为二。"《类音》书成于康熙壬辰年（1712），则北方方言合口 -u- 介音丢失的现象至迟不会晚于 17 世纪。

半岛内陆与半岛沿海方言的不同，把沿海地区的很多县市一分为二，成为一种独特的方言现象。这种现象可能与政区无关，而与明代的抗倭驻军有关。元末明初，山东沿海倭寇活动猖獗，其时"岛寇倭夷……时出剽掠，扰滨海之民"（《明史纪事本末·沿海倭乱》）。仅洪武至永乐年间，倭寇骚扰山东沿海，据各州县记载已不下百次，其中较大的达二十次之多，以致沿海地区村寨焚毁，十室九空。是以明政府非常重视沿海抗倭斗争，先后在山东设登州、文登、即墨三大营，计 11 卫、

14 所、20 巡检司、243 墩、129 堡，拥有卫、所兵员 8 万余人，加上巡检司维持地方治安的军队，满员兵力在 9 万人左右，占全国海防总兵力（约 36 万人）的四分之一。据《山东通史·明清卷》载，明太祖洪武元年正月立军卫法，明制驻军及其眷属"皆隶籍，职位世袭，长子嗣职，庶子从军"，所以当时山东沿海的居民成分主要是由 9 万驻军及其眷属构成，其总人数大约当在三四十万左右，这几乎相当于莱州府一个府的总人口数——据清光绪年间《山东通志·田赋志》载：明嘉靖年间，莱州府编户 56735 户，人口总计 447143 人。军户世代繁衍，"与迁徙民户杂居，军户与移民多来自安徽、江苏、河北、山东，以后历代虽因海运开禁、商埠盛衰、战争等原因，人口有所增减，但明初军户的基础没有受到大的影响"（《威海市志》）。显然，驻军对方言的影响不容忽视。

驻军人数庞大，来源庞杂，相互之间方言隔阂，不便于交际，自然要使用官话共同语进行交流。由于当时的官话共同语没有一个统一的规范性，人们用来交际的语言很可能要有一个调整的过程，当然也免不了有驻军学习当地方言，或当地居民模仿当地驻军口音的情况。这种经过调整的语言植入胶东半岛，在沿海地带形成一种独特的方言现象，也就是当地人所谓的"军话"。不同卫、所之间形成的方言的一致性，显然与军队的协同作战有关。胶东半岛丘陵棋布，不利于驰骤，而沿海海路畅通，利于各卫、所之间驰援。明太祖朱元璋数次敕令建造海船，"无事则沿海巡徼，以备不虞，倭来则大船薄之，快船逐之"（《明史纪事本末·沿海倭乱》）。这些卫、所，南连江苏连云港、淮安，沿海防御，遂为一体。正如顾炎武《天下郡国利病书》所云："自淮达莱，片帆可至，犯淮者，犯莱之渐也。"

胶东沿海又是明清两代的主要海运路线必经之路。除清初至康熙年间有过几段时间的海禁，海运一直处于繁荣局面。商船往来，加上漕运改海运，大大繁荣了沿海的经济，同时也密切了沿海居民之间的联系。这种种情势必然会增强官话共同语的覆盖作用，推动共同语与方言、方言与方言之间的亲密接触，加速方言之间的一体化进程，沿海方言之间所表现出来的较强的一致性也就不足为怪了。

第三章 词汇

凡 例

1. 本词汇收入方言词语约 4000 条，按《方言》2003 年第一期"方言调查词汇表"分类记录。酌删与普通话相同或相近的常用词语，增录部分方言词语。

2. 本词汇按意义分为 29 类，类不同但音或义相关的词有时也排在一起，例如："和₂棋 xuɤ⁴¹⁻³⁴·cʰi"与"和₂气 xuɤ⁴¹·cʰi"，"过₂房儿 kuɤ⁴¹·faŋ ər³¹³ 过继的儿子"与"过₂房 kuɤ⁴¹·faŋ 过继"。

3. 各个词条包含的项目依次为：汉字、注音、释义，必要时加注例句。有多个义项时以"①②③……"标出。例句紧随释义之后，句前用冒号，例句中的"~"代表本词目，两个以上的例句，中间用"｜"隔开。

4. 意义相同的词语排在一起，比较常用的说法排在前面，其余缩一格列在下一行，意义可互相说明的，不再另加注释。

5. 圆括号"（　）"里的字与音表示可有可无。例如：洼₂（地）ua⁴¹（·ti）表示用"洼₂ua⁴¹"或"洼₂地 ua⁴¹·ti"均可；有两读的词，两种读音中间用"/"隔开。

6. 词形用字以反映词语的语音为主，不苛求本字，不易找到本字的，用同音字代替，下加波浪线"～"，找不到同音字的用"□"代替。白读音和读书音分别下划单横线"＿"和双横线"＝"。新兴的词语和旧词语分别下加"新""旧"。

7. 符合儿化变韵规则的儿化词不标实际音值，直接在原韵母后加表示卷舌动作的[ɻ]，例外变化则标注实际音值，例如：破谜儿猜 $pʰɤ^{41\text{-}32}$mər^{53}tsʰe^{313}。双音节、多音节的词语儿化后儿尾[·rə]可有可无，口语中偶尔带儿尾的，儿尾省略不录；口语中常带儿尾的，如果增加儿尾不出现变调也省略不录，如果增加儿尾出现变调，则以括号标出。例如：月妹地儿 yɤ^{41}·mən tiɻ^{41}（$^{\text{-}34}$·rə）；单说习惯上带儿尾，则不加括号。

8. 调值是指语流中的调值，变调标在本调之后，用"-"隔开。

9. 轻声音节不标本调，在国际音标的左侧标注"·"，例如：喇瓜 la$^{34\text{-}32}$·ku。

天文

日头 i^{41}·tʰəu
   太阳 tʰe$^{41\text{-}32}$·iaŋ
日头地儿 i^{41}·tʰəu tiɻ^{41}
   日头底儿下 i^{41}·tʰəu tiɻ^{34}·çi
阴凉儿 iən$^{313\text{-}32}$liaŋɻ$^{313\text{-}34}$
   阴凉场儿 iən$^{313\text{-}32}$·liaŋ tʃʰiaŋɻ^{34}（$^{\text{-}32}$·rə）
天狗吃日头 tʰiæ̃$^{313\text{-}32}$kəuɤ^{34}tʃi$^{34\text{-}41}$·tʰəu
月妹 yɤ^{41}·mən 俗常写作"月门"
   月牙儿 yɤ$^{41\text{-}32}$iaɻ^{313}
月妹地儿 yɤ^{41}·mən tiɻ^{41}（$^{\text{-}34}$·rə）
天狗吃月妹 tʰiæ̃$^{313\text{-}32}$kəu^{34}tʃi$^{34\text{-}32}$yɤ^{41}·mən
风圈$_2$ fəŋ$^{313\text{-}34}$cʰyæ̃^{313} 月晕：月妹带~，一连题三天
星儿 ʃiəŋ^{313}·rə
勺子星 ʃyɤɻ$^{53\text{-}343}$ʃiəŋ^{313}/ʃyɤɻ$^{53\text{-}34}$·tə ʃiəŋ^{313} 北斗星
毛$_1$弄星 mɔ$^{313\text{-}32}$·luŋ ʃiəŋ^{313} 启明星

参$_3$和$_1$辰 sən$^{313\text{-}32}$·xuɤ tʃʰiən^{53} 傍晚最早出来的两颗星——参星和北辰星（北极星），俗常写作"孙和臣"
天河 tʰiæ̃$^{313\text{-}32}$xuɤ^{53}
贼儿星 tsɤɻ^{53}ʃiəŋ^{313} 流星
扫帚星 sɔ$^{34\text{-}53}$tʃy ʃiəŋ^{313} 彗星
风婆婆 fəŋ$^{313\text{-}32}$pʰɤ$^{53\text{-}34}$·pʰɤ
转$_2$转$_2$儿风 tsuæ̃$^{41\text{-}32}$·tsuæ̃ɻ fəŋ^{313} 旋风
顶风儿 tiəŋ$^{34\text{-}32}$·fəŋɻ
顺风儿 suən$^{41\text{-}34}$·fəŋɻ
起儿风 cʰiɻ^{34}fəŋ^{313} 开始刮风
煞$_1$儿风 saɻ^{34}fəŋ^{313} 风停了
掩$_2$风 iæ̃^{41}fəŋ^{313} 藏风
灌儿风 kuæ̃ɻ^{41}fəŋ^{313} 呛风
风眼儿不透 fəŋ$^{313\text{-}32}$iæ̃ɻ^{34}·pu tʰəu^{41} 密不透风
雲彩 yən$^{313\text{-}31}$·tsʰe
烧红 ʃiɔ$^{313\text{-}32}$xuŋ^{53} 霞
东南烧红 tuŋ$^{313\text{-}34}$næ̃^{53}ʃiɔ$^{313\text{-}32}$xuŋ^{53} 朝霞
西北烧红 ʃi$^{313\text{-}32}$pɤ^{34}ʃiɔ$^{313\text{-}32}$xuŋ^{53} 晚霞

打雷 ta³⁴ləi³¹³
　打呼雷 ta³⁴xu³¹³⁻³²·ləi
霹炼 pʰi³⁴⁻³²·liæ̃ 霹雳
　霹雳 pʰi³⁴⁻³²·li
招儿雷 tʃiɔɻ³¹³ləi³¹³ 被雷打了
火闪 xuɤ³⁴⁻³²ʃiæ̃³⁴
打火闪 ta³⁴xuɤ³⁴⁻³²ʃiæ̃³⁴
雨 y³⁴
下雨 çia⁴¹⁻³²y³⁴
下儿雨 çiaɻ⁴¹y³⁴
吧嗒雨点₂儿 pa³¹³⁻³²·ta y³⁴⁻³²tiɤɻ³⁴
　淋₁啦雨星儿 liən³¹³⁻³²·la y³⁴ʃiəŋɻ³¹³
雨刺儿 y³⁴⁻³²tsʰɻ̩⁴¹ 毛毛雨
霽雭 sɿ³¹³⁻³²·la 开始下毛毛雨，俗常写作"丝啦、丝拉"：个天~起来了
鞭杆流子 piæ³¹³⁻³²kæ³⁴ləu⁵³⁻³⁴·tə 暴雨
涝雨林子 lɔ⁵³⁻³⁴·y liən³¹³⁻³¹·tə（lɔ⁴²⁻³⁴·y lən⁵³⁴⁻³²·tə 北乡）连阴雨
住儿雨 tʃyɻ⁴¹y³⁴
冰凉碴儿 piəŋ³¹³⁻³²·liəŋ tsʰaɻ⁵³ 碎冰
谷穗儿凌 ku³⁴⁻³²·səiɻ liəŋ³¹³ 冰锥
上冻 ʃiaŋ⁴¹⁻³²tuŋ⁴¹
　上儿冻 ʃiaŋɻ⁴¹tuŋ⁴¹
化冻 xua⁴¹⁻³²tuŋ⁴¹
雹子 pa⁵³⁻³⁴·tə
招儿雹子 tʃiɔɻ³¹³pa⁵³⁻³⁴·tə
雪花儿 ʃyɤ³⁴xuaɻ³¹³
雪豆儿 ʃyɤ³⁴⁻³²təuɻ⁴¹（⁻³⁴·rə）

小清雪儿 ʃiɔ³⁴tʃʰiəŋ³¹³⁻³²ʃyɻ³⁴（⁻³²·rə）干冷天下的小雪
雪窝 ʃyɤ³⁴uɻ³¹³ 经常下雪的地方
化儿雪 xuaɻ⁴¹⁻³²ʃyɤ³⁴
露₁水 lu⁴¹⁻³⁴·suəi
下儿露₁ çiaɻ⁴¹lu⁴¹
下霜 çia⁴¹suaŋ³¹³
雾露₂ u⁴¹⁻³⁴·ləu
放儿雾露₂ faŋɻ⁴¹u⁴¹⁻³⁴·ləu 下雾
天儿 tʰiæ̃ɻ³¹³·rə 天气
　天道 tʰiæ̃³¹³⁻³²·tɔ
好天（儿）xɔ³⁴tʰiæ̃³¹³（xɔ³⁴tʰiæ̃ɻ³¹³·rə）
饱晴₂的天儿 pɔ³⁴⁻³²tʃʰiəŋ⁵³·lə tʰiæ̃ɻ³¹³·rə
雲天 yəŋ³¹³⁻³⁴tʰiæ̃³¹³ 阴天
乌烟瘴气的天儿 u³¹³⁻³²iæ̃ tʃiaŋ⁴¹⁻³²tʃʰi⁴¹·lə tʰiæ̃ɻ³¹³·rə
雲儿天 yəŋɻ³¹³tʰiæ̃³¹³ 天阴了
伏囤子 fu⁵³tən⁵³⁻³⁴·tə 伏天
伏档子 fu⁵³taŋ³¹³⁻³⁴·tə
入伏 y⁴¹⁻³²fu⁵³
伏顶子 fu⁵³tiəŋ³⁴⁻³²·tə 伏天最热的时间
乾天 kæ³¹³⁻³⁴tʰiæ̃³¹³ 旱天，旱季
　乾儿天 kæɻ³¹³tʰiæ̃³¹³
上涝 ʃiaŋ⁴¹⁻³²lɔ⁴¹

地理

菜地 tsʰe⁴¹⁻³²·ti

空₁地 kʰuŋ³¹³⁻³²·ti 荒地
沙啦儿地 sa³¹³⁻³²·laɹ ti⁴¹
碱场地 tʃiæ̃³⁴⁻³²·tʂʰiaŋ·ti 盐碱地
沙漠 sa³¹³⁻³²·uɤ⁴¹ 滩地,河滩
耩地 ciaŋ³⁴·ti
　山地 sæ̃³¹³⁻³²·ti
洼₂（地）ua⁴¹（·ti）平原水浇地
　泊₂（地）pʰɤ³⁴（·ti）
半山腰儿 pæ⁴¹⁻³²sæ̃³¹³⁻³⁴ioɹ³¹³
山根儿 sæ̃³¹³⁻³⁴kənɹ³¹³
山沟儿 sæ̃³¹³⁻³⁴kəuɹ³¹³
半山坡儿 pæ⁴¹⁻³²sæ̃³¹³⁻³⁴pʰɤɹ³¹³
山顶儿 sæ̃³¹³⁻³²tiəŋɹ³⁴
河儿 xuɤɹ⁵³ 河里
河中间儿 xuɤ⁵³·tuŋ/·tsuŋ ciæɹ³¹³
　（⁻³²·ɹə）河心
水₁道 suəi³⁴⁻³²tɔ⁴¹ 水渠
大₂湾 ta⁴¹⁻³²uæ̃³¹³ 天然水塘
平塘 pʰiəŋ⁵³⁻³²tʰaŋ⁵³ 人工水塘，蓄水浇地
死水₁湾子 sʅ³⁴⁻³²suəi³⁴⁻⁵³uæ̃³¹³⁻³¹·tə 水坑
　死水₁洼₂儿 sʅ³⁴⁻³²suəi³⁴⁻⁴²uaɹ⁴¹（北乡）
水₁湾儿 suəi³⁴uæ̃ɹ³¹³ 小水坑
河沿 xuɤ⁵³⁻³²ie⁴¹ 河岸
　河边儿 xuɤ⁵³⁻³²piæɹ³¹³
沟沿 kəu³¹³⁻³²ie⁴¹ 溪岸
拦河坝 læ⁵³⁻³⁴xuɤ pa⁴¹
发河水₁ fa³⁴⁻³²xuɤ⁵³⁻³⁴·suəi
　发大₂水₁ fa³⁴ta⁴¹⁻³²suəi³⁴

水₁眼 suəi³⁴⁻⁵³iæ̃³⁴
　泉子 tʂʰiæ⁵³⁻³⁴·tə
井水₁ tʃiŋ³⁴⁻³²suəi³⁴⁻⁵³
溇水₁ læ̃³¹³⁻³²suəi³⁴⁻⁵³ 苦、涩、咸的天然水
热水₁ iɤ⁴¹⁻³²suəi³⁴
凉水₁ liaŋ³¹³⁻³²suəi³⁴
温温水₁儿 uən³¹³⁻³²·uən suəiɹ³⁴
兀突水₁ u³⁴·tʰu suəiɹ³⁴ 放置过久的温开水
开水₁ kʰe³¹³⁻³²suəi³⁴
滂开的水₁ pʰaŋ³¹³⁻³⁴kʰe³⁴⁻³¹·lə suəi³⁴
　　沸腾的开水
石头 ʃi⁵³⁻³⁴·tʰəu
石子₂儿 ʃi⁵³tsʅ³⁴
石垃渣 ʃi⁵³la³⁴tsa³¹³ 碎石头
　石坷垃儿 ʃi⁴²ka³⁴·laɹ（北乡）
坑石板 tʂʰiəŋ³¹³⁻³²·ʃi pæ³⁴
石坑 ʃi⁵³tʂʰiəŋ³¹³ 采完石材的深坑
金埂儿琅 ciən³¹³⁻³²kuɤ³⁴laŋ⁵³ 鹅卵石
　琅个儿钉₁ laŋ⁴²⁻³⁴·kəɹ tiəŋ⁵³⁴（北乡）
沙埂豆儿 sa³¹³⁻³²·ku təuɹ⁴¹（⁻³⁴·ɹə）沙粒
　沙疙豆儿 sa³¹³⁻³²·kɤ təuɹ⁴¹（⁻³⁴·ɹə）
沙泥₁ sa³¹³⁻³⁴mi³¹³ 沙土
墼 tʃi³⁴ 长方形土坯
墼块 tʃi³⁴⁻³²kʰue⁴¹ 旧土坯,可作肥料
破半儿砖 pʰɤ⁴¹⁻³²·pæɹ tsuæ̃³¹³ 半截砖
砖头 tsuæ̃³¹³⁻³²·tʰəu 碎砖
小瓦儿 ʃio³⁴⁻³²uaɹ³⁴⁻⁵³ 土窑烧的弧形瓦
脊瓦 tʃi³⁴⁻³²·ua

瓦瓷儿 ua³⁴⁻³²tsʰɿ⁵³ 碎瓦、碎瓷、碎玻璃的总称
　　瓦碴儿 ua³⁴⁻³²tsʰaɻ⁴² （北乡）
垺₁土 pu³⁴·tʰu 飞尘
沼泥₁ tsɔ⁴¹⁻³⁴mi³¹³ 黑色淤泥
　　骚泥₁ sɔ³¹³⁻³⁴mi³¹³
泥₁块 mi³¹³⁻³²kʰue⁴¹⁻³⁴/mi³¹³⁻³²·kʰue
焦子 tʃiɔ³¹³⁻³¹·tə 焦炭
火油 xuɣ³⁴·iəu³¹³ 煤油
汽油 cʰi⁴¹⁻³²·iəu³¹³
白灰 pɣ⁵³xuəi³¹³ 石灰
洋灰 iaŋ⁵³xuəi³¹³
　　水₁泥₁ suəi³⁴mi³¹³
吸铁石 cy³⁴⁻³²tʰiɣ³⁴ʃi⁵³
玉石 y⁴¹⁻³²·ʃi
滑石 xua⁵³⁻³⁴·ʃi
场儿 tʃʰiaŋɻ³⁴⁻³²·ə 地方
　　场会₂儿 tʃʰiaŋɻ³⁴⁻³² xuəi⁴¹
城裏 tʃʰiəŋ⁵³li³⁴
圩子 uəi³¹³⁻³⁴·tə 城墙、庄园的防护墙
城门楼子 tʃʰiəŋ⁵³mən³¹³ləu⁵³⁻³⁴·tə
过₂衕儿 kuɣ⁴¹·tuŋɻ 胡同
乡下 ciaŋ³¹³⁻³²·cia
　　庄稼地儿 tsuaŋ³¹³⁻³²·ci tiɻ⁴¹
赶集 kæ³⁴⁻³²tʃi⁵³
上个集 ʃiaŋaŋ⁴¹³tʃi⁵³
下个集 ciaaŋ⁴¹³tʃi⁵³
道儿 tɔɻ⁴¹⁻³⁴·ɻə
大₂道 ta⁴¹⁻³⁴·tɔ/ta⁴¹⁻³²tɔ⁴¹
小道儿 ʃiɔ³⁴·tɔɻ/ciɔɻ³⁴⁻³²·ɻə

捎道儿 sɔ³¹³⁻³²tɔɻ⁴¹⁻³⁴ 捷径
跍道儿 ka⁴¹⁻³²tɔɻ⁴¹⁻³⁴·ɻə 挡在前面使对方难以超过自己

时令、时间

春天 tsʰuən³¹³⁻³⁴tʰiæ̃³¹³
夏天 cia⁴¹tʰiæ̃³¹³
秋天 tʃʰiəu³¹³⁻³⁴tʰiæ̃³¹³
冬天 tuŋ³¹³⁻³⁴tʰiæ̃³¹³
打春 ta³⁴tsʰuən³¹³ 立春
清庙 tʃʰiəŋ³¹³⁻³²·miɔ 清明
　　寒食 xæ̃⁵³⁻³⁴·ʃi
末火日 mɣ⁴¹xuɣ³⁴⁻³²·i 清明节后一天
过₂冬 kuɣ⁴¹tuŋ³¹³ 冬至
黄历 xuaŋ⁵³⁻³⁴·li
农历 nuŋ⁵³·li/nuŋ⁵³⁻³⁴·li
阴历 iən³¹³⁻³²li⁴¹
阳历 iaŋ⁵³·li
节令儿 tʃiɣ³⁴⁻³²·liaŋɻ
大₂年午季儿 ta⁴¹ɲiæ̃³¹³u³⁴⁻³²tʃiɻ⁴¹ 除夕
大₂年初一 ta⁴¹ɲiæ̃³¹³tsʰu³¹³⁻³²i³⁴
大₂年月一 ta⁴¹ɲiæ̃³¹³yɣ⁴¹⁻³²i³⁴
拜年 pe⁴¹ɲiæ̃³¹³
正₁月儿十五 tʃiəŋ³¹³⁻³²yɣɻ⁴¹⁻³⁴ʃi⁵³⁻³⁴·u
二月儿二 əɻ⁴¹⁻³⁴·yɣɻ əɻ⁴¹ 龙抬头节
端午 tuaŋ³¹³⁻³²u³⁴
五月儿十三 u³⁴⁻³²yɣɻ ʃi⁵³sæ³¹³ 雨节
七月儿七 tʃʰi³⁴⁻³²·yɣɻ tʃʰi³⁴
　　七巧儿 tʃʰi³⁴⁻³² cʰiɔɻ³⁴

七月儿十五 tʃʰi³⁴⁻³²·yʴ ʃi⁵³⁻³⁴·u 鬼节

七月儿二十二 tʃʰi³⁴⁻³²·yʴ ɻe ər⁴¹⁻³⁴·ʃi ʃ ər⁴¹ ɻe 财神生日

八月儿十五 pa³⁴⁻³²·yʴ ʃi⁵³⁻³⁴·u

十月儿一 ʃi⁵³⁻³⁴·yʴ i³⁴ 农历十月初一，寒衣节

吉年 ci³¹³⁻³²·ɲiæ̃ 今年

头年 tʰəu⁵³ ɲiæ̃³¹³

上年 ʃiaŋ⁴¹⁻³²·ɲiæ̃

头着阳历年 tʰəuəu⁵³⁻³⁴³ iaŋ⁵³·li ɲiæ̃³¹³ 元旦之前

过₁儿年 kuʴ³¹³⁻³⁴ ɻ ɲiæ̃³¹³ 明年

前年 tʃʰiæ̃⁵³⁻³⁴·ɲiæ̃

大₂前年 ta⁴¹ tʃʰiæ̃³¹³⁻³⁴·ɲiæ̃

头着两年 tʰəuəu⁵³⁻³⁴³ liaŋ³⁴ ɲiæ̃³¹³

往二年 uaŋʴ⁵³·ər ɲiæ̃³¹³ 以往的年头

上二年 ʃiaŋʴ⁴¹·ər ɲiæ̃³¹³

前两年儿 tʃʰiæ̃⁵³·liaŋ ɲiæʴ³¹³

捏₁那幾年（儿）ɲiʴ³⁴⁻³²·ci ɲiæ̃（ʴ）³¹³ 前几年中的某几年

後年 xəu⁴¹⁻³⁴·ɲiæ̃

大₂後年 ta⁴¹ xəu⁴¹⁻³⁴·ɲiæ̃

年着年儿 ɲiæ̃³¹³³ ɲiæʴ³¹³·rə 每年，俗或写作"年安年儿"

一着年儿 iiə³⁴⁻⁵³⁴ ɲiæʴ³¹³·rə

开儿春 kʰeʴ³¹³ tsʰuən³¹³

年根儿 ɲiæ̃³¹³⁻³⁴ kənʴ³¹³ 年底

赶年儿 kæ³⁴ ɲiæʴ³¹³

上半年 ʃiaŋ⁴¹⁻³⁴·pæ̃ ɲiæ̃³¹³

下半年 çia⁴¹⁻³⁴·pæ̃ ɲiæ̃³¹³

成年儿 tʃʰiəŋ⁵³ ɲiæʴ³¹³·rə 整年

焦年儿 ʃiɔ³⁴·ɲiæʴ³¹³·rə

无冬漏夏 u⁵³ tuŋ³¹³ ləu⁴¹⁻³²·çia⁴¹

年数₂儿 ɲiæ̃³¹³⁻³²·suʴ 一年左右

一年来往儿 i³⁴ ɲiæ̃³¹³·le uaŋʴ³⁴

年年半载 ɲiæ̃³¹³⁻³²·ɲiæ̃ pæ̃⁴¹ tse³⁴ 一年半载

年儿把载 ɲiæʴ³¹³ pa³⁴⁻³² tse³⁴

年儿辈子 ɲiæʴ³¹³ pəi⁴¹·tə 永远

正₁月儿 tʃiəŋ³¹³⁻³²·yʴ

冬月儿 tuŋ³¹³⁻³²·yʴ

腊月儿 la⁴¹·yʴ

闰月 yən⁴¹⁻³² yʴ⁴¹

月头儿 yʴ⁴¹⁻³² tʰəuʴ⁵³ 月初

月底儿 yʴ⁴¹⁻³² tiʴ³⁴ 月底

个月期程 kuʴ⁴¹⁻³² yʴ⁴¹·cʰi tʃʰiəŋ⁵³ 一个月左右

个数月儿 kuʴ⁴¹·su yʴ⁴¹⁻³²·rə

一个月来往儿 iiə³⁴³ yʴ⁴¹·le uaŋʴ³⁴ / i³⁴·kə yʴ⁴¹·le uaŋʴ³⁴

月半 yʴ⁴¹⁻³²·pæ̃ 一个半月

头着一个月 tʰəuəu⁵³⁻³⁴³ iiə³⁴³ yʴ⁴¹ 前个月

上个月（儿）ʃiaŋaŋ⁴¹³ yʴ（ʴ）⁴¹ 上个月

这个月（儿）tʃiʴʴ³⁴³ yʴ（ʴ）⁴¹

下个月（儿）çiaa⁴¹³ yʴ（ʴ）⁴¹

月月儿 yʴ⁴¹·yʴʴ 每月

大₂尽 ta⁴¹⁻³⁴·tʃiəŋ 大建

小尽 ʃiɔ³⁴⁻³²·tʃiən 小建
月忌 yɤ⁴¹⁻³²ci⁴¹ 农历十四日
吉日 ci³¹³⁻³²·i 今天
夜来 iɤ⁴¹⁻³⁴·le 昨天
明日 məŋ³¹³⁻³²·i 明天
後日 xəu⁴¹⁻³⁴·i 后天
大₂後日 ta⁴¹xəu⁴¹⁻³⁴·i 大后天
 外後日 ue⁴¹⁻³⁴xəu⁴¹⁻³⁴·i
前日 tʃie⁵³⁻³⁴·i 前天
大₂前日 ta⁴¹tʃʰie⁵³⁻³⁴·i 大前天
前两天儿 tʃʰiæ̃⁵³⁻³⁴·liaŋ tʰiæ̃r³¹³⁻³²·rə 前几天
成天儿 tʃʰiəŋ⁵³tʰiæ̃r³¹³ 整天
成天儿轮宿儿 tʃʰiəŋ⁵³tʰiæ̃r³¹³ləŋ⁵³ʃyr³⁴ 整日整夜
天着天儿 tʰiæ̃³¹³³tʰiæ̃r³¹³·rə 每天
 一着天儿 iiə³⁴⁻⁵³⁴tʰiæ̃r³¹³·rə
十啦多天儿 ʃi⁵³⁻³⁴·la·tuɤ tʰiæ̃r³¹³·rə 十几天
头晌儿 tʰəu⁵³⁻³²ʃiaŋr³⁴/ʃəu⁵³·ʃiaŋr 上午
过₁晌儿 kuɤ³¹³⁻³²ʃiaŋr³⁴ 下午
傍明儿 paŋ³¹³⁻³⁴məŋr³¹³ 凌晨
 傍傍天亮儿 paŋ³¹³⁻³²·paŋ tʰiæ̃³¹³⁻³²liaŋr⁴¹
 （清）早起儿（tʃʰiəŋ³¹³⁻³²）tsɔ³⁴⁻³²cʰir³⁴⁻⁵³ 清晨
傍晌儿 paŋ³¹³ʃiaŋr³⁴ 午前
晌文儿 ʃiaŋ³⁴⁻³²·uənr 中午
 （大₂）晌文头儿（ta⁴¹）ʃiaŋ³⁴⁻³²·uən tʰəur⁵³
晌歪 ʃiaŋ³⁴ue³¹³ 午后
落晌 la⁴¹⁻³²·ʃiaŋ³⁴
白日儿 pɤ⁵³⁻³⁴·ir⁴¹ 白天
傍黑儿 paŋ³¹³xɤr³⁴ 黄昏
瞎黑儿 çia³⁴⁻³²xɤr³⁴/çia³⁴⁻³²xar³⁴ 夜晚
半宿儿 pæ̃⁴¹ʃyr³⁴ 半夜
 半啦宿儿 pæ̃⁴¹·la ʃyr³⁴
上半宿儿 ʃiaŋ⁴¹⁻³²·pæ̃ ʃyr³⁴ 上半夜
下半宿儿 çia⁴¹⁻³²·pæ̃ ʃyr³⁴ 下半夜
成宿儿 tʃʰiəŋ⁵³ʃyr³⁴ 整夜
一着瞎黑儿 iiə³⁴⁻⁵³⁴çia³⁴⁻³²xɤr³⁴ 每天晚上
（赶）几时（kæ̃³⁴⁻⁵³）ci³⁴·sɿ 什么时间：他~来?
（赶）几儿（kæ̃³⁴⁻⁵³）cir³⁴
什么时会₂儿 ʃi⁵³⁻³⁴·mu sɿ⁵³⁻³⁴·xueir
多赶儿 tuɤ³¹³⁻³²kæ̃r³⁴
多臧赶儿 tuɤ³¹³⁻³⁴·tsaŋ·kæ̃r³⁴
（赶）几工儿（kæ̃³⁴⁻⁵³）ci³⁴·kuŋr 质疑工作会耗时长：~纔能做完了?
时歇儿 sɿ⁵³⁻³²çiɤr³⁴ 一段时间
先头儿 ʃiæ̃³¹³⁻³²·tʰəur 先前，指很短一段时间之前：~给你你不要₂，这₁歇儿没有了
先末儿 ʃiæ̃³¹³⁻³²·mɤr
先来 ʃiæ̃³¹³⁻³²·le 先前，指较长一段时间之前：~俺上儿趟北京 ʃiæ̃³¹³⁻³⁴le³¹³ 来得早
头前 tʰəu⁵³⁻³⁴·tʃʰiæ̃ 先前，同"先来"

头着 tʰəuəu⁵³⁻³⁴³/tʰəu⁵³⁻³⁴·tə

以往 i³⁴⁻³² uaŋ³⁴

在早 tse⁴¹⁻³² tsɔ³⁴ (北乡)

大₂以前 ta⁴¹ i³⁴⁻³²·tɕʰiæ̃ 先前，指久以前

後头儿 xəu⁴¹⁻³⁴·tʰuɤ/xəu⁴¹·tʰəuɤ 后来

後起儿 xəu⁴¹ cʰiɤ³⁴ (北乡)

这₁歇儿 tɕiɤ³⁴⁻⁵³ çiɤɤ³⁴ 现在，这时候

眼眉前儿 iæ̃³⁴⁻³²·məŋ tɕʰiæ̃ɤ⁵³

如今 y⁵³⁻³⁴·ciæ̃

头喽儿 tʰəu⁵³⁻³⁴·ləuɤ/tʰəu⁵³·ləuɤ 提前：

恁~先走吧，俺腚後儿就撵上去了

腚後儿 tiəŋ⁴¹·xəuɤ (时间) 随后；不用等：

俺~就撵上来了

tiəŋ⁴¹⁻³² xəuɤ⁴¹ (方位) 身后，背后：稳儿他~掩₂

着，看₂他上哪儿去找₁

农业

耕地 ciəŋ³¹³⁻³² ti⁴¹

春脖子长₂/短 tsʰuən³¹³⁻³² pɤɤ⁵³⁻³⁴³ tɕʰiaŋ⁵³/tæ̃³⁴ 比喻春季播种时段的长/短

五黄六月儿 u³⁴ xuaŋ⁵³ləu⁴¹·yɤɤ 青黄不接的时候

秋收 tɕʰiəu³¹³⁻³⁴ ʃiəu³¹³

老秋儿 lɔ³⁴ tɕʰiəuɤ³¹³ 深秋

晚儿三秋 uæ̃ɤ³⁴ sæ̃³⁴ tɕʰiəu³¹³ 比喻很迟

拈种₁儿 ŋiæ³¹³⁻³² tsuɤ³⁴ 手撒种逐颗放入挖好的坑里

点₂种 tiæ̃³⁴⁻³² tsuŋ³⁴ 用点葫芦播种

耧种₁ ləu³¹³⁻³² tsuŋ³⁴

掩菜豆 æ̃³⁴ tsʰe⁴¹·təu 种豆角

畦菜 ʃi⁵³⁻³² tsʰe⁴¹ 种菜

畦地瓜芽儿 ʃi⁵³ ti⁴¹·kua iaɤ³¹³ 在暖炕上种红薯苗以供栽种

割芽儿 ka³⁴ iaɤ³¹³ 割下芋头、马铃薯等生芽的部分以供栽种

栽烟儿 tse³¹³⁻³⁴ iæ̃ɤ³¹³

间₂苗 tɕiæ̃⁴¹ miɔ³¹³

剜榖苗儿 uæ³¹³⁻³² ku³⁴ miɔɤ³¹³ 间谷苗

薅草儿 xɔ³¹³⁻³² tsʰɔɤ³⁴

抹₂杈儿 mɤ³⁴⁻³² tsʰaɤ⁴¹ 掐掉西红柿、烟等的小分杈

傍麦口儿 paŋ³¹³⁻³² mɤ kʰəuɤ³⁴ (⁻³²·ɤə) 临近麦收时

割麦子 ka³⁴ mɤ⁴¹·tə

薅麦子 xɔ³¹³⁻³² mɤ⁴¹·tə 收获小麦时连根拔起

扑麦秸 pʰu³⁴ mɤ⁴¹ cie³¹³ 麦种人工脱粒，完整保留麦秸

绥麦秸 sɛi³⁴ mɤ⁴¹ cie³¹³ 用草梳去除麦叶

簸麦馀子 tsʰuæ̃⁴¹ mɤ⁴¹ y³¹³⁻³¹·tə 碾轧难脱粒的麦子

打场 ta³⁴ tɕʰiaŋ⁵³ 机器脱粒

赶场 kæ̃³⁴⁻³² tɕʰiaŋ⁵³ 机器脱粒后，连粒带糠集中成堆

扬₁场 iaŋ³¹³⁻³² tɕʰiaŋ⁵³

掠场 lyɤ⁴¹⁻³² tɕʰiaŋ⁵³ 扬场时，把未飘走的麦秸、麦穗等扫离麦粒堆

攋场 læ³¹³⁻³² tɕʰiaŋ⁵³ 麦穗二次脱粒

晒场 se⁴¹⁻³² tɕʰiaŋ⁵³

翻场 fæ̃³¹³⁻³² ʨʰiaŋ⁵³ 翻晒粮食

放场 faŋ⁴¹⁻³² ʨʰiaŋ⁵³ 摊开粮堆

收场 ʃiəu³¹³⁻³² ʨʰiaŋ⁵³ 粮食集中成堆，并遮盖以
　　　免夜晚受潮

收场 ʃiəu³¹³⁻³² ʨʰiaŋ³⁴ 结束；儘着他作1，看2看
　　　2他哪么样儿1~？

垛垛 tuʅ⁴¹⁻³² tuʅ⁴¹

刷₂垛 sua⁴¹·tuʅ 拔除杂乱的秸秆，使草垛整齐

苫垛 ʃiæ̃³¹³·tuʅ 用草苫遮盖草垛防雨

场院 ʨʰiaŋ⁵³⁻³⁴·uən

沉场院 ʨʰiẽn⁵³ ʨʰiaŋ⁵³⁻³⁴·uən 洒水滋润后，
　　　用砘或碌碡轧平地面

掰棒儿 pʅ³⁴⁻³² paŋʅ³⁴⁻¹·ɹə 从农田里收获玉米穗

剥棒儿 pʅ³⁴⁻³² paŋʅ⁴¹⁻³²·ɹə 用手剥玉米粒儿

剥棒儿 pa³⁴⁻³² paŋʅ⁴¹⁻³²·ɹə 剥玉米皮

　　剥苞儿米皮儿 pa³⁴ pɔ³¹³ mi³⁴ pʰiʅ⁵³
　　　（⁻³⁴·ɹə）

　　剥玉黍皮儿 pa³⁴ y⁴¹⁻³⁴·ʃypʰiʅ⁵³
　　　（⁻³⁴·ɹə）

轧穀 ia³⁴⁻⁵³ ku³⁴ 脱谷粒

储菜 ʨʰy⁵³ tsʰe⁴¹ 收获大白菜，就地窖藏

提₂蒜薹 ti⁵³ sæ̃⁴¹⁻³²·tʰe 拔取蒜薹

割烟儿 ka³⁴⁻³² iæɹ³¹³ 收割烟叶

锄地 tsʰu⁵³⁻³² ti⁴¹

挂₂锄 kua⁴¹⁻³² tsʰu⁵³ 指庄稼长高，不必锄地了

喂 uəi⁴¹ 追肥：~化肥｜~苞儿米

大₂粪坑 ta⁴¹⁻³² fən⁴¹ kʰəŋ³¹³ / ta⁴¹⁻³⁴·fən
　　　kʰəŋ³¹³

攒粪 tsæ̃³⁴⁻³² fən⁴¹

大₂粪 ta⁴¹⁻³² fən⁴¹ 大便

绿₁肥 lu⁴¹⁻³² fəi⁵³ / lu⁴¹⁻³²·fəi

填坑 tiæ̃⁵³⁻³² kʰəŋ³¹³ 用干土使猪圈保持干燥

除粪 ʨʰy⁵³ fən⁴¹ 清除猪圈里的粪土，储存土肥

送粪 suŋ⁴¹⁻³² fən⁴¹ 把土肥运到农田

匀粪 yən³¹³ fən⁴¹ 耕种之前，把土肥均匀地撒在田里

浇地 ʨiɔ³¹³⁻³² ti⁴¹

撅勾儿井 cyʅ³¹³⁻³² kəuʅ³¹³⁻³⁴ ʨiŋ³⁴ 利用桔
　　　槔与虹吸原理建成的家用井

木桶 mu⁴¹⁻³² tʰuŋ³⁴

灌绳 kuæ⁴¹·ʃiŋ 井绳

筲提绳儿 sɔ⁵³⁴⁻³² tʰi⁴²⁻³⁴·ʃiəŋʅ（北乡）

大₂板儿车 ta⁴¹⁻³² pæɹ³⁴ ʨʰiʅ³¹³ 马车

二把手（车₁子）əɹ⁴¹⁻³⁴ pa³⁴⁻³² ʃiəu³⁴
　　（ʨʰiʅ³¹³⁻³¹·tə）大型独轮车

地拱子 ti⁴¹ kuŋ³⁴⁻³²·tə 小型独轮车

车₁轱₂辘儿 ʨʰiʅ³¹³⁻³² ku³⁴⁻³² ləuʅ⁴¹ 车轮

牛接子 niəu³¹³⁻³² ʨiʅ³⁴⁻³²·tə 牛轭

䎃仰儿 mæ̃⁵³⁴⁻³² iaŋʅ⁵³⁴⁻³⁴·ɹə（北乡）

牛鼻具 niəu³¹³⁻³² pi⁴¹⁻³² cy 牛鼻桊

笼嘴儿 luŋ³¹³⁻³² tsəiʅ³¹³⁻³⁴

嚼子 ʨyʅ⁵³⁻³⁴·tə 嚼环

绒包儿 yŋ³¹³⁻³² pɔʅ³¹³⁻³⁴ 骡马拉车时用作垫肩的
　　　草包

缰绳 kaŋ³¹³⁻³²·ʃiŋ

撇绳 pʰiʅ³⁴⁻³²·ʃiəŋ 拴在笼头上指示牲口拐弯的长
　　　绳子

綆子 kəŋ³¹³⁻³²·tə 马车上套牲口的粗绳子

套子 tʰɔ⁴¹·tə

肚₁带 tu³⁴·te

牛漾 ŋiəu³¹³iaŋ⁴¹ 绕过牲口胸部、拴在套绳上防止上滑的绳子

鞍杈儿 æ̃³¹³⁻³⁴tsʰaɻ³¹³ 鞍子

糠筒儿 kʰaŋ⁵³⁴⁻³²tʰuŋ³⁴ (北乡)

肘贯儿 tʃiəu³⁴kuæ̃⁴¹ 兜在驴屁股后面的横棍

後鞦 xəu⁴¹⁻³⁴·tʃʰiəu 两端系于车辕、兜在驾辕牲口屁股后的宽带，确保横木与牲口之间的距离

驮₂篓圈₁ tʰuɤ⁵³⁻³²ləu³⁴cʰyæ̃³¹³

　　驮₂篓头 tʰuɤ⁵³⁻³²ləu³⁴tʰəu⁵³

撧驮₁子 liæ̃³⁴⁻³²tuɤ⁴¹⁻³⁴·tə 牵引牲口驮运物品

　　跟₁牲口 kən³¹³⁻³²səŋ kʰəu³⁴

捂₂眼儿 u³⁴⁻⁵³·iæɻ 牲口拉磨时的眼罩

挂₁掌 kua⁴¹⁻³²tʃaŋ³⁴

犁具 ly³¹³⁻³²cy 俗常写作"驴具"

小豁子儿 ʃiɔ³⁴xuɤ³¹³⁻³¹·təɻ 人拉的小型犁

镜头 tsʰæ̃³⁴⁻³²·tʰəu 犁铧

耙 pa⁴¹

耙地 pa⁴¹⁻³²ti⁴¹

耙子 tʃɿ³⁴⁻³²·tə

囤子 tən⁴¹⁻³⁴·tə

苇箔 uəi³⁴⁻³²pɤ⁵³

碌碡 ly⁴¹·tʃy

砘 tən³¹³ 圆柱体大碌碡

碌碡挂₂ ly⁴¹·tʃy kua⁴¹ 套在碌碡两端的木框

磨₂杆子 mɤ⁴¹kæ³¹³⁻³²·tə 牲口拉碌碡的杆子

　　磨₂杆 mɤ⁴¹⁻³⁴·kæ

碾 ŋiæ̃³⁴ 大石磨

磨₂ mɤ⁴¹ 小石磨

碾盘 ŋiæ̃³⁴⁻³²pʰæ̃⁵³

磨₂盘 mɤ⁴¹⁻³⁴·pʰæ̃

磨₂棍 mɤ⁴¹⁻³²kuən⁴¹

磨₂眼 mɤ⁴¹⁻³²iæ̃³⁴

磨₂芯儿 mɤ⁴¹⁻³⁴·ʃiəɻ 磨脐儿

筛子 se³¹³⁻³¹·tə

罗 luɤ³¹³

麵挂₂子 miæ̃⁴¹⁻³²kua⁴¹·tə 筛面的支架

隔麵 kɤ³⁴⁻³²miæ̃⁴¹ 筛面

断₂麵 tæ̃⁴¹⁻³²miæ̃⁴¹

连辗 liæ̃³¹³⁻³⁴·tʃiæ̃ (liæ̃⁵³⁴⁻³²·tʃiəŋ (北乡)) 连枷

碓臼子 tən³¹³⁻³²ciəu⁴¹⁻³⁴·tə 石碓

搂场钯（耙） ləu³¹³⁻³²·tʃʰiaŋ pʰa⁵³ 打场用的耙子

粪钯（耙）子 fən⁴¹⁻³²pʰa⁵³⁻³⁴·tə

镐 kɔ³⁴

镐头 kɔ³⁴⁻³²·tʰəu

铡刀₁ tsa⁴¹⁻³²tɔ³¹³

入草 y⁴¹⁻³²tsʰɔ³⁴ 铡草时向铡刀内塞草

麦镰子 mɤ⁴¹⁻³⁴·liæ̃·tə

草镰子 tsʰɔ³⁴·liæ̃·tə

板镰子 pæ³⁴⁻⁵³·liæ̃·tə

木锨 mu⁴¹ciæ̃³¹³

铁锨 tʰiɤ³⁴ciæ̃³¹³

板锹子 pæ³⁴⁻³²·cyɤ·tə

小锹₂子儿 ʃiɔ³⁴⁻³²tʃʰiɔ⁴¹⁻³⁴·təɻ 小锹

锹楔 cyɤ³⁴⁻³²ʃiɤ³⁴

锹舌头 cyɤ³⁴⁻³²ʃiɤ⁵³⁻³⁴·tʰəu

簸₂箕 pɤ⁴¹·cʰi

（铁）撮子（tʰiɤ³⁴⁻³²）tʃʰyɤ³⁴·tə

偏筐 pʰiæ̃³¹³⁻³²·kʰuaŋ

篓子 ləu³⁴⁻³²·tə

笸箩 pʰu³⁴·ləu 笸箩

圆斗 yæ̃⁵³⁻³²təu³⁴ 白色荆条编的斗状篓子

扁担₂ piæ̃³⁴⁻³²·tæ̃

担₂肩 tæ̃⁴¹⁻³²·tʃiæ̃ 两端带链钩的扁担

　担₂杖 tæ̃⁴¹⁻³²·tʃiəŋ（北乡）

扫帚 sɔ³⁴⁻⁵³·tʃy

笤帚 tʰiɔ⁵³⁻³⁴·tʃy

炊帚 tsʰuəi³¹³⁻³¹·tʃy

笊扑 tsɔ⁴¹⁻³²·pʰu（tsɔ⁴¹⁻³²·pʰɤ 北乡）

　　　䇹子

网包 uaŋ³⁴pɔ³¹³ 草编渔网状盛物的工具

权杈扫帚 tsʰa³¹³⁻³¹·pa sɔ³⁴⁻⁵³·tʃy 打场用具

　　　总称

家使（儿）cia³¹³⁻³²sɿ（ɾ）³⁴ 日常用具的

　　　总称

　家把使儿 cia³¹³⁻³¹·pa·sɿɾ

生产队 səŋ³¹³⁻³¹·sæ̃ təi⁴¹

植物

庄稼 tsuaŋ³¹³⁻³²·ci

草棵儿 tsʰɔ³⁴kʰuɤ³¹³

栽子 tse³¹³⁻³¹·tə 供栽种的幼苗

麦子 mɤ⁴¹·tə

　小麦儿 ʃiɔ³⁴⁻³²mɤɾ⁴¹

麦馀子 mɤ⁴¹y³¹³⁻³¹·tə 经过脱粒机后仍未去壳的

麦粒

麦芒儿 mɤ⁴¹uaŋɾ³¹³

勒儿 iɔɾ⁴¹·ɾə 用小麦拧成的绳子

麦茬₁子 mɤ⁴¹⁻³²tsʰa⁵³⁻³⁴·tə

小米儿 ʃiɔ³⁴⁻⁵³miɾ³⁴/ʃiɔ³⁴⁻³²miɾ³⁴

黍子 ʃy³⁴⁻³²·tə

　大黄米 ta⁴¹⁻³⁴·xuaŋ mi³⁴

黏米 ȵiæ̃³¹³⁻³²mi³⁴ 糯米

谷 ku³⁴

谷穗儿 ku³⁴⁻³²səiɾ⁴¹

（谷）莠子 ku³⁴⁻³²iəu³⁴·tə

茅狗儿草 mɔ³¹³⁻³¹·kəuɾ tsʰɔ³⁴

穄子 tsʰæ³⁴⁻³²·tə

水₁穄 suəiɾ³⁴⁻³² tsʰæ̃³⁴ 野生穄子

苞儿米 pɔɾ³¹³mi³⁴

棒儿 paŋɾ⁴¹⁻³⁴·ɾə

乌穗 u³¹³⁻³²·məi 黑穗病菌

　乌穗子 u⁵³⁴⁻³²məŋ³⁴·tə（北乡）

胡秫 xu⁵³⁻³⁴·ʃy 高粱

秕子 pi³⁴⁻³²·tə 泛指有壳无实或小于果壳三分之一

的籽粒

　小秕子儿 ʃiɔ³⁴⁻⁵³·ci pi³⁴⁻³²·təɾ

半仁儿 pæ̃⁴¹·iəŋɾ 约占果壳二分之一的籽粒

成子 tʃʰiəŋ⁵³⁻³⁴·tə 饱满的籽粒

成实 tʃʰiəŋ⁵³⁻³⁴·ʃi 籽粒饱满的

米珠儿 mi³⁴⁻³²·tʃyɾ 薏苡

花 xua³¹³ 棉花

花儿 xuaɾ³¹³⁻³²·ɾə 鲜花

麻秆儿 ma³¹³⁻³²kæ̃ɾ³⁴

线麻 ʃiæ̃⁴¹ma³¹³ 苎麻
红麻 xuŋ⁵³⁻³²ma³¹³
芝麻 tsʅ³¹³⁻³²·ma
八麻子 pa³⁴⁻³²ma³¹³⁻³⁴·tə 蓖麻
转₁莲 tsuæ̃³⁴⁻³²liæ̃⁵³ 向日葵
转₁莲种₁儿 tsuæ̃³⁴⁻³²liæ̃⁵³tsuŋɻ³⁴
地瓜 ti⁴¹⁻³²kua³¹³
窝瓜 uɤ³¹³⁻³²·kua
芽瓜 ia³¹³⁻³²·kua
二芽子瓜 əɻ⁴¹⁻³⁴iaa³¹³³·kua
蔓瓜 æ̃⁴¹⁻³⁴·kua
　栽瓜 tse⁵³⁴⁻³²·kuɤ（北乡）
（上述"瓜·kua"北乡一律读
　作·kuɤ）
地豆儿 ti⁴¹⁻³²təuɻ⁴¹（⁻³⁴·ɻə）
　地蛋 ti⁴¹⁻³²tæ̃⁴¹
芋头 y³⁴·tʰəu
芋头腚骬儿 yu³⁴·tʰəu tiəŋ⁵³⁻³⁴·kæɻ 割
　去前部后剩下的芋头块儿
小芴狗儿 ʃiɔ³⁴ne³⁴⁻³²kəuɻ³⁴
　芴骨豆儿 ne³⁴⁻³²ku təuɻ⁴¹
青头儿郎 tɕʰiəŋ³¹³⁻³²·tʰəuɻ laŋ⁵³
山药儿 sæ̃³¹³⁻³²yɤ⁴¹⁻³⁴
山药蛋儿 sæ̃³¹³⁻³²yɤ⁴¹⁻³⁴tæ̃ɻ⁴¹
荷花儿藕 xuɤ⁵³xuaɻ³¹³əu³¹³
豆子 təu⁴¹⁻³⁴·tə 黄豆
　豆儿 təuɻ⁴¹⁻³⁴·ɻə

豆粕儿 təu⁴¹⁻³²pʰɤɻ³⁴ 榨豆油剩下的渣饼
豆饼 təu⁴¹⁻³²piəŋ³⁴
绿₂豆 ly⁴¹·təu
黑豆 xɤ³⁴⁻³²·təu
小豆 ʃiɔ³⁴⁻³²·təu
豌豆 uæ̃³¹³⁻³²·təu
豇豆 tɕiaŋ³¹³⁻³²·təu
扁豆 piæ̃³⁴⁻³²·təu
茄子 cʰiɤ⁵³⁻³⁴·tə
黄瓜 xuaŋ⁵³⁻³⁴·ku
南瓜 næ̃³¹³⁻³²·kua
冬瓜 tuŋ³¹³⁻³²·kua
番瓜 faŋ³¹³⁻³²·ku 俗常写作"方瓜"
喇瓜 la³⁴⁻³²·ku
北瓜 pɤ³⁴⁻³²·ku
　汉们儿瓜 xæ̃⁴¹·mənɻ kua⁵³⁴（北乡）
茭瓜 ciɔ³¹³⁻³²·ku 西葫芦
铃铛儿瓜 liəŋ³¹³⁻³²·taŋɻ kua³¹³
看₂瓜 kʰæ̃⁴¹⁻⁵³·kua 仅供观赏的瓜
鲁桑儿瓜 lu³⁴saŋɻ⁵³⁴⁻³²kua⁵³⁴（北乡）①
葫芦 xu⁵³⁻³⁴·ləu
　葫芦头 xu⁵³⁻³⁴·ləu tʰəu⁵³⁻³¹³
葱 tsʰuŋ³¹³
洋葱 iaŋ⁵³tsʰuŋ³¹³
　圆葱 yæ̃⁵³tsʰuŋ³¹³
葱白儿 tsʰuŋ³¹³⁻³²pəɻ⁵³
葱胯子 tsʰuŋ³¹³⁻³²kʰua³⁴⁻³²·tə 葱叶和葱白之

---

① 上述"瓜"，南乡一律读作［·ku］，北乡一律读作［·kua］。

间的绿色部分

吃葱 ʧʰi³⁴⁻³²·tsʰuŋ 专供生吃的小葱

分₂葱 fən⁵³⁻³⁴·tsʰuŋ 多株同根的葱

芽葱 ia³¹³⁻³²·tsʰuŋ 第二年春天发芽的越冬老葱

蒜 sæ̃⁴¹ 大蒜

澤蒜 tsɤ⁵³⁻³⁴·sæ̃ 野蒜

　小蒜儿 ʃiɔ³⁴⁻³²sæɻ⁴¹

蒜苗儿 sæ̃⁴¹⁻³²miɔɻ³¹³ 蒜的花茎

蒜秸子 sæ̃⁴¹⁻³²ciɛ³¹³⁻³¹·tə

韭菜 ciəu³⁴⁻³²·tsʰe

仁青穀 iən³¹³⁻³²·ʧʰiəŋ ku³⁴ 苋菜

洋柿子 iaŋ⁵³ sɿ⁴¹⁻³⁴·tə

（生）薑（səŋ³¹³⁻³⁴）ciaŋ³¹³

鬼子薑 kuəiɕi³⁴³ciaŋ³¹³ 菊芋，根可腌咸菜

甜椒 tʰiæ⁵³ʧiɔ³¹³ 柿子椒

辣椒 la⁴¹⁻³²ʧiɔ³¹³

　大₂椒 ta⁴¹⁻³²ʧiɔ⁵³⁴（北乡）

芥菜 ciɛ⁴¹·tsʰe

芥末 ciɛ⁴¹·mɤ

菠菜 pɤ³¹³⁻³²tsʰe⁴¹⁻³⁴

大₂白菜 ta⁴¹⁻³⁴·pɤ tsʰe⁴¹

黄洋白 xuaŋ⁵³⁻³⁴·iaŋ pɤ⁵³

卷₁心儿菜 cyæ̃³⁴ʃiənɻ³¹³tsʰe⁴¹

花心儿菜 xua³¹³ʃiənɻ³¹³tsʰe⁴¹

小白菜儿 ʃiɔ³¹³⁻³²pɤ⁵³⁻³⁴ tsʰeɻ⁴¹

花儿菜 xuaɻ³¹³tsʰe⁴¹ 菜花

莴苣 uɤ³¹³⁻³²cyɤ³⁴

生菜 səŋ³¹³⁻³²tsʰe⁴¹

芹菜 ʧʰiən⁵³⁻³⁴·tsʰe

山芹菜 sæ̃³¹³⁻³²ʧʰiən⁵³⁻³⁴·tsʰe 水芹

芫荽 iæ̃³¹³⁻³²səi³⁴

茼蒿 tʰəŋ⁵³⁻³⁴·xɔ

萝蔔 luɤ³¹³⁻³¹·pəi

（萝蔔）纰了（luɤ³¹³⁻³¹·pəi）pʰi³¹³⁻³²·lə

糠了 kʰaŋ³¹³⁻³²·lə

胡萝蔔 xu⁵³⁻³⁴·luɤ·pəi

四季儿 sɿ⁴¹⁻³²ciɻ⁴¹

豆角儿 təu⁴¹⁻³⁴·cyɤɻ

　菜豆 tsʰe⁴¹·təu

荠菜 ʧi⁴¹⁻³⁴·tsʰe

木耳菜 mu⁴¹⁻³²·əɻ³⁴tsʰe⁴¹ 紫菱叶

苦菜儿 kʰu³⁴⁻³²·tsʰeɻ

　苦苦儿菜 kʰu³⁴⁻³²·kʰuɻ tsʰe⁴¹（北乡）

酱地儿 ʧiaŋɻ⁴¹⁻⁵³·tiɻ 大叶苦菜

曲曲儿芽 ʧʰy³⁴⁻³²·ʧʰyɻ ia³¹³ 宽叶苦菜

　曲曲儿脸儿 ʧʰy³⁴⁻³²·ʧʰyɻ liæɻ³⁴（北乡）

板掌儿腿 pæ̃³⁴⁻³²·tsʰəŋɻ tʰəi³⁴（pæ̃³⁴⁻³²·tsʰaŋɻ tʰəi³⁴ 北乡）状如板凳腿的苦菜

蒲蒲儿丁 pu³⁴⁻³²·puɻ tiəŋ³¹³ 蒲公英

灰菜 xuəi³¹³⁻³²tsʰe⁴¹⁻³⁴

莿莿儿菜 ʧʰi³⁴⁻³²·ʧʰiɻ tsʰe⁴¹ 蓟属草本植物，叶缘有细密小刺，叶汁有止血作用，俗或写作"七七儿菜"

马荠儿菜 ma³⁴⁻³²·ʧiɻ tsʰe⁴¹ 马齿苋

山马荠儿菜 sæ̃³¹³⁻³²ma³⁴⁻³²·ʧiɻ tsʰe⁴¹ 长蕊石头花，嫩叶可食

山麵汤 sæ̃$^{313\text{-}32}$·miæ̃^{41}tʰaŋ^{313}

脚拇丫子 cyɤ$^{34\text{-}32}$·mu ia$^{313\text{-}32}$·tə 仙人莲

　脚拇指头 cyɤ$^{34\text{-}32}$·mu tsʅ^{34}·tʰəu

炊帚草 tsʰuəi$^{313\text{-}31}$·tʂy tsʰɔ^{34} 地肤

麦裏儿蒿 mɤ^{41}·liɻ xɔ^{313} 播娘蒿

　麦蒿 mɤ$^{41\text{-}32}$xɔ^{313}

雀菜 tʂʰyɤ$^{34\text{-}32}$·tsʰe 雨后草叶生无根菜，色如海带，薄如蝉翼，可食

刺勾儿蛋 la^{41}·kəuɻ tæ^{41} 葎草，藤本植物

扽$_2$倒驴 tən^{41}·tɔ ly^{313} 牛筋草

节股儿浆儿 tʂiɤ$^{34\text{-}32}$·kuɻ tʂiaŋɻ^{41} 节节草，木贼科植物

斜斜头 ʃiɤ$^{53\text{-}34}$·ʃiɤ tʰəu^{53} 圆叶野菜，多见于花生地，可作饲料

马尾$_2$巴草 ma^{34}·y ·pa tsʰɔ^{34}

山麦子 sæ̃$^{313\text{-}32}$·mɤ^{41}·tə

艾蒿 e$^{313\text{-}34}$·xɔ

道车$_1$儿 tɔ$^{41\text{-}34}$·tʂʰɤɻ 车前草

藻眼 tsɤ$^{53\text{-}34}$·iæ̃

　甜秆儿草 tʰiæ̃$^{53\text{-}34}$·kæ̃ɻ tsʰɔ^{34}

蒺藜儿 tʂi^{53}·ləuɻ 蒺藜，茨

苍儿 tsʰaŋɻ$^{313\text{-}32}$·tə 苍耳

水$_1$荭儿 suəi$^{34\text{-}32}$·kuŋɻ/suəi$^{34\text{-}32}$·kuŋɻ^{41} 水生野菜，可作饲料

瓜篓儿 kua$^{313\text{-}31}$·ləuɻ/kua$^{313\text{-}31}$·luɻ 草本植物，椭圆形果实，可食

　挂$_2$笼儿 kua^{41}·luŋɻ（北乡）

策粒儿 tsʰʅ$^{34\text{-}32}$liɻ^{41}（北乡）

田裏儿星 tʰiæ̃^{53}liɻ^{34}ʃiəŋ^{313} 半夏

葶苈儿棵 tʰiəŋ$^{53\text{-}34}$·liəŋɻ kʰuɤ^{313}/tʰiəŋ$^{53\text{-}34}$·liɻ kʰuɤ^{313}

猫儿眼 mɔɻ^{313}·iæ̃^{34} 大戟，草本药用植物，花如猫眼

猫儿眼睛 mɔɻ^{534}·iæ̃$^{34\text{-}32}$·tʂiaŋ（北乡）

扎扎花 tsa$^{34\text{-}42}$·tsa xua^{534}（北乡）丹参

山竹子 sæ̃^{313}tsu$^{34\text{-}32}$·tə 草本药用植物

尖尖儿包袱根 tʂiæ̃$^{534\text{-}32}$·tʂiæɻ$^{534\text{-}34}$pɔ$^{534\text{-}32}$·fu kən^{534}（北乡）草本药用植物

黄芩 xuaŋ$^{53\text{-}32}$·tʂʰiən^{53} 草本药用植物

老洼$_2$草儿 lɔ^{34}·ua tsʰɔɻ^{34}（北乡）翻白草，草本药用植物

苏子 su$^{313\text{-}31}$·tə 紫苏

葛子 ka$^{34\text{-}32}$·tə 蔓生植物，根可入药

荒$_2$条 yæ$^{34\text{-}32}$·tʰiɔ^{53} 荒花，灌木植物，花可入药

树林子 ʃy$^{41\text{-}32}$liən$^{313\text{-}34}$·tə/ʃy^{41}liən^{31}·tə

蜡条 la^{41}·tʰiɔ 去皮的树枝，用于编制篓筐

树不墩儿 ʃy^{41}·pu tənɻ$^{313\text{-}34}$ 树根

伐树 fa$^{53\text{-}32}$·ʃy

片儿松 pʰiæ̃ɻ^{41}ʃyŋ^{313} 侧柏

松树笼儿 ʃyŋ$^{313\text{-}32}$·ʃy luŋɻ$^{313\text{-}34}$ 松球

杉木 sa$^{313\text{-}32}$·mu

桑树 saŋ$^{313\text{-}32}$·ʃy

桑葚儿 saŋ$^{313\text{-}32}$·iənɻ$^{313\text{-}34}$ 俗常写作"桑仁儿"

加拿大$_2$杨 cia$^{313\text{-}32}$·na ta$^{41\text{-}32}$·iaŋ^{313}

柳树 ləu$^{34\text{-}32}$·ʃy

拉$_1$耷儿柳 la$^{313\text{-}31}$·taɻ ləu^{34} 垂柳

荆子 ciəŋ$^{313\text{-}31}$·tə 荆条

（法国）梧桐（fa³⁴⁻⁵³·kuɤ）u³¹³⁻³²·tʰuŋ

臭木啦嘎 ʧʰiəu⁴¹⁻³²·mu·la·ka 臭椿，樗树

香₁椿 çiaŋ³¹³⁻³²tsʰuən³¹³⁻³⁴

秋树 ʧʰiəu³¹³⁻³²·ʃy

榆钱儿树 y³¹³⁻³²ʧʰiæɻ⁵³⁻³⁴ʃy⁴¹

　榆树钱儿 y⁵³⁴⁻³²·ʃy ʧʰiæɻ⁴²（北乡）

刺儿槐 tsʰɻ⁴¹xue⁵³

棉槐 miæ̃³¹³⁻³²xue⁵³

柞木 tsuɤ³⁴⁻³²·mu

　白桵 pɤ⁴²⁻³⁴·ləu（北乡）

竹子 tsu³⁴⁻³²·tə

竹笋 tsu³⁴⁻³²ʃyən³⁴

果木儿 kuɤ³⁴⁻³²muɻ⁴¹ 水果

桃儿 tʰɔɻ⁵³⁻³⁴·rə

寒露₁蜜 xæ̃⁵³⁻³⁴·lu mi⁴¹ 秋桃

杏儿 çiəŋ⁴¹⁻³⁴·rə

榛杏 tsən³¹³⁻³²çiəŋ⁴¹⁻³⁴ 杏仁不苦的杏

李子 li³⁴⁻³²·tə

苹果 pʰiəŋ⁵³⁻³²kuɤ³⁴/pʰiəŋ⁵³⁻³²·kuɤ①

小奈子儿 ʃiɔ³⁴⁻⁵³ne⁴¹·tɻ 海棠果

沙果儿 sa³¹³⁻³²kuɤɻ³⁴

马枣儿 ma³⁴⁻³²·tsɔɻ 大枣

酸枣儿 sæ̃³¹³⁻³²tsɔɻ³⁴

棘尖 ci³⁴⁻³²·ʧiæ̃ 酸枣儿树

软枣 yæ̃³⁴⁻³²·tsɔ 君迁子，果形似枣，皮涩，霜打后可食

梨 li³¹³ ②

柿子 sɻ⁴¹⁻³⁴·tə

柿子烘儿 sɻə⁴¹⁻³⁴³xuŋɻ³¹³（·³²·əɻ）自然熟透的柿子

柿子饼儿 sɻə⁴¹⁻³⁴³piəŋɻ³¹³

石榴 ʃi⁵³⁻³⁴·ləu

白果 pɤ⁵³⁻³²kuɤ³⁴ 银杏

栗子 li⁴¹·tə

栗棚 li⁴¹⁻³²·pʰəŋ（北乡）

核桃 xɤ⁵³⁻³⁴·tʰəu

西瓜 ʃi³¹³⁻³²·kua

甜瓜 tʰiæ̃⁵³⁻³⁴·kua

麵瓜 miæ̃⁴¹⁻³⁴·kua

梢瓜 sɔ³¹³⁻³²·kua

昌果儿 ʧʰiaŋ³¹³⁻³²kuɤɻ³⁴ 花生，俗常写作"长

---

① 莱阳的苹果树品种繁多，多以果实的味道、形状、颜色等命名，例如：小国光₁儿 ʃiɔ³⁴⁻³²kuɤ³⁴kuaŋɻ³¹³，大₂国光 ₁tɑ⁴¹kuɤ³⁴kuaŋ³¹³，印度忍冬青 iən⁴¹·tu ʧʰiaŋ³¹³，红玉 xuŋ⁵³⁻³²y⁴¹，青香蕉 ʧʰiaŋ³¹³⁻³²çiaŋ³¹³⁻³²ʃiɔ³¹³，红香₁蕉 xuŋ⁵³çiaŋ³¹³⁻³⁴ʃiɔ³¹³，花皮子 xua³¹³⁻³² pʰi⁵³⁻³⁴·tə，红星儿 xuŋ⁵³ʃiəŋɻ³¹³，红鸡冠 ₁xuŋ⁵³⁻³⁴·ci·kuæ̃，金帅 ciən³¹³⁻³²sue⁴¹，竹光₁儿 tsu³⁴kuaŋɻ³¹³，红富士 xuŋ⁵³fu⁴¹⁻³⁴·sɻ，北斗 pɤ³⁴⁻³²təu³⁴，藤木一 tʰəŋ⁵³⁻³⁴·mu i³⁴，嘎啦 ka³⁴·la，乔纳金 cʰiɔ⁵³⁻³⁴·na ciən³¹³，三夏 sæ̃³¹³⁻³²çia⁵¹，北海道 9 号₂儿 pɤ³⁴⁻³²·xe tɔ⁴¹ciəu³⁴xɔɻ⁴¹，红旺₂ xuŋ⁵³·uaŋ ʃiaŋ，红将₂军 xuŋ⁵³·ʧiaŋ·cyən 等。

② 莱阳梨闻名于世，本地人称作"茌梨 tsʰɻ⁵³⁻³⁴·li"，此外还有：香₁水₁儿梨 çiaŋ³¹³⁻³²suəiɻ³⁴li³¹³，四棱子 sɻ⁴¹⁻³²ləŋ³⁴⁻³²·tə，巴梨 pa³¹³⁻³²li³¹³，苘儿梨 uɤɻ³¹³li³¹³，小山茼儿梨 ʃiɔ³⁴⁻³²sæ̃³¹³⁻³²uɤɻ³¹³⁻³⁴li³¹³，黄金梨 xuaŋ⁵³ciən³¹³⁻³⁴li³¹³ 等。

果儿"

昌果仁儿 tʃʰiaŋ³¹³⁻³¹·kuɤ iənɾ³¹³ 花生米

麻糁 ma³¹³⁻³²sæ̃³⁴ 榨花生油剩下的渣饼

壳篓儿 kʰɤ⁴¹⁻³²·ləuɾ 坚果的外壳

山楂 sæ³¹³⁻³⁴tsa³¹³

山裏儿红 sæ̃⁵³⁴⁻³²·liɾ xuŋ⁴² (北乡) 小山楂

葡萄 pʰu³⁴·tʰɔ

枸拐子 kəu³⁴⁻³²·kue·tə 枸杞

 枸奶₃子 kəu³⁴⁻³²ne³⁴⁻⁵³·tə

粨粨儿 pʰɤ³⁴⁻³²pʰɤ³⁴⁻⁵³ 草莓

花草儿 xua³¹³⁻³²tsʰɔɾ³⁴

桂花儿 kuəi⁴¹·xuaɾ

菊花儿 cy³⁴⁻³²·xuaɾ

家桃花 cia³¹³⁻³²tʰɔ⁵³⁻³⁴·xuaɾ 凤仙花

荷花 xuɤ⁵³xua³¹³

月季 yɤ⁴¹⁻³²·ci

大₂碗花儿 ta⁴¹⁻³²uæ̃³⁴xuaɾ³¹³ 牵牛花

 打漏儿碗 ta³⁴ləuɾ⁴¹⁻³²uæ̃³⁴

万年青 uæ̃⁴¹·ŋiæ̃ tʃʰiəŋ³¹³

地瓜花儿 ti⁴¹kua³¹³⁻³²xuaɾ³¹³ 大丽花

粉豆儿 fən³⁴⁻³²təuɾ⁴¹

迎客儿来 iəŋ³¹³⁻³¹·kʰɤ le³¹³

如意儿 y⁵³⁻³²iɾ⁴¹

玉簪 y⁴¹⁻³²tsæ̃⁴¹ 玉簪花，通常写作"玉站"

夹竹桃儿 cia³⁴⁻³²tsu³⁴tʰɔɾ⁵³

灯篓花儿 təŋ³¹³⁻³¹·ləu xuaɾ³¹³ 倒挂金钟

花儿不朵儿 xuaɾ³¹³·pu təuɾ⁵³ 花蕾

花心儿 xua³¹³⁻³²ʃiənɾ³¹³ 花蕊

花儿心 xuaɾ³¹³·ʃiən³¹³ 对爱情不专一了

蒂巴儿 ti⁵³⁻³²·paɾ 花蒂

谎花儿 xuaŋ³⁴⁻³²·xuaɾ 不结果实的花

苇子 uei³⁴⁻³²·tə 芦苇

蒳儿 uɤɾ³¹³⁻³²·ɾə 野生蘑菇 ①

青苔 tʃʰiəŋ³¹³⁻³²·tʰe

动物

畜类 tsʰu⁴¹·li 牲畜、家禽的总称

花豹儿 xua³¹³⁻³²pɔɾ⁴¹ 皮毛有多色花斑的动物：~猪｜~鸡

牲口 səŋ³¹³⁻³²kʰəu³⁴

儿马 əɾ³¹³ma³⁴ 公马

母马 mu³⁴⁻³²ma³⁴

犍子 ciæ̃³¹³⁻³¹·tə 公牛

牸牛 tsɿ³⁴⁻³²·ŋiəu 母牛

牛咩子 ŋiəu³¹³⁻³⁴miɾ³¹³⁻³¹·tə 牛犊

 小牛儿 ʃiɔ³⁴ŋiəuɾ³¹³

回咀 xuəi⁵³⁻³⁴·tʃy 反刍

牛子 iəu³¹³⁻³¹·tə（əu⁵³⁴⁻³¹·tə（北乡）

米象，粮食中的黑色虫子

叫₂驴 ciɔ⁴¹·ly 公驴

---

① 野蘑菇往往根据其颜色命名，例如：黑蒳儿 xɤ³⁴uɤɾ³¹³，大₂红 ta⁴¹⁻³²xuŋ⁵³，棺材红 kuæ³¹³⁻³²·tsʰe xuŋ⁵³，草红 tsʰɔ³⁴⁻³²xuŋ⁵³；或根据其生长地点命名，例如：栗蒳儿 li⁴¹·uɤɾ (生长在栗子树蒳儿周围)，松脆 ʃyŋ³¹³⁻³²tsʰəi⁴¹ (生长在松树蒳儿周围)，草蒳儿 tsʰɔ³⁴uɤɾ³¹³/tsʰɔ³⁴⁻⁵³·uɤɾ (生长在草丛中)；或根据其他特点命名，如：香₁蒳儿 ɕiaŋ³¹³⁻³²·uɤɾ，脆蒳儿 tsʰəi⁴¹·uɤɾ，鸡腿蒳儿 ci³¹³⁻³²tʰəi³⁴uɤɾ³¹³。

草驴 tsʰɔ³⁴⁻³²·ly₍母驴₎

骡子 luɤ⁵³⁻³⁴·tə

绵羊 miæ̃³¹³⁻³²·iaŋ

山羊 sæ̃³¹³⁻³²·iaŋ

羊咩子 iaŋ³¹³⁻³⁴miɤ³¹³⁻³¹·tə₍羊羔₎

   小羊儿 ʃiɔ³⁴iaŋɹ³¹³

牙狗 ia³¹³⁻³²kəu³⁴

母狗子 mu³⁴⁻³²kəu³⁴⁻⁵³·tə

狼狗 laŋ³¹³⁻³²kəu³⁴

小叭狗儿 ʃi³⁴⁻³²pa³⁴⁻⁵³·kəuɹ

露₂筋狗ləu⁴¹⁻³⁴·ciən kəu³⁴ ₍特别瘦的狗₎

牙猫 ia³¹³⁻³²mɔ³¹³⁻³⁴ ₍公猫₎

狸猫 li³¹³⁻³⁴mɔ³¹³/li³¹³⁻³⁴mɔ³¹³⁻³⁴ ₍体壮如山₎
   狸的公猫

女猫儿 ny³⁴⁻³²·mɔɹ₍母猫₎

叫₂羔子 ciɔ⁴¹kɔ³¹³⁻³¹·tə₍猫发情₎

脓脓儿 nəŋ³¹³⁻³²nəŋɹ³¹³（⁻³⁴·ɹə）₍猪的俗称₎

   猪 tʂy³¹³

猻儿 tsəŋɹ⁴¹·ɹə ₍（通常已阉的）公猪₎

脚猪 cyɤ³⁴⁻³²·tʂy₍种猪₎

老母猪 lɔ³⁴⁻³²·mu tʂy³¹³

豚儿 tʰənɹ⁵³⁻³⁴·ɹə ₍（通常已阉的）母猪₎

小猪儿 ʃiɔ³⁴tʂyɹ³¹³

猪崽子 tʂy³¹³⁻³²tse³⁴·tə

壳篓猪 kʰɤ⁴¹⁻³²·ləu tʂy³¹³ ₍壳郎猪₎

兔子 tʰu⁴¹·tə

山兔子 sæ̃³¹³⁻³²tʰu⁴¹·tə₍野兔₎

公鸡 kuŋ³¹³⁻³²ci³¹³⁻³⁴

母鸡 mu³⁴⁻³²·ci

老母鸡 lɔ³⁴⁻³²·mu ci³¹³

老菢儿 lɔ³⁴⁻³²·pɔɹ⁴¹ ₍菢窝鸡₎

鸡蛋 ci³¹³⁻³²·tæ̃

菢小鸡儿 pɔɹ⁴¹⁻³²ʃiɔ³⁴ciɹ³¹³ ₍老母鸡孵小鸡儿₎

捂₂小鸡儿 u³⁴⁻⁵³ʃiɔ³⁴ciɹ³¹³ ₍人工孵小鸡儿₎

石蛋 ʃi⁵³⁻³⁴·tæ̃₍未受精的蛋₎

毛₁蛋 mɔ³¹³⁻³²tæ̃⁴¹ ₍未完全孵化的蛋₎

鸡冠子 ci³¹³⁻³⁴kuæ̃³¹³⁻³¹·tə

鸡爪子 ci³¹³⁻³⁴tsua³⁴⁻³²·tə

鸭巴子 ia³¹³⁻³⁴·pa·tə₍鸭₎

   巴巴儿 pa³¹³⁻³²paɹ³¹³⁻³⁴

公巴儿 kuŋ³¹³⁻³²paɹ³¹³⁻³⁴

母巴儿 mu³⁴⁻³²·paɹ

小巴巴儿 ʃiɔ³⁴pa³¹³⁻³²paɹ³¹³⁻³⁴ ₍小鸭子₎

巴巴儿蛋 pa³¹³⁻³²paɹ³¹³⁻³⁴tæ̃⁴¹ ₍鸭蛋₎

变蛋 piæ̃⁴¹⁻³²·tæ̃₍松花儿蛋₎

鹅子 uɤ³¹³⁻³¹·tə

小鹅子儿 ʃiɔ³⁴uɤ³¹³⁻³¹·təɹ

换羽 xuæ̃⁴¹⁻³²y³⁴ ₍家禽停止产卵后褪毛，长出新羽毛₎

野兽 iɤ³⁴·ʃəu

老虎 lɔ³⁴⁻³²·xu

母老虎 mu³⁴·lɔ·xu/mu³⁴lɔ³⁴⁻⁵³·xu

猴儿 xəuɹ⁵³⁻³⁴·ɹə

老毛₁猴儿 lɔ³⁴·mɔ xəuɹ⁵³ ₍猴精₎

黑瞎子 xɤ³⁴⁻⁵³çia³⁴⁻³²·tə₍狗熊₎

貔子 pʰi⁵³⁻³⁴·tə₍狐狸₎

臊水₁狼子 sɔ³¹³⁻³¹·suəi laŋ³¹³⁻³⁴·tə₍黄鼠狼₎

黄猫子 xuaŋ⁵³mɔ³¹³⁻³¹·tə
山狸 sæ³¹³⁻³⁴li³¹³ 野猫
老鼠 lɔ³⁴⁻³²·ʃy
地老鼠 ti⁵³⁻³⁴·lɔ·ʃy 鼹鼠
长₂虫 tʃhiaŋ⁵³⁻³⁴·tshuŋ 蛇
麻蜥儿 ma³¹³⁻³²ʃiəɻ⁵³ 蜥蜴，俗常写作"麻神儿"
雀儿 tʃhyɤɻ³⁴⁻³²·ɻə 鸟类统称
黑老鸹子 xɤ³⁴⁻³²·lɔ ua³⁴⁻³² 乌鸦
（山）鸦鹊（sæ̃³¹³⁻³⁴）ia³¹³⁻³²·tʃhiəu/·tʃhy 喜鹊
家雀儿 cia³¹³⁻³²tʃhyɤɻ³⁴ 麻雀
燕儿 iæ̃ɻ⁴¹·ɻə
大₂雁 ta⁴¹⁻³²iæ̃⁴¹
斑雀儿 pæ̃³¹³⁻³¹³chiɔɻ³⁴ 斑鸠
鹁鸽 pu⁴¹⁻³⁴·ka 鸽子
布榖 pu⁴¹⁻³²ku³⁴ 布谷鸟
光₁棍儿多粗 kuaŋ³¹³⁻³²·kuəɻ tuɤ³¹³⁻³⁴·tshu
叨叨儿木 tɔ³¹³⁻³²tɔɻ³¹³⁻³⁴mu⁴¹ 啄木鸟
猫儿头 mɔɻ⁵³thəu⁵³ 猫头鹰
咕咕喵儿 ku³¹³⁻³²·ku miɔɻ⁴¹
仙鹤 ʃyæ̃³¹³⁻³²xuɤ⁴¹
老雕 lɔ³⁴tiɔ³¹³ 鹗鹰
老鹞子 lɔ³⁴⁻³² iɔ⁵³⁻³⁴·tə
山鸡 sæ̃³¹³⁻³⁴ci³¹³
野鸡 iɤ³⁴⁻³²·ci
老等儿 lɔ³⁴⁻⁵³təŋɻ³⁴ 鱼鹰
檐鳖虎儿 iæ̃³¹³⁻³²piɤ³⁴⁻³²·xueiɻ 蝙蝠

屋檐鳖虎儿 u⁴¹iæ̃⁵³⁴piɤ³⁴⁻³²·xuɤ（北乡）
翅儿 tshɻ⁴¹·ɻə
雀儿窝 tʃhyɤɻ³⁴uɤ³¹³ 鸟窝
絮窝 ʃy⁴¹uɤ³¹³ 动物产卵、繁殖前用柔软物铺窝
虫豸儿 tshuŋ⁵³⁻³⁴·tʃhiɻ 昆虫
蚕儿 tshæ̃ɻ⁵³⁻³⁴·ɻə 桑蚕
柞蚕儿 tsuɤ³⁴⁻³²tshæ̃ɻ⁵³
蚕蛹儿 tshæ̃⁵³⁻³⁴yŋɻ³⁴
上树 ʃiaŋ⁴¹⁻³²ʃy⁴¹ 蚕结茧时爬上树枝
做茧儿 tsəu⁴¹⁻³²ciæ̃ɻ³⁴ 结茧
蚕蛾 tshæ̃⁵³⁻³⁴·uɤ
来来蛛 le⁵³⁻³⁴·le tʃy³¹³ 蜘蛛
喜蛛儿 çi³⁴⁻⁵³·tʃyɻ
虮蚌 ci³⁴⁻³²·iaŋ 蚂蚁
蝼蛄 lu³⁴·ku
蛐蟮 chy³⁴⁻³²ʃiæ̃⁴¹ 蚯蚓
烙砣尺 luɤ⁴¹⁻³²·thuɤ tʃhi³⁴ 蜗牛
蚰蜒 iəu³¹³⁻³²iæ³⁴
草鞋底 tshɔ³⁴·cie ti³⁴ 花蚰蜒
蝎子 çiɤ³⁴⁻³²·tə
蝎虎儿 çiɤ³⁴⁻³²·xueiɻ 壁虎
毛虫 mɔ³¹³⁻³²·tshuŋ
蜜虫子 mi⁵³⁻³⁴·tshuŋ·tə 蚜虫
苍蝇 tshaŋ³¹³⁻³²iaŋ³¹³⁻³⁴/tshaŋ³¹³⁻³²·iaŋ
绿₂头蝇 ly⁴¹·təu iəŋ³¹³ 黄绿色大苍蝇
蛆 tʃy³¹³ 苍蝇幼虫的统称
白子 pɤ⁵³⁻³⁴·tə 食品中蛆的避讳用语
蚊子 uən³¹³⁻³¹·tə

蚊子蜘儿 uənən³¹³³ kəur⁴¹ 子又

虱子 sɿ³⁴⁻³²·tə

虮子 ci³⁴⁻³²·tə

虼子 kɤ³⁴⁻³²·tə 跳蚤

 虼蚤 kɤ³⁴⁻³²·tsɔ

瞎汉儿虻 çia³⁴⁻³²xæ̃⁴¹mən³¹³ 牛虻

乌蛘子 u³¹³⁻³²iaŋ³⁴·tə 黑色小飞虫，叮咬人畜

 蠓虫儿 məŋ³¹³⁻³²tsʰuɲʵ⁵³

促蛛儿 tsʰu³⁴⁻³²tʃyɤ 蟋蟀

蝈子 kue³¹³⁻³¹·tə

 蝈蝈 kue³¹³⁻³¹·kue

蚂子 ma⁴¹·tə 蚂蚱

双眉角 saŋ³¹³⁻³²·mən cia³⁴ 绿色雌蝗，尖头

 长翅长腹

山草驴 sæ̃³¹³⁻³²tsʰɔ³⁴ly³¹³ 黄绿色大蝗虫，体形肥壮

 叨叨儿山 tɔ³¹³⁻³² tɔɻ³¹³⁻³⁴sæ̃³¹³

刀螂 tɔ³¹³⁻³²luŋ³⁴ 螳螂，俗常写作"刀龙"

螵蛸 pɤ³⁴⁻³²tʃiɤ 螳螂卵

 螵揪 pɤ³⁴⁻³²tʃieu

蛣蟟 tʃiɤ³⁴⁻³²ləu³⁴ 蝉

蛣蟟猴儿 tʃiɤ³⁴⁻³²·ləu xəuɻ⁵³⁻³¹³/tʃiɤ³⁴⁻³²·ləu xəuɻ⁵³ 蝉的幼虫

蛣蟟狗儿 tʃiɤ³⁴⁻³²·ləu kəur³⁴（北乡）

吱吱儿 tsɿ³¹³⁻³²tsɿ³¹³⁻³⁴ 似蝉而小，多白斑

伏德蟟儿 fu⁵³·tɤ³⁴·ləuɻ 夏天酷热时的蝉

蜜蜂儿 mi⁴¹·fəŋ

拉耷腿儿蜂子 la³⁴⁻³²·ta tʰiɻ³⁴fəŋ³¹³⁻³¹·tə 马蜂

蚕人 tʃiɤ³⁴iən³¹³

蜂子窝 fəŋəŋ³¹³³uɤ³¹³

蜂蜜 fəŋ³¹³⁻³²mi⁴¹

蜂蜡 fəŋ³¹³⁻³²la⁴¹

狗屎虫儿 kəu³⁴⁻³²·sɿ tsʰuŋ⁵³ 萤火虫

臭大₂姐 tʃʰiəu⁴¹ta⁴¹⁻³²tʃiɤ³⁴ 臭椿象

放屁虫儿 faŋ⁴¹⁻³²pʰi⁴¹tsʰuŋ⁵³ 斑蝥

屎气儿郎 sɿ³⁴·cʰiɻ laŋ⁵³ 蜣螂，屎壳郎

 屎气粮 sɿ³⁴·cʰi liaŋ⁴² （北乡）

蛴螬 tsʰɿ³⁴·tsʰɔ 金龟子的幼虫

蛾儿 uɤɻ³¹³⁻³²·ɻɔ 蛾类和蝶类的统称

蝴蝶儿 xu⁵²⁻³⁴·tiɻ

蜓蜓 tʰiəŋ³⁴⁻³²·tʰiəŋ 蜻蜓

媳妇儿 ʃi³⁴⁻³²fəɻ⁴¹ 瓢虫

鱼 y³¹³

河口 xuɤ⁵³⁻³²·kʰəu 急流水域的本地淡水鱼

麦穗儿 mɤ⁴¹⁻³²səiɻ⁴¹⁻³⁴·ɻə 本地淡水鱼

嘎鱼 ka³¹³⁻³²·y 本地淡水鱼

趴啦洞子 pʰa³¹³⁻³²·la tuŋ⁴¹⁻³⁴·tə 本地淡水鱼

花泚子 xua³¹³⁻³⁴ tsʰɿ³¹³⁻³¹·tə 本地淡水鱼

鲤鱼 li³⁴⁻³²·y

红鲤 xuŋ⁵³li³⁴

鲫鱼 tʃi³⁴⁻³²·y

白鲢 pɤ⁵³⁻³²liæ̃⁵³

花鲢 xua³¹³⁻³²liæ̃⁵³

鲇鱼 ɲiæ³¹³⁻³²·y

白漂子 pɤ⁵³pʰiɔ³¹³⁻³¹·tə 白鲦鱼

大₂黄鱼 ta⁴¹xuɑŋ⁵³⁻³⁴·y

小黄鱼儿 ʃiɔ³⁴⁻³²xuaŋ⁵³⁻³⁴·yɤ
鲞鱼 ʃiaŋ³⁴⁻³²·y 鳓鱼
　梭子 suɤ³¹³⁻³¹·tə
鲅鱼 pa⁵³⁻³⁴·y
鲐鲅 tʰe⁵³⁻³⁴·pa 鲐鱼
鳞魛 liən³¹³⁻³⁴·tə 带鱼
　魛鱼 tɔ³¹³⁻³²·y
偏口儿 pʰiæ̃³¹³⁻³²kʰəuɤ³⁴ 牙鲆鱼
镜鱼 ciən⁴¹·y 鲳鱼
舌头鱼 ʃiɤ⁵³⁻³⁴·tʰəu y³¹³ 舌鳎鱼
桄鱼 kuaŋ⁴¹·y 海鲶鱼
麪条鱼 miæ̃⁴¹⁻³⁴·tʰiɔ y³¹³ 银鱼
扒皮（儿）狼 pa³⁴⁻³²pʰi（ɤ）⁵³laŋ³¹³
　　绿鳍马面鲀
青鱼 tʃʰiən³¹³⁻³²·y 太平洋鲱鱼
红绣鞋 xuŋ⁵³ʃiəu⁴¹⁻³²cie⁵³ 红娘鱼
鮰鱼 tʰuŋ⁵³⁻³⁴·y 黄姑鱼
老板子鱼 lɔ³⁴⁻⁵³pæ̃³⁴³·y 孔鳐
乌鱼鰶儿 u³¹³⁻³²·y tʃiɤ⁴¹ 墨鱼
金鱼儿 ciən³¹³⁻³⁴ yɤ³¹³
泥₁乱蚼 mi³¹³⁻³⁴·læ̃ kəu⁴¹ 泥鳅
白鳝 pɤ⁵³⁻³⁴·ʃiæ̃
黄鳝 xuan⁵³⁻³⁴·ʃiæ̃
艇包鱼 tʰiən³⁴·pɔ y³¹³ 小海豚
鱼鳞 y³¹³⁻³⁴liən³¹³
鱼泡儿 y³¹³⁻³²pɔɤ⁴¹ 鱼鳔
鱼子₁ y³¹³⁻³²tsɤ³⁴
潲子₁儿 sɔ⁴¹tsɤ³⁴·ɤɿ（鱼虾类、昆虫等动物）产卵

渔网 y³¹³⁻³²·uaŋ³⁴
抡网 liən³¹³⁻³²·uaŋ（lən⁵³⁴⁻³²·uaŋ 北乡）
旋网 ʃyæ̃⁵³⁻³⁴·uaŋ
挂网 kua⁴¹·uaŋ
拉网 la³⁴⁻³²·uaŋ
掏网 tʰɔ³¹³⁻³²·uaŋ 状如簸箕的渔网
迷魂阵 mi⁵³⁻³⁴·xuən tʃiən⁴¹ 又名"鸡笼子"
虾 cia³¹³
对虾 təi⁴¹⁻³²cia³¹³
海米 xe³⁴⁻³²mi³⁴ 干虾米
虾皮儿 cia³¹³⁻³²pʰiɤ⁵³ 晒干的小海虾
虾蠓子 cia³¹³məŋ³¹³⁻³¹·tə 虾苗
虾毛₁ cia³¹³⁻³⁴mɔ³¹³
琵琶虾 pʰi³¹³⁻³⁴·pa cia³¹³ 濑尿虾
鳖 piɤ³⁴ 龟属动物的总称
蟹子 cie⁴¹⁻³⁴·tə 螃蟹
青蛙 tʃʰiən³¹³⁻³²·ue
青蛙蚼儿 tʃʰiən³¹³⁻³²·ue kəuɤ⁴¹ 带尾巴的半大青蛙
蛤₂蟆 xa³⁴·mu
　疥疤子 cie⁴¹pa⁵³⁴⁻³²·tə（北乡）
蛤₂蟆蛞蠹儿 xa³⁴·mu kɤ³⁴⁻⁵³·təŋ
　（xa³⁴·ma kɤ³⁴⁻³²·taŋ 北乡）蝌蚪，
俗常写作"蛤蟆疙登儿"
乾₁蚼儿 kæ̃³¹³⁻³²kəuɤ⁴¹ 水虿
担₂杖钩儿 tæ̃⁴¹⁻³²tʃiən kəuɤ⁵³⁴（北乡）
蚂蛭 ma³⁴tiɔ³¹³ 水蛭

蛤蟧儿 kɤ³⁴·ləuɾ蛤蜊

　蛤₁蜊儿 ka³⁴·laɾ

蚬 ʃyæ̃³¹³河海交汇处的蛏子

海虹儿 xe³⁴⁻³²xuŋɾ⁵³贻贝

蚬贝 ʃyæ̃³¹³⁻³²pəi⁴¹

　扇贝 ʃiæ̃⁴¹⁻³²pəi⁴¹

海锥儿 xe³⁴tsuəiɾ³¹³锥形小海螺

波螺泥₁尖儿 pɤ³¹³⁻³²·ɻuɾ mi³¹³⁻³⁴ʨiæ̃ɾ³¹³河螺

蛸蛤蟧 so³¹³⁻³²kɤ³⁴·ləu河蚌

房舍

住宅 ʈʂy⁴¹⁻³²·tsɤ

　屋 u⁴¹

房子 faŋ⁵³⁻³⁴·tə

盖房子 ke⁴¹⁻³²faŋ⁵³⁻³⁴·tə

院子 yæ̃⁴¹⁻³⁴·tə

院墙 yæ̃⁴¹⁻³⁴·ʨʰiaŋ

山墙 sæ̃³¹³⁻³²·ʨʰiaŋ

伙山伙墙 xuɤ³⁴sæ̃³¹³xuɤ³⁴⁻³²ʨʰiaŋ⁵³两栋房子共用的墙

檐墙 iæ̃³¹³⁻³²ʨʰiaŋ⁵³⁻³⁴支撑房檐的墙

墙泪 ʨʰiaŋ⁵³⁻³²ləi⁴¹雨水在土墙上留下的痕迹

照壁 ʈʂio⁴¹⁻³²·pəi院内正对街门的墙壁

影壁 iəŋ³⁴⁻³²·pəi院外正对街门的墙壁

屋儿 uɾ⁴¹·ɾə单间或矮小的房子：场院~、三间小~

间角儿 ciæ̃³¹³⁻³²cyɾ³⁴房间的长度或面积

满外 mæ̃³⁴⁻³²ue⁴¹建筑面积或长度

满裹 mæ̃³⁴⁻³²li³⁴实用面积或长度

正间儿 ʨiəŋ⁴¹·ciæ̃ɾ外间

　明间 miəŋ⁵³ciæ̃³¹³（木匠、瓦匠用语）

　旁间 pʰaŋ⁵³ciæ̃³¹³（木匠、瓦匠用语）明间两侧的房间

裹间儿 li³⁴·ciæ̃ɾ

　套间儿 tʰo⁴¹·ciæ̃ɾ（北乡）

正₂屋 ʨiəŋ⁴¹·u

厢屋 ʃiaŋ³¹³⁻³²·u

平房 pʰiəŋ⁵³⁻³⁴·faŋ新式平顶厢房

出厦 ʨʰy³⁴⁻³²sa⁴¹盖耳房

道屋 to⁴¹·u临街的房间

小楼儿 ʃio³⁴⁻³²ləuɾ⁵³⁻³⁴·ɾə

门楼儿 mən³¹³⁻³²ləuɾ⁵³

门楼儿石 mən³¹³⁻³²ləuɾ ʃi⁵³

梯子 tʰi³¹³⁻³¹·tə

棚子 pʰəŋ⁵³⁻³⁴·tə用木棍和草搭成的简易小屋

屋脊 u⁴¹ʨi³⁴

屋顶儿 u⁴¹tiəŋɾ³⁴

屋笆 u⁴¹pa³¹³室内屋顶

屋檐 u⁴¹iæ̃³¹³

　房门檐 faŋ⁴²⁻³⁴·mu iæ̃⁵³⁴（北乡）

檐板儿石 iæ̃³¹³⁻³²pæ̃ɾ³⁴ʃi⁵³

大₂梁 ta⁴¹liaŋ³¹³

二梁 əɾ⁴¹liaŋ³¹³

八字木 paa³⁴⁻³²³mu⁴¹与大梁构成三角形架的两根木柱

挂₁柱 kua³¹³⁻³²ʈʂy⁴¹⁻³⁴三角形梁正中的立柱

引₁ iən³⁴连接正房两架三角形梁顶端的木头

檩子 liən³⁴⁻³²·tə

二檩 ər⁴¹liən³⁴

檐檩 iæ̃³¹³⁻³²liən³⁴

小脊木儿 ʃiɔ³⁴⁻³²ʧi³⁴muɤ⁴¹

笆子 pa³¹³⁻³¹·tə 苫盖屋顶的芦苇、高粱秸儿捆儿：

绑2~

　箢子 ʧyən⁴¹⁻³²·tə（北乡）

础石 tsʰu³⁴⁻³²·ʃi 柱下石

门台儿 mən³¹³⁻³²tʰeɤ⁵³ 门前的台阶

仰棚儿 iaŋ³¹³⁻³²pʰəŋɤ⁵³（iaŋ⁵³⁴⁻³²pʰaŋɤ⁴²（北乡））天花板：扎~

街门 cie³¹³⁻³²·mən

正间儿门 ʧiəŋ⁴¹·ciæ̃ɤ mən³¹³ 正房的门

房门子 faŋ⁵³⁻³⁴·mən·tə 室内房间的门

门槛 mən³¹³kʰæ̃³⁴

过2门儿石 kuɤ⁴¹mənɤ³¹³ʃi⁵³

门掩後儿 mən³¹³⁻³²iæ³⁴xuɤ⁴¹ 门后

门砧 mən³¹³⁻³²ʧiəŋ³¹³⁻³⁴

　门墩儿 mən³¹³⁻³⁴tənɤ³¹³

插关儿 tsʰa³⁴⁻³²·kuæ̃ɤ 内开关的门闩

门打关儿 mən³¹³ta³⁴⁻³²·kuæ̃ɤ 内外都能开关的门闩

门滑楞儿 mən³¹³⁻³²xua⁵³⁻³⁴·ləŋɤ 锁门的铁链扣

　门吊子儿 mən⁵³⁴⁻³²tio⁴¹·tər（北乡）

门扇儿 mən³¹³⁻³²ʃiæ̃³⁴¹·ɤ

锁 suɤ³⁴

钥匙 yɤ⁴¹·tsʰɿ

前窗 ʧʰiæ⁵³tsʰuaŋ³¹³

後窗 xəu⁴¹tsʰuaŋ³¹³

檐窗子 iæ̃³¹³⁻³²tsʰuaŋ³¹³⁻³⁴·tə 木制天窗

上梁子 ʃiaŋ⁴¹⁻³²liaŋ³¹³⁻³⁴·tə

支窗子 tsɿ³¹³⁻³²tsʰuaŋ³¹³⁻³⁴·tə 旧式木窗，上部可开关，下部固定

搁木 kuɤ³⁴⁻³²mu⁴¹ 门窗顶上的横木

狮子大₂支牙 sɿŋ³¹³³taɤ⁴¹⁻³²tsɿ³⁴iaɤ³¹³ 旧式插销

咬杆儿 iɔ³⁴⁻³²·kæ̃ɤ 旧式木制插销柱儿

窗台 tsʰuaŋ³¹³⁻³²·tʰe

夹道儿 cia³⁴⁻³²tɔɤ⁴¹ 正屋与厢屋之间的狭窄过道

火屋 xuɤ³⁴⁻³²u⁴¹ 厨房

锅灶儿 kuɤ³¹³⁻³² tsɔɤ⁴¹

锅台 kuɤ³¹³⁻³²·tʰe⁵³ 灶台

锅头 kuɤ³¹³⁻³²·tʰəu 灶口

锅坑儿 kuɤ³¹³⁻³²·ʧʰiəŋɤ

　锅场儿 kuɤ⁵³⁴⁻³²·ʧʰiaŋɤ（北乡）

炉₁底 lu³¹³⁻³²ti³⁴

炉₁门儿 lu³¹³⁻³⁴mənɤ³¹³

小坑儿 ʃiɔ³⁴kʰəŋɤ³¹³ 厕所

　茅厕₂坑儿 mo³¹³⁻³²·sɿ kʰəŋɤ³¹³

牲口棚 səŋ³¹³⁻³¹·kʰəu pʰəŋ⁵³

大₂坑 taɤ⁴¹kʰəŋ³¹³ 猪圈

猪槽子 ʧy³¹³⁻³²tsʰɔ⁵³⁻³⁴·tə 猪食槽

猪台子 ʧy³¹³⁻³²tʰe⁵³⁻³⁴·tə 猪圈的顶棚

狗窝 kəu³⁴uɤ³¹³

鸡窝子 ci³¹³⁻³⁴uɤ³¹³⁻³¹·tə

鸡笼子 ci³¹³⁻³⁴luŋ³¹³⁻³¹·tə

草垛 tsʰɔ³⁴⁻³²tuɤ⁴¹

器具、用品

大₂柜 $ta^{41-32}kuəi^{41}$ 新式衣柜，高1.8米

天心儿 $tʰiæ̃^{313-34}ʃiənɹ^{313}$ 大柜顶部中心的木板

磴板儿 $təŋ^{41}·pæɹ$

梃儿 $tʰiəŋɹ^{41}·rə$ 柜、门、窗的竖边

掌儿 $tsʰəŋɹ^{41}·rə$

大₂槛 $ta^{41-32}kʰæ̃^{34}$ 支撑大柜门下面的木板

小装₁板儿 $ʃiɔ^{34}tsuaŋ^{313-32}pæ̃ɹ^{34}$ 门梃儿和护柜梃儿之间的木板

底库 $ti^{34-32}kʰu^{41}$ 大柜底部的暗格

裙腿板儿 $cʰyən^{53}tʰəi^{34-32}pæ̃ɹ^{34}$ 底库下面围绕四腿的木板

半柜 $pæ^{41-32}kuəi^{41}$ 旧式衣柜，高1.2米

桌子 $tsuɤ^{34-32}·tə$

圆桌 $yæ̃^{53-32}tsuɤ^{34}/yæ̃^{34}tsuɤ^{34}$

方桌 $faŋ^{313-32}tsuɤ^{34}$

案子 $æ^{41}·tə$ 条案

饭桌子 $fæ̃^{41-34}tsuɤ·tə$

台布 $tʰe^{53-32}·pu$

桌帏 $tsuɤ^{34-32}uəi^{53}$ 桌围

出头 $tʂʰy^{34-32}·tʰəu$（$tʂʰi^{34-32}·tʰəu$（北乡））抽屉

堵头儿 $tu^{34-32}tʰəuɹ^{53}$ 器物内边的堵板：出头~哪儿去了?

杌子 $u^{34}·tə$

板掌儿 $pæ^{34-32}·tsʰəŋɹ$

板凳儿 $pæ^{34-32}təŋɹ^{41}$

凳子 $təŋ^{41}·tə$

马扎儿 $ma^{34}tsaɹ^{313}$

马扎子 $ma^{34}tsa^{313-31}·tə$

蒲团 $pʰu^{34-32}tʰæ̃^{53}$

墩儿 $tənɹ^{313-32}·rə$ 充作坐具的树墩、石墩等

床₂板 $tsʰuaŋ^{53}pæ̃^{34}$

炕案石 $kʰaŋ^{41-32}æ̃^{41}·ʃi$ 盘炕用的石板

　炕石板 $kʰaŋ^{41}ʃi pæ̃^{34}$（北乡）

炕旮旯儿 $kʰaŋ^{41}·kɤ·ləuɹ$ 房间里除了炕之外的地面

炕洞子 $kʰaŋ^{41-32}tuŋ^{41-34}·tə$ 炕的排烟通道

热炕头儿 $iɤ^{41-32}kʰaŋ^{41-32}tʰəuɹ^{53}$ 炕靠近灶的区域

毯子 $tʰæ^{34-32}·tə$

棉被 $miæ̃^{313-32}pəi^{41}$

被窝儿 $pəi^{41-34}·uɤɹ$

被裹 $pəi^{41-32}li^{34}$

被表儿 $pəi^{41-32}piɔɹ^{34}$

被面儿 $pəi^{41-32}miæ̃ɹ^{41}$

被头 $pəi^{41-32}tʰəu^{53}$ 缝在被子前端的布

被胎 $pəi^{41}tʰe^{313}$

花胎 $xua^{313-32}tʰe^{313-34}$

床₂单儿 $tsʰuaŋ^{53}tæ̃ɹ^{313}$

褥单 $tsʰæ^{53}·tæ̃$ 用旧布片缝制的床单，俗常写作"残单"

褥子 $y^{41}·tə$

草褥子 $tsʰɔ^{34-32}y^{41}·tə$ 用软草代替棉花胎的褥子

草帘儿 $tsʰɔ^{34}liæɹ^{313}$ 草席

炕蓆 $kʰaŋ^{41-32}ʃi^{53}$

凉蓆子 $liaŋ^{313-32}ʃi^{53-34}·tə$ 竹篾或草茎编的席

篾儿蓆 miɤ³¹³ʃi⁵³ 苇篾或高粱篾编的席
蓆篾儿 ʃi⁵³miɤ³¹³ 高粱秸、芦苇等的表皮
头荐 təu⁵³⁻³⁴·tʃiæ̃ 枕头
头荐皮儿 təu⁵³⁻³⁴·tʃiæ̃ pʰiɤ⁵³（⁻³⁴·ɤə）
梳妆台 su³¹³⁻³⁴tsuaŋ³¹³⁻³²tʰe⁵³
镜子 ciəŋ⁴¹·tə
尿坬子 ŋio⁴¹⁻³²kʰæ̃³¹³⁻³¹·tə
尿壶 ŋio⁴¹⁻³²xu⁵³
烫壶 tʰaŋ⁴¹⁻³²xu⁵³
暖壶 næ̃³⁴⁻³²xu⁵³ 暖水瓶
阻儿 tsuɤ³⁴⁻³²·ɤə 塞子
风显 fəŋ³¹³⁻³²·ciæ̃ 风箱
　　风匣 fəŋ⁵³⁴⁻³²·cia⁴² （北乡）
烧火儿棍 ʃio³¹³⁻³²xuɤɤ³⁴kuən⁴¹
煤钩子 məi⁵³kəu³¹³⁻³¹·tə
　　火钩子 xuɤ³⁴kəu³¹³⁻³¹·tə
柴火 tsʰe⁵³⁻³⁴·xu 柴草
秋秸 ʃy⁵³⁻³²cie³¹³ 用作柴火的高粱、玉米等作物秸秆的统称
麦秸（草）mɤ⁴¹⁻³²cie³¹³（tsʰɔ³⁴）
麦穰 mɤ⁴¹⁻³²iaŋ³¹³
　　花穰 xua³¹³⁻³⁴·iaŋ
胡秸 xu⁵³cie³¹³ 高粱秸
莛秆儿 tʰiəŋ³¹³⁻³⁴·kæɤ 高粱长穗的一节秸秆
豆秸 təu⁴¹⁻³²cie³¹³
苞儿米秸子 pɤ³¹³mi³⁴cie³¹³⁻³¹·tə
秆草骨节儿 kæ̃³¹³⁻³²·tsʰɔ ku⁴¹⁻³²·tʃiəɤ 切成短节的农作物秸秆，用作饲料
木渣 mu⁴¹⁻³²tsa³¹³ 锯末

木花儿 mu⁴¹⁻³²xuaɤ³¹³ 刨花
洋火 iaŋ⁵³xuɤ³⁴ 火柴
锅底灰 kuɤ³¹³⁻³²ti³⁴xuəi³¹³ 锅烟子
锅头灰 kuɤ³¹³⁻³²·tʰəu xuəi³¹³ 灶膛里的草木灰
釜台 fu³⁴·tʰe 烟筒
铁锅 tʰiɤ³⁴·kuɤ
轻铁锅 cʰiəŋ³¹³⁻³¹·tʰiɤ kuɤ³¹³ 铝锅
沙锅 sa³¹³⁻³⁴kuɤ³¹³
八引₂锅 pa³⁴⁻¹⁻³²iən⁴¹⁻³²kuɤ³¹³ 约直径2尺、深6.5寸的大锅
小锅儿 ʃio³⁴kuɤɤ³¹³
炒瓢₁ tsʰɔ³⁴⁻³²pʰio⁵³ 炒锅
锅算子 kuɤ³¹³⁻³²pi⁴¹·tə 锅盖
锅帘子 kuɤ³¹³⁻³⁴liæ̃³¹³·tə 蒸食物用的箅子
箅子 pi⁴¹·tə 高粱秆缝成的方形或圆形帘子，可放饺子、馒头、饼子等
抢子 tʃʰiaŋ³⁴⁻³²·tə 锅铲
锅梁儿 kuɤ³¹³⁻³⁴liaŋɤ³¹³ 锅内起支撑作用的叉形或井字形木架儿
锅柯次儿 kuɤ³¹³⁻³²·kʰɤ·tsʰɿ
燎₁壶 lio³⁴⁻³²xu⁵³ 烧开水用的水壶
泥₁儿碗 miɤ³¹³uæ̃³⁴ 陶土碗
瓷碗 tsʰɿ⁵³uæ̃³⁴
大₂海碗 ta⁴¹xe³⁴⁻³²uæ̃³⁴
茶碗儿 tsʰa⁵³⁻³²uæ̃ɤ³⁴ 带柄瓷茶杯
碗窝儿 uæ̃³⁴uɤɤ³¹³ 专门放碗的墙洞
碟子 tiɤ⁵³⁻³⁴·tə
瓷盆儿 tsʰɿ⁵³·pʰəŋ

泥₁盆儿 mi³¹³⁻³²pʰənɻ⁵³（⁻³⁴·ɻə）　　菜刀₁ tsʰe⁴¹⁻³²tɔ³¹³

麵盆儿 miæ̃⁴¹⁻³²·pʰənɻ　　菜板子 tsʰe⁴¹⁻³²pæ̃³⁴⁻³²·tə 砧板

勺子 ʃyɤ⁵³⁻³⁴·tə 饭勺　　麵板 miæ̃⁴¹⁻³²pæ̃³⁴

调羹 tʰiɔ⁵³⁻³²kəŋ³⁴ 羹匙　　（水₁）筲（suəi³⁴）sɔ³¹³

筷子 kʰue⁴¹·tə　　筲箍儿 sɔ³¹³⁻³⁴kuɻ³¹³

箸笼儿 ʧy⁴¹⁻³⁴·luŋɻ 筷笼　　筲提系儿 sɔ³¹³⁻³² tʰi⁵³⁻³² ʃiəɻ 俗常写作"筲

茶盘子 tsʰa⁵³pʰæ̃⁵³⁻³⁴·tə　　　　提芯儿"

圈₁盆 cʰyæ̃³¹³⁻³²·pʰən（cʰyæ̃⁵³⁴⁻³²·pʰæ̃　　水₁瓮 suəi³⁴⁻³²uŋ⁴¹

（北乡））摆放饭菜的方形木盘　　水₁缸 suəi³⁴kaŋ⁵³⁴（北乡）

饭家使儿 fæ̃⁴¹cia³¹³⁻³²·sʅɻ 餐具的总称　　泔水₁缸 kæ̃³¹³⁻³²suəi³⁴kaŋ³¹³

酒盅儿 ʧiəu³⁴tsuŋɻ³¹³　　抹₁布儿 ma⁴¹·puɻ

酒榼 ʧiəu³⁴⁻³²xe³⁴ 旧式木酒碗　　拖把 tʰuɤ³¹³⁻³²pa

盘子 pʰæ̃⁵³⁻³⁴·tə　　木匠铺₂ mu⁴¹⁻³²ʧiaŋ pʰu⁴¹

酒壶 ʧiəu³⁴⁻³²xu⁵³　　推刨₂ tʰəi³¹³⁻³²pʰɔ⁵³⁻³⁴（tʰəi⁵³⁴⁻³²·pʰɤ（北

酒坛子 ʧiəu³⁴⁻³²tʰæ̃⁵³⁻³⁴·tə　　乡））

坛子 tʰæ̃⁵³⁻³⁴·tə　　电刨子 tiæ̃⁴¹⁻³²pɔ⁴¹⁻³⁴·tə

罐子 kuæ̃⁴¹·tə 瓷罐　　线刨₁子 ʃiæ̃⁴¹⁻³⁴pʰa³⁴⁻³²·tə

合₂罐儿 xa⁵³⁻³⁴·kuæɻ 带盖子的陶罐　　裁口儿刨₁子 tsʰe⁵³kʰəuɻ³⁴pʰa³⁴·tə

纸缸子 tsʰʅ³⁴kaŋ³¹³⁻³¹·tə　　圆口儿刨₁子 yæ̃⁵³kʰəuɻ³⁴pʰa³⁴·tə 割圆柱

　纸样缸儿 tsʰʅ³⁴·iaŋ kaŋɻ⁵³⁴（北乡）　　体的刨子

水₁瓢₁ suəi³⁴⁻³²pʰiɔ⁵³ 葫芦瓢　　刺簧刨₁子 la⁴¹⁻³²·xuɑŋ pʰa³⁴·tə 割凹槽的

水₁舀子 suəi³⁴⁻⁵³ciɔ³⁴⁻³²·tə 金属舀水器具　　刨子

笊篱 tsɔ⁴¹·li　　凹面儿刨₁子 ua³¹³⁻³²miæ̃ɻ⁴¹pʰa³⁴·tə

　笊领 tsɔ⁴¹·liəŋ（北乡）　　阳线刨₁子 iaŋ⁵³⁻³²ʃiæ̃⁴¹pʰa³⁴·tə

漏浅 ləu⁴¹⁻³⁴·ʧʰiæ̃ 漏勺　　蟹刨₁子 çie⁴¹⁻³²pʰa³⁴⁻³²·tə

（琉琉）棒子（ləu³¹³⁻³²ləu³¹³⁻³⁴）　　铲刨₁子 tsʰæ̃³⁴pʰa³⁴⁻³²·tə

　paŋ⁴¹⁻³⁴·tə 玻璃瓶　　底刨₁子 ti³⁴⁻³²pʰa³⁴·tə

棒子盖儿 paŋaŋ⁴¹⁻³⁴³keɻ⁴¹·ɻə　　火烧边儿刨₁子 xuɤ³⁴⁻³²·ʃiəu

菜虫 tsʰe⁴¹·tsʰuŋ 礤床　　piæɻ³¹³pʰa³⁴·tə

单线刨₁子 tæ̃³¹³⁻³²ʃiæ̃⁴¹pʰa³⁴·tə

槽刨₁子 tsʰɔ⁵³⁻³²pʰa³⁴·tə

斧 fu³⁴

锛 pən³¹³

梳锯 su³¹³⁻³²cʏ⁴¹⁻³⁴ 手工裁木板的锯

大₂梳锯 ta⁴¹su³¹³⁻³²cʏ⁴¹⁻³⁴ 两人合用的大锯

二人抬 ər⁴¹iən³¹³⁻³²tʰe⁵³

快马子 kʰue⁴¹ma³⁴⁻³²·tə 刀锯

杀锯子 sa³⁴⁻⁵³cʏ⁴¹⁻³⁴·tə 木板合缝加密的锯

弯锯子 uæ̃³¹³⁻³²cʏ⁴¹⁻³⁴·tə 割圆弧的锯

开榫儿 kʰe³¹³⁻³²ʃyən³⁴（⁻³²·ɚ）按划好的线把榫锯出来

严缝儿 iæ³¹³⁻³²fəŋ⁵³ 把木板的黏合面刨平合严

凿 tsuʏ⁵³

圆凿 yæ̃⁵³·tsuʏ

拉₂钻₂ la³⁴⁻³²tsæ̃⁴¹

拧₁钻₂ ȵiəŋ⁵³tsæ̃⁴¹

拐尺 kue³⁴⁻³²tʃʰi³⁴

三角儿尺 sæ̃³¹³⁻³²cyʏʵtʃʰi³⁴

米大₂尺 mi³⁴·ta tʃʰi³⁴ 米尺

尺杆子 tʃʰi³⁴⁻⁵³kæ̃³¹³⁻³¹·tə 自制直木长尺，长约3—4米

卷₁儿尺 cyæ̃ʵtʃʰi³⁴

墨斗子 mʏ⁴¹⁻³²təu³⁴·tə

放线 faŋ⁴¹⁻³²ʃiæ̃⁴¹ 给木材打墨线

钉₁子 tiəŋ³¹³⁻³¹·tə

钉儿 tiəŋ³¹³·ɚ

钳子 cʰiæ̃⁵³⁻³⁴·tə

老虎钳 lɔ³⁴⁻³²·xu cʰiæ̃⁵³

羊角锤儿 iaŋ³¹³⁻³²cia³⁴tsʰuəi⁵³ 锤头状如羊角，故名

炮锤 pʰɔ⁴¹⁻³²tsʰuəi⁵³ 大号铁锤，常用来打炮眼儿，故名

钢撬 kaŋ³¹³⁻³⁴tʃʰiɔ³¹³ 撬杠

铁撬 tʰiʏ³⁴tʃʰiɔ³¹³

镊子 ȵiʏ⁴¹·tə

绳子 ʃiəŋ⁵³⁻³⁴·tə

绳儿 ʃiəŋ⁵³⁻³⁴·ɚ

麻绳儿 ma³¹³⁻³²ʃiəŋʵ⁵³

青绳儿 tʃʰiəŋ³¹³⁻³²ʃiəŋʵ⁵³ 湿麻皮绳子

草绳儿 tsʰɔ³⁴⁻³²ʃiəŋʵ⁵³

尼龙绳儿 mi³¹³⁻³²·luŋ ʃiəŋʵ⁵³

皮条 pʰi⁵³⁻³²tʰiɔ⁵³

合页 xuʏ⁵³⁻³²iʏ⁴¹/xuʏ⁵³⁻³⁴·iʏ

瓦刀₁ ua³⁴tɔ³¹³

小扎子儿 ʃiɔ³⁴⁻³²tsa³⁴⁻³²·təɚ 抹子

扎墙缝儿 tsa³⁴tʃʰiaŋ⁵³⁻³²fəŋʵ⁵³（⁻³⁴·ɚ）

泥₁板 mi³¹³⁻³²·pæ̃

灰板儿 xuəi³¹³⁻³²pæʵ³⁴

墁墙 mæ̃⁴¹⁻³²tʃʰiaŋ⁵³ 抹墙灰

灰斗子 xuəi³¹³⁻³²təu³⁴⁻³²·tə

錾₁子 tsæ̃³⁴·tə

铁墩子 tʰiʏ³⁴tən³¹³⁻³¹·tə 砧子

剃头刀₁子 tʰi³¹³⁻³²tʰəu⁵³tɔ³¹³⁻³¹·tə

推子 təi³¹³⁻³¹·tə 理发工具

木头梳 mu⁴¹·tʰəu su³¹³

剪子 tʃiæ̃³⁴⁻³²·tə

熨砣 yən⁴¹·tuɤ熨斗
烙条 luɤ⁴¹·tʰiɔ老式长柄金属熨斗
烙砣 luɤ⁴¹·tʰuɤ烙铁
纺车₁ faŋ³⁴ʧʰiɤ³¹³
织机 ʧi³⁴ci³¹³
梭子 suɤ³¹³⁻³¹·tə
东西儿 tuŋ³¹³⁻³²ʃiɾ³¹³⁻³⁴
铜盘 tʰuŋ⁵³⁻³⁴·pʰæ̃洗脸盆
　脸盆儿 liæ̃³⁴⁻³²pʰənɾ⁵³
铜盘架儿 tʰuŋ⁵³⁻³⁴·pʰæ̃ ciaɾ⁴¹
胰子 i⁵³⁻³⁴·tə肥皂
洗衣粉（膏）儿 ʃi³⁴·i fənɾ³⁴
　（kɔɾ³¹³）
手绢 ʃiəu³⁴⁻³²ciæ̃⁴¹毛巾
气灯 cʰi⁴¹təŋ³¹³
蜡 la⁴¹
灯篓 təŋ³¹³⁻³¹·ləu
灯草儿 təŋ³¹³⁻³²tsʰɔɾ³⁴灯芯
电棒子 tiæ̃⁴¹⁻³²paŋ⁴¹⁻³⁴·tə
提包 tʰi⁵³⁻³²pɔ³¹³
钱包儿 ʧʰiæ̃⁵³⁻³²pɔɾ³¹³
钱褡子 ʧʰiæ̃⁵³⁻³²ta³⁴⁻³²·tə
手戳儿 ʃiəu³⁴⁻³²tsʰuɤ³⁴私人图章
　手印儿 ʃiəu³⁴⁻³²iənɾ⁴¹
望眼镜 uaŋ³¹³⁻³¹·iæ̃ ciaŋ⁴¹望远镜
　千里眼 ʧʰiæ̃³¹³⁻³¹·li iæ̃³⁴
顶尖儿 tiaŋ³⁴⁻³²·ʧiæ̃顶针
线轱₂辘儿 ʃiæ̃⁴¹ku³⁴⁻³²ləuɾ⁴¹
纫针 iən⁴¹ʧiən³¹³穿针

针脚儿 ʧiən³¹³⁻³²cyɾ³⁴
锥尖 tsuai³¹³⁻³²·ʧiæ̃
　锥子 tsuai³¹³⁻³¹·tə
针线笸篓儿 ʧiən³¹³⁻³²·ʃiæ̃ pʰu³⁴·ləuɾ
耳挖子 əɾ³⁴⁻⁵³ua³⁴⁻³²·tə
搓衣板儿 tsʰuɤ³⁴⁻³²·i pæ̃ɾ³⁴
棒棍儿 paŋ⁴¹⁻³²·kuənɾ
　棒槌儿 paŋ⁴¹⁻³⁴·tsʰuəiɾ
鸡毛₁儿掸子 ci³¹³⁻³⁴mɔɾ³¹³ tʰæ̃³⁴·tə
扇子 ʃiæ̃⁴¹·tə
蒲扇 pʰu³⁴ʃiæ̃⁴¹
拐棍儿 kue³⁴⁻³²·kuənɾ拐杖
封窗纸 fəŋ³¹³⁻³⁴tsuaŋ³¹³tsɿ³⁴
仰棚儿纸 iaŋ³¹³⁻³² pʰəŋɾ⁵³ tsɿ³⁴
　（iaŋ⁵³⁴⁻³²pʰaŋɾ⁴²tsɿ³⁴ 北乡）
吃烟儿纸 ʧʰi³⁴iæ̃ɾ³¹³tsɿ³⁴
揭腔纸 ka³⁴⁻³²tiəŋ⁴¹tsɿ³⁴
　草纸 tsʰɔ³⁴⁻⁵³tsɿ³⁴
戏匣子 ci⁴¹cia⁵³⁻³⁴·tə收音机
洋匣子 iaŋ⁵³cia⁵³⁻³⁴·tə留声机
座鐘 tsuɤ⁴¹⁻³²tsuŋ³¹³
毛₁筒 mɔ³¹³⁻³²tʰuŋ³⁴状如花瓶的一对瓷器饰物，常作陪嫁物

称谓

男子汉 næ̃æ̃⁵³⁴xæ̃⁴¹男人
有种₁的 iəu³⁴⁻⁵³tsuŋɾ³⁴·lə（贬义）
女人 ny³⁴⁻³²·iən
吃屎的孩子 ʧʰi³⁴⁻⁵³sɿ³⁴·lə xe⁵³⁻³⁴·tə婴

人

小孩子儿 ʃiɔ³⁴⁻³²xe⁵³⁻³⁴·tər

　　小人儿 ʃiɔ³⁴·ɻəŋ³¹³

　　鼻筒客 pi⁵³⁻³⁴·tʰuŋ kʰɤ³⁴ 戏称

叫₂蜩子 ciɔ⁴¹·kue·tə 比喻特别哭闹的孩子

小士子 ʃiɔ³⁴⁻³²sʅ⁴¹·tə 男孩儿

小围娘儿 ʃiɔ³⁴kuən³¹³⁻³²ŋiəŋɻ³⁴ 女孩儿，通称

　　围娘子 kuən³¹³⁻³¹·ŋiŋ·tə 背称

　　嫚嫚 mæ̃³¹³⁻³²·mæ̃ 长辈对女孩的面称

小围娘 ʃiɔ³⁴kuən³¹³⁻³¹·ŋiəŋ 小女儿

老头儿 lɔ³⁴⁻³²tʰəu⁵³

（死）老头子（sʅ³⁴）lɔ³⁴⁻³²tʰəu⁵³⁻³⁴·tə （贬义）背称

　　老不在乖的 lɔ³⁴·pu tse⁴¹kue³¹³⁻³²·lə

老婆儿 lɔ³⁴⁻³²pʰɤ⁵³

（死）老婆子（sʅ³⁴）lɔ³⁴⁻³²pʰɤ⁵³⁻³⁴·tə （贬义）背称

小伙儿 ʃiɔ³⁴⁻³²xuɤ³⁴

城裏人儿 tʂʰəŋ⁵³li³⁴iən·ɻ³¹³

庄户孙 tsuaŋ³¹³⁻³²·xu/·xuɤ sən³¹³ 乡下人

本家 pən³⁴cia³¹³ 同宗同姓的

外住户 ue⁴¹·tʂy xu³¹³ 外地人

坐地户 tsuɤ⁴¹⁻³²ti⁴¹xu³¹³⁻³⁴ 本地人

洋人 iaŋ⁵³iən³¹³

一家子 i³⁴cia³¹³⁻³¹·tə 自己人

外人 ue⁴¹iən³¹³

同岁 tʰuŋ⁵³⁻³⁴·səi 同庚

懂行₁ tuŋ³⁴⁻³²xaŋ⁵³ 内行

外行 ue⁴¹⁻³⁴·xaŋ

半棒儿醋 pæ̃⁴¹⁻³²·paŋɻ tsʰu⁴¹

　　半半儿醋 pæ̃⁴¹⁻³²·pæ̃ɻ tsʰu⁴¹

中₁间人 tsuŋ³¹³⁻³⁴·ciæ̃ iən³¹³

说事的 ʃy³⁴⁻⁵³·sʅ·lə

　　调₂解 tʰiɔ⁵³cie³⁴

光₁棍儿 kuaŋ³¹³⁻³²kuənɻ⁴¹

老嫚儿 lɔ³⁴⁻³²·mæ̃ɻ 老姑娘

二婚头 ər⁴¹xuən³¹³⁻³²tʰəu⁵³

寡妇儿 kua³⁴⁻³²fuɻ⁴¹

窑姐儿 iɔ³¹³⁻³²tɕiɻ³⁴ 婊子

窑子 iɔ³¹³⁻³⁴·tə

相好的 ʃiaŋ³¹³⁻³²xɔ³⁴⁻³²·lə 姘头

小抠儿 ʃiɔ³⁴kʰəuɻ³¹³ 吝啬鬼

狗食钵子 kəu³⁴⁻³²ʃi⁵³pɤ³⁴⁻³²·tə 比喻贪小便宜的人

穷种₁ cʰyŋ⁵³tsuŋ³⁴

　　败家子儿 pe⁴¹·cia tsʅɻ³⁴

要₂饭儿的 iɔ⁴¹⁻³²fæ̃ɻ⁴¹·lə 乞丐

耍把戏儿的 sua³⁴⁻⁵³·pa çiɻ⁴¹·lə 跑江湖的

二流子 ər⁴¹ləu⁵³⁻³⁴·tə 流氓

混子 xuən⁴¹·tə 地痞流氓

无赖 u⁵³⁻³²le⁴¹ 蛮不讲理的人

　　混理付儿 xuən⁴¹⁻³⁴·li fuɻ⁴¹

　　莠烂儿腔 iəu³⁴·læ̃ɻ tiəŋ⁴¹

　　搅屎的棍子 ciɔ³⁴⁻³²sʅ³⁴·lə kuən⁴¹·tə

胡子 xu⁵³⁻³⁴·tə 土匪

断₁道的 tæ̃³⁴⁻³²tɔ⁴¹⁻³⁴·lə 强盗
贼儿 tsɤ⁵³⁻³⁴·ɤ」
营生 iəŋ³¹³⁻³²səŋ³¹³⁻³⁴/iəŋ³¹³⁻³⁴·səŋ 工作
扛活的 kʰaŋ⁵³xuɤ⁵³⁻³⁴·lə
长₂工儿 tʃʰiaŋ⁵³⁻³⁴·kuŋɤ」
短工儿 tæ̃³⁴⁻³²·kuŋɤ」
零工儿 liəŋ³¹³⁻³⁴·kuŋɤ」³¹³
庄稼人 tsuaŋ³¹³⁻³²·ci iən³¹³ 农民
做买卖的 tsəu⁴¹⁻³²me³⁴⁻³²·me·lə
掌柜的 tʃiaŋ³⁴⁻³²kuəi⁴¹·lə 老板
东家 tuŋ³¹³⁻³²·cia
站柜台的 tsæ̃⁴¹kuəi⁴¹⁻³²tʰe⁵³⁻³⁴·lə 伙计
徒弟 tʰu⁵³⁻³⁴·ti 学徒
贩子 fæ̃⁴¹·tə
二道贩子 ər⁴¹⁻³⁴·tɔ fæ̃⁴¹⁻³²·tə
摆摊儿的 pe³⁴tʰæ̃ɤ」³¹³·lə 摊贩
先生 ʃiæ̃³¹³⁻³²səŋ 私塾教书先生
老师 lɔ³⁴sɿ³¹³ 学校教员
老师儿 lɔ³⁴sɿɤ」³¹³·ɤ」 对有技艺、手艺的人的尊称
学生 çyɤ⁵³⁻³⁴·səŋ
同学 tʰuŋ⁵³⁻³²çyɤ⁵³
伙家 xuɤ³⁴⁻³²·cia（褒义，单数）朋友
伙家们子 xuɤ³⁴⁻³²·cia mən³¹³⁻³⁴·tə（褒义，复数）朋友
老几 lɔ³⁴⁻⁵³ci³⁴（中性、贬义）朋友
公安 kuŋ³¹³⁻³⁴æ̃³¹³ 警察
大₄夫 te³⁴·fu
　医生 i³¹³⁻³²·səŋ
手艺人 ʃiəu³⁴·i iən³¹³

木匠 mu⁴¹·tʃiaŋ
瓦匠 ua³⁴⁻⁵³·tʃiaŋ
铁匠 tʰiɤ³⁴⁻³²·tʃiaŋ
锔漏儿匠 ku⁴¹·ləuɤ」tʃiaŋ⁴¹ 补锅的
　锔漏儿 ku⁴¹·ləuɤ」
货龙 xuɤ⁴¹⁻³⁴·luŋ 货郎
裁坊 tsʰe⁵³⁻³⁴·faŋ 裁缝
剃头的 tʰi³¹³⁻³²tʰəu⁵³⁻³⁴·lə 理发师
杀包子 sa³⁴pɔ³¹³⁻³¹·tə 屠户
跟₁牲口的 kən³¹³⁻³²·səŋ ues kʰəu³⁴·lə 脚夫
厨子 tʃʰy⁵³⁻³⁴·tə 厨师
丫环 ia³¹³⁻³²·xuæ̃
和尚 xuɤ³⁴·tʃʰiaŋ
姑子 ku³¹³⁻³¹·tə 尼姑
道士 tɔ⁴¹⁻³⁴·sɿ

亲属

长₁辈儿 tʃiaŋ³⁴·pəiɤ」
老爷爷₃ lɔ³⁴·iɤ³¹³⁻³²·iɤ³¹³⁻³⁴ 曾祖父
　lɔ³⁴⁻⁵³iɤ³¹³⁻³⁴·iɤ 儿童对老年男子的统称
老奶奶₅ lɔ³⁴nən³¹³⁻³²nən³¹³⁻³⁴ 曾祖母
　lɔ³⁴⁻⁵³nən³¹³⁻³²·nən 儿童对老年女子的统称
爷爷₃ iɤ³¹³⁻³²iɤ³¹³⁻³⁴
奶₅奶₅ nən³¹³⁻³²nən³¹³⁻³⁴
姥爷₅ lɔ³⁴⁻³²·i 外祖父
姥昵 nɔ³⁴⁻³²·ɲi 外祖母
　侬侬 nuŋ⁴²⁻³²·nuŋ（北乡）
老儿的 lɔɤ³⁴·lə 父母双亲
当₁老儿的 taŋ³¹³⁻³²lɔɤ³⁴·lə 父母双亲自称

男老儿的 nã⁵³lɔɣ³⁴·lə 父亲，第三方背称
爹 tiɣ³¹³
女老儿的 ŋy³⁴⁻⁵³lɔɣ³⁴·lə 母亲，第三方背称
 老妈母 lɔ³⁴ma³¹³⁻³¹·mu
 老娘₂ lɔ³⁴⁻³²ŋian⁵³
妈 ma³¹³
丈爷₅ tʂian⁴¹⁻³⁴·i 岳父
 亲₂爹 tʂʰiən⁵³⁴⁻³⁴tiɣ⁵³⁴（北乡）面称
丈母 tʂian⁴¹⁻³⁴·mu 岳母
 娘₁ ŋian³¹³ 旧时面称
 亲₂妈 tʂʰiən⁵³⁴⁻³⁴ma⁵³⁴（北乡）面称
公公 kuŋ³¹³⁻³²kuŋ³¹³⁻³⁴
婆婆 pʰɣ⁵³⁻³⁴·pʰɣ
 婆母娘儿 pʰɣ⁴²⁻³⁴·mu·ŋiaŋɣ（北乡）
後爹 xəu⁴¹tiɣ³¹³
後娘₂ xəu⁴¹·ŋian
 後妈 xəu⁴¹ma³¹³
大₂爹 ta⁴¹⁻³²tiɣ³¹³ 父之大哥（二爹、三爹等按照排行类推）
大₂妈 ta⁴¹⁻³²ma³¹³ 父之大哥之妻（二妈、三妈等按照排行类推）
爹儿 tiɣɣ³¹³⁻³²·rə 父之弟、叔兄弟
 大₁儿 taɣ³¹³·rə
 大₁大₁儿 ta³¹³⁻³²taɣ³¹³⁻³⁴
 二爸爸 əɣ⁴¹⁻³²pa⁴¹·pa（北乡，按照排行类推）
娘₁儿 ŋian³¹³⁻³⁴·rə 父之弟、叔兄弟之妻（按排行类推）
 娘₁娘₁ ŋian³¹³⁻³²·ŋian

大₂爷₅ ta⁴¹·i 三代血亲之外的伯父
大₂姆 ta⁴¹·mu 三代血亲之外的伯母
叔叔 ʃy³⁴⁻⁵³·ʃy 三代血亲之外的叔父
婶儿 ʃiən³⁴⁻³²·rə 三代血亲之外的叔母
舅儿 ciəuɣ⁴¹·rə
舅母 ciəu⁴¹·mu
姑姑 ku³¹³⁻³²·ku
姨姨 i³¹³⁻³²·i³¹³⁻³⁴
姑父 ku³¹³⁻³²·fu
姨父 i³¹³⁻³²·fu
姑奶₅奶₅ ku³¹³⁻³⁴nən³¹³⁻³²nən³¹³⁻³⁴
姨奶₅奶₅ i³¹³⁻³⁴nən³¹³⁻³²·nən
平辈儿 pʰiən⁵³·pəiɣ 同辈
般大₂般儿 pæ³¹³⁻³²·ta pæɣ³¹³ 同龄
老婆汉子 lɔ³⁴⁻³²·pʰu xæ⁴¹·tə 夫妻
男人 nã⁵³⁻³⁴·iən
 外头 ue⁴¹⁻³⁴·tʰəu
 掌柜的 tʂian³⁴⁻³²kuəi⁴¹·lə
 他爹 ·tʰə tiɣ³¹³
老婆 lɔ³⁴⁻³²·pʰu
 家裏 cia³¹³⁻³¹·lə
 家裏儿 cia³¹³⁻³²liɣ³⁴
媳妇儿 ʃi³⁴⁻³²fəɣ⁴¹ 新娘或年轻的妻子
对象儿 təi⁴¹⁻³²ʃiaŋ⁴¹ ①配偶通称②男、女朋友
大₂老婆 ta⁴¹⁻³⁴lɔ³⁴⁻³²·pʰu 原配妻子
 大₂婆儿 ta⁴¹⁻³⁴pʰɣɣ⁵³
大₂老婆 ta⁴¹lɔ³⁴⁻³²·pʰu 已婚妇女
 妇道人儿 fu⁴¹·tɔ ɹnəɣ³¹³⁻³²·rə
 老娘₂儿们 lɔ³⁴⁻³²·ŋian⁵³·mən

小老婆 ʃiɔ³⁴⁻³²lɔ³⁴⁻⁵³·pʰu

 小婆儿 ʃiɔ³⁴⁻³²pʰɤ⁵³

小老婆儿 ʃiɔ³⁴·lɔ pʰɤ⁵³ 矮小、瘦弱的老年妇女

小老婆儿 ʃiɔ³⁴⁻⁵³·lɔ pʰɤ⁵³ 斥责孩子的称呼语

 小寠子儿 ʃiɔ³⁴kʰuɤ³¹³·tɚ

大₃伯₂ tuɤ³⁴·pəi 大伯子，俗常写作"躲背"

小叔子 ʃiɔ³⁴⁻³²ʃy³⁴⁻⁵³·tə

大₂姑子 ta⁴¹⁻³⁴·ku·tə

小姑子 ʃiɔ³⁴⁻³²·ku·tə

舅子 ciəu⁴¹⁻³⁴·tə 妻之兄弟

大₂舅哥 ta⁴¹⁻³²ciəu⁴¹kuɤ³¹³ 内兄

小舅子儿 ʃiɔ³⁴⁻⁵³ciəu⁴¹⁻³⁴·tɚ 内弟

大₂姨子 ta⁴¹⁻³⁴·i·tə

小姨子 ʃiɔ³⁴⁻³²i⁵³·tə

弟兄 ti⁴¹⁻³²·çyŋ 同胞兄弟

 亲₁兄奶₃弟 tɕʰiən³¹³⁻³⁴çyŋ³¹³·ne ti⁴¹

弟兄们子 ti⁴¹⁻³⁴·çyŋ mən³¹³⁻³⁴·tə ①同胞兄弟②朋友，面称（含说话人）

 弟兄们 ti⁴¹⁻³⁴·çyŋ·mən

姊妹 tsɿ³⁴⁻³²·məi（tsɿ³⁴⁻³²·mən（北乡））同胞姐妹

 亲₁姊热妹 tɕʰiən³¹³⁻³²tsɿ³⁴iɤ⁴¹⁻³²məi⁴¹（tɕʰiən⁵³⁴⁻³²tsɿ³⁴iɤ⁴¹⁻³²mən⁴¹（北乡））

姊妹们 tsɿ³⁴⁻³²məi⁴¹·mən（tsɿ³⁴⁻³²mən⁴¹·mən（北乡））同胞姐妹兄弟，面称（含说话人）

姊妹儿 tsɿ³⁴⁻³²·məiɚ 非同胞姐妹，面称

哥哥 kuɤ³¹³⁻³²kuɤ³¹³⁻³⁴/kuɤɤ³¹³³

 哥哥 kɤ³¹³⁻³²kɤ³¹³⁻³⁴/kɤɤ³¹³³

嫂儿 sɔ³⁴⁻³²·ɚ

 嫂子 sɔ³⁴⁻³²·tə

弟弟 ti⁴¹·ti

 tiiə⁴¹³ 面称

兄媳妇 çyŋ³¹³⁻³¹·ʃi·fu 弟媳

兄弟 çyŋ³¹³⁻⁵³·lə 男性对非胞弟的面称

兄儿 çyŋɚ³¹³⁻³²·ɚ 女性对非胞弟的面称

大₂姐 ta⁴¹⁻³⁴·tʃi 同胞面称

大₂姐 ta⁴¹⁻³²tʃiɤ³⁴ 非同胞面称

姐姐 tʃiɤ³⁴⁻³²·tʃiɤ

姐夫 tʃiɤ³⁴⁻³²·fu

妹妹 məi⁴¹⁻³²·məi（mən⁴¹·mən（北乡））

妹儿 məiɚ⁴¹⁻³⁴·ɚ

妹夫 məi⁴¹⁻³⁴·fu（mən⁴¹⁻³⁴·fu（北乡））

叔兄弟儿 su³⁴çyŋ³¹³tiɚ⁴¹ 堂兄弟

叔伯₁哥哥 su³⁴⁻³²·pe kuɤ³¹³⁻³²·kuɤ 堂兄

叔伯₁弟弟 su³⁴⁻³²·pe ti⁴¹·ti 堂弟

叔姊妹儿 su³⁴tsɿ³⁴⁻³²·məiɚ 堂姊妹

叔伯₁姐姐 su³⁴⁻³²·pe tʃiɤ³⁴⁻³²·tʃiɤ 堂姐

叔伯₁妹妹 su³⁴⁻³²·pe məi⁴¹⁻³²·məi 堂妹

表兄弟 piɔ³⁴çyŋ³¹³ti⁴¹

表姊妹 piɔ³⁴⁻⁵³tsɿ³⁴⁻³²·məi

乾兄弟儿 kæ̃³¹³⁻³⁴çyŋ³¹³tiɚ⁴¹

 把兄弟儿 pa³⁴çyŋ³¹³tiɚ⁴¹

乾₁姊妹儿 kæ̃³¹³⁻³⁴tsɿ³¹³⁻³²·məiɻ
晚辈儿 uæ̃³⁴·pəiɻ
儿女 əɻ³¹³⁻³²ȵy³⁴ 子女
儿 əɻ³¹³
大₂儿 ta⁴¹⁻³²əɻ³¹³
小儿 ʃiɔ³⁴əɻ³¹³
老生儿 lɔ³⁴⁻³²·saŋ əɻ³¹³ 年长时所生小儿子
过₂房儿 kuɤ⁴¹·faŋ əɻ³¹³ 继子
过₂房 kuɤ⁴¹·faŋ 过继
乾₁儿 kæ̃³¹³⁻³⁴·əɻ³¹³
儿媳妇 əɻ³¹³ʃi³⁴⁻³²fu⁴¹ 儿之妻
　媳妇子 ʃi³⁴⁻³²fu⁴¹·tə 长辈对他人儿媳的面称
　嫚儿 mæɻ³¹³·ɻə 婆婆对儿媳的面称
　长子乳名+（他）妈（·tʰə）ma³¹³ 公公对儿媳的面称
闺娘 kuən³¹³⁻³¹·ȵiəŋ ①女儿②未婚青年女子
（闺娘）女婿儿（kuən³¹³⁻³¹·ȵiəŋ）ȵy³⁴⁻³²·ʃyɻ
养老女婿 iaŋ³⁴⁻⁵³lɔ³⁴ȵy³⁴⁻³²·ʃy 入赘女婿
　倒₂插门儿 tɔ⁴¹tsʰa³⁴·mənɻ³¹³
孙子 sən³¹³⁻³¹·tə
孙子媳妇 sənən³¹³³ʃi³⁴⁻³²·fu
孙娘儿 sən³¹³⁻³²·ȵiəŋ³⁴ 孙女
孙娘儿女婿 sən³¹³⁻³²·ȵiəŋɻ³⁴ȵy³⁴⁻³²·ʃy
曾孙子 tsʰuŋ⁵³⁻³⁴sən³¹³⁻³¹·tə
曾孙娘子 tsʰuŋ⁵³⁻³⁴sən³¹³⁻³¹·ȵiəŋ·tə
外甥 ue⁴¹⁻³⁴·səŋ 女之子，姐妹之子
女外甥 ȵy³⁴ue⁴¹⁻³⁴·səŋ 女之女，姐妹之女
侄儿 ʨʃiɻ⁵³⁻³⁴·ɻə

侄娘儿 ʨʃi⁵³⁻³⁴·ȵiəŋɻ
娘₂家₂侄儿 ȵiaŋ⁵³⁻³²·ci ʨʃiɻ⁵³（⁻³⁴·ɻə）内侄
娘₂家₂侄娘儿 ȵiaŋ⁵³⁻³²·ci ʨʃiɻ⁵³⁻³⁴·ȵiəŋɻ
　内侄女
连襟 liæ̃⁵³ciən³¹³
亲₂家 ʨʰiən⁴¹·cia
亲₁戚 ʨʰiən³¹³⁻³²ʨʰiən³¹³⁻³⁴
亲₁亲₁ ʨʰiən³¹³·ʨʰiən 亲吻
老亲₁ lɔ³⁴ʨʰiən³¹³ 远亲
出门儿 ʨʃʰy³⁴·mənɻ³¹³ 走亲戚
跟₁脚子 kən³¹³⁻³²cyɤ³⁴⁻³²·tə 改嫁时带的儿女
带犊子 te⁴¹·tu·tə 孕妇出嫁后所生的儿女
前窝儿 ʨʰiæ̃⁵³⁻³⁴·uɤɻ 前夫或前妻的孩子
後窝儿 xəu⁴¹⁻³⁴·uɤɻ 与后夫或后妻所生的孩子
汉们 xæ⁴¹·mən 男子通称
爷₄儿们 iɤɻ⁵³·mən 同宗者少男性
　爷₄儿们子 iɤɻ⁵³mən³¹³⁻³⁴·tə
婆儿娘₂儿的 pʰɤɻ⁵³ȵiaŋɻ⁵³·lə 女子通称
娘₂儿们 ȵiaŋɻ⁵³·mən
　娘₂儿们子 ȵiaŋɻ⁵³mən·tə
娘₂家₂ ȵiaŋ⁵³⁻³²·ci
婆婆家 pʰɤɤ⁵³⁻³⁴³·cia
　婆婆的 pʰɤɤ⁵³⁻³⁴³·lə
男的家儿 næ̃⁵³⁻³⁴·lə ciaɻ³¹³ 男家
女的家儿 ȵy³⁴⁻³²·lə ciaɻ³¹³ 女家
姥昵的 nɔ³⁴⁻³²·ȵi·lə 姥姥家
丈爷₅的 ʨiaŋ⁴¹⁻³⁴·i·lə 丈人家
邻宿儿 liən³¹³⁻³¹·ʃyɻ 邻居

门子口儿 mənən³¹³³kʰəur³⁴

东屋儿 tuŋ³¹³⁻³²·uɤ 东邻居

西屋儿 ʃi³¹³⁻³²·ɹu 西邻居

五服 u³⁴fu⁵³（有血缘关系的近亲五代）

辈分儿 pəi⁴¹·fənɹ

排行₁ pʰe⁵³⁻³²xaŋ⁵³

老辈儿 lɔ³⁴pəiɹ⁴¹ 前代人

小辈儿 ʃiɔ³⁴ciɹ pəiɹ⁴¹ 年轻人

小儿的 ʃiɹ³⁴·lə

身体

身子 ʃiən³¹³⁻³¹·tə 身体

身量₂儿 ʃiən³¹³⁻³²liaŋɹ⁴¹⁻³⁴ 身材

头 tʰəu⁵³

髑髅头 xu⁵³⁻³⁴·ləu tʰəu⁵³⁻³¹³（贬义）

脑子 nɔ³⁴⁻³²·tə

脑瓜儿 nɔ³⁴kuaɹ³¹³

脑袋瓜子 nɔ³⁴⁻³²·te kua³¹³⁻³¹·tə

谢顶 ʃiɤ⁴¹⁻³²tiəŋ³⁴

秃顶 tʰu³⁴⁻³² tiəŋ³⁴

头顶 tʰəu⁵³⁻³²tiəŋ³⁴

後半髅儿 xəu⁴¹⁻³²·pæ̃ləuɹ⁵³

後头 xəu⁴¹⁻³²tʰəu⁵³

後脑勺儿 xəu⁴¹⁻³²·nɔ ʃyɹɤ³¹³（⁻³⁴·rə）

脖颈₁子 pɤ⁵³kəŋ³⁴⁻³²·tə

脖次颈₁子 pɤ⁵³⁻³⁴·tsʰ kəŋ³⁴⁻³²·tə

头髪₂ tʰəu⁵³⁻³⁴·fu

散₁白头 sæ̃³⁴·pɤ tʰəu⁵³ 少白头

掉头髪₂ tiɔ⁴¹⁻³²tʰəu⁵³⁻³⁴·fu

鬼剃头 kuəi³⁴tʰi³¹³⁻³²tʰəu⁵³ 头发突然无故脱落

眼来盖 iæ̃³⁴⁻³²·le ke⁴¹ 额

额啦盖 iɤ³¹³⁻³²·la ke⁴¹

囟 ʃyən⁴¹ 囟门

鬓角儿 piəŋ³¹³⁻³²ciaɹ³⁴

辫子 piæ̃⁴¹⁻³⁴·tə

小把子儿 ʃiɔ³⁴⁻⁵³pa³⁴⁻³²·təɹ 小辫子

鬏 tsæ̃³⁴ 旧时中老年妇女盘在脑后的发髻；挽~

瓦瓦檐儿 ua³⁴⁻³²·ua iæ̃ɹ⁵³ 刘海

脸盘儿 liæ̃³⁴⁻³² pʰæ̃ɹ⁵³

颧骨 tɕʰyæ̃⁵³⁻³²ku³⁴

酒窝儿 tɕiəu³⁴⁻³²uɹɤ³¹³⁻⁵³

人中 iən³¹³⁻³⁴tsuŋ³¹³

脸腮 liæ̃³⁴se³¹³

腮帮子 se³¹³⁻³⁴paŋ³¹³⁻³¹·tə

眼 iæ̃³⁴

眼眶子 iæ̃³⁴kʰuaŋ³¹³·tə

眼睛子 iæ̃³⁴ʨiəŋ³¹³⁻³¹·tə

眼珠子 iæ̃³⁴ʨy³¹³⁻³¹·tə

白眼睛儿 pɤ⁵³iæ̃³⁴ʨiəŋɹ³¹³

白眼珠儿 pɤ⁵³iæ̃³⁴ʨyɹ³¹³

黑眼睛儿 xɤ³⁴⁻⁵³iæ̃³⁴ʨiəŋɹ³¹³

黑眼珠儿 xɤ³⁴⁻⁵³iæ̃³⁴ʨyɹ³¹³

眼角 iæ̃³⁴⁻³²ciɔ³⁴

眼圈₂儿 iæ̃³⁴cʰyæ̃ɹ³¹³

眼泪儿 iæ̃³⁴⁻³²ləiɹ⁴¹

金豆子 ciən³¹³⁻³²təu³⁴·tə 比喻眼泪

眼眵 iæ̃³⁴tsʰɹ̩³¹³

眼皮（儿）iæ̃³⁴⁻³²pʰiɻ⁵³（⁻³⁴·ɻə）

单眼皮儿 tæ̃³¹³iæ̃³⁴⁻³²pʰiɻ⁵³

双眼皮儿 suaŋ³¹³⁻³²iæ̃³⁴⁻³²pʰiɻ⁵³

眼毛₁ iæ̃³⁴mɔ³¹³ 眼睫毛

眼眉 iæ̃³⁴məi³¹³（iæ̃³⁴mən⁵³⁴ 北乡）

鬥鬥脑子 təu⁴¹⁻³²·təu nɔ³⁴⁻³²·tə 皱紧眉头

鼻子 pi⁵³⁻³⁴·tə

鼻筒 pi⁵³⁻³⁴·tʰuŋ 鼻涕

清鼻儿 ʧʰiəŋ³¹³⁻³²piɻ⁵³（⁻³⁴·ɻə）（多因
感冒而流出的）稀鼻涕

鼻筒疙子 pi⁵³⁻³⁴·tʰuŋ kɤ³¹³⁻³¹·tə 鼻垢

鼻筒眼儿 pi⁵³⁻³⁴·tʰuŋ iæ̃ɻ³⁴（⁻³²·ɻə）
鼻孔

鼻子毛₁儿 piiə⁵³⁻³⁴³mɔɻ³¹³

鼻子尖儿 piiə⁵³⁻³⁴³ʧiæ̃ɻ³¹³

鼻子尖 piiə⁵³⁻³⁴³ʧiæ̃³¹³ 馋嘴

鼻骨（锅）梁儿 pi⁵³⁻³⁴·ku（·kuɤ）
liaŋɻ³¹³ 鼻梁儿

酒糟鼻子 ʧiəu³⁴·tsɔ pi⁵³⁻³⁴·tə

嘴 tsəi³⁴

嘴巴子 tsəi³⁴⁻³²·pa·tə ①嘴②下巴

嘴皮 tsəi³⁴⁻³²pʰi⁵³ 嘴唇

嘴皮子 tsəi³⁴⁻³²pʰi⁵³⁻³⁴·tə 口才

吐₂面 tʰu⁴¹·miæ̃（tʰu⁴¹·mi 北乡）唾沫

漦水₁ ʧʰi⁵³⁻³²suəi³⁴ 涎水，口水

沫咕糍 mɤ⁴¹·ku tsa³¹³ 白沫

黏腥 ȵiæ̃³¹³⁻³²ʃiəŋ 痰

舌头 ʃiɻ⁵³⁻³⁴·tʰəu

大₂馋 ta⁴¹⁻³²tsʰæ̃⁵³（儿语）

秃喋儿 tʰu³⁴⁻³²tiɻɻ⁵³（⁻³⁴·ɻə）大舌头

短舌儿 tæ̃³⁴⁻³²ʃiɻɻ⁵³（⁻³⁴·ɻə）

秃舌子 tʰu³⁴⁻⁵³ʃiɻ⁵³⁻³⁴·tə

牙 ia³¹³

当门牙 taŋ³¹³⁻³⁴·mən ia³¹³

食牙 ʃi⁵³⁻³⁴·ia 白齿

虎牙 xu³⁴⁻⁵³·ia

牙锈 ia³¹³ʃiəu⁴¹ 牙垢

牙帮子骨 ia³¹³⁻³⁴paŋaŋ³¹³³ku³⁴ 牙床

牙花子 ia³¹³⁻³⁴xua³¹³⁻³¹·tə 齿龈

牙口 ia³¹³⁻³²kʰəu³⁴ 牙的咀嚼能力

地包天儿 ti⁴¹pɔ³¹³⁻³⁴tʰiæ̃ɻ³¹³ 咬合时下齿在
外、上齿在内

虫牙 tsʰuŋ⁵³⁻³⁴·ia

火牙 xua³⁴⁻³²·ia

耳朵 əɻ³⁴⁻³²·təu

耳朵眼儿 əɻ³⁴⁻³²·təu uet iæ̃ɻ³⁴

耳蛹儿（皮）əɻ³⁴⁻⁵³yŋɻ³⁴（pʰi⁵³）耳
屎

耳朵背 əɻ³⁴⁻³²·təu pəi⁴¹

吞₂子 tʰən⁴¹·tə 喉咙

气嗓子 cʰi⁴¹·saŋ·tə 气管

髭子 xu⁵³⁻³⁴·tə

脸面髭子 liæ̃³⁴·miæ̃ xu⁵³⁻³⁴·tə 络腮胡

仁丹髭子 iən⁵³·tæ̃ xu⁵³⁻³⁴·tə

肩么头子 ʧiæ̃³¹³/ciæ̃³¹³·mu tʰəu⁵³⁻³⁴·tə

肩膀 ʧiæ̃³¹³⁻³²·paŋ

膀子 paŋ³⁴⁻³²·tə

锨板子骨 ɕiæ̃³¹³⁻³⁴·pæ æ³⁴³kuʅ³⁴
（ɕiæ̃⁵³⁴⁻³⁴paŋaŋ³⁴³kuʅ³⁴（北乡））肩胛骨

蔺蔺肩 liən⁵³·liən tʃiæ̃³¹³/ɕiæ̃³¹³ 双肩一高一低不平行

胳膊 kʅ³⁴⁻³²·pu（kʅ³⁴⁻³²·pa（北乡））

拐拄顶子 kue³⁴⁻³²·tʃy/·tʃi tiəŋ³⁴⁻³²·tə 胳膊肘儿

夹肩窝（儿）cia³⁴⁻³²·tʃiæ̃ uʅ（ɻ）³¹³ 胳肢窝

脊肩窝（儿）ci³⁴⁻³²·tʃiæ̃ uʅ（ɻ）³¹³

手脖子 ʃiəu³⁴⁻³²·pʅ·tə 手腕子
手指头 ʃiəu³⁴⁻³²·tsʅ³⁴·tʰəu
骨节儿 ku³⁴⁻³²·tʃiʅ³⁴ 指头关节
老趼儿 lɔ³⁴⁻³²·ciæɻ³⁴ 趼子
指头盖儿 tsʅ³⁴·tʰəu keɻ⁴¹ 指甲
指头肚₁儿 tsʅ³⁴·tʰəu tuɻ³⁴
拳头 cʰyæ̃⁵³⁻³⁴·tʰəu
　皮槌 pʰi⁵³⁻³²·tsʰuəi⁵³
手掌子 ʃiəu³⁴⁻³²·tʃiaŋ³⁴⁻³²·tə
巴掌 pa³¹³⁻³²·tʃiəŋ³⁴/pa³¹³⁻³¹·tʃiəŋ³⁴ 打一~
手心 ʃiəu³⁴·ʃiən³¹³
手背 ʃiəu³⁴⁻³²·pəi⁴¹
大₂腿根儿 ta⁴¹⁻³²·tʰəi³⁴·kənɻ³¹³
骺腿子 kæ̃³¹³⁻³²·tʰəi³⁴·tə 小腿
腿肚₁子 tʰəi³⁴·tu³⁴·tə
腿弯子 tʰəi³⁴·uæ̃³¹³⁻³²·tə 膝弯
跛来盖 pʅ³⁴⁻³²·le ke⁴¹ 膝盖

跛啦盖 pʅ³⁴⁻³²·la ke⁴¹（北乡）
胯骨裆 kʰua³⁴⁻³²·ku taŋ³¹³
腚 tiəŋ⁴¹ 屁股
腚骬 tiəŋ⁴¹⁻³⁴·kæ̃
腚骬眼儿 tiəŋ⁴¹⁻³⁴·kæ̃ iæɻ³⁴ 肛门
腚骬眼子 tiəŋ⁴¹⁻³⁴·kæ̃ iæɻ³⁴·tə
腚巴子 tiəŋ⁴¹⁻³²·pa³¹³⁻³¹·tə 屁股蛋儿
腚沟子 tiəŋ⁴¹⁻³²·kəu³¹³·tə 屁股沟儿
巴巴儿 pa³¹³⁻³²·paɻ³¹³⁻³⁴ 生殖器
鸡子 tʃi³¹³⁻³¹·tə 男阴
鸭子 ia⁵³·tə
小鸡儿 ʃiɔ³⁴·ciɻ³¹³ 赤子阴
　小雀儿 ʃiɔ³⁴⁻⁵³·tʃʰyʅ³⁴
蛋子 tæ̃⁴¹⁻³⁴·tə 睾丸
屄 pi³¹³ 詈词，女阴
□ ciən⁴¹ 詈词，交合
粘屄儿 tʃiæ̃³¹³⁻³²·tɕɻ³⁴ 动物交尾
脚脖子 cyʅ³⁴⁻³²·pʅ⁵³⁻³⁴·tə 脚腕子
脚骨拐 cyʅ³⁴·ku kue³⁴ 踝骨
赤着脚儿 tʃʰiiə⁴¹⁻³²³·cyʅɻ³⁴
脚缆₁筋 cyʅ³⁴·læ̃³⁴⁻³²·ciən³¹³ 跟腱
脚背 cyʅ³⁴·pəi⁴¹
脚掌子 cyʅ³⁴⁻³²·tʃiaŋ³⁴·tə
脚心 cyʅ³⁴·ʃiən³¹³
脚尖儿 cyʅ³⁴·tʃiæ̃ɻ³¹³
脚拇丫子 cyʅ³⁴⁻³²·mu ia³¹³⁻³¹·tə 脚趾头
　脚（拇）趾头 cyʅ³⁴⁻³²（·mu）tsʅ³⁴·tʰəu
脚趾头盖儿 cyʅ³⁴⁻³²·tsʅ³⁴·tʰəu keɻ⁴¹ 脚趾

甲

脚丫巴儿 cyɤ³⁴⁻³²iã³¹³⁻³²paɤ³¹³⁻³⁴ 脚趾间

脚后跟 cyɤ³⁴⁻³²·xəu ken³¹³

脚印子 cyɤ³⁴⁻³²iən⁴¹·tə

　脚印儿 cyɤ³⁴⁻³²iə̃n⁴¹

鸡眼 ci³¹³⁻³²iæ̃³⁴

心口窝儿 ʃiən³¹³⁻³²kʰəu³⁴uɤ³¹³

护心骨儿 xu⁴¹ʃiən³¹³ku˞³⁴

胸脯子 ɕyŋ³¹³⁻³²pʰu³⁴·tə 胸部

肋刺骨 lɤ⁴¹tsʰʅ ku³⁴ 肋骨

　肋巴骨 lɤ⁴¹pa³¹³ku³⁴

奶₃子 ne³⁴⁻³²·tə 乳房

奶₃汤儿 ne³⁴tʰaŋɤ³¹³ 奶汁

肚₁子 tu³⁴·tə 腹部

肚₁子 tu³⁴⁻³²·tə 隐忍待机的能力

小肚₁子 ʃiɔ³⁴⁻³²tu³⁴·tə 小腹

腟秋眼儿 pi³⁴·tʃʰiəu iæ̃˞³⁴ 肚脐眼儿

肠子 tʃʰiaŋ⁵³⁻³⁴·tə

吹泡₁ tsʰuəi³¹³⁻³²·pʰɔ 尿脬

腰 iɔ³¹³

脊梁杆子 tʃi³⁴⁻³²·liaŋ kæ³¹³⁻³¹·tə 脊背

大₂梁子骨 ta⁴¹⁻³²liaŋɤ³¹³³ku³⁴

　脊梁骨 tʃi³⁴⁻³²·liaŋ ku³⁴

旋顶儿 ʃyæ̃³⁴·tiəŋɤ 头发旋儿

抬头纹 tʰe⁵³⁻³²·tʰəu uən³¹³ 额头的皱纹

斗 təu³⁴ 圆形的指纹

簸₂箕 pɤ⁴¹·tʃʰi 簸箕状的指纹

汗毛₁儿 xæ̃⁴¹⁻³⁴·mɔɤ

痣 ci⁴¹

印石 iən⁴¹·ʃi 胎记

骨头 ku³⁴⁻³²·tʰəu

青筋 tʃʰiəŋ³¹³⁻³⁴ciən³¹³ 暴露的血管

疾病、医疗

得₁儿病了 tɤ˞³⁴piəŋ⁴¹⁻³⁴·lə 病了

不大₂好 pu³⁴·ta xɔ³⁴（避讳语）

不好 pu³⁴⁻⁵³xɔ³⁴（避讳语）

不熨帖 pu³⁴·y·tʰi˞（避讳语）

不舒索 pu³⁴ʃy³¹³⁻³¹·suɤ（pu³⁵ʃy³¹³⁻³¹·su（南乡））（避讳语）

症候儿 tʃiən⁴¹·xuɤ/tʃiən⁴¹·xuɤ（tʃiən⁴¹·xɔɤ（北乡））小病

头疼脑热儿的 tʰəu⁵³·tʰəŋ nɔ³⁴⁻³²i˞⁴¹·lə

致死病儿 tʃi⁴¹⁻³²sʅ³⁴piəŋ⁴¹ 重症

不行₂了 pu³⁴⁻³²ɕiən⁵³⁻³⁴·lə 病危（避讳语）

见强₂ ciæ̃⁴¹⁻³²cʰiaŋ⁵³ 病轻了

翻了 fæ̃³¹³⁻³¹·lə 病情反复

扎咕 tsa³⁴⁻³²·ku ①治病②修理③捉弄，整人

疗治 liɔ⁵³⁻³⁴·tʃy

舞捣 u³⁴⁻³²·tɔ 用偏方治病

把脉儿 pa³⁴⁻³²mɤ⁴¹

开方子 kʰe³¹³⁻³²faŋ³¹³⁻³¹·tə 开药方

偏方儿 pʰiæ̃³¹³⁻³⁴faŋɤ³¹³

合₁药 ka³⁴⁻³²yɤ⁴¹ 配药

抓₁药 tsua³¹³⁻³²yɤ⁴¹ 买中药

罕拿药 xæ̃³⁴⁻³²yɤ⁴¹ 买西药

药铺₂ yɤ⁴¹⁻³²pʰu⁴¹

药引₁子 yɤ⁴¹⁻³²iən³⁴⁻³²·tə
药罐子 yɤ⁴¹⁻³²kuæ̃⁴¹·tə
煎药 ʧiæ̃³¹³⁻³²yɤ⁴¹
 熬草药 ɔ³¹³tsʰɔ³⁴⁻³²yɤ⁴¹
药膏儿 yɤ⁴¹⁻³²kɔɹ³¹³
膏药 kɔ³¹³⁻³²yɤ⁴¹⁻³⁴
药麺儿 yɤ⁴¹⁻³²miæ̃ɹ⁴¹⁻³⁴·ɹə
搽药膏儿 tsʰa³⁴ yɤ⁴¹⁻³²kɔɹ³¹³⁻³²·ɹə
上药 ʃiaŋ⁴¹⁻³²yɤ⁴¹
 敷药 fu³¹³⁻³²yɤ⁴¹
吃药 ʧʰi³⁴⁻³²yɤ⁴¹ 服药
喝儿药 xaɹ³⁴yɤ⁴¹ 服毒自杀
发汗 fa³⁴⁻³²xæ̃⁴¹
祛风 cʰy³¹³⁻³⁴fəŋ³¹³
撤火 ʧʰiɹ⁴¹⁻³²xuɤ³⁴
 去火 cʰy⁴¹⁻³²xuɤ³⁴
化毒 xua⁴¹⁻³²tu⁵³
消乎食儿 ʃiɔ³¹³⁻³²·xu ʃiɹ⁵³⁻³⁴·ɹə
下针 ɕia⁴¹ʧiən³¹³ 针灸
 扎针 tsa³⁴ʧiən³¹³
打针儿 ta³⁴ʧiənɹ³¹³·ɹə
拔罐子 pa⁵³⁻³²kuæ̃⁴¹·tə
冒肚₁子 mɔ⁴¹⁻³²tu³⁴·tə 泻肚
顿肚₁子 tən⁴¹⁻³²tu³⁴·tə 痢疾
发乾 fa³⁴kæ³¹³ 便秘
发热 fa³⁴⁻³²iɤ⁴¹ 发烧
发冷 fa³⁴⁻⁵³ləŋ³⁴
冷战 ləŋ³⁴⁻³²ʧiæ̃⁴¹ 病中感觉寒冷而战抖
起鸡皮 cʰi³⁴ci³¹³⁻³²·pʰi

起鸡皮疙瘩 cʰi³⁴ci⁵³⁴⁻³²·pʰi ka³⁴⁻³²·ta (北乡)
闪着了 ʃiæ̃³²³·lə/ʃiæ̃³⁴⁻³²·tə·lə (热汗后骤冷) 伤风
冻着了 tuŋ⁴¹³·lə/tuŋ⁴¹·tə·lə 普通伤风感冒
感冒 kæ̃³⁴·mɔ
咳嗽 kʰɤ³⁴⁻³²səu⁴¹
气喘 cʰi⁴¹⁻³²tsʰuæ̃³⁴
 哮喘 ɕiɔ⁴¹⁻³²tsʰuæ̃³⁴
齁溜儿病 xəu³¹³⁻³²·ləuɹ piəŋ⁴¹ 气管炎
 气儿短 cʰiɹ⁴¹tæ̃³⁴
中₂儿暑 tsuŋɹ⁴¹ʃy³⁴
上火 ʃiaŋ⁴¹xuɤ³⁴
积儿食 ʧiɹ³⁴ʃi⁵³
肚₁子疼 tuuə³⁴³·tʰəŋ
心口儿疼 ʃiən³¹³⁻³²kʰəuɹ³⁴·tʰəŋ
头晕 tʰəu⁵³·iaŋ 俗常写作"头恙、头漾"
 头薰 tʰəu⁵³·iæ̃ (北乡)
 发昏 fa³⁴xuən³¹³
晕车 yən⁴¹⁻³²ʧʰiɹ³¹³
晕船 yən⁴¹⁻³²tsʰuæ̃⁵³
头疼 tʰəu⁵³·tʰəŋ
恶心 uɤ⁴¹·ʃiən
 恶咕油的 uɤ⁴¹·ku iəu³¹³·lə
呕了 əu³⁴⁻³²·lə
乾₁呕 kæ̃³¹³⁻³²əu³⁴
小肠儿串气 ʃiɔ³⁴⁻³²ʧʰiaŋɹ⁵³tsʰuæ̃⁴¹⁻³²cʰi⁴¹ 疝气

发痧子 fa³⁴⁻³²yɤ⁴¹·tə

生疹子 səŋ³¹³⁻³²tʃiɤ̃³⁴·tə

生天花儿 səŋ³¹³⁻³²tʰiæ̃³¹³⁻³⁴xuaɻ³¹³

种₂花儿 tsuŋ⁴¹⁻³²xuaɻ³¹³（⁻³²·ɻə）_{种痘}

瘟瘟病儿 uən³¹³⁻³²·uən piəŋ⁴¹（⁻³⁴·ɻə）

黄病 xuaŋ⁵³⁻³⁴·piəŋ _{黄疸}

胃病 uəi⁴¹·piəŋ

磕吃 tsʰa⁵³⁻³⁴·tʃʰi _{硬食使胃有痛感}

辣心 la⁴¹ʃiən³¹³ _{烧心}

烧啦 ʃiɔ³¹³⁻³¹·la _{因烧心而逆气}

嗝气 kɤ³¹³⁻³²cʰi⁴¹ _{胃逆气}

漾酸水儿 iaŋ⁴¹sæ̃³¹³⁻³²suəiɻ³⁴ _{胃反酸}

下坠 çia⁴¹⁻³²tsuəi⁴¹ _{密度大的食品使胃有下坠感}

胀₂饱 tʃiaŋ⁴¹·pɔ _{①腹胀②过于挑食}

泼食 pʰɤ³⁴⁻³²ʃi⁵³ _{不挑食}

痨病 lɔ³¹³⁻³²·piəŋ

摔伤 sue³¹³⁻³⁴ʃiaŋ³¹³

碰破儿皮 pʰəŋ⁴¹⁻³²pʰɻ⁴¹pʰi⁵³

蹭破儿点儿油皮儿 tsʰəŋ⁴¹⁻³²pʰɻ⁴¹tiæ̃³⁴iəu³¹³⁻³²pʰiɻ⁵³⁻³⁴

剌儿道口子 laɻ³¹³·tə kʰəu³⁴⁻³²·tə

出血 tʃʰy³⁴⁻³²çiɤ³⁴

血一带带的 çiɤ³⁴⁻³²i³⁴te⁴¹·te·lə _{出血时，血流很快}

皮栗 pʰi⁵³⁻³⁴·li _{红肿大粒块}

溃脓 xuəi⁴¹·naŋ（xuən⁴¹·nɔ _{北乡}）

长₁儿痂儿 tʃiaŋ³⁴·ɻkɤ³¹³ _{结痂}

生儿疮səɻŋ³¹³tsʰaŋ³¹³

长₁儿疔疮 tʃiaŋɻ³⁴tiəŋ³¹³⁻³²·tsʰaŋ

口疮 kʰəu³⁴⁻⁵³·tsʰaŋ

黄水儿疮 xuaŋ⁵³suəiɻ·tsʰaŋ³¹³

瘘疮 ləu³⁴⁻³²·tsʰaŋ _{痔疮}

疥疮 cie⁴¹⁻³²·tsʰaŋ

疖子 tʃiɻ³⁴⁻³²·tə

牛皮癣 ŋiəu³¹³⁻³²·pʰi ʃyæ̃³⁴

热疙瘩 iɤ⁴¹·kɤ·təŋ（iɤ⁴¹·kɤ·taŋ _{北乡}）_{痱子，俗作"疙登"}

瘊儿 xəuɻ⁵³⁻³⁴·ɻə

痦子 u⁴¹⁻³⁴·tə _{长毛的痣}

风刺 fəŋ³¹³⁻³²tsʰʅ⁴¹ _{粉刺}

讽刺 fəŋ³¹³⁻³²tsʰʅ⁴¹⁻³⁴

黑粽子 xɤ³⁴⁻⁵³tsəŋ⁴¹⁻³⁴·tə _{雀斑}

黑雲彩 xɤ³⁴·yən tsʰe³⁴ _{黑斑}

狐臭 xu⁵³⁻³²·tʃʰiəu⁴¹

口臭 kʰəu³⁴⁻³²·tʃʰiəu⁴¹

大₂脖子 ta⁴¹⁻³²pɤ⁵³⁻³⁴·tə

臭鼻子 tʃʰiəu⁴¹·pi·tə _{嗅觉不灵}

齉鼻子 naŋ⁴¹·pi·tə

水₁蛇腰 suəi³⁴⁻³²·ʃiɤ iɔ³¹³

公鸭嗓子 kuŋ³¹³⁻³²ia³¹³⁻³²saŋ³⁴⁻³²·tə

一眼天 i³⁴⁻³²iæ̃³⁴tʰiæ̃³¹³⁻⁵³

独眼儿 tu⁵³⁻³⁴·iɤ̃ɻ

独眼儿龙 tu⁵³⁻³²iæ̃³⁴luŋ⁵³ _{（贬义）}

四个眼 sʅŋə⁴¹³iæ̃³⁴ _{近视眼}

四眼儿狼 sʅ⁴¹iæ̃ɻ³⁴laŋ⁵³⁴ _{（北乡）}

老花儿眼 lɔ³⁴xuaɻ³¹³iæ̃³⁴

金鱼儿眼 ciən³¹³⁻³⁴yɻ³¹³iæ̃³⁴ _{鼓眼泡儿}

斗眼儿 təu⁴¹·iæ̃斗鸡眼（内斜视）

斜眼儿 ʃiɤ⁵³⁻³⁴·iæ̃侧斜视

烂眼角 læ⁴¹⁻³²·iæ ciɑ³⁴羞明

气瞢子 cʰi⁴¹⁻³²məŋ³¹³⁻³¹·tə视线模糊

雀瞀 tʃʰyɤ³⁴⁻³²·ku夜盲

朱眼 tʃy³¹³⁻³¹·iæ̃眼皮生疮

沙眼 sa³¹³⁻³²·iæ̃³⁴

火眼 xuɤ³⁴⁻⁵³·iæ̃

吊眼儿 tio⁴¹·iæ̃ɹ三角眼

羊狗儿风 iaŋ³¹³⁻³¹·kəuɹ fəŋ³¹³癫痫

发风 fa³⁴fəŋ³¹³惊风（小儿病）

抽风 tʃʰiəu³⁴⁻³⁴fəŋ³¹³

中₂儿风 tsuŋɹ⁴¹fəŋ³¹³

瘫了 tʰæ̃³¹³⁻³¹·lə瘫痪

瘫儿 tʰæ̃ɹ³¹³⁻³²·ɹə瘫子

瘸子 cʰyɤ⁵³⁻³⁴·tə

锅腰儿 kuɤ³¹³⁻³² iɔɹ³¹³⁻³⁴罗锅儿

　锅锅腰儿 kuɤ³¹³⁻³²·kuɤɹ iɔɹ³¹³

聋子 luŋ³¹³⁻³¹·tə

哑包 ia³⁴⁻³²·pɔ哑巴

结₂巴 ciɤ³⁴⁻³²·pa（ciɤ³⁴⁻³²·pu南乡）

瞎汉 çia³⁴⁻³²·xæ̃

　瞎子 çia³⁴⁻³²·tə

彪子 pio³¹³⁻³¹·tə傻子

　俅彪子 tʃʰiɤ⁴¹pio³¹³⁻³¹·tə

　二彪子 əɹ⁴¹⁻³²pio³¹³⁻³¹·tə

　二斡 əɹ⁴¹⁻³²kæ̃⁴¹

　二大₂斡 əɹ⁴¹⁻³⁴·ɹə ta kæ̃⁴¹

　二半吊子 əɹ⁴¹⁻³⁴·ɹə pæ̃ tio⁴¹·tə

疯子 fəŋ³¹³⁻³¹·tə精神病人

痴儿 tʃʰiɤ³¹³⁻³²·ɹə

秃子 tʰu³⁴⁻³²·tə

马蛋子 ma³⁴⁻³²tæ̃⁴¹⁻³⁴·tə（贬义）

麻子 ma³¹³⁻³⁴·tə

破唇儿 pʰɤ⁴¹·tsʰɤnɹ豁唇子，兔唇

三瓣儿嘴 sæ̃³¹³⁻³²·pæ̃ɹ tsəi³⁴

老公儿嘴 lɔ³⁴⁻³²·kuŋɹ tsəi³⁴

六指儿 ləu⁴¹·tsɿɹ

左₂不来子 tsuɤ⁴¹⁻³⁴·pu·le·tə左撇子

矬子 tsʰuɤ⁵³⁻³⁴·tə矮子

衣服、穿戴

穿戴 tsʰuæ̃³¹³⁻³²te⁴¹

装束 tsuɑŋ³¹³⁻³²·su

　打扮 ta³⁴·pæ̃

茧儿绸（子）ciæ̃ɹ³⁴ tʃʰiəu⁵³（·³⁴·tə）丝绸

白绐布 pɤ⁵³⁻³⁴·ʃi pu⁴¹小作坊织的白色粗布

　小机儿布 ʃio³⁴⁻⁵³·ciɤ pu⁴¹

衣裳 i³¹³⁻³¹·ʃiəŋ衣服的总称

制服 tʃi⁴¹⁻³²fu⁵³

西服 ʃi³¹³⁻³²fu⁵³

长₂衫 tʃʰiaŋ⁵³⁻³⁴·sæ̃

大₂褂儿 ta⁴¹⁻³²kuaɹ⁴¹

马褂儿 ma³⁴⁻³²kuaɹ⁴¹

长₂袍 tʃʰiaŋ⁵³⁻³²pʰɤ⁵³/tʃʰiaŋ⁵³·pʰɤ

旗袍儿 cʰi⁵³⁻³⁴·pʰɤɹ

棉袄 miæ̃³¹³⁻³²ɔ³⁴

棉猴儿 miæ̃³¹³⁻³²xəuɻ⁵³ 有帽子的棉袄 　　下摆 çia⁴¹⁻³²pe³⁴
皮袄 pʰi⁵³⁻³²ɔ³⁴ 　　袄领 ɔ³⁴⁻³²lieŋ³⁴
大₂氅 ta⁴¹⁻³²ʧʰiaŋ³⁴ 　　袄袖儿 ɔ³⁴⁻³²ʃiəuɻ⁴¹
　大₂衣 ta⁴¹⁻³²·i³¹³ 　　长₂袖儿 ʧʰiaŋ⁵³⁻³⁴·ʃiəuɻ
斗篷 təu³⁴⁻³²pʰəŋ⁵³ 　　短袖儿 tæ̃³⁴·ʃiəuɻ
衬衣儿 tsʰən⁴¹⁻³²iɻ³¹³ 衬衫 　　套袖儿 tʰɔ⁴¹·ʃiəuɻ
　小褂儿 ʃiɔ³⁴⁻³²kuaɻ⁴¹ 　　裙子 cʰyən⁵³⁻³⁴·tə
褂子 kua⁴¹·tə 上衣 　　裤子 kʰu⁴¹·tə
夹袄 cia³⁴⁻³²ɔ³⁴ 　　单裤 tæ̃³¹³kʰu⁴¹
毛₂衫儿 mɔ⁵³·sæɻ 未缲边的红棉布大襟儿单衣， 　　夹裤 cia³⁴⁻³²kʰu⁴¹
　婴儿出生时穿
百家衣儿 pɤ³⁴⁻³²·cia iɻ³¹³ 用邻居亲友的碎布 　　裤衩儿 kʰu⁴¹⁻³²tsʰaɻ³⁴
　缝制的婴儿单衣 　　裤头儿 kʰu⁴¹⁻³²tʰəuɻ⁵³⁻³⁴·ɻə 短裤
　大₂领儿袄 ta⁴¹lieŋɻ³⁴·ɔ³⁴ 　　挂₁脚裤儿 kua³¹³cyɻ³⁴kʰuɻ⁴¹
贴身儿袄 tʰiɻ³⁴ʃiəŋɻ³¹³·ɔ³⁴ 内衣 　　开裆裤儿 kʰe³¹³⁻³⁴·taŋ kʰuɻ⁴¹
假领子 cia³⁴lieŋ³⁴⁻³²·tə 　　合₁裆裤儿 ka³⁴·taŋ kʰuɻ⁴¹
坎肩儿 kʰæ̃³⁴ciæ̃ɻ³¹³ 　　套裤儿 tʰɔ⁴¹⁻³²kʰuɻ⁴¹ 旧式护腿，无裆裤
春秋衣 tsʰuən³¹³⁻³⁴·ʧʰiəu i³¹³ 针织圆领衫 　　裤裆 kʰu⁴¹⁻³²taŋ³¹³
　满头儿撸 mæ̃³⁴·tʰəuɻ lu⁴¹ 　　裤腰 kʰu⁴¹iɔ³¹³
卫生衣 uəi⁴¹⁻³⁴·səŋ i³¹³/uəi⁴¹səŋ³¹³⁻ 　　裤腰带 kʰu⁴¹⁻³²·iɔ te⁴¹
　³⁴·i³¹³ 绒衣 　　裤腿儿 kʰu⁴¹⁻³²tʰiɻ³⁴
背袖儿 pəi⁴¹·ʃiəuɻ 背心 　　布袋儿 pu⁴¹⁻³²teɻ⁴¹ 衣服口袋
汗衫儿 xæ̃⁴¹⁻³²sæɻ³¹³ 　　兜兜儿 təu³¹³⁻³²·təuɻ³¹³⁻³⁴ ①衣服口袋②兜肚
汗溜儿 xæ̃⁴¹⁻³²ləuɻ⁵³（⁻³⁴·ɻə）汗背心 　　绦子 tʰɔ³¹³⁻³¹·tə 编纽扣或缲边的窄布带
　两条筋 liaŋ³⁴·tʰiɔ ciən³¹³ 　　背褡儿 pəi⁴¹⁻³²·taɻ 背带儿：~裙子｜~裤子
袄襟儿 ɔ³⁴ciənɻ³¹³ 　　布扣₁儿 pu⁴¹kʰəuɻ³¹³·ɻə 中式襻扣
大₂襟儿 ta⁴¹ciənɻ³¹³ 　　扣儿鼻儿 kʰəuɻ³¹³piɻ⁵³⁻³⁴·ɻə 扣襻鼻儿
小襟儿 ʃiɔ³⁴ciənɻ³¹³ 　　扣₁儿门儿 kʰəuɻ³¹³mənɻ³⁴·ɻə 扣襻门儿
对襟儿 təi⁴¹ciənɻ³¹³ 　　扣₁儿 kʰəuɻ³¹³·ɻə
　　扣₁眼儿 kʰəu³¹³⁻³²iæ̃ɻ³⁴ 西式门儿

鞋 ɕie⁵³

鞋靸儿 ɕie⁵³⁻³²saɻ³⁴ 拖鞋

靴子 ɕyɤ³¹³⁻³¹·tə 棉鞋

绑₁ paŋ⁵³⁴ （北乡）整块兽皮制成的旧式男靴，内置干草，保暖防湿

小绑₁儿 ɕiɔ³⁴⁻³²paŋɻ⁵³⁴⁻³⁴ （北乡）婴儿出生百天的软底鞋，绣有动物图案

毡靴 ʈʂiæ̃³¹³⁻³⁴ɕyɤ³¹³

皮鞋 pʰi⁵³⁻³²ɕie⁵³

布儿鞋 puɻ⁴¹ɕie⁵³

单脸儿鞋 tæ̃³¹³⁻³²liæ̃ɻ³⁴ɕie⁵³ 旧式单面布鞋

双₁脸儿鞋 suaŋ³¹³⁻³²liæ̃ɻ³⁴ɕie⁵³ 旧式双面布鞋

五眼儿鞋 u³⁴⁻³²iæɻ³⁴ɕie⁵³ 旧式男布鞋，五对带孔，状如胶鞋

鞋底儿 ɕie⁵³tiɻ³⁴

鞋帮儿 ɕie⁵³paŋɻ³¹³/ɕie⁵³⁻³²paŋɻ³¹³

鞋楦 ɕie⁵³⁻³²ɕyæ̃⁴¹

　袜子撑儿 uaa⁴¹³tsʰəŋɻ³¹³·ɻə

鞋拔子 ɕie⁵³⁻³²pa⁵³⁻³⁴·tə

水₁鞋 suəi³⁴⁻³²ɕie⁵³ 雨鞋

嘎达板儿 ka³¹³⁻³¹·ta pæɻ³⁴ 自制拖鞋，木屐

鞋带儿 ɕie⁵³⁻³²teɻ³⁴

袜子 ua⁴¹·tə

棉袜子 miæ̃³¹³⁻³²ua⁴¹·tə

丝袜儿 sɹ³¹³uaɻ⁴¹

长₂袜子 ʈʂʰiaŋ⁵³ua⁴¹·tə

短袜儿 tæ³⁴uaɻ⁴¹

袜子带儿 uaa⁴¹³teɻ⁴¹

老婆儿鞋 lɔ³⁴⁻³²pʰɤɻ⁵³·ɕie 旧时小脚女人穿的尖头三角鞋

篓儿鞋 ləuɻ³⁴·ɕie 旧式篓形女鞋，脚背有鞋带

圆口儿鞋 yæ̃⁵³kʰəuɻ³⁴·ɕie 旧式鞋，女鞋绣花，男鞋无绣花

带子 te⁴¹·tə 裹脚布

绑₂腿 paŋ³⁴⁻³²tʰəi³⁴ 军用裹腿

帽子 mɔ⁴¹⁻³⁴·tə

礼帽儿 li³⁴⁻³²mɔɻ⁴¹

瓜皮帽儿 kua³¹³⁻³²·pʰi mɔɻ⁴¹

大₂盖儿帽子 ta⁴¹⁻³²keɻ⁴¹mɔ⁴¹⁻³⁴·tə

军帽儿 cyn³¹³⁻³²mɔɻ⁴¹

三开儿帽儿 sæ̃³¹³⁻³⁴kʰeɻ³¹³mɔɻ⁴¹ 旧式棉帽，两耳、前额共三片

葫芦儿帽儿 xu⁵³⁻³⁴·ləuɻ mɔɻ⁴¹

虎头帽子 xu³⁴⁻³²·tʰəu mɔ⁴¹⁻³⁴·tə

西瓜帽儿 ɕi³¹³⁻³²·kua mɔɻ⁴¹ 形如西瓜的毛线童帽

草帽儿 tsʰɔ³⁴⁻³²mɔɻ⁴¹

雨篅 y³⁴⁻³²·liæ̃ 雨笠

帽子盖儿 mɔɔ⁴¹⁻³²³keɻ⁴¹ 帽檐儿

首饰 ʂəu³⁴·ʂɿ

镯子 tsuɤ⁵³⁻³⁴·tə

手镯儿 ʂəu³⁴⁻³²tsuɤɻ⁵³

戒指儿 ɕie⁴¹·tɚ

金戒指 ciən³¹³⁻³²ka⁴¹⁻³⁴·tə

项圈 ɕiaŋ⁴¹cʰyæɻ³¹³·ɻə

长₂命锁 ʈʂʰiaŋ⁵³⁻³²miəŋ⁴¹suɤ³⁴

住惊儿 ʈʂy⁴¹ciəŋɻ⁵³⁴ （北乡）婴幼儿手腕上戴的

别针儿 piɤ$^{53\text{-}34}$ʧiənɤ^{313} 五彩线
关针 kuæ̃$^{313\text{-}34}$ʧiən^{313}
簪子 tsæ̃$^{313\text{-}31}$·tə
耳坠儿 əɤ$^{34\text{-}32}$tsuəiɤ^{41} 耳环
胭脂儿 iæ̃$^{313\text{-}31}$ɹɤ·tər
粉儿 fənɤ$^{34\text{-}32}$·ɹə
　官粉 kuæ̃$^{313\text{-}32}$fən^{34}
雪花儿膏 ʃyɤ$^{34\text{-}32}$·xuaɤ kɔ^{313} 面霜
管儿油 kuæ̃^{34}iəŋ^{313} 护手油
毛$_1$綑儿 mɔ$^{313\text{-}34}$kəŋɤ^{313} 毛线
围腰子 uəi$^{313\text{-}32}$iɔ$^{313\text{-}34}$·tə 围裙
　腰布子 iɔ$^{313\text{-}32}$pu$^{41\text{-}34}$·tə
围嘴儿 uəi$^{313\text{-}32}$tsəiɤ^{34}
替子 tʰi^{41}·tə 尿布
手绢儿 ʃiəu$^{34\text{-}32}$ciæɤ^{41}
围巾儿 uəi$^{313\text{-}34}$ciənɤ^{313}·ɹə/uəi$^{313\text{-}32}$ciənɤ$^{313\text{-}34}$
纱巾儿 sa$^{313\text{-}34}$ciənɤ^{313} 纱料围巾
围脖儿 uəi$^{313\text{-}32}$pɤɤ$^{53\text{-}34}$
　脖子套儿 pɤɤ^{534}tʰɹɤ^{41}
手巴掌儿 ʃiəu^{34}·pa ʧiəŋɤ^{34}
　手套儿 ʃiəu$^{34\text{-}32}$tʰɹɤ^{41}
手闷子 ʃiəu$^{34\text{-}32}$mən$^{41\text{-}34}$·tə 拇指与四指分开的棉手套
假袖儿 cia^{34}ʃiəuɤ^{41} 暖手的棉套儿
眼镜儿 iæ̃$^{34\text{-}32}$ciəŋɤ^{41}
雨伞 y$^{34\text{-}32}$sæ̃^{34}
蓑衣 suɤ$^{313\text{-}34}$i^{313}

雨衣 y^{34}·i^{313}
雨披儿 y^{34}pʰəiɤ^{313}
手錶 ʃiəu$^{34\text{-}32}$piɔ^{34}

饮食

吃饭 ʧʰi$^{34\text{-}32}$fæ̃^{41}
哼饭 te$^{34\text{-}32}$fæ̃^{41}（北乡）
朝饭（儿）ʧiɔ$^{313\text{-}32}$·fæ̃（ɹ）早饭
早起儿饭 tsɔ$^{34\text{-}32}$·cʰiɤ fæ̃^{41}
晌文晌午儿饭 ʃiaŋ$^{34\text{-}32}$·uənɤ fæ̃^{41} 午饭
夜饭（儿）iɤ$^{53\text{-}34}$·fæ̃（ɹ）晚饭
瞎黑儿饭 çia$^{313\text{-}32}$xɤɤ^{34}·fæ̃
饭食 fæ̃$^{41\text{-}34}$·ʃi
　伙食 xuɤ$^{34\text{-}32}$·ʃi
生活儿 səŋ$^{313\text{-}32}$xuɤɤ$^{53\text{-}34}$
零嘴儿 liəŋ$^{313\text{-}32}$tsəiɤ^{34} 零食
小锅儿饭 ʃiɔ^{34}kuɤɤ^{313}fæ̃^{41} 小灶饭
点$_2$心 tiæ̃$^{34\text{-}32}$·ʃi
馃子水$_1$儿 kuɤɤ$^{34\text{-}323}$suəiɤ^{34} 茶点
乾$_1$饭 kæ̃$^{313\text{-}32}$fæ̃$^{41\text{-}34}$ 大米或小米做的干米饭
大$_2$米饭 ta$^{41\text{-}32}$mi^{34}fæ̃^{41} 大米稠粥
大$_2$米汤 ta$^{41\text{-}32}$mi^{34}tʰaŋ^{313} 大米稀粥
米儿饭 miɤ^{34}fæ̃^{41} 小米稠粥
米儿汤 miɤ^{34}tʰaŋ^{313} 小米稀粥
剩饭 ʃiəŋ$^{41\text{-}32}$fæ̃^{41}
现成（儿）饭 çiæ̃$^{41\text{-}34}$·ʧʰiəŋ（ɹ）fæ̃^{41} 现饭
糊了 xu$^{53\text{-}34}$·lə
　糊儿锅 xuɤ^{53}kuɤ^{313}

糊燎₁ xu⁵³⁻³⁴·liɔ糊了的: 谁家儿烧儿泥1糊了，巧一口~味儿

酸了 sæ̃³¹³⁻³¹·lə（液体类食物）馊了

丝恼 sʅ³¹³⁻³²nɔ³⁴（玉米面类的固体食物）馊了

　抻儿丝儿 tʃʰiəŋ³¹³sʅ³¹³·ɻə

饹子儿 kɤ³¹³⁻³²tər³⁴锅巴

　饹儿 kɤɻ³¹³⁻³²·ɻə

粽子 tsəŋ⁴¹⁻³⁴·tə

麵饭儿 miæ̃⁴¹fæ̃⁴¹⁻³⁴·ɻə面食

白麵 pɤ⁵³⁻³²miæ̃⁴¹面粉

麵 miæ̃⁴¹①面粉②面条

麵汤 miæ̃⁴¹⁻³²tʰɑŋ³¹³面条儿

麵汤汤 miæ̃⁴¹⁻³²tʰɑŋ³¹³⁻³⁴tʰɑŋ³¹³面条儿汤

杂麵汤 tsa⁴¹⁻³⁴·miæ̃ tʰɑŋ³¹³麦粉与豆类面粉混合做成的面条

小麵汤儿 ʃiɔ³⁴miæ̃⁴¹⁻³²tʰɑŋɻ³¹³红薯面面条

挂₂麵 kua⁴¹·miæ̃

一水₁儿麵 i³⁴⁻³²suəɻ³⁴miæ̃⁴¹汤面

　热汤儿麵 iɤ⁴¹⁻³²tʰɑŋɻ³⁴³miæ̃⁴¹

过₂水₁麵 kuɤ⁴¹⁻³²suəɻ³⁴miæ̃⁴¹

卤汤儿 lu³⁴⁻³²·tʰɑŋɻ卤菜

片儿汤 pʰiæ̃ɻ⁴¹tʰɑŋ³¹³

馉饨儿汤 ku³¹³⁻³¹·tənɻ tʰɑŋ³¹³疙瘩汤

饹子儿饭 kɤɻ³¹³³fæ̃⁴¹/kɤ³¹³⁻³¹·ɻəɻ fæ̃⁴¹玉米粥

饼子麵子饭 piəŋ³⁴³miæ̃⁴¹³fæ̃⁴¹（piaŋaŋ³⁴³miaŋaŋ⁴¹³fæ̃⁴¹（北乡））

饼子麵儿饭 piəŋəŋ³⁴³miæ̃⁴¹fæ̃⁴¹（piaŋaŋ³⁴³miæ̃ɻ⁴¹fæ̃⁴¹（北乡））

饽饽 pɤ³¹³⁻³²·pɤ/pɤ³¹³⁻³⁴无馅儿馒头

岁饽饽 səi⁴¹⁻³⁴pɤ³¹³⁻³²·pɤ顶部插枣的红糖馅馒头

锩子 cyæ³⁴⁻³²·tə刀切馒头

长₂岁 tʃʰiɑŋ⁵³⁻³⁴səi庆祝生日的长馒头

神虫儿 ʃiən⁵³⁻³²tsʰuŋɻ⁵³祭祀面点，形如盘龙或盘蛇

包儿 pɔɻ³¹³⁻³²·ɻə包子

油条 iəu³¹³⁻³²tʰiɔ⁵³

麵鱼儿 miæ̃⁴¹⁻³²yɻ³¹³扁圆形的大油饼

煤糊（馃子）tsa⁴¹⁻³⁴·xu（kuɤ³⁴⁻³²·tə）油炸印花面食

麻卉儿 ma³¹³⁻³⁴·xuəiɻ油炸麻花

锅饼 kuɤ³¹³⁻³²piəŋ³⁴先烙表层、再蒸熟的饼

火烧 xuɤ³⁴⁻³²ʃiəu烙饼

小油儿饼 ʃiɔ³⁴iəuɻ³¹³piəŋ³⁴葱油儿饼

油儿锩子 iəuɻ³¹³cyæ³⁴⁻³²·tə花卷儿

馉子 ku³¹³⁻³¹·tə饺子

馉子馅儿 kuuə³¹³³ʃyæɻ⁴¹饺子馅儿

馄饨 xuən⁵³⁻³⁴·tən

鸡蛋糕 ci³¹³⁻³²·tæ̃ kɔ³¹³

蛋糕 tæ̃⁴¹⁻³²kɔ³¹³

米儿糕 miɻ³⁴kɔ³¹³大米或小米馅儿包子

黏糕 ŋiæ̃³¹³⁻³⁴kɔ³¹³糯米糕

汽馏 cʰi⁴¹⁻³⁴·ləu玉米面糕

发麵 fa³⁴⁻³²·miæ̃

发麵fa³⁴⁻³²miæ̃⁴¹①用酵母水和面②瓜果等因久储而淀粉增多

月饼 yɤ⁴¹⁻³²piəŋ³⁴

饼乾₁ piəŋ³⁴kæ̃³¹³

馃子 kuɤ³⁴⁻³²·tə 桃酥

麵钱儿 miæ⁴¹⁻³²tʃʰiæ̃ɻ⁵³（·³⁴·ɻə）

　酵子 tʃɿ⁴¹·tə（北乡）

肉块儿 iəu⁴¹⁻³²kʰueɻ⁴¹

肉丁儿 iəu⁴¹⁻³²tiəŋɻ³¹³

肉片儿 iəu⁴¹⁻³²pʰiæɻ⁴¹

肉丝儿 iəu⁴¹sɿɻ³¹³

肉末儿 iəu⁴¹⁻³²mɤɻ⁴¹

肉皮儿 iəu⁴¹⁻³²pʰiɻ⁵³

肘子 tʃiəu⁴¹⁻³⁴·tə

猪蹄子 tʃy³¹³⁻³²tʰi⁵³⁻³⁴·tə

猪蹄儿 tʃy³¹³⁻³²tʰiɻ⁵³

裹脊 li³⁴⁻³²tʃi³⁴

蹄子筋儿 tʰiiə⁵³⁻³⁴³ciənɻ³¹³

口条 kʰəu³⁴⁻³²tʰiɔ⁵³ 用作食品的牲畜舌头

下货 çia⁴¹⁻³¹³xuɤ⁴¹

　下水₁儿 çia⁴¹⁻³⁴·suəiɻ

猪肺 tʃy³¹³⁻³²fəi⁴¹

猪肠子 tʃy³¹³⁻³²tʃʰiaŋ⁵³⁻³⁴·tə

排骨 pʰe⁵³ku³⁴

肋巴条儿 lɤ⁴¹pa tʰiɔɻ⁵³ 肋骨

脆骨儿 tsʰəi⁴¹kuɻ 软骨

牛肚₁儿 ŋiəu³¹³⁻³²tuɻ³⁴

猪肝 tʃy³¹³⁻³⁴kæ̃³¹³

猪腰子 tʃy³¹³⁻³⁴iɔ³¹³⁻³¹·tə

鸡不刺 ci³¹³⁻³²pu³⁴·tsʰɿ 鸡胗

蛋肠儿 tæ̃⁴¹⁻³²tʃʰiaŋɻ

鸡腚骭 ci³¹³⁻³²tiəŋ⁴¹⁻³⁴·kæ̃ 鸡屁股

猪血 tʃy³¹³⁻³²çiɤ³⁴

鸡血 ci³¹³⁻³²çiɤ³⁴

炒鸡蛋 tsʰɔ³⁴ci³¹³⁻³²·tæ̃

荷包蛋 xuɤ⁵³pɔ³¹³⁻³²·tæ̃⁴¹

鸡蛋水₁儿 ci³¹³⁻³²·tæ̃ suəiɻ³⁴ 卧鸡蛋

煮鸡蛋 tʃy³⁴ci³¹³⁻³²·tæ̃

鸡蛋花儿 ci³¹³⁻³²·tæ̃ xuaɻ³¹³ 蛋羹

　汤汤儿蛋 tʰaŋ³¹³⁻³²tʰaŋɻ tæ̃⁴¹

松花儿蛋 ʃyŋ³¹³⁻³⁴xuaɻ³¹³·tæ̃

　变蛋 piæ̃⁴¹⁻³²·tæ̃

鹹鸡蛋 çiæ̃⁵³ci³¹³⁻³²·tæ̃

鹹巴儿蛋 çiæ̃⁵³paɻ³¹³·tæ̃ 咸鸭蛋

香₁肠儿 çiaŋ³¹³⁻³²tʃʰiaŋɻ⁵³

菜 tsʰe⁴¹ ①下饭的菜 ②蔬菜

素菜 su⁴¹⁻³²tsʰe⁴¹

荤菜 xuən³¹³⁻³²tsʰe⁴¹

瓜齑 kua³¹³⁻³²tʃi³⁴ 咸菜

小菜儿 ʃiɔ³⁴⁻³²tsʰeɻ⁴¹

和₂菜 xuɤ⁴¹⁻³²tsʰeɻ⁴¹ 多种食材拌的凉菜，寓意和睦生财（菜）

隔年菜 kɤ³⁴⁻³²·niæ̃ tsʰe⁴¹ 除夕中午的白菜、豆腐、排骨和鸡肉炖粉条

豆腐 təu⁴¹⁻³⁴·fu

人造肉 iən³¹³⁻³²·tsɔ iəu⁴¹ 腐竹

豆腐皮儿 təu⁴¹⁻³⁴·fu pʰiɻ⁵³ 千张

豆腐乾₁儿 təu⁴¹⁻³⁴·fu kæ̃ɻ³¹³

豆腐脑儿 təu⁴¹⁻³⁴·fu nɔɻ³⁴

豆腐浆 təu⁴¹⁻³⁴·fu tʃiaŋ³¹³

豆腐乳 təu⁴¹⁻³⁴·fu y³⁴　　　　　　清酱 tʃʰiəŋ³¹³⁻³² tʃiɑŋ⁴¹ ₐₘ油

粉丝 fən³⁴sɿ³¹³　　　　　　　　芝麻酱 tsɿ³¹³⁻³²·ma tʃiɑŋ⁴¹

粉条儿 fən³⁴⁻³²tʰiɔɹ⁵³　　　　　麵酱 miæ̃⁴¹⁻³² tʃiɑŋ⁴¹ ₐ瓣酱

宽粉 kʰuæ̃³¹³⁻³²fən³⁴　　　　　辣椒酱 la⁴¹⁻³²·tʃiɔ tʃiɑŋ⁴¹ ₐ辣酱

黑粉 xɤ³⁴⁻³²fən³⁴⁻⁵³ ₐ凉粉　　　大₂椒酱 ta⁴¹⁻³²·tʃiɔ tʃiɑŋ⁴¹ （北乡）

麵筋 miæ̃⁴¹⁻³⁴·ciən　　　　　　蠓酱 məŋ³¹³⁻³² tʃiɑŋ⁴¹

粉团 fən³⁴⁻³²tʰæ̃⁴¹ ①制作粉条、粉丝的淀粉团　虾酱 cia³¹³⁻³² tʃiɑŋ⁴¹
　　②芡粉

木耳 mu⁴¹⁻³²əɹ³⁴　　　　　　　忌讳 ci⁴¹⁻³⁴·xuəi ₐ醋

银耳 iən⁵³⁻³²əɹ³⁴　　　　　　　红糖 xuŋ⁵³⁻³²·tʰɑŋ

黄花儿菜 xuɑŋ⁵³xuɑɹ³¹³tsʰɤ⁴¹ ₐ金针　白糖 pɤ⁵³⁻³²·tʰɑŋ

海参 xe³⁴sən³¹³　　　　　　　 冰糖 piəŋ³¹³⁻³²·tʰɑŋ

海带 xe³⁴⁻³²te⁴¹　　　　　　　糖块儿 tʰɑŋ⁵³⁻³²kʰueɹ⁴¹

海蜇 xe³⁴⁻³²tʃɿɹ³⁴⁻⁵³　　　　　昌果仁儿糖 tʃʰiɑŋ³¹³⁻³¹·kuɤ
　　　　　　　　　　　　　　　iəɹ³¹³tʰɑŋ⁵³ ₐ花生糖

味道儿 uəi⁴¹⁻³⁴·tɔɹ ₐ吃的滋味　嘎达牙儿糖 ka³¹³⁻³¹·ta iaɹ³¹³tʰɑŋ⁵³

滋₁味儿 tsɿ³¹³⁻³²uəɹ⁴¹⁻³⁴ ₐ比喻感觉　麦芽儿糖 mɤ⁴¹⁻³²iaɹ³¹³tʰɑŋ⁵³

味儿 uəɹ⁴¹⁻³⁴·ɹə ₐ闻的气味　　作₂料 tsuɤ⁴¹⁻³⁴·liɔ

色儿 sɤ³⁴⁻³²·ɹə ₐ颜色　　　　　调料 tʰiɔ⁵³⁻³²liɔ⁴¹

　色泽 sɤ³⁴·tsɤ　　　　　　　 大₂料 ta⁴¹⁻³²liɔ⁴¹ ₐ八角

色子 sɤ³⁴⁻³²·tə ₐ染料　　　　　茴香₁ xuəi⁵³⁻³⁴·ciɑŋ

猪大₂油 tʃy³¹³⁻³²·ta⁴¹·iəu³¹³　　花椒 xua³¹³⁻³⁴ tʃiɔ³¹³

　猪脂 tʃy³¹³⁻³⁴tsɿ³¹³　　　　　胡椒粉儿 xu⁵³⁻³²·tʃiɔ fəɹ³⁴

　荤油 xuən³¹³⁻³⁴iəu³¹³　　　　烟 iæ̃³¹³

素油 su⁴¹iəu³¹³　　　　　　　 烟叶儿 iæ̃³¹³⁻³²iɤɹ⁴¹

昌果儿油 tʃʰiɑŋ³¹³⁻³²kuɤɹ³⁴iəu³¹³ ₐ花生油　烟丝 iæ̃³¹³⁻³⁴sɿ³¹³

香₁油 ciɑŋ³¹³⁻³⁴iəu³¹³ ₐ香油　　烟卷儿 iæ̃³¹³⁻³²cyæɹ³⁴ ₐ香烟

鹹盐 ciæ̃⁵³iæ̃³¹³　　　　　　　 旱烟 xæ⁴¹iæ̃³¹³

粗盐 tsʰu³¹³⁻³⁴iæ̃³¹³　　　　　 水₁烟袋 suəi³⁴iæ̃³¹³⁻³²te⁴¹

细盐 ʃi⁴¹⁻³²iæ̃³¹³ ₐ精盐　　　　旱烟袋 xæ⁴¹iæ̃³¹³⁻³²te⁴¹

烟袋荷包儿 iæ̃$^{313-32}$·te xuɤ$^{53-34}$·pɔɹ
烟袋锅儿 iæ̃$^{313-32}$·te kuɹɤ^{313}
烟袋嘴儿 iæ̃$^{313-32}$·te tsəiɹ^{34}
烟儿脂 iæɹ^{313}tsʅ^{313} 烟油子
烟儿灰 iæɹ^{313}xuəi^{313}
火镰 xuɤ$^{34-32}$·liæ̃
火石 xuɤ$^{34-32}$ʃi^{53}
茶叶 tsʰa$^{53-34}$·iɤ 沏好的茶
  茶（水$_1$）tsʰa^{53}（suəi^{34}）
茶叶 tsʰa$^{53-32}$iɤ^{41} 干的茶叶
泡$_2$茶 pʰɔ^{41}·tsʰa
  沏茶 tʃʰi$^{41-32}$·tsʰa
筛水$_1$ se$^{313-32}$suəi^{34} 倒茶
  倒$_2$水$_1$ tɔ$^{41-32}$suəi^{34}
白酒 pɤ$^{53-32}$tʃiəu^{34}
黄酒 xuɑŋ$^{53-32}$tʃiəu^{34}

红白大事

亲$_1$事 tʃʰiən$^{313-32}$·sʅ
说媒 ʃyɤ^{34}məi^{313} 做媒
  说亲$_1$ ʃyɤ^{34}tʃʰiən^{313}
媒眼 məi$^{313-32}$iæ̃^{34}（mən$^{534-32}$iæ̃^{34} 北乡）媒人
相$_2$亲$_1$ ʃiɑŋ^{41}tʃʰiən^{313}
看$_2$人儿 kʰæ̃^{41}iɹuen^{313}（$^{-32}$·ɹə）
看$_2$家 kʰæ̃^{213}ciɑ^{313} 定婚前，女方亲眷实地考察男方家庭状况
看$_2$场儿 kʰæ̃$^{41-32}$tʃʰiɑŋɹ^{34}
貌才 mɔ^{41}·tsʰe 相貌

模$_2$样儿 mu$^{313-32}$iɑŋɹ$^{41-34}$
岁数$_2$儿 səi^{41}·suɹ
定亲$_1$ tiəŋ$^{41-32}$tʃʰiən^{313} 定婚
下红礼儿 çia$^{41-32}$xuŋ$^{53-32}$liɹ^{34} 定礼，聘礼
送日子 suŋ$^{41-32}$i^{41}·tə 男方父子到女方家商定喜期
喜酒 çi$^{34-32}$tʃiəu^{34}
抬嫁妆 tʰe$^{53-32}$ciɑ^{41}·tsuaŋ 过嫁妆
将媳妇儿 tʃiɑŋ^{313}ʃi$^{34-32}$fəɹ^{41} 娶亲
出门子 tʃʰy^{34}mən$^{313-31}$·tə 出嫁
  做媳妇 tsəu$^{41-32}$ʃi$^{34-32}$fu^{41}
发付闺娘 fa$^{34-32}$·fu kuən$^{313-31}$·ȵiəŋ 嫁女儿
成亲$_1$ tʃʰiəŋ^{53}tʃʰiən^{313} 结婚
  做亲$_1$ tsəu$^{41-32}$tʃʰiən^{313}
花儿轿 xuaɹ^{313}ciɔ^{41}
拜天地儿 pe^{41}tʰiæ̃$^{313-32}$tiɹ^{41} 拜堂
新新女婿儿 ʃiən$^{313-32}$ʃiən ny$^{34-32}$ʃyɹ^{41} 新郎
新新媳妇儿 ʃiən$^{313-32}$·ʃiən ʃi$^{34-32}$fəɹ^{41} 新娘
新房 ʃiən$^{313-32}$fɑŋ^{53}
交杯酒 ciɔ$^{313-34}$·pəi tʃiəu^{34}
回四 xuəi$^{53-32}$sʅ^{41} 回门儿
转$_1$九 tsuæ̃$^{34-53}$ciəu^{34} 除夕前四日内结婚，改为第九天回门儿
改嫁 ke$^{34-32}$ciɑ^{41}
填房 tʰiæ̃$^{53-32}$fɑŋ^{53}
有了 iəu$^{34-32}$·lə 怀孕了

上儿身儿了 ʃiaŋɽ⁴¹ʃənɽ³¹³·lə　　不在了 pu³⁴⁻³²tse⁴¹·lə

有儿喜了 iəuɽ³⁴çuei³⁴⁻³²·lə　　没₂有了 mu⁴¹iəu³⁴⁻³²·lə

孕妇 yən⁴¹⁻³²fu⁴¹　　灵床₂ liəŋ⁵³⁻³²tsʰuaŋ⁵³

孩子掉了 xee⁵³⁻³⁴³tiɔɽ⁴¹⁻³⁴·lə 小产　　棺材 kuæ̃³¹³⁻³²·tsʰe

拾 ʃi⁵³ ①生孩子②捡　　寿材 ʃiəu⁴¹⁻³²tsʰe⁵³

欢气 xuæ̃³¹³⁻³²·cʰi ①生孩子：老二家儿~了，不　　入殓 u⁴¹⁻³²liæ̃⁴¹
知儿拾儿个小士子，还1是个小闺娘儿？②高兴，愉快

接生 tʃiɣ³⁴sən³¹³　　灵堂 liəŋ⁵³⁻³²·tʰaŋ

胞衣儿 pʰɔ³¹³⁻³⁴iɽ³¹³ 胎盘　　佛堂 fu⁵³⁻³²·tʰaŋ

坐月子 tsuɣ⁴¹⁻³²yɣ⁴¹·tə　　守灵 ʃiəu³⁴⁻³²liəŋ⁵³

满月 mæ̃³⁴⁻³²yɣ⁴¹　　烧七 ʃiɔ³¹³⁻³²tʃʰi³⁴

头一胎 tʰəuəu⁵³⁻³⁴³tʰe³¹³　　守孝 ʃiəu³⁴⁻³²çiɔ⁴¹

对双₂儿 təi⁴¹⁻³²suaŋɽ⁵³·ɽə 双胞胎　　戴孝 te⁴¹⁻³²çiɔ⁴¹

流儿产 ləuɽ⁵³sæ̃³⁴ 打胎　　除孝 tʃʰy⁵³⁻³²çiɔ⁴¹

背生儿 pəi⁴¹·sənɽ 遗腹子　　孝子 çiɔ⁴¹tsɿ³⁴

吃奶₃ tʃʰi³⁴⁻³²ne³⁴　　孝孙 çiɔ⁴¹sən³¹³

奶₃子头儿 nee³⁴⁻³²³tʰəu⁵³　　出殡 tʃʰy³⁴⁻³²piən⁴¹

尿炕 ŋiɔ⁴¹⁻³²kʰaŋ⁴¹ 尿床　　送殡 suŋ⁴¹⁻³²piən⁴¹

生日 sən³¹³⁻³²i⁴¹⁻³⁴　　哭丧棒儿 kʰu³⁴⁻³²·saŋ paŋɽ⁴¹⁻³⁴·ɽə

过生日 kuɣ⁴¹⁻³²sən³¹³⁻³²i⁴¹⁻³⁴　　扎纸 tsa³⁴⁻³²tsɿ³⁴

祝寿 tsu⁴¹⁻³²ʃiəu⁴¹　　烧纸 ʃiɔ³¹³⁻³²tsɿ³⁴ 纸钱

　庆寿 cʰiəŋ⁴¹⁻³²ʃiəu⁴¹　　烧火纸 ʃiɔ³¹³⁻³¹·xuɣ tsɿ³⁴

寿星 ʃiəu⁴¹⁻³²ʃiəŋ³¹³　　茔盘 iəŋ⁵³⁻³²pʰæ̃⁵³ 坟地

丧事 saŋ⁴¹⁻³²sɿ⁴¹　　　茔 iəŋ⁵³

奔丧 pən⁴¹⁻³²saŋ⁴¹　　坟子 fən⁵³⁻³⁴·tə 坟墓

老了 lɔ³⁴⁻³²·lə　　泥₁块堆儿 mi³¹³⁻³²·kʰue təiɽ³¹³

　死了 sɿ³⁴⁻³²·lə　　丘子 cʰiəu³¹³⁻³¹·tə 凶手未捕获时，临时存放遇害
者尸棺的简易屋

　咽儿气儿 iæɽ⁴¹cʰiɽ⁴¹　　乱葬岗 læ̃æ̃⁴¹³kaŋ³⁴（laŋaŋ⁴¹³kaŋ³⁴

　倒儿头 tɔɽ³⁴tʰəu⁵³　　　　　　　　（北乡）

石碑 ʃi⁵³⁻³²pəi³¹³

墓碑 mu⁴¹⁻³²pəi³¹³

上坟 ʃiɑŋ⁴¹⁻³²fən⁵³

　上茔 ʃiɑŋ⁴¹⁻³²·iəŋ⁵³

寻儿死处₂ ʃiənɹ⁵³sŋ³⁴⁻³²ʧʰy⁴¹ 自杀

碰井 pʰəŋ⁴¹⁻³²ʧiəŋ³⁴ 投水（自尽）

　碰湾 pʰəŋ⁴¹⁻³²uæ̃³¹³

　碰河 pʰəŋ⁴¹⁻³²xuɤ⁵³

上吊 ʃiɑŋ⁴¹⁻³²tiɔ⁴¹

骨灰盒儿 ku³⁴⁻³²·xuəi xuɤ⁵³

老天爷₄ lɔ³⁴·tʰiæ̃ iɤ⁵³

天老爷爷₄ tʰiæ̃³¹³⁻⁵³lɔ³⁴iɤ⁵³⁻³⁴·iɤ

灶屋爷爷₄ tsɔ⁴¹·u iɤ⁵³⁻³⁴·iɤ 灶王爷

　灶么爷爷₄ tsɔ⁴¹·mu iɤ⁵³⁻³⁴·iɤ

灶门头儿 tsɔ⁴¹·mən tʰəuɤ⁵³（⁻³⁴·ɹə）

灶壁上贴的灶神黄历纸

如来佛 y⁵³⁻³⁴·le fu⁵³

菩萨 pʰu³⁴·sa

　观₁音菩萨 kuæ̃³¹³⁻³⁴·iən pʰu³⁴·sa

　观₁音 kuæ̃³¹³⁻³⁴·iən³¹³

土地庙儿 tʰu³⁴·li miɔɹ⁴¹/tʰu³⁴·ti miɔɹ⁴¹

关帝庙儿 kuæ̃³¹³⁻³²·ti miɔɹ⁴¹

城隍庙 ʧʰiəŋ⁵³·xuɑŋ miɔ⁴¹

阎王（爷₄）iæ̃⁵³⁻³⁴·uɑŋ（iɤ⁵³）

家庙 cia³¹³⁻³²miɔ⁴¹ 祠堂

神龛 ʃiən⁵³kʰæ̃³¹³

香₁案 çiɑŋ³¹³⁻³²æ̃⁴¹

上供₂ ʃiɑŋ⁴¹⁻³²kuŋ⁴¹

供₂养 kuŋ⁴¹·iɑŋ

蜡台 la⁴¹⁻³²tʰe⁵³

香₁ çiɑŋ³¹³

香₁篓 çiɑŋ³¹³⁻³¹·ləu 香炉

烧香₁ ʃiɔ³¹³⁻³⁴çiɑŋ³¹³

庙会 miɔ⁴¹⁻³²xuəi⁴¹

山会₂ sæ̃³¹³⁻³²xuəi⁴¹

念₂经 niæ̃⁴¹⁻³²ciəŋ³¹³

测字儿 tsʰɤ³⁴⁻³²tsɻ⁴¹

看₂风水₁儿 kʰæ̃⁴¹⁻³²fəŋ³¹³⁻³²suəiɻ³⁴

　看₂地气儿 kʰæ̃⁴¹⁻³²ti⁴¹⁻³²cʰiɻ⁴¹

地理先生 ti⁴¹⁻³⁴·li ʃei³¹³⁻³²·səŋ 风水师

算命 sæ̃⁴¹⁻³²miəŋ⁴¹

　批八字（儿）pʰi³¹³⁻³²pa³⁴⁻³²·tə（ɹ）

看₂麻衣相₂的 kʰæ̃⁴¹ma³¹³⁻³⁴·i ʃiɑŋ⁴¹·lə

神婆儿 ʃiən⁵³⁻³⁴·pɤ 巫婆

跳大₂神儿的 tʰiɔ⁴¹ta⁴¹⁻³²ʃiənɹ⁵³⁻³⁴·lə

狐大₂姐 xu⁵³ta⁴¹⁻³²ʧi⁵³⁻³⁴

许愿 çy³⁴⁻³²yæ̃⁴¹

还₂愿 xuæ̃⁵³⁻³²yæ̃⁴¹

日常生活

穿衣裳 tsʰuæ̃³¹³⁻³²i³¹³⁻³¹·ʃiɑŋ

脱衣裳 tʰuɤ³⁴i³¹³⁻³¹·ʃiɑŋ（tʰɤ³⁴i⁵³⁴⁻³¹·ʃiɑŋ（北乡））

脱鞋 tʰuɤ³⁴⁻³²çie⁵³（tʰɤ³⁴⁻³²çie⁴²（北乡））

量₁衣裳 liaŋ³¹³⁻³²ˌi³¹³⁻³¹·ʃiəŋ
　　量₁尺寸儿 liaŋ³¹³⁻³²ʧʰi³⁴⁻³²tsʰənɻ⁴¹
做衣裳 tsəu⁴¹⁻³²ˌi³¹³⁻³¹·ʃiəŋ
　　扎衣裳 tsa³⁴ˌi³¹³⁻³¹·ʃiəŋ
　　铰衣裳 ciɔ³⁴/ʧiɔ³⁴ˌi³¹³⁻³¹·ʃiəŋ
抹₁边儿 ma⁴¹piæ̃ɻ³¹³ 贴边
缲₁边儿 ʧʰiɔ³¹³⁻³⁴piæ̃ɻ³¹³
　　掩₁边儿 iæ³⁴piæ̃ɻ³¹³
绱鞋帮儿 ʃiaŋ³¹³çie⁵³⁻³²paŋɻ³¹³
纳鞋底儿 na⁴¹çie⁵³⁻³²tiɻ³⁴
钉₁扣儿 tiəŋ³¹³⁻³⁴kʰəuɻ³¹³
做花儿 tsəu⁴¹⁻³²xuaɻ³¹³ 绣花
贴块布儿 tʰiɻ³⁴·kʰue puɻ³⁴ 在衣服里面打补丁
做被 tsəu⁴¹⁻³²pəi⁴¹ 做被褥
洗衣裳 ʃi³⁴ˌi³¹³⁻³¹·ʃiəŋ
洗一水₁ ʃi³⁴⁻³²·i suəi³⁴
投₂ tʰəu³⁴ 用清水漂洗：洗夹袄待多～两遍儿
　　流 ləu⁵³
晒衣裳 se⁴¹ˌi³¹³⁻³¹·ʃiəŋ
晾衣裳 liaŋ⁴¹ˌi³¹³⁻³¹·ʃiəŋ
糨衣裳 ciaŋ⁴¹ˌi³¹³⁻³¹·ʃiəŋ
熨衣裳 yən⁴¹ˌi³¹³⁻³¹·ʃiəŋ
生火 səŋ³¹³⁻³²xuɻ³⁴
做饭 tsəu⁴¹⁻³²fæ̃⁴¹
淘米 tʰɔ⁵³⁻³²mi³⁴
和₂麵 xuɻ⁴¹⁻³²miæ̃⁴¹
搋麵 səu³⁴⁻³²miæ̃⁴¹ 揉麵
擀麵汤 kæ³⁴miæ̃⁴¹⁻³²tʰaŋ³¹³
做饽饽 tsəu⁴¹⁻³²pɻ³¹³⁻³²pɻ³¹³⁻³⁴

择菜 tsɻ⁵³⁻³²tsʰe⁴¹
做菜 tsəu⁴¹⁻³²tsʰe⁴¹
做汤 tsəu⁴¹⁻³²tʰaŋ³¹³
饭好了 fæ̃⁴¹xɔ³⁴·lə
饭中₁了 fæ̃⁴¹tsuŋ³⁴·lə
发生 fa³⁴səŋ³¹³ （饭）不熟
　　　fa³⁴·səŋ 出现
舀饭 iɔ³⁴⁻³²fæ̃⁴¹ 盛饭
攇菜 cʰiæ⁴¹⁻³²tsʰe⁴¹
挑菜 tʰiɔ³¹³⁻³²tsʰe⁴¹
吃早起儿饭 ʧʰi³⁴tsɔ³⁴⁻³²·cʰiɻ fæ̃⁴¹
吃晌文 晌午儿饭 ʧʰi³⁴ʃiaŋ³⁴⁻³²·uənɻ fæ⁴¹
吃瞎黑儿饭 ʧʰi³⁴çia³¹³⁻³²xɻ³⁴·fæ̃
吃零嘴儿 ʧʰi³⁴liəŋ³¹³⁻³²tsəiɻ³⁴
使唤筷子 sɻ³⁴⁻³²·xuən kʰue⁴¹·tə 使筷子
罕拿筷子 xæ̃³⁴⁻³²kʰue⁴¹·tə
肉怯火 iəu⁴¹cʰiɻ⁴¹⁻³²xuɻ³⁴
肉不烂 iəu⁴¹·pu læ̃⁴¹
咬不动 iɔ³⁴⁻³²·pu tuŋ⁴¹
磴着了 təŋəŋ⁴¹³·lə/təŋ⁴¹·tə·lə 喳着了
打勾斗 ta³⁴kəu³¹³⁻³¹·təu 打嗝儿
撑着了 tsʰəŋəŋ³¹³³·lə/tsʰəŋ³¹³⁻³¹·tə·lə
嘴儿没₂有味儿 tsəiɻ³⁴mu⁴¹⁻³²·iəu uəiɻ⁴¹⁻³⁴·ɻə
喝茶 xa³⁴⁻³²tsʰa⁵³
喝酒 xa³⁴⁻³²ʧiəu³⁴
吃烟 ʧʰi³⁴iæ³¹³

饥困了 ci³¹³⁻³² kʰuən⁴¹⁻³⁴·lə

起来 cʰi³⁴·le 起床

　　cʰi³⁴⁻⁵³le³¹³⁻³⁴ 滚开

洗手 ʃi³⁴⁻³²ʃiəu³⁴

洗脸 ʃi³⁴⁻³²liæ̃³⁴

漱嘴 su⁴¹⁻³²tsəi³⁴

刷₁牙 sua³⁴ia³¹³

梳头 su³¹³⁻³²tʰəu⁵³

　　抟 luɤ³⁴ 匆忙梳头：~儿两把头

梳辫子 su³¹³⁻³²piæ̃⁴¹⁻³²·tə

铰指头盖儿 tʃiɔ³⁴tsʅ³⁴·tʰəu keɹ⁴¹ 剪指甲

掏耳朵 tʰɔ³¹³·əɹ³⁴⁻³²·təu

洗澡儿 ʃi³⁴⁻³²tsɔɹ³⁴

抹₁身子 ma⁴¹⁻³²ʃiən³⁴⁻³²·tə 擦澡

尿尿 ȵiɔ⁴¹⁻³²ȵiɔ⁴¹ 小便

拉₁屎 la³¹³⁻³²sʅ³⁴ 大便

风凉 fəŋ³¹³⁻³²·liaŋ ①乘凉②凉爽

晒阳阳儿 se⁴¹iaŋ³¹³⁻³²iaŋɹ³¹³⁻³⁴ 晒太阳

烤火儿 kʰɔ³⁴⁻³²xuɤɹ³⁴

点₂灯 tiæ̃³⁴təŋ³¹³

吹灯 tsʰuəi³¹³⁻³²təŋ³¹³

歇歇 ɕiɤ³⁴⁻³²·ɕiɤ

　　歇憩 ɕiɤ³⁴⁻³²tʃʰi⁴¹

打盹儿 ta³⁴⁻³²tənɹ³⁴

　　打个目啦儿 ta³⁴·kə·mu·laɹ

打哈瞌 ta³⁴xa³¹³⁻³²·ɕia 打呵欠

瞌睡了 kʰa³⁴⁻³²suəi⁴¹·lə

　　瞌睡儿轰轰的 kʰa³⁴⁻³²·suəiɹ

xuŋ³¹³⁻³⁴ xuŋ³¹³·lə

铺₁炕 pʰu³¹³⁻³²kʰaŋ⁴¹

盦被窝儿 a³⁴⁻³²pəi⁴¹⁻³⁴·uɤɹ (北乡)

躺下 tʰaŋ³⁴⁻³²·ɕi

趄着 cʰiɤɤ³¹³³/cʰiɤ³¹³⁻³¹·tə

睡着了 suəiəi³⁴³·lə/suəi⁴¹⁻³⁴·tə·lə

睡死锈了 suəi⁴¹sʅ³⁴⁻³²ʃiəu⁴¹·lə 沉睡

打呼隆 ta³⁴xu³¹³⁻³²·luŋ 打呼

打鼾睡 ta³⁴⁻³²xæ³¹³⁻³⁴·suəi

睡不着 suəi⁴¹·pu tʃyɤ⁵³

歇响 ɕiɤ³⁴⁻³²ʃiaŋ³⁴ 午睡

仰着脸儿睡 iaŋaŋ³¹³³liæɹ³⁴⁻³²suəi⁴¹

佝佝着睡 kəu³¹³⁻³²kəu³¹³⁻³⁴³ suəi⁴¹

失枕 ʃi³⁴⁻³²tʃiən³⁴ 落枕

抽儿筋儿 tʃʰiəuɹ³¹³ ciənɹ³¹³

转₂儿腿肚₁子 tsuæɹ⁴¹tʰəi³⁴⁻³²tu³⁴·tə

做梦 tsəu⁴¹⁻³²məŋ⁴¹

说梦话 ʃyɤ³⁴⁻³²məŋ⁴¹⁻³⁴·xua

说睡 ʃyɤ³⁴⁻³²suəi⁴¹

熬眼 ɔ³¹³⁻³²iæ̃³⁴ 熬夜

透眼儿透 tʰəu⁴¹·iæɹ tʰəu⁴¹ 通宵；夜来瞎黑

　　儿熬儿个~

落夜 la⁴¹⁻³²iɤ⁴¹ 俗常写作"拉夜"

上山 ʃaŋ⁴¹⁻³²sæ̃³¹³ 下地（去地里干活）

出工 tʃʰy³⁴kuŋ³¹³

放工 faŋ⁴¹⁻³²kuŋ³¹³

出去了 tʃʰy³⁴·cʰi·lə

家去了 cia³¹³⁻³²·cʰi·lə

扃上门 kʰa³⁴⁻³²ʃiəŋ məŋ³¹³ 随手关门

逛街 kuaŋ⁴¹⁻³²cie³¹³
拉₂骼 la³⁴·tʃʰia ₍贬义₎胡乱闲逛
遛遛 ləu⁴¹·ləu 散步

讼事

打官司 ta³⁴kuæ̃³¹³⁻³²·sɿ
告状 kɔ⁴¹⁻³²tsuaŋ⁴¹
　告 kɔ⁴¹
原告 yæ̃⁵³·kɔ
被告 pəi⁴¹·kɔ
呈子 tʃʰiəŋ³⁴·tə 状子
坐堂 tsuɤ⁴¹⁻³²tʰaŋ⁵³
昇堂 ʃiəŋ³¹³⁻³²tʰaŋ⁵³
退堂 tʰəi⁴¹⁻³²tʰaŋ⁵³
过₂堂 kuɤ⁴¹⁻³²tʰaŋ⁵³
证人 tʃiəŋ⁴¹·iən
人证 iən³¹³tʃiəŋ⁴¹
物证 u⁴¹·tʃiəŋ
对言 təi⁴¹⁻³²iæ̃⁵³ 对质
刑事 çiəŋ⁵³⁻³⁴·sɿ
家务事 cia³¹³⁻³²u⁴¹⁻³⁴sɿ⁴¹
讼师 suŋ³¹³⁻³⁴sɿ³¹³
　律师 ly⁴¹sɿ³¹³
代书 te⁴¹⁻³²ʃy³¹³
　代笔 te⁴¹⁻³²pi³⁴
宾服 piən³¹³⁻³²/piəŋ³¹³⁻³²·fu
　服 fu⁵³
治服 tʃi⁴¹⁻³²fu⁵³ 使人屈服
说儿熊话₂ ʃyɤɻ³⁴çyŋ⁵³⁻³⁴·xua 服输

说儿软哄₂话₂ ʃyɤɻ³⁴yæ̃³⁴⁻³²·xuŋ xua⁴¹
不服气 pu³⁴fu⁵³⁻³²·cʰi⁴¹/pu³⁴⁻³²fu⁵³⁻³⁴·cʰi
不宾服 pu³⁴piən³¹³⁻³²/piəŋ³¹³⁻³²·fu
上诉 ʃiaŋ⁴¹⁻³²su⁴¹
宣判 ʃyæ̃³¹³⁻³⁴·pʰæ̃
招了 tʃiɔ³¹³⁻³¹·lə
承认 tʃʰiəŋ³⁴·iən
口供₂ kʰəu³⁴⁻³²kuŋ⁴¹
咬 iɔ³⁴ ①供出同谋②诬告
诬赖 u³¹³⁻³⁴·le 诬告
同伙儿 tʰuŋ⁵³⁻³²xuɤɻ³⁴ 同谋
犯法 fæ̃⁴¹⁻³²fa³⁴
　犯儿事 fæ̃ɻ⁴¹sɿ⁴¹
犯罪 fæ̃⁴¹⁻³²tsəi⁴¹
连坐 liæ̃⁵³⁻³²tsuɤ⁴¹
保出来 pɔ³⁴⁻³²·tʃʰy·le 保释
取保 tʃʰy³⁴⁻³²pɔ³⁴
逮捕 te³⁴⁻³²pʰu³⁴
押着走了 iaa³⁴³tsəu³⁴·lə 押解
囚车₁ tʃʰiəu⁵³tʃʰiɤ³¹³
青天大₂老爷₄ tʃʰiəŋ³¹³⁻³⁴tʰiæ̃³¹³ta⁴¹·lə iɤ⁵³
赃官 tsaŋ³¹³⁻³⁴kuæ̃³¹³
贪赃 tʰæ̃³¹³⁻³⁴tsaŋ³¹³
送礼 suŋ⁴¹⁻³²li³⁴ ①行贿②馈赠礼物
罚钱 fa⁵³⁻³²tʃʰiæ̃⁵³
砍头 kʰæ̃³⁴⁻³²tʰəu⁵³

枪毙 tɕʰiaŋ³¹³⁻³²pi⁴¹

上刑 ʃiaŋ⁴¹⁻³²ɕiəŋ⁵³

打板子 ta³⁴⁻³²pæ̃³⁴⁻³²·tə

上枷板 ʃiaŋ⁴¹⁻³²cia³¹³⁻³²pæ³⁴

手铐 ʃiəu³⁴⁻³²kʰɔ⁴¹

脚镣 cyɤ³⁴liɔ⁴¹

绑起来 paŋ³⁴⁻³²·cʰi·le

关起来 kuæ̃³¹³⁻³¹·cʰi·le

蹲监 təŋ³¹³⁻³⁴ciæ̃³¹³ 坐牢

探监 tʰæ̃⁴¹⁻³²ciæ̃³¹³

立字据 li⁴¹⁻³²tsɿ⁴¹⁻³²·cy

立约 li⁴¹⁻³²yɤ⁴¹

画押 xua⁴¹⁻³²ia³⁴

摁手印儿 ən⁴¹ʃiəu³⁴⁻³²iənɻ⁴¹

租子 tsu³¹³⁻³¹·tə

地契 ti⁴¹⁻³²cʰi⁴¹

缴税 ciɔ³¹³⁻³²suəi⁴¹

执照 tʂɿ³⁴⁻³²tʂiɔ⁴¹

告示 kɔ⁴¹⁻³²·sɿ

通知 tʰuŋ³¹³⁻³⁴tʂɿ³¹³

路条 lu⁴¹⁻³²tʰiɔ⁵³

命令 miəŋ⁴¹·liəŋ

大₂印 ta⁴¹⁻³²iən⁴¹ 官印

私访 sɿ³¹³⁻³²faŋ³⁴

交代 ciɔ³¹³⁻³²·te

放儿官 faŋɻ²¹kuæ̃³¹³ 封了官

上任 ʃiaŋ⁴¹⁻³²iən⁴¹

卸任 ʃiɤ⁴¹⁻³²iən⁴¹

罢免 pa⁴¹⁻³²miæ̃³⁴

传₂票 tsʰuæ̃⁵³⁻³²pʰiɔ⁴¹

交际

来往 le³¹³⁻³¹·uaŋ

赶弄 kæ̃³⁴·luŋ/kæ̃³⁴⁻³²·luŋ

望望 uaŋ³¹³⁻³²·uaŋ ①看望（亲人、病人等）
②求人帮忙

看₂看₂ kʰæ̃⁴¹⁻³²·kʰæ̃

出门儿 tʂʰy³⁴mənɻ³¹³ 走亲戚

客 kʰɤ³⁴ 客人（不分男女长幼）

请客 tɕʰiəŋ³⁴⁻³²kʰɤ³⁴

招待 tʂiɔ³¹³⁻³²·te

男客 næ̃⁵³kʰɤ³⁴

女客 ny³⁴⁻⁵³kʰɤ³⁴

礼份 li³⁴⁻³²·fən

人情 iən³¹³⁻³²tɕʰiəŋ⁵³

答人情 ta³⁴⁻iən³¹³⁻³²tɕʰiəŋ⁵³

谢候 ʃiɤ⁴¹·xəu

当₁客 taŋ³¹³⁻³²kʰɤ³⁴

做客儿 tsəu⁴¹⁻³²kʰɤɻ³⁴（⁻³²·ɻə）做客时过
度拘谨

待客 te⁴¹⁻³²kʰɤ³⁴

陪客 pʰəi⁵³⁻³²kʰɤ³⁴（动宾）

陪客的 pʰəi⁵³kʰɤ³⁴⁻³²·lə

陪酒的 pʰəi⁵³tɕiəu³⁴⁻³²·lə

送客 suŋ⁴¹⁻³²kʰɤ³⁴ ①动宾，送客人离开②送亲
客，成婚日送新娘到婆家的娘家亲人

摆酒席 pe³⁴tɕiəu³⁴⁻³²·ʃi

请帖 tɕʰiəŋ³⁴⁻³²tʰiɤ³⁴

下请帖 ɕia⁴¹tɕʰiəŋ³⁴⁻³²tʰiʴ³⁴

上坐儿 ʃiaŋ⁴¹⁻³²tsuʴ⁴¹

　入席 y⁴¹⁻³²ʃi⁵³

上菜 ʃiaŋ⁴¹⁻³²tsʰe⁴¹

筛酒 se³¹³⁻³²tʃiəu³⁴ 斟酒

敬酒 ciəŋ⁴¹⁻³²tʃiəu³⁴

　劝酒 cʰyæ⁴¹⁻³²tʃiəu³⁴

乾₁杯 kæ³¹³⁻³⁴pəi³¹³

不对么 ·pu təi⁴¹⁻³⁴·mu 不和，俗也写作"对目"

　不睦儿 ·pu muʴ⁴¹

对头 təi⁴¹⁻³²tʰəu⁵³/təi⁴¹·tʰəu 冤家

不平 ·pu pʰiəŋ⁵³（路见）不平

　气不愤儿 cʰi⁵³·pu fəɳ⁴¹

不平和₂ pu³⁴⁻³²pʰiəŋ⁵³⁻³⁴·xuʴ （地面）不平坦

屈谎 cʰy³⁴⁻³²·xuaŋ 冤枉

插嘴儿 tsʰa³⁴⁻³²tsəiʴ³⁴

　插言 tsʰa³⁴⁻³²iæ̃⁵³

　参言 tsʰæ̃³⁴⁻³²iæ̃⁵³ 提意见，建议

挑刺儿 tʰio³¹³⁻³²tsʰɿʴ⁴¹ 挑剔，吹毛求疵

　挑漏儿 tʰio³¹³⁻³²ləuʴ⁴¹⁻³⁴·ɻə

　挑漏儿捡怪 tʰio³¹³⁻³²ləuʴ⁴¹ciæ³⁴⁻³²kue⁴¹

　鸡蛋裏挑骨头 ci³¹³⁻³²tæ̃·lə tʰio³¹³⁻³⁴ku³⁴⁻³²·tʰəu

　横₁挑鼻子竖挑眼 xuəŋ⁵³tʰio³¹³⁻³²piiə⁵³⁻³⁴³ʃy⁴¹tʰio³¹³⁻³²iæ̃³⁴

挑刺 tʰio³¹³⁻³²tsʰɿ⁴¹ 把扎在皮肤上的尖锐物用针挑出来

做作₂ tsəu⁴¹⁻³²·tsuʴ

摆大₂架子 pe³⁴ta⁴¹⁻³²cia⁴¹·tə

　摆臭架子 pe³⁴tɕʰiəu⁴¹⁻³²cia⁴¹·tə

卖味儿 me⁴¹⁻³²uəiʴ¹⁻³⁴·ɻə 卖关子，摆架子，拿乔

拿把 na⁵³pa³⁴ 拿乔

拿巴 na⁵³·pa 给人穿小鞋，要挟

狂气 kʰuaŋ⁵³⁻³⁴·cʰi 狂妄

大₂样 ta⁴¹·iaŋ 满不在乎的

　大₂摇 ta⁴¹·io（北乡）

达要 ta³⁴io³¹³ 出名的，地位高的

刺毛₂儿撅腚的 tsʰɿ⁴¹⁻³²mɔ⁵³⁻³⁴cyʴ³⁴⁻³²tiəŋ⁴¹⁻³⁴·lə 自以为了不起的；缠捏₂么幾个钱儿，就～

刺刺 tsʰɿ⁴¹⁻³²·tsʰɿ

铮铮 tsəŋ³⁴⁻⁵³·tsəŋ/tsəŋ³⁴·tsəŋ

装₁痴儿 tsuaŋ³¹³⁻³⁴tʃʰiʴ³¹³ 装傻

装₁疯儿 tsuaŋ³¹³⁻³⁴fəɳʴ³¹³

缺心眼儿 cʰyʴ³⁴ʃiən³¹³⁻³²iæʴ³⁴ 比喻傻

出怪款 tʃʰy³⁴kue⁴¹⁻³²kʰuæ³⁴

出洋相₂ tʃʰy³⁴iaŋ³¹³⁻³²ʃiaŋ

丢醜儿现世 tiəu³¹³⁻³²/təu³¹³⁻³²tʃʰiəuʴ³⁴ciæ⁴¹⁻³²ʃi⁴¹

丢人现脸 təu³¹³⁻³⁴iən³¹³ciæ⁴¹⁻³²liæ³⁴

舔谎 tʰiæ³⁴⁻³²·xuaŋ 巴结，献殷勤，拍马屁

舔么 tʰiæ³⁴⁻³²·mu

溜谎 ləu³¹³⁻³²·xuaŋ

溜腚沟子 ləu³¹³⁻³⁴tiəŋ⁴¹kəu³¹³·tə

蹀躞着二两腱 tiɤ⁵³⁻³²ʃiɤɤ³⁴³ɹɤ⁴¹⁻³⁴·liaŋ tiəŋ⁴¹

闯₂门子 tsʰuaŋ⁴¹mən³¹³⁻³¹·tə 串门儿

　　闯₂街 tsʰuaŋ⁴¹cie³¹³

上弄 ʃiaŋ⁴¹⁻³⁴·luŋ 拉近乎：~（着）不儿买卖

　　赶弄（着）不儿亲1戚

　　套近乎儿 tʰa⁴¹⁻³²ciən⁴¹·xuɤ

　　看₂上眼儿 kʰæ̃⁴¹ʃiaŋ iæɹ³⁴ 看得起

　　瞅人儿 tsʰou³⁴iən³¹³ 看不起

　　下眼儿看₂人 ɕia⁴¹⁻³²iæ̃ɹ³⁴kʰæ̃⁴¹iən³¹³

　　瘪约嘴 piɤ³⁴⁻³²yɤ³⁴tsəi³⁴

　　瘪歪嘴 piɤ³⁴⁻³²ue⁵³⁴⁻³⁴tsəi³⁴（北乡）

佮伙 ka³⁴⁻⁵³xuɤ³⁴ 合伙儿

　　扯着伙 tʃʰiɤɤ³⁴³xuɤ³⁴（北乡）

佮乎 ka³⁴⁻³²·xu ①交往、相处②有不正当的男女关系

放儿鹁鸽 faŋɤ⁴¹pu⁴¹⁻³¹·ka 放任妻子不正派

应声儿 iəŋ³¹³⁻³²ʃiəŋ³¹³ 应答

应许 iəŋ³¹³⁻³²ɕy³⁴ 答应，同意

　　应承 iəŋ³¹³⁻³¹tʃʰiəŋ

　　吐₁口儿 tʰu³⁴⁻⁵³kʰəuɤ³⁴

没₁放声 mu⁵³⁻³²faŋ⁴¹ʃiəŋ³¹ 不答应

点₂晃 tiæ̃³⁴⁻³²·xuaŋ 虚假地答应：给你个棒槌儿你当1针认，人家2捏1是~你

兴₁以 ɕiəŋ³¹³³/ɕiəŋ³¹³⁻³¹·i 允许：光1~你吃人家2的，不~人家2吃你的，惯得毛1病！

兴₁ ɕiəŋ³¹³ 流行：吉年~红衣裳

　　时兴₁sɿ⁵³⁻³⁴·ɕiəŋ/sɿ⁵³⁻³²ɕiəŋ³¹³

撵出去 ȵiæ̃³⁴⁻³²tʃʰy⁵³·cʰi

商业、交通

字号 tsɿ⁴¹·xɔ

　　商号儿 ʃiaŋ³¹³⁻³²xɔɤ⁴¹

幌子 xuaŋ³⁴⁻³²·tə 招牌

出铺儿 tʃʰy³⁴⁻³²pʰuɤ⁴¹ 开铺子

门面 mən³¹³⁻³⁴miæ̃

　　铺₂面 pʰu⁴¹·miæ̃

摆摊儿 pe³⁴tʰæ̃ɹ³¹³

做买卖 tsəu⁴¹me³⁴⁻³²·me 做生意

　　跑买卖 pʰɔ³⁴me³⁴⁻³²·me

店 tiæ̃⁴¹ 旅店

馆子 kuæ̃³⁴⁻³²·tə

　　下馆子 ɕia⁴¹⁻³²kuæ̃³⁴⁻³²·tə

跑堂儿的 pʰɔ³⁴⁻³²tʰaŋɤ⁵³·lə

银钱桌子 iən⁵³⁻³⁴tʃʰiæ̃ tsuɤ³⁴⁻³²·tə 钱庄

绸缎庄儿 tʃʰiəu⁵³⁻³⁴tæ̃ tsuaŋɤ³¹³

供₂销社 kuŋ⁴¹ʃiɔ³¹³⁻³²ʃɤ⁴¹ 国营商店

　　联社 liæ̃⁵³⁻³²ʃɤ⁴¹

　　代销点₂儿 te⁴¹ʃiɔ³¹³⁻³²tiæ̃ɹ³⁴

门市部儿 mən³¹³⁻³²·sɿ puɤ⁴¹

杂货铺₂儿 tsa⁵³⁻³⁴·xuɤ pʰuɤ⁴¹

粮店 liaŋ⁵³⁻³²tiæ̃⁴¹

茶房 tsʰa⁵³⁻³⁴·faŋ

　　茶馆儿 tsʰa⁵³kuæ̃ɹ³⁴

理发店 li³¹³⁻³¹·fa tiæ̃⁴¹

　　剃头挑子 tʰi³¹³⁻³²·tʰəu tʰi³¹³⁻³¹·tə

　　剃头 tʰi³¹³⁻³²tʰəu⁵³（男子）理发

铰头 tʂiɔ³⁴⁻³²/ciɔ³⁴⁻³²tʰəu⁵³ ₍女子₎理发　　　　工钱 kuŋ³¹³⁻³²tʂʰiæ̃⁵³⁻³⁴

刮₁脸 kʰua³⁴⁻³²liæ̃³⁴　　　　　　　　老本儿 lɔ³⁴⁻³²pənɻ³⁴ 本钱

刮₁髯子 kʰua³⁴⁻³²xu⁵³⁻³⁴·tə　　　　保本儿 pɔ³⁴⁻³²pənɻ³⁴

肉铺₂ iəu⁴¹⁻³²pʰu⁴¹　　　　　　　　挣₂钱 tsəŋ⁴¹⁻³²tʂʰiæ̃⁵³ 赚钱

杀猪 sa³⁴tʂy³¹³　　　　　　　　　　来钱 le³¹³⁻³²tʂʰiæ̃⁵³

油坊 iəu³¹³⁻³¹·faŋ　　　　　　　　　挣₂发了 tsəŋ⁴¹fa³⁴⁻³²·lə 赚了很多钱

当₂铺₂ taŋ⁴¹⁻³²pʰu⁴¹　　　　　　　　赔本儿 pʰəi⁵³⁻³²pənɻ³⁴

赁房子 ŋiən⁴¹⁻³²faŋ⁵³⁻³⁴·tə　　　　　底铺₂了 ti³⁴⁻³²·pʰu·lə ₍做买卖₎赔光了

典房子 tiæ̃³⁴⁻³²faŋ⁵³⁻³⁴·tə　　　　　货底子 xuɤ⁴¹⁻³²ti³⁴⁻³²·tə 尾货

煤球儿 məi⁵³⁻³²cʰiəuɻ⁵³　　　　　　库底 kʰu⁴¹⁻³²ti³⁴

蜂窝儿煤 fəŋ³¹³⁻³⁴uɤ³¹³məi⁵³　　　盘缠 pʰæ̃⁵³⁻³⁴·tʂʰiæ̃ 路费

开张 kʰe³¹³⁻³⁴tʂiaŋ³¹³ 开业　　　　利钱 li⁴¹⁻³⁴·tʂʰiæ̃ 利息

关门儿 kuæ̃³¹³⁻³⁴mənɻ³¹³ 停业　　　好时气 xɔ³⁴⁻⁵³sʅ⁵³⁻³⁴·cʰi 运气好

点₂货 tiæ̃³⁴⁻³²xuɤ⁴¹ 盘点　　　　　该 ke³¹³ 欠：~他三块钱

栏柜 læ̃⁵³⁻³²kuəi⁴¹　　　　　　　　短 tæ³⁴

　柜台 kuəi⁴¹⁻³²tʰe⁵³　　　　　　　差 tsʰa³¹³ 十块~五毛3

要₂价儿 iɔ⁴¹⁻³²ciaɻ⁴¹　　　　　　　押金 ia³⁴ciən³¹³

要₂谎 iɔ⁴¹⁻³²xuaŋ³⁴ 卖主虚高要价　　账房 tʂiaŋ⁴¹·faŋ

还₂价儿 xuæ̃⁵³⁻³²ciaɻ⁴¹　　　　　　财粮 tsʰe⁵³⁻³⁴·liaŋ

讲价儿 ciaŋ³⁴⁻³²ciaɻ⁴¹ 讨价还价　　花销 xua³¹³⁻³⁴ʂiɔ³¹³

　讲弄 ciaŋ³⁴/kaŋ³⁴·luŋ　　　　　　开销 kʰe³¹³⁻³⁴ʂiɔ³¹³

便₂宜 pʰiæ̃³⁴·i　　　　　　　　　　使费 sʅ³⁴⁻³²fəi⁴¹

贵 kuəi⁴¹　　　　　　　　　　　　　赊着账儿 ʂɤ³¹³³tʂiaŋɻ⁴¹

公道 kuŋ³¹³⁻³²·tɔ　　　　　　　　　记着账儿 ciiə⁴¹³tʂiaŋɻ⁴¹

包圆儿 pɔ³¹³⁻³²yæɻ⁵³　　　　　　　压钱 ia³⁴⁻³²tʂʰiæ̃⁵³

　包了 pɔ³¹³⁻³¹·lə　　　　　　　　要₂账 iɔ⁴¹⁻³²tʂiaŋ⁴¹

下货快 cia⁴¹⁻³²xuɤ⁴¹kʰue⁴¹ 行情好，货物卖　瞎儿钱 ciaɻ³⁴tʂʰiæ̃⁵³ 烂账

　　得快　　　　　　　　　　　　　　赖账 le⁴¹tʂiaŋ⁴¹

下细 cia⁴¹⁻³²ʂi⁴¹ 货物卖得慢　　　拢账 luŋ³⁴⁻³²tʂiaŋ⁴¹

结$_2$算 ciɤ$^{34\text{-}32}$sæ̃^{41}

合$_1$账 ka$^{34\text{-}32}$ʨiaŋ^{41} 合计总数

合账 xuɤ$^{53\text{-}32}$ʨiaŋ^{41} 核对账目

对$_2$账 təi$^{41\text{-}32}$ʨiaŋ^{41}

兑$_1$儿账 təiɤ^{34}ʨiaŋ^{41} 折账

票儿 pʰiɔɤ^{41}·rə 发票

条儿 tʰiɔɤ$^{53\text{-}34}$·rə 收据

存钱 tsʰən$^{53\text{-}32}$ʨʰiæ̃^{53}

整儿 ʨiəŋ$^{34\text{-}32}$·rə 整钱

零儿 liəŋ$^{313\text{-}32}$·rə 零钱

纸儿钱 tsʅɤ^{34}ʨʰiæ̃^{53} 钞票

钢蛋儿 kaŋ$^{313\text{-}32}$tæ̃ɤ^{41} 硬币

钢镚儿 kaŋ$^{313\text{-}32}$pəŋɤ^{41}

铜字儿 tʰuŋ$^{53\text{-}32}$tsʅɤ^{41} 铜板儿

实大$_2$洋 ʃi^{53}ta$^{41\text{-}32}$iaŋ^{53} 银元

一分钱 i^{34}fən^{313}ʨʰiæ̃^{53}

一毛$_3$钱 i$^{34\text{-}32}$mɔ^{34}ʨʰiæ̃^{53}

毛$_3$票儿 mɔ$^{34\text{-}32}$pʰiɔɤ^{41} 角币

一块钱 i$^{34\text{-}32}$kʰue^{41}ʨʰiæ̃^{53}

块儿钱 kʰueɤ^{41}ʨʰiæ̃^{53}

十块钱 ʃi^{53}·kʰue ʨʰiæ̃^{53}

（一）张钱（i^{34}）ʨiaŋ$^{313\text{-}32}$ʨʰiæ̃^{53} 一张

票子：夜来俺拾儿~

一个铜字儿 iiə^{343}tʰuŋ$^{53\text{-}32}$tsʅɤ^{41}

算盘儿 sæ̃$^{41\text{-}32}$pʰæɤ^{53}

戥子 təŋ$^{34\text{-}32}$·tə

秤 ʨʰiəŋ^{41}

磅秤 paŋ$^{41\text{-}34}$·ʨʰiəŋ

秤盘子 ʨʰiəŋ^{41}pʰæ$^{53\text{-}34}$·tə

秤星儿 ʨʰiəŋ^{41}ʃiəŋɤ^{313}

秤杆子 ʨʰiəŋ^{41}kæ̃$^{34\text{-}32}$·tə

秤钩子 ʨʰiəŋ^{41}kəu$^{313\text{-}31}$·tə

秤钩儿 ʨʰiəŋ^{41}kəuɤ^{313}

秤砣 ʨʰiəŋ^{41}tʰuɤ^{53}

秤儿高高的 ʨʰiəŋɤ^{41}kɔ$^{313\text{-}34}$kɔ^{313}·lə 秤尾高

秤儿撅不住 ʨʰiəŋɤ^{41}cyɤ$^{313\text{-}31}$·pu ʨy^{41}

秤儿低达拉的 ʨʰiəŋɤ^{41}ti$^{313\text{-}31}$·ta la^{313}·lə 秤尾低

秤儿不欢气 ʨʰiəŋɤ^{41}pu^{34}xuæ̃$^{313\text{-}32}$·cʰi

火车$_1$ xuɤ^{34}ʨʰiɤ^{313}

火车$_1$道 xuɤɤ^{343}tɔ^{41}/xuɤ^{34}·ʨʰiɤ tɔ^{41}

火车$_1$站 xuɤɤ^{343}tsæ̃^{41}/xuɤ^{34}·ʨʰiɤ tsæ̃^{41}

公路 kuŋ$^{313\text{-}32}$lu^{41}

臭油道 ʨʰiəu^{41}·iəu nei^{41} 柏油路

汽车$_1$ cʰi$^{41\text{-}32}$ʨʰiɤ^{313}

大$_2$客儿 ta$^{41\text{-}32}$kʰɤɤ^{34} 客车

货车$_1$ xuɤ^{41}ʨʰiɤ^{313}

公交车$_1$ kuŋ$^{313\text{-}34}$·ciɔ ʨʰiɤ^{313}

小轿车$_1$儿 ʃiɔ$^{34\text{-}32}$ciɔ$^{41\text{-}34}$ʨʰiɤɤ^{313}

摩托车$_1$ mɤ$^{313\text{-}32}$·tʰuɤ ʨʰiɤ^{313}

三轮儿车$_1$ sæ̃$^{313\text{-}32}$ləɤ^{53}ʨʰiɤ^{313}

脚踏儿车$_1$子 cyɤ^{34}tsaɤ^{313}ʨʰiɤ$^{313\text{-}31}$·tə 自行车

船 tsʰuæ̃^{53}

渔船 y$^{313\text{-}32}$tsʰuæ̃^{53}

轮船 lən⁵³⁻³²tsʰuæ̃⁵³

文化教育

书房 ʃy³¹³⁻³²·faŋ 学校

　　ʃy³¹³⁻³²faŋ⁵³ 书斋

上 ʅ 学了 ʃiaŋʅ⁴¹ɕyɤ⁵³⁻³⁴·lə 开始上小学

　　念书了 ŋiæ̃⁴¹⁻³²ʃy³¹³·lə

上书房 ʃiaŋ⁴¹⁻³²ʃy³¹³⁻³²·faŋ 去学校上课

下班 ɕia⁴¹⁻³²pæ̃³¹³ 学生每天上完课回家（老派）

　　放学 faŋ⁴¹⁻³²ɕyɤ⁵³（新派）

下班儿 ɕia⁴¹⁻³²pæ̃ɻ³¹³ 每天结束工作回家

放学 faŋ⁴¹⁻³²ɕyɤ⁵³ 学生放假（老派）

　　放假₁ faŋ⁴¹⁻³²ɕia³⁴（新派）

伏假₁ fu⁵³ɕia³⁴ 暑假

年假 ŋiæ̃³¹³⁻³²ɕia³⁴ 寒假

麦假₁ mɤ⁴¹ɕia³⁴

秋假₁ tɕʰiəu³¹³ɕia³⁴

滑学 xua⁵³⁻³²ɕyɤ⁵³ 逃学

下学 ɕia⁴¹⁻³²ɕyɤ⁵³ 辍学

育红班儿 y⁴¹⁻³²xuŋ⁵³pæɻ³¹³ 幼儿园

完小 uæ̃⁴¹⁻³²ʃiɔ³⁴

私塾 sʅ³¹³⁻³²ʃy³⁴

学费 ɕyɤ⁵³⁻³²fəi⁴¹

告假₁ kɔ⁴¹⁻³²ɕia³⁴ 请假

教₂室 ciɔ⁴¹⁻³²ʃi⁴¹

上课 ʃiaŋ⁴¹⁻³²kʰuɤ⁴¹

下课 ɕia⁴¹⁻³²kʰuɤ⁴¹

讲台 ciaŋ³⁴⁻³²tʰe⁵³

黑板 xɤ³⁴⁻³²pæ̃³⁴

粉笔 fən³⁴⁻³²pi³⁴

黑板擦儿 xɤ³⁴⁻³²·pæ̃ tsʰaɻ³⁴

点₂名册儿 tiæ̃³⁴miəŋ³¹³tsʰɤɻ³⁴

戒尺 cie⁴¹⁻³²tʃʰi³⁴

笔记本儿 pi³⁴⁻³²ci⁴¹pənɻ³⁴

课本儿 kʰuɤ⁴¹pənɻ³⁴

铅笔 cʰiæ̃³¹³⁻³²pi³⁴

橡皮 ʃiaŋ⁴¹⁻³²pʰi⁵³

铅笔刀儿 cʰiæ̃³¹³⁻³²pi³⁴tɔɻ³¹³

圆规 yæ̃⁵³kuəi³¹³

三角儿板 sæ̃³¹³⁻³²cyɤ̃ɻ³⁴pæ̃³⁴

镇纸 tʃiən⁴¹⁻³²tsʅ³⁴

作文本儿 tsuɤ⁴¹⁻³²uən⁵³pənɻ³⁴

大₂仿本儿 ta⁴¹⁻³²faŋ³⁴pənɻ³⁴

描红本儿 miɔ³¹³⁻³²xuŋ⁵³pənɻ³⁴

钢笔 kaŋ³¹³⁻³²pi³⁴

蘸水₁儿笔 tsæ̃⁴¹·suəiɻ pi³⁴

圆珠儿笔 yæ̃⁵³⁻³²tʃiəuɻ³¹³pi³⁴

铁笔 tʰiɻ³⁴⁻³²pi³⁴

毛₁笔 mɔ³¹³pi³⁴

笔帽儿 pi³⁴⁻³²mɔɻ⁴¹

笔筒儿 pi³⁴⁻³²tʰuŋɻ³⁴

砚台 iæ̃⁴¹⁻³²·tʰe

研磨 iæ̃³¹³⁻³²mɤ⁴¹

墨盒子 mɤ⁴¹⁻³²xuɤ⁵³⁻³⁴·tə

墨汁 mɤ⁴¹⁻³²tʃi³⁴

拍₂笔 pʰɤ³⁴⁻³²pi³⁴ 搛笔

墨水₁儿 mɤ⁴¹⁻³²suəiɻ³⁴

书包儿 ʃy³¹³⁻³⁴pɔɻ³¹³

读书人 tu$^{53-32}$ʃy$^{313-32}$·iən^{313}

识字儿的 ʃi$^{34-32}$tsʅ^{41}·lə

睁眼儿瞎 tsəŋ$^{313-31}$·iæ̃ɻ çia^{34} ①文盲②因青光眼失明

念书 ȵiæ̃$^{41-32}$ʃy^{313}

温书 uən$^{313-34}$ʃy^{313}

背书 pəi^{41}ʃy^{313}

报名儿 pɔ^{41}miəŋɻ^{313}

考场 kʰɔ$^{34-32}$tʃʰiaŋ^{34}

下场 çia$^{41-32}$tʃʰiaŋ^{34} 入场

　　çia$^{41-32}$·tʃʰiaŋ 比喻结局、收场：坏蛋都没2有好~

下场 çia$^{41-32}$tʃʰiaŋ^{53} 把晒干的粮食搬回家

考考儿 kʰɔ$^{34-32}$kʰɔɻ^{34} 参加考试

卷$_2$儿 cyæ̃ɻ^{41}·ɻə 考卷

满分$_1$儿 mæ̃$^{34-32}$·fənɻ

零分$_1$儿 liəŋ$^{313-32}$·fənɻ

张榜 tʃiaŋ$^{313-32}$paŋ^{34} 发榜

头名 tʰəu^{53}·miəŋ

坐红椅子 tsuɤ$^{41-32}$xuŋ^{53}·i$^{34-32}$·tɿ 末名

　落末了$_1$儿 la$^{41-34}$·mu liəɻ^{34}

毕业 pi$^{41-32}$·iɤ^{41}

肄业 i$^{41-32}$·iɤ^{41}

毕业证儿 pi$^{41-32}$·iɤ tʃiəŋɻ^{41}

大$_2$字儿 ta$^{41-32}$tsʅɻ^{41} 大楷

小字儿 ʃiɔ^{34}tsʅɻ^{41} 小楷

字帖 tsʅ$^{41-32}$tʰiɤ^{34}

临字帖 liən^{53}tsʅ$^{41-32}$tʰiɤ^{34}

写书白字儿 ʃiɤ^{34}ʃy$^{313-32}$pɤ^{53}tsʅɻ^{41}

（$^{-34}$·ɻə）

漏儿字儿 ləuɻ^{41}tsʅɻ$^{41-34}$·ɻə

草稿儿 tsʰɔ$^{34-32}$kɔɻ^{34}

拟稿儿 i$^{34-32}$kɔɻ^{34} 起草稿子

誊稿儿 tʰəŋ$^{53-32}$kɔɻ^{34} 誊清

一点$_2$儿 i$^{34-32}$tiæ̃ɻ^{34}

一横儿 i$^{34-32}$xəŋɻ^{41}

一提儿 i$^{34-32}$tʰiɻ^{53}

一画儿 i$^{34-32}$xuaɻ^{41}

偏旁儿 pʰiæ̃$^{313-32}$pʰaŋɻ^{53}

单立人儿（亻）tæ$^{313-32}$·li iənɻ^{313}

单人儿旁儿 tæ$^{313-34}$iənɻ^{313}pʰaŋɻ$^{53-34}$·ɻə

双$_1$立人儿（彳） suaŋ$^{313-32}$·li iənɻ^{313}

双$_1$人旁儿 suaŋ$^{313-34}$iənɻ^{313}pʰaŋɻ$^{53-34}$·ɻə

宝盖头儿（宀）pɔ$^{34-32}$·ke tʰəuɻ^{53}

秃宝盖儿（冖）tʰu^{34}pɔ$^{34-32}$keɻ^{41}

竖心儿（忄）ʃy$^{41-32}$ʃiənɻ^{313}

犬右儿（犭）cʰyæ$^{34-32}$iəuɻ^{41}

反文儿（攵）fæ$^{34-32}$uənɻ^{53}

侧玉儿（王）tsɤ$^{34-32}$yɻ^{41}

提土儿（土）tʰi$^{53-32}$tʰuɻ^{34}

竹字头儿（⺮）tsuuə^{343}tʰəuɻ^{53}

火字旁儿（火）xuɤ^{343}pʰaŋɻ^{53}

四点$_2$底儿（灬）sʅ^{41}·tiæ̃ tiɻ

三滴水$_1$儿（氵）sæ$^{313-31}$·ti suiɻ^{34}

　三点$_2$水$_1$儿 sæ$^{313-31}$·tiæ̃ suiɻ^{34}

两点$_2$水$_1$儿（冫）liaŋ^{34}·tiæ̃ suiɻ^{34}

病厦儿（广）piəŋ⁴¹⁻³²saɹ⁴¹
走之儿（辶）tsəu³⁴tsʅ³¹³
　走之边儿 tsəu³⁴·tsʅ piæ̃ɹ³¹³
　走之旁儿 tsəu³⁴·tsʅ pʰaŋɹ⁵³
乱丝儿（纟）læ̃⁴¹⁻³²sʅɹ³¹³
提手儿旁儿（扌）tʰi⁵³⁻³²ʃiəɹ³⁴pʰaŋɹ⁵³
　提手儿 tʰi⁵³⁻³²ʃiəɹ³⁴
草字头儿（艹）tsʰɔɔ³⁴³tʰəɹ⁵³

文体活动

风筝 fəŋ³¹³⁻³²ʧiəŋ³¹³⁻³⁴
风刺篓儿 fəŋ³¹³⁻³²·tsʰʅ ləuɹ³⁴ 玩具风车
趴猫儿 pʰa³¹³⁻³⁴mɔɹ³¹³ 捉迷藏
摸₂呼 mɤ⁴¹xu³¹³ 一人蒙上眼睛去捉别人
踢毽儿 tʰi³⁴⁻³²ciaɹ⁴¹（tʰi³⁴⁻³²ciæ̃ɹ⁴¹（北乡））
拾把核儿 ʃi⁵³pa³⁴⁻³²kuɹ⁵³ 抓子儿
打水₁漂₁儿 ta³⁴⁻³²suəi⁵³pʰiɔɹ³¹³ 游戏
　　ta³⁴suəi³⁴⁻³²pʰiɔɹ³¹³⁻⁵³ 花冕
　　　　　柱钱
跳房儿 tʰiɔ⁴¹⁻³²faŋ⁵³
拾交 ʃi⁵³⁻³²ʧiɔ³¹³ 翻绳儿
打猴儿 ta³⁴⁻³²xəuɹ⁵³（⁻³⁴·ɹə）玩陀螺
打官 ta³⁴kuæ̃³¹³
　打瓦儿 ta³⁴⁻³²uaɹ³⁴
剪子钩包 ʧiaŋaŋ³⁴³cyən³¹³pɔ³¹³⁻³⁴ 剪刀
　　石头布，俗常写作"将军保"
钉₁杠锤 tiəŋ⁵³⁴·kaŋ tsʰuəi⁴²（北乡）

走五子儿 tsəu³⁴u³⁴⁻³²·tsʅɹ 棋类游戏
破谜儿猜 pʰɤ⁴¹⁻³²məɹ⁵³tsʰe³¹³ 出谜语
猜谜儿 tsʰe³¹³⁻³²məɹ⁵³
推牌九 tʰəi³¹³⁻³⁴pʰe⁵³⁻³²ciəu³⁴
打麻将₂ ta³⁴ma³¹³⁻³²ʧiaŋ⁴¹
打狗儿 ta³⁴⁻³²kəuɹ³⁴ 掷骰子
爆仗 pɔ⁴¹·ʧiaŋ（pɔ⁴¹·ʧiəŋ（北乡））爆竹
放鞭 faŋ⁴¹piæ̃ɹ³¹³ 放鞭炮
二踢脚 əɹ⁴¹⁻³⁴·tʰi cyɤ³⁴
抖搂₂机儿 təu³⁴·ləu ciɹ³¹³ 烟花
　提₂溜提₁儿 ti⁵³⁴⁻³²·ləu tiɹ⁵³⁴（北乡）
放花儿 faŋ⁴¹xuaɹ³¹³ 放烟火
象棋 ʃiaŋ⁴¹⁻³²cʰi⁵³
下棋 çia⁴¹⁻³²cʰi⁵³
拱卒 kuŋ³⁴⁻³²tsu⁵³
上士 ʃiaŋ⁴¹⁻³²sʅ⁴¹
落士 luɤ⁴¹⁻³²sʅ⁴¹
飞象 fəi³¹³⁻³²ʃiaŋ⁴¹
落象 luɤ⁴¹⁻³²ʃiaŋ⁴¹
将₁军 ʧiaŋ³¹³⁻³⁴cyən³¹³ 象棋术语
　　ʧiaŋ³¹³⁻³²cyən³¹³⁻³⁴ 高级军官
围棋 uəi³¹³⁻³²cʰi⁵³
黑棋 xɤ³⁴·cʰi 黑子
白棋 pɤ⁵³·cʰi 白子
和₂棋 xuɤ⁴¹⁻³⁴·cʰi
和₂气 xuɤ⁴¹·cʰi
拔河 pa⁵³⁻³²xuɤ⁵³
浮水₁ fu⁵³⁻³²suəi³⁴ 游泳

打砰砰儿 ta³⁴pʰəŋ³¹³⁻³²pʰəŋ³¹³⁻³⁴ 狗刨式

　　游泳

出没₂头儿 tʃʰy³⁴⁻³²mu⁴¹·tʰəɹ 潜水

打球 ta³⁴⁻³²cʰiəu⁵³

乒乓球儿 pʰiəŋ³⁴·pʰa cʰiəu⁵³

篮球 læ̃⁵³⁻³²cʰiəu⁵³/læ̃⁵³·cʰiəu

排球 pʰe⁵³⁻³²cʰiəu⁵³/pʰe⁵³·cʰiəu

足球 tsu³⁴⁻³²cʰiəu⁵³/tsu³⁴·cʰiəu

羽毛₁球儿 y³⁴·mɔ cʰiəu⁵³

　　羽毛₁儿球 y³⁴mɔɹ³¹³ cʰiəu⁵³

跳远儿 tʰiɔ⁴¹⁻³²yæ̃ɹ³⁴

跳高儿 tʰiɔ⁴¹⁻³²kɔɹ³¹³

赛跑儿 se⁴¹⁻³²pʰɔɹ³⁴ 径赛

跑跑儿 pʰɔ³⁴⁻³²tʃʰɔɹ³⁴ 参加径赛

终点₂ tsuŋ³¹³⁻³²tiæ̃³⁴

目的 mu⁴¹⁻³²·tə 目地，标准或限度：瞎黑儿看不睨，走过1儿~了｜说过1儿~了（说话偏离主题）

mu⁴¹⁻³²ti³⁴ 目的：他肯定有~，咱得₂防着些儿

翻跟₁头儿 fæ̃³¹³⁻³⁴kən³¹³⁻³²tʰəɹ⁵³⁻³⁴

磕跟₁头 kʰa³⁴kən³¹³⁻³²·tʰəu 出丑，吃亏

栽跟₁头 tse³¹³⁻³⁴kən³¹³⁻³²·tʰəu

打旁连 ta³⁴⁻³²pʰaŋ⁵³⁻³⁴·liæ̃ 侧滚翻

竖直溜儿 ʃy⁴¹⁻³²tʃi⁵³·luɹ 倒立

蹽高跷 pʰaŋ³⁴⁻³²kɔ³¹³⁻³⁴tʃʰiɔ³¹³

扭秧鼓 ɲiəu³⁴iaŋ³¹³⁻³²ku³⁴

跳舞 tʰiɔ⁴¹⁻³²u³⁴

打滑趋溜儿 ta³⁴⁻³²xua⁵³⁻³⁴tʃʰy ləuɹ³¹³ 滑冰

打滑溜趋儿 ta³⁴⁻³²xua⁵³⁻³⁴·ləu tʃʰyɹ³¹³

京剧 ciəŋ³¹³⁻³²cy⁴¹

吕剧 ly³⁴cy⁴¹

剧院儿 cy⁴¹⁻³²yæ̃ɹ⁴¹

戏台子 ci⁴¹⁻³²tʰe⁵³⁻³⁴·tə

闪儿台 ʃiæ̃ɹ³⁴tʰe⁵³ 拆台

　　晾儿台 liaŋɹ⁴¹tʰe⁵³

唱戏的 tʃʰiaŋ⁴¹⁻³²ci⁴¹·lə 演员

耍把戏儿 sua³⁴⁻⁵³·pa ciɹ⁴¹ 变戏法

说书 ʃɤ³⁴ʃy³¹³

花儿脸 xuaɹ³¹³liæ̃³⁴

丑角子 tʃʰiəu³⁴⁻³²cyɤ³⁴⁻⁵³·tə

小丑 ʃiɔ³⁴⁻³²tʃʰiəu³⁴

老旦 lɔ³⁴⁻³²·tæ̃

小旦 ʃiɔ³⁴⁻³²·tæ̃

锣鼓家使 luɤ³¹³⁻³²ku³⁴cia³¹³⁻³²sɿ³⁴

胡器儿 xu⁵³⁻³⁴·cʰiɹ 二胡

咣镲 kuaŋ³¹³⁻³²tʃʰia⁴¹⁻³² 铙钹

　　咣咣镲 kuaŋ³¹³⁻³²·kuaŋ tʃʰia⁴¹

打镲 ta³⁴⁻³²tsʰa⁴¹

不楞鼓 pu³⁴⁻³²ləŋ ku³⁴

大₂杆儿 ta⁴¹⁻³²kæɹ³⁴ 长喇叭

动作

站 tsæ̃⁴¹

竖杠 ʃy⁴¹⁻³⁴·kaŋ （贬义）

蹲勾 tən³¹³⁻³²·kəu

蹲 tən³¹³

磕倒₁了 kʰa³⁴⁻³²·tɔ·lə跌倒了
摔倒₁了 ʃyɤ³¹³⁻³¹·tɕʰ·lə
磕着了 kʰaa³²³·lə/kʰa³⁴⁻³²·tə·lə摔伤了
瓦 ua³⁴俯跌（倒下后，如同房顶的瓦，原地不动）：

他一头~儿炕上，再也没2爬起来

摔儿个仰歪儿蹬 ʃyɤ³¹³·kə iaŋ³¹³⁻³²·uer təŋ³¹³仰面跌倒了
绊倒了 pæ̃⁴¹⁻³²·tɔ·lə
爬起来 pʰa⁵³⁻³⁴·cʰi·le
摇头 iɔ³¹³⁻³²tʰəu⁵³
点₂头 tiæ̃³⁴⁻³²tʰəu⁵³
仰头 iaŋ³¹³⁻³²tʰəu⁵³
抬头 tʰe⁵³⁻³²tʰəu⁵³
低头 ti³¹³⁻³²tʰəu⁵³
嘟囔头 laŋ³¹³⁻³²taŋ³¹³⁻³⁴tʰəu⁵³
回头 xuəi⁵³⁻³²tʰəu⁵³
转脸儿 tsuæ³⁴⁻³²liæ̃ɤ³⁴
睁眼 tsəŋ³¹³⁻³²iæ̃³⁴
瞪眼 təŋ⁴¹⁻³²iæ̃³⁴
闭傻着眼 pi⁴¹⁻³²ʃiaa³⁴⁻⁵³⁴iæ̃³⁴

闭斜着（个）眼（皮）pi⁴¹⁻³²ʃiɤɤ⁵³⁴(·kə) iæ̃³⁴(⁻³² pʰi⁵³)

闭死眼 pi⁴¹·sɿiæ̃³⁴
拎拎眼儿 ciən³¹³⁻³²·ciən iæ̃ɤ³⁴
眯缝眼 mi³¹³⁻³²·fəŋ iæ̃³⁴
螞瞪儿眼 ma³¹³⁻³²·təŋ iæ̃ɤ³⁴傻了眼
螞瞪眼儿 ma³⁴⁻³²·təŋ iæ̃ɤ³⁴眨眼
瞌巴眼儿 kʰa³⁴⁻³²·pa iæ̃ɤ³⁴（北乡）
眱咕眼儿 cia³⁴⁻³²/ʧia³⁴⁻³²·ku iæ̃ɤ³⁴使色

使眼儿 sɿ³⁴⁻⁵³iæ̃ɤ³⁴(⁻³²·rə)
黑溜 xə³⁴⁻³²·ləu用眼色表示责备, 敌视
挖瞓 ua³⁴⁻³²·xəu
白溜 pɤ⁵³⁻³⁴·ləu
翻白眼儿 fæ̃³¹³⁻³²·pɤ iæ̃ɤ³⁴
碰见 pʰəŋ⁴¹⁻³²·ciæ̃遇见
看₂见 kʰæ̃⁴¹⁻³²·ciæ̃
相₂么 ʃiaŋ⁴¹·mu仔细观察
走眼儿瞅着 tsəu³⁴⁻³²iæ̃ɤ³⁴tsʰəu³⁴⁻³²·tə专注地看

专目珠儿看₂着 tsuæ̃³¹³⁻³²·mu ʧyɤ³¹³kʰæ̃⁴¹·tə

瞅勾 tsʰəu³⁴⁻³²·kəu①随便看看②偷偷观望
瞅么 tsʰəu³⁴⁻³²·mu
瞰么 sa⁴¹·mu扫视
眊睬 kuɤ³⁴⁻³²·tsʰe注意到, 在意, 俗或写作"过睬"

打眼罩儿 ta³⁴iæ̃³⁴⁻³²tsɔʃ⁴¹手搭凉棚远望
打眼一看₂ ta³⁴⁻³²iæ̃³⁴·i kʰæ̃⁴¹打量
打上眼 taa³⁴³iæ̃³⁴/ta³⁴⁻³²·ʃiəŋ iæ̃³⁴锁定目

标：早叫1小偷儿~去了

盯 tiɔ³¹³①盯梢②锁定目标：早叫1小偷儿~上去了
盯望 tiɔ³¹³⁻³²·uaŋ留心照看
瞭₂望 liɔ⁴¹⁻³²·uaŋ
瞅儿拱道 tsʰəu³⁴⁻³²kuŋ³⁴⁻³²tɔ⁴¹（北乡）趁无

人看管时偷走：没2歇儿个车1子就没2有了, 敢准儿叫

1人家2~

螞量₁ ma³⁴⁻³²·liaŋ目测

目量₁ mu⁴¹⁻³⁴·liaŋ

看₂光₁景儿 kʰæ̃⁴¹kuaŋ³¹³⁻³²ciəɻ³⁴ ①观景 ②看热闹

看₂笑场儿 kʰæ̃⁴¹ʃiɔ⁴¹⁻³²·ʧʰiɻŋ 看笑话，看热闹

望眼儿 uaŋ³¹³⁻³² iæ̃ɻ³⁴ 看热闹，袖手旁观

掉泪儿 tiɔ⁴¹⁻³²ləiɻ⁵³

噙着泪儿 cʰiəŋ⁵³⁻³⁴³ʧəi ɻ⁵³⁻³⁴·ɚ

硌啰 kuɤ⁴¹⁻³⁴·luɤ 眼里有异物

　硌啦 kuɤ⁴¹⁻³⁴·la

曦₂眼 çi⁴¹⁻³² iæ̃⁵³ (强光) 耀眼，刺眼

张嘴 ʧiaŋ³¹³⁻³²tsəi³⁴

闭着嘴 piiə⁴¹³tsəi³⁴

啾啾着嘴 ʧiəu³¹³⁻³²ʧiəuəu³¹³⁻³⁴³tsəi³⁴

噘着嘴 cyɤ³¹³³tsəi³⁴

切嘴 ʧʰiɤ³⁴⁻⁵³tsəi³⁴ 掌嘴

磨₁嘴皮子 mɤ³¹³⁻³²tsəi³⁴⁻³²pʰi⁵³⁻³⁴·tə 说空话

说嘴 ʃyɤ³⁴⁻³²tsəi³⁴ (乱找理由) 辩解

举手 cy³⁴⁻³²ʃiəu³⁴

摆甩手儿 pe³⁴⁻³²·se ʃuəiɻ³⁴ 摆手

撒手 sa³⁴⁻⁵³ʃuəi³⁴

鬆手 suŋ³¹³⁻³²ʃiəu³⁴

舒手 ʃy³¹³⁻³²ʃiəu³⁴ 伸手

掯 yŋ³¹³ 往前推：~儿我一把｜使劲儿~着 (车爬坡)

触 tsu³⁴ 用拳头碰触提醒、示意：他悄悄~儿俺一捶，不要俺再说了

互 xu³⁴ 轻轻碰触，接近：俺就~儿他一下儿，他就咬着俺打他

拐 kue³¹³

錾₁ tsæ̃³⁴ 用手指轻戳：俺就轻轻儿~她一下儿，哪儿能弄疼儿她

錾₁触 tsæ̃³⁴⁻³²·tsʰu 动手动脚地挑逗，嬉闹：他就爱~人儿

錾₁弄 tsæ̃³⁴·luŋ

扨搔 tɔ³¹³⁻³²·sɔ

扨扯 tɔ³¹³⁻³²·ʧʰi

动弄 tuŋ⁴¹·luŋ 逗弄

逗扯 təu⁴¹·ʧʰiɤ/təu⁴¹·ʧʰi

引₁弄 iən³⁴⁻³²·luŋ

凿触 tsɔ⁵³⁻³⁴·tsu 逗弄，折磨

整咕 ʧiəŋ³⁴⁻³²·ku 捉弄，整人

作₁索 tsuɤ³⁴⁻³²·suɤ ①败坏他人声誉②侈糜浪费

泚扬 tsʰŋ̍³¹³⁻³²·iaŋ 侈糜浪费

泚噌 tsʰŋ̍³¹³⁻³²·tsʰŋ̍

动手 tuŋ⁴¹ʃiəu³⁴ ①开始动作或触摸②打架

交手 ciɔ³¹³⁻³²ʃuəi³⁴ 动手打架：打儿~仗｜两下儿交儿手，打起来了

交梢子 ciɔ³¹³⁻³²sɔ³¹³⁻³²·tə 两下儿交儿梢子，打起来了

扻 xu³¹³ 打耳光：~儿他一巴掌

撒 pʰiɤ³⁴ ①连续打耳光：~儿他两撒子②舀出漂浮物：使勺子把油~出来

亮 liaŋ⁴¹ 打响亮的耳光：~儿他两巴掌｜再熊，鞋底子~你

鼓 xe³¹³ 用拳头砸：没₂给他瞧防₂儿，照着脊梁杆子~儿他一锤

点₁ tiæ̃³¹³ 敲击，捣：~儿他一皮锤｜~蒜

钉₂ tiəŋ⁴¹ ①用拳打人：~他一皮锤②钉楔子、钉子等：往墙上~钉1子

揳 ʃɤ³⁴

䅟₁ ly³⁴ 用棍子打：照着腚上~儿两锨柄

搢 mɔ³⁴ 掷砖石打人：你再熊，俺~你

凿 tsɔ⁵³ ①揍②因不爱惜而损毁：个好东西儿~踢腾了

拍₂巴掌儿 pʰɤ³⁴·pa ʃiəŋɤ³⁴

背达着手儿 pəi⁴¹⁻³²·taa²¹² ʃiəuɤ³⁴

操着手儿 tsʰɔɔ³¹³³ ʃiəuɤ³⁴ 笼着手儿

不啦 pu³⁴·la 拨动

  扒啦 pa³¹³⁻³¹·la

不楞 pu³⁴⁻³²·ləŋ 来回摆动（头、尾巴等）：~头｜~尾2巴

捂₂着 uuə³²³/u³⁴⁻³²·tə

摩嗖 mɤ³¹³⁻³²·səu 摩挲

扑溜 pʰu³⁴·ləu ①摩挲②收拾烂摊子：谁稀给他~腚骱儿？③偿还：有儿三年，就能把饥荒~死

捻善 ȵiæ̃³⁴⁻³²·ʃiæ̃ 用拇指和食指捻碎

拽搂 uɤ³¹³⁻³²·yɤ 搓揉，弄皱：你子么把钱~了？

  搓搂 tsʰuɤ³¹³⁻³²·yɤ

  拽搓 uɤ⁵³⁴⁻³²·tsʰuɤ（北乡）

搊 tsʰəu³¹³ 用手向上掀：再不起来给你~儿被

  撤 tsəu³¹³

把孩子 pa³⁴⁻³²xe⁵³⁻³⁴·tə 把持小儿双腿哄他小便

把屎 pa³⁴⁻³²sʅ³⁴

把尿 pa³⁴⁻³²ȵiɔ⁴¹

招着 ʧiɔɔ³¹³³/ʧiɔ³¹³⁻³¹·tə 扶着

  把着 paa³²³/pa³⁴⁻³²·tə

  捧着 pəŋəŋ³²³/pəŋ³⁴⁻³²·tə 搂抱：~着脖子搂2着腰

弹₂嘎儿 tʰæ̃⁵³⁻³²kaɤ³¹³ 弹指头

握拳 yɤ⁴¹⁻³²cʰyæ̃⁵³ 攥起拳头

  拨起皮锤 tsən⁴¹·cʰi pʰi⁵³⁻³²tsʰuəi⁵³

跺脚 tuɤ⁴¹⁻³²cyɤ³⁴

跷着脚儿 cʰiɔɔ³¹³³cyɤɤ³⁴

跷着二郎腿 cʰiɔɔ³¹³³ɚ⁴¹⁻³⁴·laŋ tʰəi³⁴

蜷腿 cʰyæ³⁴⁻³²tʰəi³⁴

盘腿 pʰæ̃⁵³⁻³²tʰəi³⁴

□擞腿 tɤ³¹³⁻³¹·səu tʰəi³⁴ 抖腿

踢腿儿 tʰi³⁴⁻³²tʰəiɤ³⁴

踆 cyæ̃³⁴ 用脚的侧面踢：一脚~出去老距远

锹₁ cʰiɔ³⁴ 用脚尖踢：一脚~儿天上去了

钢₂ kaŋ⁴¹ 用脚后跟向后撞

踉 pʰaŋ³⁴ 用脚底踹：~儿他一脚

弯腰 uæ³¹³⁻³⁴iɔ³¹³

锅腰 kuɤ³¹³⁻³⁴iɔ³¹³

拱拱着腰 kuŋ³⁴⁻³²kuŋuŋ³⁴³iɔ³¹³

哈哈着腰 xa³¹³⁻³²xaa³¹³⁻³⁴³iɔ³¹³

锅锅儿腰了 kuɤ³¹³⁻³²·kuɤɤ iɔ³¹³⁻³¹·lə 背驼了

打懒巴 ta³⁴læ̃³⁴⁻³²·pa 伸腰

掐₁腰 cʰia³¹³⁻³⁴iɔ³¹³ 叉腰

撑腰儿 tsʰəŋ³¹³⁻³⁴iɔɤ³¹³ 支持

折₂腰儿 ʃɤ⁵³⁻³²iɔɤ³¹³ 屈服

撅腚 cyɤ³¹³⁻³²tiəŋ⁴¹ 撅屁股

捶背 tsʰuəi⁵³⁻³²pəi⁴¹

点₁脊梁 tiæ̃³¹³ʧi³⁴⁻³²·liaŋ

擤鼻筒 ʃiəŋ³⁴⁻³²pi⁵³⁻³⁴·tʰuŋ

趔溜鼻筒 ʧʰy³¹³⁻³²·ləu pi⁵³⁻³⁴·tʰuŋ

打阿嚏 ta³⁴a³¹³⁻³²·ʧʰi 打喷嚏

闻 uən³¹³

嫌乎 çiæ̃⁵³⁻³⁴·xu 嫌弃

　　çiæ̃⁴²⁻³⁴·xəu（北乡）

哭 kʰu³⁴

屈嗤 cʰy³⁴⁻³²·tsʰ 啜泣

扔 xəŋ³¹³ ①丢弃②因忘而把东西遗放在某处

　撂 liɔ³¹³

趔达 ʧʰy³¹³⁻³²·ta 鞋底蹭着地面行走：~达着脚儿走

鼓涌 ku³⁴·yŋ 缓慢移动身体前行：胖得都~不动了

　鼓跂 ku³⁴·tse（北乡）

打摽儿 ta³⁴⁻³²piɔ⁴¹ 因乏力而两腿相绊：两条腿来回趔儿直~

走道儿 tsəu³⁴⁻³²tɔ⁴¹ ①步行走路②离职，开除：赶紧~！这儿不养闲人

忙见 maŋ³¹³⁻³²·ciæ̃（因事务繁忙或有急事）匆忙走路或急于离开：~什么？耍歇儿吧。营生没2有做完儿的捏1一天！

蹽儿骭子 cyʁ³¹³kæ̃³¹³⁻³²·tə（因尴尬或被追赶）逃离，逃跑：个小偷儿早~了！

披促 iʁ⁴¹⁻³⁴·tsʰu 随手放置

扽₁促 tən³⁴⁻³²·tsʰu

稳 uən³⁴ 放：~儿桌子上

安稳 æ̃³¹³⁻³²uən³⁴ 安慰

安抚 æ̃³¹³⁻³²fu³⁴

兑₂ təi⁴¹ 掺和液体：往酒儿~水

掺 tsʰæ̃³¹³ 掺和固体：把陈麦子~儿新麦子裏

拾掇 ʃi⁵³⁻³⁴·tɔ 收拾（东西）

打腾 ta³⁴⁻³²·təŋ 收拾，打点，俗常写作"打登"：把饭~儿锅裏熥着

归拢 kuəi³¹³⁻³¹·luŋ 收拾，集中：把东西往一堆儿~~

拉₂达 la³⁴⁻³²·ta 到处乱放

拉₁耷 la³¹³⁻³¹·ta 耷拉，松弛地下垂

挑拣 tʰiɔ³¹³⁻³¹·ciæ̃ 选择

挑 tʰiɔ³¹³

提 tʰi⁵³ 择优

拎起来 ciən³¹³⁻³¹·cʰi·le 提起（东西）

拎溜 ciən³¹³⁻³²·ləu 拎着

提溜 ti³¹³⁻³²·ləu

发上去 fa³⁴⁻³²·ʃiəŋ·cʰi 用力提起重物放到高处

撮上去 tsʰuʁ³⁴⁻³²·ʃiəŋ·cʰi 手托物至高处

拾起来 ʃi⁵³⁻³⁴·cʰi·le

擦儿去 tsʰaʁ³⁴·cʰi 擦掉

掉了 tiɔ⁴¹⁻³⁴·lə 丢失

找₁着了 tsɔɔ³⁴³·lə

掩₂ iæ̃⁴¹（把东西）藏（起来）

趴 pʰa³¹³（人）藏（起来）

摞起来 luʁ³¹³⁻³¹·cʰi·le

摞儿压摞儿 luʁʁ³¹³ia³⁴luʁ³¹³

知道 ʧi³¹³⁻³²·tɔ

背着 pəiəi⁴¹³/pəi⁴¹·tə 不让……知道

瞒谎 mæ̃³¹³⁻³¹·xuɑŋ 隐瞒

明白了 miəŋ⁵³⁻³⁴·pɤ·lə
学会了 çyɤ⁵³⁻³²xuəi⁴¹⁻³⁴·lə
认得₂ iən⁴¹⁻³⁴·te
认不得₂ iən⁴¹⁻³⁴·pu·te
 不认得₂ pu³⁴⁻³²iən⁴¹⁻³⁴·te
认字儿 iən⁴¹⁻³²tsʅ⁴¹
寻思寻思 ʃiən⁵³⁻³⁴·sʅ ʃiən⁵³⁻³⁴·sʅ 想想
估么 ku³⁴⁻³²·mu 估量
 约么 yɤ³⁴⁻³²·mu
 触么 tsʰu³⁴⁻³²·mu
想法儿 ʃiaŋ³⁴⁻³²faɤ³⁴ 动词，想主意
 想法子 ʃiaŋ³⁴⁻⁵³fa³⁴⁻³²·tə
 想法儿 ʃiaŋ³⁴⁻³²faɤ³⁴⁻⁵³ 名词，主意、对策
 章程 tʃiaŋ³¹³⁻³²tʃʰiŋ³⁴
 办法儿 pæ̃⁴¹⁻³⁴·faɤ
穷道儿 cʰyŋ⁵³⁻³⁴toɤ⁴¹⁻³⁴·ɹə 鬼点子、坏主意
 穷道道儿 cʰyŋ⁵³toɤ⁴¹⁻³⁴toɤ⁴¹⁻³¹³
穷心眼儿 cʰyŋ⁵³ʃiən³¹³⁻³²iæ̃ɹ³⁴ 坏心思
 坏水₁儿 xue⁴¹⁻³²sueiɹ³⁴
好心绪儿 xɔ³⁴ʃiən³¹³⁻³²ʃyɤ⁴¹⁻³⁴ 善心、好心
猜着 tsʰee³¹³³/tsʰe³¹³⁻³¹·tə 猜想
蒙₁ məŋ³¹³ 乱猜
敢说 kæ̃³⁴⁻³²ʃyɤ³⁴ 料定
信 ʃiən⁴¹
疑心 i⁵³⁻³⁴ʃiən 怀疑
疑忌 i⁵³⁻³⁴·ci (特指因迷信而) 怀疑
想心思 ʃiaŋ³⁴ʃiən³¹³⁻³²sʅ 沉思
掐₁拿 cʰia³¹³⁻³²·na 犹疑
 二二似似 əɹ⁴¹⁻³⁴·əɹ·ɹe⁴¹⁻³²·ɹe⁴¹⁻³¹³

二二乎乎 əɹ⁴¹⁻³⁴·əɹ·xu xu³¹³
小心 ʃiɔ³⁴⁻³²·ʃiən 留神
害怕 xe⁴¹⁻³²pʰa⁴¹
 头皮发麻 tʰəu⁵³⁻³⁴pʰi⁵³fa³⁴ma³¹³
 後怕 xəu⁴¹⁻³²pʰa⁴¹
 发瘆 fa³⁴⁻³²sən⁴¹
吓着了 çiaa⁴¹³·lə/çia⁴¹·tə·lə
打怵 ta³⁴⁻³²tsʰu⁴¹ 胆怯
着₃急 tʃiɔ⁵³⁻³²ci³⁴
挂₂挂₂ kua⁴¹⁻³²·kua 挂念
 重₂念₂ tsʰuŋ⁵³⁻³⁴·niæ̃
放心 faŋ⁴¹⁻³²ʃiən³¹³
巴中₂ pa³¹³⁻³²·tsuŋ 盼望
 图希 tʰu⁵³⁻³⁴ʃy
 巴不得₂ pa³¹³⁻³¹·pu te³⁴
想着 ʃiaŋəŋ³²³/ʃiaŋ³⁴⁻³²·tə 记着 (不要忘)
忘了 uaŋ⁴¹⁻³⁴·lə
寻思起来了 ʃiən⁵³⁻³⁴·sʅ cʰi³⁴⁻³²·le·lə
想起来了 ʃiaŋ³⁴⁻³²·cʰi·le·lə
红眼 xuŋ⁵³⁻³⁴·iæ̃³⁴ 眼红
隔漾 kɤ⁵³·iaŋ 讨厌
烦气 fæ̃⁵³⁻³⁴·cʰi
絮烦 ʃy⁴¹⁻³²·fæ̃ (对喋喋不休的言语) 厌烦
记恨 ci⁴¹⁻³²·xən
恨 xən⁴¹
懊恨 ɔ⁴¹⁻³²·xən（ɔ⁴¹⁻³²·xuən (北乡)）
 后悔
挖扯 ua³⁴⁻³²·tʃʰiɤ (北乡) 心儿~儿老半天

眼馋 iæ̃³⁴⁻³²tsʰæ̃⁵³ 羡慕

羡慕 çyæ̃⁴¹·mu 扣留他人物品据为己有：咱家儿
张锹叫1他~儿去了

嫉妒 tʃiɿ⁵³⁻³²·tu

气痒 cʰiɿ⁴¹·iaŋ（故意惹人）嫉妒，生气

怄气 əu⁴¹⁻³²cʰiɿ⁴¹

埋怨 mæ̃³⁴·yæ̃ 抱怨

怪罪 kue⁴¹⁻³²·tsəi

生闷气 səŋ³¹³⁻³²mən⁴¹⁻³²cʰiɿ⁴¹ 憋气

上火 ʃiaŋ⁴¹⁻³²xuɤ³⁴ 生气

腆脸 tʰiæ̃³⁴⁻³²liæ̃³⁴ 板着脸表示生气：恁爹腆着个
脸老厚薄，这1把真生儿气了

板脸 pæ̃³⁴⁻³²liæ̃³⁴

翻恶 fæ̃³¹³⁻³²u⁴¹ 因他人触怒而发脾气：样是他翻儿
恶，你可吃不了他捏1些气

反毛₁ fæ̃³⁴mɔ³¹³

发冒高儿 fa³⁴mɔ⁴¹kɔɻ³¹³

贵见 kuəi⁴¹·ciæ̃（对物）爱惜

上心 ʃiaŋ⁴¹⁻³²ʃiəŋ³¹³

高贵 kɔ³¹³⁻³²·kuəi（对人）疼爱

疼快 tʰəŋ⁵³·kʰue

稀罕 çi³¹³⁻³¹·xæ̃ 喜欢，羡慕：~什么就买｜恁有
是恁的，俺不~

爱 ie⁴¹ 喜欢，愿意：~喝麵汤｜~想心思

感谢 kæ̃³⁴ʃiɤ⁴¹

惯 kuæ̃⁴¹ 娇惯

宠 tsʰuŋ³⁴ 宠爱

护着 xuuə⁴¹³/xu⁴¹·tə 庇护，护犊子

向着 çiaŋəŋ⁴¹³/çiaŋ⁴¹·tə 偏袒：什么营生儿
都~俺弟弟

偏向 pʰiæ̃³¹³⁻³²ciaŋ⁴¹

向着 çiaŋəŋ³⁴³/çiaŋ⁴¹⁻³⁴·tə 被当事人埋怨
偏袒他人：叫1二份儿~了吧？你再敢不敢偏偏老
三了？

接就 tʃiɤ³⁴·tʃiəu 迁就，忍让：姐姐不能总是~弟
弟

让服 iaŋ⁴¹·fu

说话₂ ʃyɤ³⁴⁻³²xua⁴¹

说好话₂儿 ʃyɤ³⁴⁻³²xɔ³⁴xuaɻ⁴¹⁻³²·ɻə 说话听
着顺耳

会₂说话₂ xuəi⁴¹ʃyɤ³⁴⁻³²xua⁴¹

说气话₂ ʃyɤ³⁴⁻³²cʰiɿ⁴¹·xua

嚷孙话₂ naŋ³⁴səŋ³¹³⁻³²·xua 说扫兴的话

说理儿 ʃyɤ³⁴⁻³²liɻ³⁴

拉闲呱儿 la³⁴⁻³²ciæ̃⁵³⁻³²kuaɻ³¹³⁻³⁴ 聊天儿

欻喊 tsʰua³¹³⁻³²·tʃʰi 低声说话：光1听见他们逮在
那1儿~，没2听见说儿些什么

拉₂谈 la³⁴⁻³²·tʰæ̃ 谈心

开导 kʰe³¹³⁻³¹·tɔ

说开 ʃyɤ³⁴⁻³²·kʰe

答茬₁儿 ta³⁴⁻³²tsʰaɻ⁵³

接话₂茬₁儿 tʃiɤ³⁴⁻³²xua⁴¹⁻³²tsʰaɻ⁵³⁻³⁴·ɻə

不出声儿 pu³⁴⁻³²tʃʰy³⁴ʃiəɻ³¹³ 不作声

不说话₂儿 pu³⁴ʃyɤ³⁴⁻³²xuaɻ⁴¹⁻³⁴·ɻə

不搭腔儿 pu³⁴⁻³²ta³⁴cʰiaɻ³¹³

不答喊 pu³⁴ta³⁴⁻³²·tʃʰi

懒语 læ̃³⁴⁻³²y³⁴

不爱说话₂儿 pu³⁴·ie ʃyʁ³⁴⁻³²xuaʁ⁴¹·eʁ³⁴

打哏儿 ta³⁴⁻³²kənɿ⁴¹ 迟疑：他一~，就知道他挺1为难2

喳啦话₂儿 tsʰa³⁴·la xuaʁ⁴¹ 低声说他人坏话：~，烂嘴巴儿

嚼舌头 tʃyʁ⁵³⁻³²ʃiʁ⁵³⁻³⁴·tʰəu 背后说别人坏话

咬舌头 io³⁴⁻³²ʃiʁ⁵³⁻³⁴·tʰəu

央及 iaŋ³¹³⁻³²·ci 央求

呀呀 ia³¹³⁻³²ia³¹³⁻³⁴ ①怂恿：骓听他~，自己得2有主心骨儿②虚假谦让：人家2一~，你就当儿真了 ia³¹³⁻³⁴·ia 儿童的大便

撮弄 tsʰuʁ³⁴⁻³²·luŋ 怂恿，挑唆：~死猫上树 | 不能光1听人家2~，有儿营生得2自己动脑子

撮咕 tsʰuʁ³⁴⁻³²·ku

撮豁子 tsʰuʁ³⁴xuʁ³¹³⁻³²·tə 挑拨是非：好营生不幹点2儿，就知儿~

诌扯 tsəu³¹³⁻³²·tʃʰiʁ 胡诌：听他瞎~！好营生儿叫1他作1索了

啾扯 tʃiəu³¹³⁻³²·tʃʰiʁ

咧咧 liʁ³⁴⁻³²·liʁ

喳喳 tʃia³¹³⁻³²·tʃia

喳达 tʃia³¹³⁻³²·ta

唧歪 tʃi³¹³⁻³²·ue 无理取闹

（乱）唧唧（læ⁴¹）tʃi³¹³⁻³²tʃi³¹³⁻³⁴

捅咕 tʰuŋ³⁴⁻³²·ku（tʰuŋ³⁴⁻³²·kuŋ 北乡）打小报告，算计：有本事儿1面说，背後儿~人算哪门子好汉？

熊 çyŋ⁴¹ 骗：~人 | ~孩子

耍弄 sua³⁴⁻³²·luŋ 欺骗，玩弄感情：他~人儿

套（弄）tʰɔ⁴¹（·luŋ）设法骗出（真情，实话）：去~他的话₂儿

糊弄 xu⁵³·luŋ 蒙骗，敷衍：做营生不能~人

演导 iæ̃³⁴⁻³²·tɔ 诱骗：叫1人家₂~着了

强 cʰiaŋ³¹³ 欺压：知道他~人，咱祇能乾1吃哑包亏儿

踩挤 tsʰe³⁴⁻³²·tʃi（以穿小鞋的方式）欺负

辱人儿 lu³⁴iənɿ³¹³ 用言语侮辱别人：他说话~，不理他！

告乎 kɔ⁴¹⁻³²·xu 告诉

给道 cʰi³⁴⁻³²tɔ⁴¹

底道 ti³⁴⁻³²tɔ⁴¹

说声儿 ʃyʁ³⁴ʃiəɲɿ³¹³·eʁ（请求未来需要的时候）告知

放声声儿 faŋ⁴¹·ʃiəɲɿ ʃiəɲɿ³¹³

抬杠 tʰe⁵³⁻³²kaŋ⁴¹

顶嘴 tiəŋ³⁴⁻³²tsei³⁴

争吵 tsəŋ³¹³⁻³¹·tsʰɔ 吵架

吵吵 tsʰɔ³¹³⁻³²·tsʰɔ

唧嘎 tʃi³¹³⁻³¹·ka

唧哇 tʃi³¹³⁻³²·ua

叮当₁ tiəŋ³¹³⁻³²·taŋ

打仗 ta³⁴⁻³²tʃiaŋ⁴¹ 打架

猴拾 xəu³⁴·ʃi 轻易打败，多指强者打击弱者

说 ʃyʁ³⁴ 温言责备，批评：就知儿~旁人，自己脖子後的灰就看2不见了

话₁诮 xua³¹³⁻³²·tʃʰiɔ 数落：夜来俺妈把俺好

一顿~

数₁连 su³⁴⁻³²·liæ̃

贬嘲₂ piæ̃³⁴⁻³²·tʃʰiɔ 幽默式的讽刺

触尖儿 tsʰu³⁴tʃiæɹ³¹³ 委婉地批评：触着他没2点2

儿尖儿都不行2? 惯得穷毛1病！

喝唬 xa³⁴⁻³²·xu 破口骂，厉声斥责

恨唬 xən³¹³⁻³²·xu

喝达 xa³⁴⁻³²·ta

嗤达 tsʰɹ³¹³⁻³¹·ta 斥责

嗤 tsʰɹ³¹³

赚鸠 tsuæ̃⁴¹⁻³²çyɤ⁵³ 挨骂

捱呲 ie⁴¹tsʰɹ³¹³

赚说 tsuæ̃⁴¹⁻³²ʃɤ³⁴ 挨说，挨批评

嘱咐 tʃy³⁴⁻³²·fu

翻呀 fæ̃³¹³⁻³²·ia 翻旧账

翻咦 fæ̃³¹³⁻³²·i（南乡）

翻咬 fæ̃⁵³⁴⁻³²·iɔ（北乡）

絮叨 ʃy⁴¹·tɔ 叨唠

念₁咕 ȵiæ̃³¹³⁻³²·ku

咕念₁ ku³¹³⁻³²·ȵiæ̃³¹³⁻³⁴

嘟念₁ tu³¹³⁻³²·ȵiæ̃³¹³⁻³⁴

咕囔 ku³¹³⁻³¹·naŋ

唧囔 tʃi³¹³⁻³¹·naŋ

吆呼 iɔ³¹³⁻³²·xu 喊

嘘呼 çy³¹³⁻³²·xu

瞧防₂儿 tʃʰiɔ⁵³⁻³⁴·faŋɹ 防备，提防：没2给~，样不也不能吃儿亏

位置

上面儿 ʃiaŋ⁴¹⁻³⁴·miæ̃ɹ 方位词

　上边儿 ʃiaŋ⁴¹⁻³⁴·piæɹ

　上头儿 ʃiaŋ⁴¹⁻³⁴·tʰəuɹ

上面儿 ʃiaŋ⁴¹·miæ̃ɹ 上级

　上边儿 ʃiaŋ⁴¹·piæɹ

　上头儿 ʃiaŋ⁴¹·tʰəuɹ

上头 ʃiaŋ⁴¹⁻³²tʰəu⁵³ 酒后头晕、头疼

下面儿 çia⁴¹⁻³⁴·miæ̃ɹ 方位词

　下边儿 çia⁴¹⁻³⁴·piæɹ

　下头儿 çia⁴¹⁻³⁴·tʰəuɹ

下面儿 çia⁴¹·miæ̃ɹ 下级

　下边儿 çia⁴¹·piæɹ

　下头儿 çia⁴¹·tʰəuɹ

下面 çia⁴¹⁻³⁴·miæ̃ 不顾面子贪小便宜

地下 ti⁴¹⁻³⁴·çi 地面上：掉儿~去了

地底儿下 ti⁴¹⁻³²tiɹ³⁴·çi 地表之下：~有金子

浮上 fu⁵³⁻³²ʃiaŋ⁴¹ 表面：地~｜桌子~管紧儿一重₂灰

天上 tʰiæ̃³¹³⁻³²·ʃiəŋ

空₁通儿 kʰuŋ³¹³⁻³²tʰuŋɹ³¹³⁻³⁴

　空₁中儿 kʰuŋ³¹³⁻³²tsuŋɹ³¹³⁻³⁴

山上 sæ̃³¹³⁻³²·ʃiəŋ

道儿上 tɔɹ⁴¹·ʃiəŋ 路上

街上 cie³¹³⁻³²·ʃiəŋ

墙上 tʃʰiaŋ⁵³⁻³⁴·ʃiəŋ

门上 mən³¹³⁻³²·ʃiəŋ

桌子上 tsuɤ³⁴⁻³²³·ʃiəŋ

椅子上 iiə³⁴³·ʃiŋ
边儿上 piæ̃r³¹³·ʃiŋ
角儿上 ciaɻ³⁴·ʃiŋ
裏头儿 li³⁴⁻³²tʰəuɻ⁵³/li³¹·tʰəuɻ 里面
　裏头 li³⁴⁻³²·tʰəu
　裏边儿 li³⁴⁻³²·piæ̃r
外头儿 ue⁴¹⁻³⁴·tʰəuɻ
　外面儿 ue⁴¹⁻³⁴·miæ̃r
　外边儿 ue⁴¹⁻³⁴·piæ̃r
手裏 ʃiəu³⁴⁻³²·lə
　手儿 ʃiəuɻ³⁴
心裏 ʃiən³¹³⁻³¹·lə
　心儿 ʃiəɻ³¹³
满山地儿 mæ̃³⁴sæ̃³¹³⁻³²·tiɻ 野外
大₂门外裏 ta⁴¹⁻³²mən³¹³ue⁴¹⁻³⁴·lə 大门外
　面: ~有个狗是谁家儿的？| 稳儿~吧
　大₂门外儿 ta⁴¹⁻³²mən³¹³uer⁴¹
门外裏 mən³¹³⁻³²ue⁴¹⁻³⁴·lə 门外面
　门外儿 mən³¹³⁻³²uer⁴¹
墙外裏 tɕʰiaŋ⁵³⁻³²ue⁴¹⁻³⁴·lə 墙外: ~捏₁些
　砖|些砖垛儿~不要紧吧?
　墙外儿 tɕʰiaŋ⁵³⁻³²uer⁴¹
窗外裏 tsʰuaŋ³¹³⁻³²ue⁴¹⁻³⁴·lə 窗户外
　头: ~墨黑一片|稳儿~稳着吧
　窗外儿 tsʰuaŋ³¹³⁻³²uer⁴¹
车₁上 tɕʰiɻ³¹³⁻³²·ʃiŋ
　车₁裏 tɕʰiɻ³¹³⁻³¹·lə
　车₁外边儿 tɕʰiɻ³¹³⁻³²ue⁴¹⁻³⁴·piæ̃r
　车₁前头儿 tɕʰiɻ³¹³⁻³²tɕʰiæ̃⁵³⁻³⁴·tʰəuɻ

车₁後头儿 tɕʰiɻ³¹³⁻³²xəu⁴¹⁻³⁴·tʰəuɻ
前头儿 tɕʰiæ̃⁵³⁻³⁴·tʰəuɻ/tɕʰiæ̃⁵³·tʰəuɻ 前
　面: 他速~, 咱快着点儿走
前边儿 tɕʰiæ̃⁵³⁻³⁴·piæ̃r
後头儿 xəu⁴¹⁻³⁴·tʰəuɻ/xəu⁴¹·tʰəuɻ 後面:
　他改~, 住歇儿就撑上来了
後边儿 xəu⁴¹⁻³⁴·piæ̃r
山前儿 sæ̃³¹³⁻³²tɕʰiæ̃r⁵³
山後儿 sæ̃³¹³⁻³²xəuɻ⁴¹
屋後儿 u⁴¹⁻³²xəuɻ⁴¹
房子後儿 faŋaŋ⁵³⁻³⁴³xəuɻ⁴¹
背後儿 pəi⁴¹⁻³²xəuɻ⁴¹
身儿後 ʃiəɻ³¹³xəu⁴¹
身後儿 ʃiən³¹³⁻³²xəuɻ⁴¹ 指去世之后
以前 i³⁴⁻³²tɕʰiæ̃⁵³
以往 i³⁴⁻³²uaŋ³⁴
以後 i³⁴⁻³²xəu⁴¹
以上 i³⁴⁻³²ʃiaŋ⁴¹
以下 i³⁴⁻³²ɕia⁴¹
从捏₁那根儿起 tsʰuŋ⁵³⁻³²ȵiɻ³⁴kənɻ³¹³ɕʰi³⁴ 后来（过去某事之后）
赶捏₁那儿往後 kæ̃³⁴⁻³²ȵiɻɻ³⁴uaŋ³⁴⁻³²xəuɻ⁴¹
从今往後 tsʰuŋ⁵³·ciən uaŋ³⁴⁻³²xəuɻ⁴¹ 从
今以後（将来）
从这₁根儿起 tsʰuŋ⁵³⁻³²tɕiɻ³⁴kənɻ³¹³ɕʰi³⁴ 从此以后（不拘过去
将来）
东南 tuŋ³¹³⁻³²·næ̃

东北 tuŋ³¹³⁻³² pɤ³⁴

西南 ʃi³¹³⁻³² ·næ̃

西北 ʃi³¹³⁻³² pɤ³⁴

道儿旁儿 tɔɹ⁴¹ pʰaŋɹ⁵³ 路边儿

中₁间儿 tsuŋ³¹³⁻³² ciæɹ³¹³⁻⁴¹

 当₁间儿 taŋ⁵³⁴⁻³² ciæɹ⁵³⁴⁻⁴¹（北乡）

床₂底下 tsʰuaŋ⁵³⁻³² ti³⁴⁻³² ·ɕi

楼底下 ləu⁵³⁻³² ti³⁴⁻³² ·ɕi

脚底下 cyɤ³⁴⁻³² ti³⁴⁻³² ·ɕi

碗底儿 uæ̃³⁴⁻³² tiɹ³⁴

锅底儿 kuɤ³¹³⁻³² tiɹ³⁴

瓮底儿 uŋ⁴¹⁻³² tiɹ³⁴

缸底儿 kaŋ³¹³⁻³² tiɹ³⁴

鞋底儿 ɕie⁵³⁻³² tiɹ³⁴

袜子底儿 uaa⁴¹³ tiɹ³⁴

旁边儿 pʰaŋ⁵³⁻³⁴ ·piæ̃ɹ

就近 tɕʰiəu⁴¹⁻³² ciən⁴¹ 附近

 边围遭儿 piæ̃³¹³⁻³² uəi³¹³⁻³⁴ tsɔɹ³¹³

 大₂围遭儿 ta⁴¹⁻³² uəi³¹³⁻³⁴ tsɔɹ³¹³

 四围遭儿 sɿ⁴¹ uəi³¹³⁻³⁴ tsɔɹ³¹³

跟₁前儿 kən³¹³⁻³² tɕʰiæɹ⁵³（⁻³⁴ ·ɹə）

左边儿 tsuɤ⁴¹⁻³² piæɹ³¹³

左面儿 tsuɤ⁴¹⁻³² ·miæɹ

右边儿 iəu⁴¹⁻³² piæɹ³¹³

右面儿 iəu⁴¹⁻³² ·miæɹ

往裏走 uaŋ³⁴⁻³² li³⁴ tsəu³⁴

往外走 uaŋ³⁴⁻³² ue⁴¹ tsəu³⁴

往东走 uaŋ³⁴⁻³² tuŋ³¹³ tsəu³⁴

往西走 uaŋ³⁴⁻³² ʃi³¹³ tsəu³⁴

往回走 uaŋ³⁴⁻³² xuəi⁵³ tsəu³⁴

往前走 uaŋ³⁴⁻³² tɕʰiæ⁵³ tsəu³⁴

……以东 i³⁴ tuŋ³¹³

……以西 i³⁴ ʃi³¹³

……以南 i³⁴ næ̃³¹³

……以北 i³⁴⁻³² pɤ³⁴

……以裏 i³⁴⁻³² li³⁴

……以外 i³⁴⁻³² ue⁴¹

……以来 i³⁴ le³¹³

……之後 tsɿ³¹³⁻³² xəu⁴¹

……之前 tsɿ³¹³⁻³² tɕʰiæ̃⁵³

代词等

我 uɤ³⁴ 第一人称单数

俺 æ̃³⁴ ①我②我们（不包括对话的对方）

咱（tsa⁵³ tsən⁴¹ 南乡）我们（包括对话双方）

你 ȵi³⁴ 第二人称单数

恁 nen³⁴ ①你②你们

他（她）·tʰə（读轻声为常）/tʰa³¹³ 本音：第三人称单数

他（她）们 tʰa³¹³⁻³² ·mən 第三人称复数

他（她）这₁些人儿 ·tʰə tʃiɤ³⁴ ʃiɤ ·iən³¹³（⁻³² ·ɹə）

他（她）捏₁那些人儿 ·tʰə ȵiɤ³⁴ ʃiɤ ·iən³¹³（⁻³² ·ɹə）

我的 uɤ³⁴⁻³² ·lə 仅用于修饰事物：~东西｜~错儿

俺（的）æ̃³⁴（⁻³² ·lə）俺奶5奶5=俺的奶5奶5｜俺剪子（=俺的剪子）找不着了｜俺的

错儿

自己 tsʅ$^{41\text{-}34}$·ci

人家$_2$ iənən^{343}/iən$^{313\text{-}34}$·ci（nənə$^{534\text{-}}$ ^{343}/ən$^{534\text{-}34}$·ci 北乡）①别人：少管~的闲事！②第一人称，有撒娇、质疑、责备之意：你还1管着~了？不用你管！

旁人 pʰaŋ$^{53\text{-}34}$·iən ①别人：少管~的闲事！②第一人称，有撒娇、质疑、责备之意：你还1管着~了？不用你管！③第二人称，有鄙夷、责备之意：俺自己的营生，用不着2~瞎操心！

大$_2$家伙儿 ta$^{41\text{-}34}$·cia xuɤ^{34} 大家

老少爷$_4$儿们 lɔ$^{34\text{-}53}$ʂɔ^{34}iɤ^{53}·mən

大$_2$家伙 ta^{41}·cia xuɤ^{34} 个头大的物体：他夜来上河抓2儿个~

谁 ʂɤ^{53}

这$_1$个 tʂiɤ^{34}·kuɤ/tʂiɤɤ^{343}

捏$_1$那个 ŋiɤ^{34}·kuɤ/ŋiɤɤ^{343}

哪个 na^{34}·kuɤ

这$_1$些 tʂiɤ^{34}·ʂɤ

捏$_1$那些 ŋiɤ^{34}·ʂɤ

哪些 na^{34}·ʂɤ

这$_1$场儿 tʂiɤ$^{34\text{-}53}$tʂʰiaŋ^{34} 这里

这$_1$块儿 tʂiɤ^{34}kʰuəɹ^{41}

这$_1$儿 tʂiɤ^{34}/tʂiɤɤ$^{34\text{-}32}$·ɹə

捏$_1$那场儿 ŋiɤ$^{34\text{-}32}$tʂʰiaŋ^{34} 那里

捏$_1$那块儿 ŋiɤ^{34}kʰuəɹ^{41}

捏$_1$那儿 ŋiɤ^{34}/ŋiɤɤ$^{34\text{-}32}$·ɹə

哪场儿 na$^{34\text{-}53}$tʂʰiaŋ 什么地方，哪里人：上~去？ǀ—恁（是）~（人）？—俺（是）姜疃。

哪场会$_2$儿 na^{34}tʂʰiaŋ$^{34\text{-}32}$·xuəɹ 上~去？ǀ—恁（是）~（人）？—俺（是）姜疃。

哪儿 naɹ^{34}（·ɹ$^{\text{-}32}$·ɹə）上~去？ǀ—恁（是）~？—俺（是）姜疃。

这$_2$么 tʂi^{34}·mu 棵大树有~粗，能做个好柜 ǀ ~做营生真累死个人儿了！

捏$_2$那么 ŋi^{34}·mu 他水平儿就~高？ǀ ~说就对了，总得一碗水儿端平儿它！ǀ 把麦子都给儿他，~咱吃什么？

子么弄 tsʅ^{34}·mu nuŋ^{41} 怎么做

哪么弄 na$^{34\text{-}32}$·mu nuŋ^{41}

子么办 tsʅ^{34}·mu pæ̃^{41} 怎么办

哪么办 na$^{34\text{-}32}$·mu pæ̃^{41}

为什么 uəi$^{41\text{-}32}$ʂi$^{53\text{-}34}$·mu

什么 ʂi$^{53\text{-}34}$·mu

多少 tuɤɤ^{343}/tuɤ$^{313\text{-}34}$ʂɤ 多少（钱）：给他~？

多少儿 tuɤ$^{313\text{-}32}$ʂiɔɹ^{34} 副词，或多或少，略微：~给他点2儿

大么 多$_2$ ta^{34}·mu 多（久、高、大、厚、重）

咱俩儿 tsa^{53}liaɹ^{34} 我们俩

咱两个儿 tsa^{53}liaŋ$^{34\text{-}32}$·ɹə

俺两个儿 æ̃^{34}liaŋ$^{34\text{-}32}$·ɹə

恁俩儿 nen$^{34\text{-}53}$liaɹ^{34} 你们俩

恁两个儿 nen^{34}liaŋ$^{34\text{-}32}$·ɹə

他俩儿 tʰa$^{313\text{-}32}$liaɹ^{34}

他两个儿 ·tʰə liaŋ$^{34\text{-}32}$·ɹə

老婆汉子两个儿 lɔ$^{34\text{-}32}$·pʰu xæ̃æ̃^{413} liaŋ$^{34\text{-}32}$·kəɹ 夫妻俩

娘₂儿俩 ɲiaŋ^{53}lia^{34}

娘₂儿两个 ɲiaŋ^{53}liaŋ$^{34\text{-}32}$·kə

爷₄儿俩 iɤɹ^{53}lia^{34}

爷₄儿两个 iɤɹ^{53}liaŋ$^{34\text{-}32}$·kə

祖孙俩儿 tsu^{34}·sən$^{313\text{-}32}$liaɹ^{34} 爷孙俩

妯娌两个 tʂy^{34}·li liaŋ$^{34\text{-}32}$·kə 妯娌俩

小姑儿嫂子两个儿 ɕiɔ$^{34\text{-}32}$·kuɹ sɔ^{343} liaŋ$^{34\text{-}32}$·kəɹ 姑嫂俩

弟兄俩 ti$^{41\text{-}32}$·ɕyŋ lia^{34} 兄弟俩

弟兄两个 ti$^{41\text{-}32}$·ɕyŋ liaŋ$^{34\text{-}32}$·kə

哥儿俩 kɤɹ^{313}lia^{34}

姊妹俩 tsɿ$^{34\text{-}32}$·məi lia^{34}（tsɿ$^{34\text{-}32}$·mən lia^{34}（北乡））

姊妹两个 tsɿ$^{34\text{-}32}$·məi liaŋ$^{34\text{-}32}$·kə（tsɿ$^{34\text{-}32}$·mən liaŋ$^{34\text{-}32}$·kə（北乡））

师徒俩儿 sɿ$^{313\text{-}32}$·tʰu^{53}liaɹ^{34}

些人儿 ɕiɤ$^{313\text{-}32}$iən^{313} 人们

形容词

好 xɔ^{34}（这个比那个~点儿）

敢子儿好 kæ$^{34\text{-}32}$·təɹ xɔ^{34} 敢情好，很好，俗常写作"赶待儿好"

强₂ cʰiaŋ^{53}（这个比那个~些）

不糙 pu^{34}·tsʰɔ^{313}：块布真~

不错 pu$^{34\text{-}32}$·tsʰuɤ^{41}

不离 pu$^{34\text{-}32}$ li^{53}（努力之后的结果）不错：孩子能有今天真~

不大₂离儿 pu^{34}·ta liɹ^{53} 差不多（事件即将结束）：麦子浇得~了

不禁不离儿 pu^{34}ciən^{313}·pu liɹ^{53}：有个~就俗儿这1门儿亲1吧

相₁差₁下拇儿 ɕiaŋ$^{313\text{-}34}$ tsʰa^{313}·ɕia muɹ^{34}

差₁不离儿 tsʰa$^{313\text{-}31}$·pu liɹ^{53} 差不多（相差很少）：恁俩~，谁也不高起谁

差₁不来气儿 tsʰa$^{313\text{-}31}$·pu·le·cʰiɹ

差₁不儿老些 tsʰa$^{313\text{-}31}$·puɹ lɔ^{34}ɕiɹ^{313}

差₁不儿哪儿去 tsʰa$^{313\text{-}31}$·puɹ naɹ^{34}·cʰi

不强₂ pu$^{34\text{-}32}$cʰiaŋ^{53} 不怎么样

不济事 pu^{34}tʂi$^{41\text{-}32}$sɿ^{41} 不顶事儿

不济得₂ pu$^{34\text{-}32}$tʂi^{41}·te

坏 xue^{41} 不好

杂麻 tsa$^{53\text{-}34}$·ma 次

就接 tʂiəu$^{53\text{-}34}$·tʂiɹ 凑合，将就：两口家~着过2吧

就付 tʂiəu$^{41\text{-}34}$·fu

凑付 tsʰəu$^{41\text{-}32}$·fu

对付 təi$^{41\text{-}34}$·fu

俊 tʂyən^{41}（女子）美

飒 sa^{41}（男子）美

丑 tʂʰiəu^{34} 相貌难看

要₂紧 iɔ$^{41\text{-}32}$ciən^{34}

上紧 ʂaŋ$^{41\text{-}32}$ciən^{34}（北乡）

热闹 iɤ$^{41\text{-}32}$·nɔ

结₂实 ciɤ$^{34\text{-}32}$·ʂi 坚固

硬 iaŋ^{41}

软 yæ̃³⁴

　软烘 yæ̃³⁴⁻³²·xuŋ

乾₁净 kæ³¹³⁻³²·tʃiəŋ

邋撒 la³⁴·sa（la³⁵·sʅ₍南乡₎）脏（不干净）

慸邋 pʰe⁵³·la（pʰa⁴²⁻³⁴·la₍北乡₎）邋遢

餗黷 le³¹³⁻³¹·te ₍北乡₎①脏兮兮的：成天儿~~的，惹人儿不稀见②松散、懒散：松皮儿~的

鹹 çiæ̃⁵³

　口大₂ kʰəu³⁴ta⁴¹

淡 tæ̃⁴¹ ₍不咸₎

香₁ çiaŋ³¹³

臭 tʃʰiəu⁴¹

酸 sæ̃³¹³

甜 tʰiæ̃⁵³

苦 kʰu³⁴

辣 la⁴¹

椚 çiɔ³¹³ ₍稀，不稠₎

单椚 tæ̃³¹³⁻³²çiɔ³¹³⁻³⁴ ₍穿着₎单薄：穿得太1~了，还1有个不冷儿?

厚 xəu⁴¹ ₍稠₎

纰 pʰi³¹³ ₍稀疏₎

密 mi⁴¹

肥 fəi⁵³ ₍形容动物或食用肉₎：~猪｜块肉真~

肥透 fəi⁵³⁻³⁴·tʰəu ₍衣服₎宽松

胖 pʰaŋ⁴¹ ₍形容人₎：~嫂｜他真~

喧₁胖儿çyæ̃³¹³⁻³²pʰaŋ³⁷¹ ₍胖而不结实₎

浑实 xuən⁵³⁻³⁴·ʃi ₍壮实₎

　棒实 paŋ⁴¹⁻³⁴·ʃi

瘦 səu⁴¹ ₍形容人或动物，肉₎：脸上的肉儿~了1了｜猪都喂~了

怯弱 cʰiɤ⁴¹⁻³⁴·yɤ ₍瘦弱，不强壮₎

不出条 pu³⁴⁻³²tʃʰy³⁴⁻⁵³·tʰiɔ ₍瘦弱矮小₎

轻苗 cʰiəŋ³¹³⁻³²·miɔ ₍多指女子₎身体轻而瘦，苗条

筋质 ciən³¹³⁻³²·tʃi ₍瘦而结实₎

舒索 ʃy³¹³⁻³¹·suɤ ₍舒服₎

　熨帖 y³⁴⁻³²·tʰiɤ

难₁受 næ̃³¹³⁻³²ʃiəu⁴¹

欺生 cʰi³¹³⁻³⁴səŋ³¹³ ₍腼腆，怕生：个孩子~，见儿人儿不爱说话₂儿₎

害淡 xe⁴¹⁻³²tæ̃⁴¹ ₍害羞₎

听说 tʰiəŋ³¹³⁻³²ʃyɤ³⁴ ₍乖：个孩子真~，真个好孩子!₎

听说儿听道的 tʰiəŋ³¹³⁻³²ʃyɤɤ³⁴tʰiəŋ³¹³⁻³²to⁴¹⁻³⁴·lə ₍个孩子不听说不听道的，真难管!₎

见说 ciæ̃⁴¹⁻³²ʃyɤ³⁴ ₍听别人说₎

滑皮 xua⁵³⁻³⁴·pʰi ₍皮，淘气₎

皮脸 pʰi⁵³⁻³²liæ̃³⁴

行₂得 ciəŋ⁵³⁻³⁴·te

　中₁得 tsuŋ³¹³⁻³¹·te

不中₁用 pu³⁴ tsuŋ³¹³⁻³²yŋ⁴¹

不行₂ pu³⁴⁻³²ciəŋ⁵³

差₁劲 tsʰa³¹³⁻³²ciən⁴¹

缺德 cʰyɤ³⁴⁻³²tɤ³⁴

透灵 tʰəu⁴¹⁻³²·liəŋ ₍机灵₎

悟灵 u⁴¹⁻³²·liaŋ ₍灵巧₎

手儿出 ʃiəɹ³⁴tɕʰy³¹³⁻³⁴

拙 tsuɤ³⁴ 笨拙

 鲁笨 lu³⁴⁻³²·pən

糊涂 xu⁵³⁻³⁴·tu

 昏（不）老倒₁的 xuən³¹³⁻³²（·pu）lɔ³⁴tɔ³⁴⁻³¹³·lə

发昏 fa³⁴xuən³¹³

死心眼儿 sʅ³⁴ʃiən³¹³⁻³²iæɹ³⁴

脓包 nəŋ³¹³⁻³⁴pɔ³¹³

 熊包 ɕyŋ⁵³pɔ³¹³

 攮包儿神 naŋ³⁴⁻⁵³pɔɹ³⁴ʃiən⁵³

 虫跑眼 tsʰuŋ⁵³⁻³⁴pɔ iæ³¹³ 原指果实的虫吃孔，比喻无能的人

孬种₁ nɔ³¹³⁻³²tsuŋ³⁴

乍古 ka³⁴⁻³²·ku 吝啬

 悭 ciæ³¹³

小气 ʃiɔ³⁴·cʰi

 夹孙 cia³⁴⁻³²·sən

 夹勾 cia³⁴⁻³²·kəu

 夹嘎 cia³⁴⁻³²·ka（北乡）

 蛆 tɕʰy³¹³

 蛆儿拿儿的 tɕʰyɹ³¹³naɹ⁵³·lə ①小气②动作缓慢的：做个营生儿~，年儿辈子能干完了？

大₂方 ta⁴¹·faŋ

囫囵 xu⁵³⁻³⁴·læ 整个儿

潏透了 tʰa³⁴⁻³²tʰəu⁴¹·lə 浑身是汗

凸 ku³⁴

凹 ua³¹³

清凉 tɕʰiən³¹³⁻³²·liaŋ

僻静 pʰi³⁴·tɕiən 背静

活泛 xuɤ⁵³·fæ̃ 活络

经纪 ciəŋ³¹³⁻³²·ci 俗常写作"惊急"，不放过任何获益机会的

精细 tɕiən³¹³⁻³⁴·ʃi 聪明，不吃亏的

 神气 ʃiən⁵³⁻³⁴·cʰi

 溜精八怪 ləu³¹³⁻³⁴·tɕiəŋ pa³⁴⁻³²kue⁴¹（贬义）

有眼事 iəu³⁴iæ̃³⁴⁻³²·sʅ 主动帮忙做杂事

正₂ tɕiən⁴¹ ①地道：味儿不~②恰好：不大₂儿不小儿~合适

真装儿 tɕiən³¹³⁻³⁴tsuaŋɹ³¹³ 不是假冒伪劣的

齐索 tɕʰi⁵³⁻³⁴·suɤ 整齐

 遵齐 tsən³⁴tɕʰi⁵³

乱儿套 læ̃ɹ⁴¹tʰɔ⁴¹ 乱了次序：做营生不能~，，就麻烦了

对心思 təi⁴¹ʃiən³¹³⁻³²·sʅ 称心

晚 uæ̃³⁴ 迟：来~了

副词、介词等

纔刚儿 tsʰe⁵³ciaŋɹ³¹³ 刚：俺~来，没₂赶上趟儿

正₂好儿 tɕiən⁴¹xɔɹ³⁴ ①刚好：~十块钱②刚巧：~半道儿碰着他了

馀好儿 y³¹³⁻³²xɔɹ³⁴（多指数量）刚好：~十块钱

刚大₂刚儿 ciaŋ³¹³⁻³²·ta ciaŋɹ³¹³ 块绳子差₁没₂差₁儿铰孤费了，~够头儿

赶巧儿 kæ̃³⁴⁻³²cʰiɔɹ³⁴ 刚巧：俺半道儿上碰着

他了

凑巧儿 tsʰəu⁴¹cʰiɔɪ³⁴

光₁ kuaŋ³¹³ ~吃饽饽，不吃饼子。

净 ʧiəŋ⁴¹

有点₂儿 iəu³⁴⁻⁵³tiæ̃ɪ³⁴

露₂明打闪儿地 ləu⁴¹məŋ³¹³ta³⁴⁻³² ʃiæ̃ɪ³⁴·ɪə 隐约

怦怕 pʰəŋ³¹³⁻³²pʰa⁴¹ 恐怕：~明日天道不好

兴₁许 çiəŋ³¹³⁻³²çy³⁴ 也许，可能：明日~能下

雪丨上医院吧, ~有救儿

敢保儿 kæ̃³⁴⁻³²pɔɪ³⁴

敢本儿 kæ̃³⁴⁻³²pəɪ³⁴

敢准儿 kæ̃³⁴⁻³²tsuəɪ³⁴（北乡）

备不住 pəi⁴¹⁻³²·pu ʧy⁴¹

洪儿是 xuŋɪ⁵³sʅ⁴¹

差₁没₂差₁儿 tsʰa³¹³⁻³²·mu tsʰaɪ³¹³ 差点

儿：~磕着, 吓儿我一跳

差₁没₂点₂儿 tsʰa³¹³⁻³²·mu tiæ̃ɪ³⁴

稀没₂儿稀 çi³¹³⁻³²·məɪ çi³¹³

八成儿 pa³⁴ʧʰiəŋɪ⁵³ 大概：~他能来

十有八九儿 ʃi⁵³iəu³⁴pa³⁴⁻³²ciəuɪ³⁴

准成 tsuən³⁴⁻³²ʧʰiəŋ⁵³ 肯定：他~能来

钉₁儿钉₂地 tiəŋ³¹³tiəŋɪ⁴¹·lə 一定：~他得

2 查你的证儿

定着不着₂一 tiəŋəŋ⁴¹⁻³²³·pu ʧy⁵³i³⁴

定儿不着₂一 tiəŋ⁴¹⁻³²·pu ʧy⁵³i³⁴

不定 pu³⁴·tiəŋ/pu³⁴⁻³²tiəŋ⁴¹ 不一定：去问问

他吧, 他~不知道

不定着着₂一 pu³⁴tiəŋəŋ⁴¹⁻³²³ʧy⁵³i³⁴

实必 ʃi⁵³pi³⁴ 坚决, 下定决心: ~得₂走, 也得₂恰个

伴儿

地么儿 ti⁴¹·ɪəm

非儿……不 fəiɪ³¹³…pu 他非儿到响歪不家

去吃饭

非儿……纔 fəiɪ³¹³…tsʰe⁵³ 他非儿到响

歪纔家去吃饭

非儿……不行₂ fəiɪ³¹³…·pu çiəŋ⁵³

他非儿到响歪家去吃饭不行₂

这₁就 ʧiɪ³⁴ʧiəu⁴¹ 马上：俺~来丨他~走, 没₂歇

儿就到儿家了

乘早儿 ʧʰiəŋ⁵³⁻³²tsɔɪ³⁴ 赶快, 索性：~走吧,

没₂有管饭的丨你~死儿捏₁条心吧

够₁溜儿 kəu³¹³⁻³⁴ləuɪ³¹³

够₁儿 kəuɪ³¹³

够₂儿 kəuɪ⁴¹ 太, 过于: 他~老实了

哪歇儿 na³⁴⁻⁵³çiɪɪ³⁴ 随时：~来都行₂

早天儿晚天儿 tsɔ³⁴tʰiæ̃ɪ³¹³uæ̃³⁴tʰiæ̃ɪ³¹³

眼儿望着 iæ̃³⁴ɪuaŋaŋ³¹³³/iæ̃³⁴ɪuaŋ³¹³⁻³¹·tə（iaŋɪ³⁴uaŋaŋ⁵³⁴⁴ 北乡）眼

看：~就到儿期儿儿了

眼儿瞅着 iæ̃ɪ³⁴tsʰəuəu³²³/iæ̃ɪ³⁴tsʰəu³⁴⁻³²·tə

亏儿……样不 kʰuəiɪ³¹³…iaŋ⁴¹·pu

亏儿怎来了, 样不就麻烦了丨亏儿来儿个狗冲了, 样不个小嫚儿真能吃儿他的亏

幸亏儿……样不 çieŋ⁴¹kʰuəir³¹³…iaŋ⁴¹·pu

不着₁ pu³⁴⁻³²tsuɤ³⁴ 如果没有，假如不是：~恁来了，就麻烦了｜~来儿个狗冲了，个小嫚儿真能吃儿他的亏

不叫₁ pu³⁴⁻³²tsɔ³⁴

当₁面儿 taŋ³¹³⁻³²miæ̃⁴¹

背地後儿 pəi⁴¹⁻³⁴·li xəuɻ⁴¹

背後儿 pəi⁴¹⁻³²xəuɻ⁴¹

悄没₂声儿 tʃʰi³¹³⁻³²·mu ʃiəŋɻ³¹³ 悄悄

一堆儿 i³⁴⁻³²teiɻ³¹³⁻³⁴ 一起：咱~走

一块儿 i³⁴⁻³²kʰueɻ⁴¹

一个人 iiə³⁴³iən³¹³ 独自：他~走了

就手儿 tʃiəu⁴¹⁻³²ʃiəuɻ³⁴ 顺便：上山来家，~摘把豆角儿

单为儿 tæ³¹³⁻³²uəiɻ⁴¹ 故意：~捣乱｜你是~气我

特为儿 tʰɤ³⁴⁻³²uəiɻ⁴¹

调₁着孤拐儿 tio⁴¹³kʰu³⁴⁻³²kueɻ³⁴ ~和人对着幹

到底 tɔɔ³²³/tɔ⁴¹⁻³²·lə 他~走儿没己？

根本 kən³¹³⁻³²pən³⁴ 压根儿：他~就不知道

真 tʃiŋ³¹³ 实在：这人~好

快 kʰue⁴¹ 将近，接近：~四十了｜~三岁了｜些砖~搬完了

好 xɔ³⁴

傍傍着 paŋ³¹³⁻³²paŋaŋ³¹³⁻³⁴³ 将近：~四十了｜~三岁缴2会说话2儿｜~搬完儿砖的时会2儿

傍七傍八儿 paŋ³¹³⁻³²tʃʰi³⁴paŋ³¹³⁻³²paɻ³⁴ 接近结束的时候

一共儿 i³⁴⁻³²kuŋɻ⁴¹ ~缴十个人｜家儿~剩儿九百块钱

拢共儿 luŋ³⁴⁻³²kuŋɻ⁴¹

打估拢儿 ta³⁴⁻³²·ku luŋɻ³⁴ （北乡）

挥 pe⁴¹ 别：慢慢儿走，~跑

白 pɤ⁵³ 未付出代价地，空：不要钱，~吃｜~跑儿一趟

非儿 fəiɻ³¹³ 偏：他不让俺来，俺~来

偏门儿 pʰiæ̃³¹³⁻³²mənɻ³¹³⁻³⁴

偏门儿 pʰiæ̃³¹³⁻³⁴mənɻ³¹³ 与"正门"相对

胡 xu⁵³ ~搞｜~说

瞎 çia³⁴

乱 læ̃⁴¹

先 ʃiæ̃³¹³ 恁~走，俺後撑儿｜他~不知道，腚後儿缴听说的（北乡）

起先 tʃʰi³⁴ʃiæ̃³¹³ 他~不知道，腚後儿缴听说的

原本儿 yæ̃⁵³⁻³²pənɻ³⁴

另外 liəŋ⁴¹⁻³²ue⁴¹ ~还1有三个人

馀外 y³¹³⁻³²ue⁴¹ 额外，格外：再~给孩子幾个零花钱儿

馀裏怪外 y³¹³⁻³¹·li·kue ue⁴¹ 个熊孩子真能~闹事儿

孤零儿 ku³⁴⁻³²liaŋɻ⁴¹ 单独：给他~稳儿一旁儿

叫 tsɔ³⁴/ciɔ³⁴ ①被动句标记：~狗咬儿一口 ②允许，安排：不~你走，你走儿试试？｜俺爹~俺上山锄地 ③致使：~我找儿你半天 ④按照：~我说不算错

把 pa³⁴ ~门儿关死

拿着 naa³¹³³ 对：你~他好，他就~你好

朝$_2$着 tʂʰiɔɔ$^{53\text{-}343}$：对着：他~我一个劲儿地笑

照着 tʂiɔɔ^{343}/tʂiɔ$^{41\text{-}34}$·tə①对着：他这2是~我来了②按照，根据原样（做）：~这2么个走法，多臧赶儿纔能走到了？｜~墙上的画儿好慎儿画！

上 ʃiɑŋ^{41}：~哪儿去？

到 tɔ^{41}：~哪天截止？

儿化标记-ɻ：撩儿水儿去了

头着 tʰəuəu$^{53\text{-}343}$：在……之前：~吃饭儿

逮 te^{34}：在：恁~哪儿住？｜~家儿做饭｜咱~哪儿走？

改 ke^{34}

跟$_2$儿 kənɻ^{34}

走儿 tsəuɻ^{34}

苟儿 kəuɻ^{34}

赶 kæ̃^{34}：咱~哪儿走？｜恁是~哪儿来的？

从 tsʰuŋ^{53}

发 fa^{34}

扯 tʂʰiɤ^{34}：仅限东西南北：~南到北有八米｜~东到西步量1儿十九步

就赶 tʂiəu$^{41\text{-}32}$kæ̃^{34}：自从：~他大学毕业儿，日子一天好起一天

假$_2$着 ciaa^{413}：~铅笔写｜~什么舀水1？

使 sɿ^{34}

遛着 ləuəu^{413}：顺着，沿着：~这1趟道儿对直向前走｜~河沿走

对直 təi$^{41\text{-}32}$tʂi^{53}：一直朝前，不拐弯：~往前走就到了

直大$_2$直儿 tʂi$^{42\text{-}34}$·ta tʂiɻ^{42}（北乡）

向 xɑŋ^{41}：朝：~後望望｜恁爹~南走了

往 uɑŋ^{34}

替着 tʰiiə^{413}：~俺写封信

给 cʰi^{34}：~孩子做个兜兜儿

给俺 cʰi^{34}·æ̃ 虚用，加重语气：你~把饭先吃儿它！

给我 cʰi^{34}·uɤ

和$_1$ xuŋ^{34} 和，向，问：这1个~捏1个一样｜~他打听打听｜~他借钱

同 xuŋ^{34}

把……叫$_2$ pa^{34}…ciɔ^{41}：北乡儿把丈爷5（岳父）叫2亲爹

拿着……当$_1$ naa^{3133}…tɑŋ^{313}：拿着豆儿饽饽不当1干粮

从小儿 tsʰuŋ$^{53\text{-}32}$ʃiɔ^{34}：~他就怯弱

一老儿 i$^{34\text{-}32}$lɔɻ^{34} 从很早起，一直：咱家~就穷

坐窝儿 tsuɤ$^{41\text{-}32}$uɻ^{313}

从根儿 tsʰuŋ^{53}kənɻ^{313}/tsʰuŋ$^{53\text{-}34}$kənɻ^{313} 从来

向外 xɑŋ$^{41\text{-}32}$ue^{41}：老王钱多，他不~拿

往外 uɑŋ$^{34\text{-}32}$ue^{41}

攮 niæ̃^{34} 赶：傍黑儿你就得2~进来

管紧儿 kuæ̃$^{34\text{-}32}$ciənɻ^{34}/kuæ̃$^{34\text{-}53}$·ciənŋ ①无论何时：他~不要好儿②总是，永远：俺还1能~穷？

管多儿 kuæ̃^{34}tuɻ^{534}（北乡）

忽喇巴 xu$^{313\text{-}34}$·la pa^{313} 忽然

冷咕丁 ləŋ$^{34\text{-}32}$·ku tiəŋ^{313} 突然

好慎儿 xɤ$^{34\text{-}32}$ʃiənɻ^{41} 仔细，认真

归其 kuəi^{34}·cʰi 其实

不该……是 pu^{34}ke$^{313\text{-}32}$…sɿ^{41} 与……无

关：不该你是，少管闲事！

量词①

（一）把椅子（i$^{34-32}$）·pa i$^{34-32}$·tə

（一）把米（i$^{34-32}$）·pa mi^{34}

（一）把麵（i$^{34-32}$）·pa miæ̃^{41}

（一）把昌果儿（i$^{34-32}$）·pa tʃʰiaŋ$^{313-32}$kuɤʴ^{34}

（一）把壶（i$^{34-32}$）·pa xu^{53}

（一）把锁（i$^{34-32}$）·pa suɤ^{34}

（一）把钥匙（i$^{34-32}$）·pa yɤ^{41}·tsʰl̩

（一）把刀₁（i$^{34-32}$）·pa tɔ^{313}

（一）把剪子（i$^{34-32}$）·pa tɕiæ̃$^{34-32}$·tə

（一）把笤帚（i$^{34-32}$）·pa tʰiɔ$^{53-34}$·tʂy

一把鸡蛋 i$^{34-32}$·pa ci$^{313-32}$·tæ̃

一把儿萝葡 i$^{34-32}$paʴ^{34}luɤ$^{313-31}$·pəi

一把儿菜 i$^{34-32}$paʴ^{34}tsʰe^{41}

个鸡蛋 ·kə ci$^{313-32}$·tæ̃

　一个鸡蛋 iiə^{343}ci$^{313-32}$·tæ̃ 一手掖着~

个座椅儿 ·kə tsuɤ$^{41-34}$·iʴ

　一个座椅儿 iiə^{343}tsuɤ$^{41-34}$·iʴ 就剩儿~

个奖章儿 ·kə tʃiaŋ$^{34-32}$tʃiaɤʴ^{313}

　一个奖章儿 iiə^{343}tʃiaŋ$^{34-32}$tʃiaɤʴ^{313}

个马 ·kə ma^{34}

　一个马 iiə^{343}ma^{34}/iiə$^{34-323}$ma^{34}

个牛 ·kə ŋiəu^{313}

　一个牛 iiə$^{34-323}$ŋiəu^{313}

个帽子 ·kə mɔ$^{41-34}$·tə

　一个帽子 iiə^{343}mɔ$^{41-34}$·tə/iiə$^{34-323}$mɔ$^{41-34}$·tə

个花儿 ·kə xuaʴ^{313}

　一个花儿 iiə$^{34-323}$xuaʴ^{313}

个手 ·kə ʃiəu^{34}

　一个手 iiə^{343}ʃiəu^{34}/iiə$^{34-323}$ʃiəu^{34}

个灯 ·kə təŋ^{313}

　一个灯 iiə$^{34-323}$təŋ^{313}

个桌子 ·kə tsuɤ$^{34-32}$·tə

　一个桌 iiə^{343}tsuɤ$^{34-32}$·tə/iiə$^{34-323}$tsuɤ$^{34-32}$·tə

个被 ·kə pəi^{41}

　一个被 iiə^{343}pəi^{41}

个棉袄 ·kə miæ̃$^{313-32}$ɔ^{34}

---

① 按：普通话里表示不同事物的名词，往往与不同的量词匹配。莱阳方言的量词有简约化的倾向，常用量词只有少数几个，大多可以与不同的名词匹配，其中多数名词都可以使用"个"。莱阳方言的常用量词主要有"个、块、根、墩专用于丛生低矮植物、趟/溜"等，数词为"一"时，以省略"一"为常，例如：个牛（羊、鸡、鸭、门、窗、桌子、杌子、小褂儿、裤子、帽子、镜子、灯篓、菜刀₁、鞭子、长₂虫……）、块绳子（檩子、管子、烟筒、铁丝儿、铅笔、戏、歌儿、故事、电影、电视、电池、脚踏车₁子、手绢、纸、墨、橡皮、牙膏、地瓜、黄瓜、地豆儿……）、根葱（黄瓜、铅笔、手绢、凳子、绳子、管子、烟筒……）、趟树（麦子、豆子、桌子、椅子、街、沟、道儿……）。

一个棉袄 iiə³⁴³miæ̃³¹³⁻³²ɔ³⁴/iiə³⁴⁻³²³miæ̃³¹³⁻³²ɔ³⁴

个砖 ·kə tsuæ̃³¹³
　一个砖 iiə³⁴⁻³²³tsuæ̃³¹³

个石头 ·kə ʃi⁵³⁻³⁴·tʰəu
　一个石头 iiə³⁴³ʃi⁵³⁻³⁴·tʰəu/iiə³⁴⁻³²³ʃi⁵³⁻³⁴·tʰəu

个猪 ·kə tʂy³¹³
　一个猪 iiə³⁴⁻³²³tʂy³¹³

个<u>长</u>₂虫 ·kə tʂʰiaŋ⁵³⁻³⁴tsʰuŋ
　一个<u>长</u>₂虫 iiə³⁴⁻³²³tʂʰiaŋ⁵³⁻³⁴tsʰuŋ

个小铺₂儿 ·kə ʃiɔ³⁴⁻³²pʰuɻ⁴¹
　一个小铺₂儿 iiə³⁴³ʃiɔ³⁴⁻³²pʰuɻ⁴¹

个飞机 ·kə fəi³¹³⁻³⁴ci³¹³
　一个飞机 iiə³⁴⁻³²³fəi³¹³⁻³⁴ci³¹³

个旗 ·kə cʰi⁵³
　一个旗 iiə³⁴³cʰi⁵³

个桥 ·kə cʰiɔ⁵³
　一个桥 iiə³⁴³cʰiɔ⁵³

个<u>营生</u>儿 ·kə iəŋ³¹³⁻³²səŋɻ³¹³⁻³⁴
　一个<u>营生</u>儿 iiə³⁴³iəŋ³¹³⁻³²səŋɻ³¹³⁻³⁴

个客 ·kə kʰɤ³⁴
　一个客 iiə³⁴³kʰɤ³⁴/iiə³⁴⁻³²³kʰɤ³⁴

个眼镜儿 ·kə iæ̃³⁴⁻³²ciəŋɻ⁴¹
　一个眼镜儿 iiə³⁴³iæ̃³⁴⁻³²ciəŋɻ⁴¹

个神像儿 ·kə ʃən⁵³⁻³²ʃiaŋɻ⁴¹
　一个神像儿 iiə³⁴³ʃən⁵³⁻³²ʃiaŋɻ⁴¹

个画儿 ·kə xuaɻ⁴¹⁻³⁴·ɻə
　一个画儿 iiə³⁴³xuaɻ⁴¹⁻³⁴·ɻə

个花瓣儿 ·kə xua³¹³⁻³²pæ̃ɻ⁴¹
　一个花瓣儿 iiə³⁴³xua³¹³⁻³²pæ̃ɻ⁴¹

个场儿 ·kə tʂʰiaŋɻ³⁴
　一个<u>场</u>儿 iiə³⁴³tʂʰiaŋɻ³⁴/iiə³⁴⁻³²³tʂʰiaŋɻ³⁴

个菜刀₁ ·kə tsʰe⁴¹⁻³²tɔ³¹³
　一个菜刀₁ iiə³⁴³tsʰe⁴¹⁻³²tɔ³¹³

个剪子 ·kə tʂiæ³⁴⁻³²·tə
　一个剪子 iiə³⁴³tʂiæ³⁴⁻³²·tə

个故事儿 ·kə ku⁴¹·sɻ
　一个故事儿 iiə³⁴³ku⁴¹·sɻ

个雨点₂儿 ·kə y³⁴⁻³²tiæ̃ɻ³⁴
　一个雨点₂儿 iiə³⁴³y³⁴⁻³²tiæ̃ɻ³⁴

（一）本儿书（i³⁴⁻³²）pənɻ³⁴ʃy³¹³
（一）本儿账（i³⁴⁻³²）pənɻ³⁴tʂiaŋ⁴¹
一笔钱 i³⁴⁻³²pi³⁴tʂʰiæ̃⁵³
一笔账 i³⁴⁻³²pi³⁴tʂiaŋ⁴¹
（一）封信（i³⁴）fəŋ³¹³ʃiən⁴¹
（一）封桥（i³⁴）fəŋ³¹³ cʰiɔ⁵³
（一）封儿香₁（i³⁴）fəŋɻ³¹³çiaŋ³¹³
一服药 i³⁴⁻³²fu⁵³yɤ⁴¹
（一）帖膏药（i³⁴⁻³²）tʰiɤ³⁴kɔ³¹³⁻³²yɤ⁴¹⁻³⁴
（一）味儿药（i³⁴⁻³²）uəiɻ⁴¹yɤ⁴¹
（一）<u>条</u>河（i³⁴）tʰiɔ³¹³xuɤ⁵³
（一）<u>条</u>腿（i³⁴）tʰiɔ³¹³tʰəi³⁴
（一）<u>条</u>裤子（i³⁴）tʰiɔ³¹³kʰu⁴¹·tə
（一）块墨（i³⁴⁻³²）·kʰue mɤ⁴¹
（一）块砖（i³⁴⁻³²）·kʰue tsuæ̃³¹³

（一）块石头（i$^{34-32}$）·k^{h}ue ʃi$^{53-34}$·t^{h}əu

（一）块纸（i$^{34-32}$）·k^{h}ue tsʅ^{34}

（一）块肉（i$^{34-32}$）·k^{h}ue iəu^{41}

（一）块布（i$^{34-32}$）·k^{h}ue pu^{41}

（一）块手绢（i$^{34-32}$）·k^{h}ue ʃiəu$^{34-32}$ciæ̃^{41}

（一）块书_评书_ i$^{34-32}$·k^{h}ue ʃy^{313}

（一）块剧（i$^{34-32}$）·k^{h}ue cy^{41}

（一）块电影儿（i$^{34-32}$）·k^{h}ue tiæ̃$^{41-32}$iəɳɻ^{34}

（一）块故事儿（i$^{34-32}$）·k^{h}ue ku^{41}·sʅɻ

（一）块营生（i$^{34-32}$）·k^{h}ue iəŋ$^{313-32}$səŋ$^{313-34}$

（一）块绳子（i$^{34-32}$）·k^{h}ue ʃiəŋ$^{53-34}$·tə

一朵花儿（i$^{34-32}$）·tuɤ xuaɻ^{313}

（一）顿饭（i$^{34-32}$）təŋ^{41}fæ̃^{41}

（一）顿说_批评_（i$^{34-32}$）təŋ^{41}ʃyɤ^{34}

（一）顿鸠（i$^{34-32}$）təŋ^{41}cyɤ^{53}

（一）根手绢（i^{34}）·kən ʃiəu$^{34-32}$ciæ̃^{41}

（一）根头髪（i^{34}）·kən t^{h}əu$^{53-34}$·fu

（一）根绳子（i^{34}）·kən ʃiəŋ$^{53-34}$·tə

（一）根线（i^{34}）·kən ʃiæ̃^{41}

（一）根长₂虫（i^{34}）·kən ʈʂ^{h}iaŋ$^{53-34}$·ʈʂ^{h}uŋ

（一）根棍子（i^{34}）·kən kuən^{41}·tə

（一）根筷子（i^{34}）·kən k^{h}ue^{41}·tə

（一）根凳子（i^{34}）·kən təŋ^{41}·tə

（一）辆车₁（i$^{34-32}$）liəŋ^{34}tʂ^{h}iɤ^{313}

（一）辆火车₁（i$^{34-32}$）liəŋ^{34}xuɤ$^{34-323}$tʂ^{h}iɤ^{313}

（一）子儿香₁（i$^{34-32}$）tsʅ^{34}çiaŋ^{313}

（一）枝花儿（i^{34}）tsʅ$^{313-32}$xuaɻ^{313}

（一）只手（i^{34}）·tʃi ʃiəu^{34}

（一）只脚（i^{34}）·tʃi cyɤ^{34}

（一）只鞋（i^{34}）·tʃi çie^{53}

（一）只胳膊（i^{34}）·tʃi kɤ$^{34-32}$·pu

（一）只袜子（i^{34}）·tʃi ua^{41}·tə

一盏灯 i$^{34-32}$tsæ̃^{34}təŋ^{313}

（一）张桌子（i^{34}）·tʃiaŋ tsuɤ$^{34-32}$·tə

（一）张嘴（i^{34}）·tʃiaŋ tsue^{34}

（一）张皮（i^{34}）·tʃiaŋ p^{h}i^{53}

（一）张锨（i^{34}）·tʃiaŋ cyɤ^{34}

（一）张纸（i^{34}）·tʃiaŋ tsʅ^{34}

（一）张字画（i^{34}）·tʃiaŋ tsʅ^{41}·xua

一桌子酒席 i$^{34-53}$tsuɤ$^{34-323}$ʃiəu$^{34-32}$ʃi^{53}

一桌子客 i$^{34-53}$tsuɤ$^{34-323}$k^{h}ɤ^{34}

（一）场雨（i$^{34-32}$）tʂ^{h}iaŋ^{34}y$^{34-32}$

（一）场风（i$^{34-32}$）tʂ^{h}iaŋ^{34}fəŋ^{313}

（一）场雪（i$^{34-32}$）tʂ^{h}iaŋ^{34}ʃyɤ^{34}

一齣戏 i$^{34-32}$tʂ^{h}y^{34}çi^{41}

一齣小剧儿 i$^{34-32}$tʂ^{h}y^{34}ʃiɔ$^{34-32}$cyɻ^{41}

（一）床₁被（i³⁴）tsʰuaŋ³¹³pəi⁴¹

（一）床₁毛₁毯（i³⁴）tsʰuaŋ³¹³mɔ³¹³⁻³²tʰæ̃³⁴

（一）领蓆 i³⁴⁻³²liəŋ³⁴ʃi⁵³

一身儿衣裳 i³⁴·ʃiəɻ³¹³·³¹³⁻³¹·ʃiəŋ

一身皮子 i³⁴·ʃiən pʰi⁵³⁻³⁴·tə

一身汗 i³⁴·ʃiən xæ̃⁴¹

一身泥₁ i³⁴·ʃiən mi³¹³

一身病 i³⁴·ʃiən piəŋ⁴¹

一身本事 i³⁴·ʃiən pən³⁴⁻³² sʅ⁴¹

一身不是 i³⁴·ʃiən pu³⁴⁻³² sʅ⁴¹

（一）杆枪（i³⁴⁻³²）kæ̃³⁴ʨʰiaŋ³¹³

（一）杆笔（i³⁴⁻³²）kæ̃³⁴pi³⁴

（一）杆秤（i³⁴⁻³²）kæ̃³⁴ʨʰiəŋ⁴¹

（一）杆旗（i³⁴⁻³²）kæ̃³⁴ʨʰi⁵³

（一）棵树（i³⁴）·kʰuɤ ʃy⁴¹

（一）棵菜（i³⁴）·kʰuɤ tsʰe⁴¹

（一）棵花儿（i³⁴）·kʰuɤ xuaɻ³¹³

一粒儿米 i³⁴⁻³²liɻ⁴¹mi³⁴

一粒沙 i³⁴⁻³²li⁴¹sa³¹³

一粒葡萄 i³⁴⁻³²li⁴¹pʰu³⁴·tʰɔ

（一）口水₁（i³⁴⁻³²）kʰəu³⁴suəi³⁴

（一）口茶（i³⁴⁻³²）kʰəu³⁴tsʰa⁵³

（一）口菜（i³⁴⁻³²）kʰəu³⁴tsʰe⁴¹

（一）口饭（i³⁴⁻³²）kʰəu³⁴fæ̃⁴¹

（一）口气（i³⁴⁻³²）kʰəu³⁴ʨʰi⁴¹

（一）口锅（i³⁴⁻³²）kʰəu³⁴kuɤ⁴¹

一口家 i³⁴⁻³²kʰəu³⁴cia³¹³

两口子 liaŋ³⁴⁻⁵³kʰəu³⁴·tə

两口家 liaŋ³⁴⁻⁵³kʰəu³⁴cia³¹³

（一）眼井 i³⁴iæ̃³⁴⁻⁵³ʃiəŋ³⁴

（一）架飞机（i³⁴⁻³²）cia⁴¹fəi³¹³⁻³⁴ci³¹³

（一）架蚊帐（i³⁴⁻³²）cia⁴¹uən³¹³⁻³²ʨiaŋ⁴¹

一间屋 i³⁴ciæ̃³¹³u⁴¹

（一）栋房子（i³⁴⁻³²）təŋ⁴¹faŋ⁵³⁻³⁴·tə

（一）栋楼（i³⁴⁻³²）təŋ⁴¹ləu⁵³

（一）栋小破屋儿（i³⁴⁻³²）təŋ⁴¹ʃiɔ³⁴pʰɤ⁴¹⁻³²uɻ⁴¹

（一）幢碑（i³⁴⁻³²）tsʰuaŋ⁵³/tsʰuŋ⁵³pəi³¹³

一件儿衣裳 i³⁴⁻³²ciæ̃ɻ⁴¹·³¹³⁻³¹·ʃiəŋ

一件子衣裳 i³⁴⁻³²ciæ̃æ̃⁴¹⁻³⁴³·³¹³⁻³¹·ʃiəŋ

（一）趟字儿（i³⁴⁻³²）tʰaŋ⁴¹tsʅɻ⁴¹

（一）趟树（i³⁴⁻³²）tʰaŋ⁴¹ʃy⁴¹

（一）趟桌子（i³⁴⁻³²）tʰaŋ⁴¹tsuɤ³⁴⁻³²·tə

（一）趟麦子（i³⁴⁻³²）tʰaŋ⁴¹mɤ⁴¹·tə

（一）趟街（i³⁴⁻³²）tʰaŋ⁴¹cie³¹³

（一）趟沟（i³⁴⁻³²）tʰaŋ⁴¹kəu³¹³

（一）趟道儿（i³⁴⁻³²）tʰaŋ⁴¹tɔɻ⁴¹⁻³⁴·ɻə

（一）行₁字儿（i³⁴⁻³²）xaŋ⁵³tsʅɻ⁴¹

（一）行₁树（i³⁴⁻³²）xaŋ⁵³ʃy⁴¹

（一）溜树（i³⁴⁻³²）ləu⁵³ʃy⁴¹

（一）溜桌子（i³⁴⁻³²）ləu⁵³tsuɤ³⁴⁻

^{32}·tə

（一）溜大₂河沿（i$^{34\text{-}32}$）ləu^{53}ta$^{41\text{-}34}$·xuɤ ie^{41}

（一）篇文章（i^{34}）·pʰiæ̃ uən$^{53\text{-}34}$·tʃiaŋ

一轱₂辘₂儿文章 i^{34}ku$^{313\text{-}32}$ləuɤ^{34}uən$^{53\text{-}34}$·tʃiaŋ

一轱₂辘₂儿故事儿 i^{34}ku$^{313\text{-}32}$ləuɤ^{34}ku^{41}·sʅɤ

一轱₂辘₂儿木头 i^{34}ku$^{313\text{-}32}$ləuɤ^{34}mu^{41}·tʰəu

一轱₂辘₂儿葱 i^{34}ku$^{313\text{-}32}$ləuɤ^{34}tsʰuŋ^{313}

一叶儿书 i$^{34\text{-}32}$iɤ^{41}ʃy^{313}

（一）叶瓦（i$^{34\text{-}32}$）iɤ^{41}ua^{313}

（一）叶饼乾₁（i$^{34\text{-}32}$）iɤ^{41}piəŋ^{34}kæ̃^{313}

一片好心 i$^{34\text{-}32}$pʰiæ̃^{41}xɤ^{34}ʃiən^{313}

一片儿肉 i$^{34\text{-}32}$pʰiæ̃ɤ^{41}iəu^{41}

一片儿薑 i$^{34\text{-}32}$pʰiæ̃ɤ^{41}ciaŋ^{313}

一重₂儿纸 i$^{34\text{-}32}$tsʰuŋɤ^{53}tsʅ^{34}

一重₂儿布 i$^{34\text{-}32}$tsʰuŋɤ^{53}pu^{41}

一重₂儿泥₁ i$^{34\text{-}32}$tsʰuŋɤ^{53}mi^{313}

一重₂事儿（红白大事）i$^{34\text{-}32}$tsʰuŋ^{53}sʅ^{41}

一股子香₁味儿 i$^{34\text{-}32}$kuuə^{343}çiaŋ$^{313\text{-}32}$uəiɤ^{41}

一股子臭气 i$^{34\text{-}32}$kuuə^{343}tʃʰiəu$^{41\text{-}53}$cʰi^{41}

（一）座山（i$^{34\text{-}32}$）tsuɤ$^{41\text{-}34}$sæ̃^{313}

（一）座庙（i$^{34\text{-}32}$）tsuɤ$^{41\text{-}34}$miɔ^{41}

（一）座神像儿（i$^{34\text{-}32}$）tsuɤ$^{41\text{-}34}$ʃiən$^{53\text{-}32}$ʃiaŋɤ^{41}

（一）盘棋（i^{34}）pʰæ̃^{313}cʰi^{53} /（i$^{34\text{-}32}$）pʰæ̃^{53}cʰi^{53}

（一）盘磨₂（i^{34}）pʰæ̃^{313}mɤ^{41} /（i$^{34\text{-}32}$）pʰæ̃^{53}mɤ^{41}

（一）盘儿菜（i$^{34\text{-}32}$）pʰæ̃ɤ^{53}tsʰe^{41}

（一）盘儿水₁果儿（i$^{34\text{-}32}$）pʰæ̃ɤ^{53}suəi$^{34\text{-}32}$kuɤɤ^{34}

一门儿亲₁ i^{34}mənɤ^{313}tʃʰiən^{313}

一门儿课 i^{34}mənɤ^{313}kʰɤ^{41}

（一）刀₁纸（i^{34}）·tɔ tsʅ^{34}

（一）刀₁韭菜（i^{34}）·tɔ ciəu^{32}tsʰe^{41}

一令儿纸 i$^{34\text{-}32}$liəŋɤ^{34}tsʅ^{34}

一沓儿纸 i$^{34\text{-}32}$taɤ^{34}tsʅ^{34}

一摞儿纸 i^{34}luɤɤ^{313}tsʅ^{34}

（一）瓮水₁（i$^{34\text{-}32}$）uŋ^{41}suəi^{34}

（一）瓮油（i$^{34\text{-}32}$）uŋ^{41}iəu^{313}

（一）瓮麦子（i$^{34\text{-}32}$）uŋ^{41}mɤ^{41}·tə

（一）瓮小米儿（i$^{34\text{-}32}$）uŋ^{41}ʃiɔ$^{34\text{-}32}$miɤ^{34}

（一）缸水₁（i^{34}）kaŋ$^{313\text{-}32}$suəi^{34}

一缸金鱼儿 i^{34}kaŋ$^{313\text{-}32}$ciən$^{313\text{-}34}$yɤ^{313}

一缸子麵 i^{34}kaŋə^{3133}miæ̃^{41}

一缸子饽饽 i^{34}kaŋə^{3133}pɤ$^{313\text{-}32}$·pɤ

（一）碗饭（i$^{34\text{-}32}$）·uæ̃ fæ̃^{41}

（一）碗茶（i$^{34\text{-}32}$）·uæ̃ tsʰa^{53}

（一）碗酒（i$^{34\text{-}32}$）·uæ̃ tʃiəu^{34}

（一）碗肉（i$^{34\text{-}32}$）·uæ̃ iəu^{41}

（一）碗菜（i³⁴⁻³²）·uæ̃ tsʰe⁴¹
（一）碗汤（i³⁴⁻³²）·uæ̃ tʰaŋ³¹³
（一）碗小米儿（i³⁴⁻³²）·uæ̃ ʃiɔ³⁴⁻³² miɻ³⁴
（一）包昌果儿（i³⁴）·pɔ tʃʰiaŋ³¹³⁻³² kuɤɻ³⁴
（一）包饼乾₁（i³⁴）·pɔ piəŋ³⁴kæ̃³¹³
一包行₂李 i³⁴·pɔ ɕiəŋ⁵³⁻³⁴·li
（一）包儿药（i³⁴）pɔɻ³¹³yɤ⁴¹
（一）卷₁儿纸（i³⁴⁻³²）cyæ̃ɻ³⁴tsʅ³⁴
（一）卷₁儿铺₁盖（i³⁴⁻³²）cyæ̃ɻ³⁴pʰu³¹³⁻³²·ke
（一）捆₂儿葱（i³⁴⁻³²）kʰuəɻ³⁴tsʰuŋ³¹³
（一）捆₂儿麦子（i³⁴⁻³²）kʰuəɻ³⁴mɤ⁴¹·tə
（一）捆₂儿树枝儿（i³⁴⁻³²）kʰuəɻ³⁴ʃy⁴¹⁻³²tsɻ³¹³
（一）担₂穀（i³⁴⁻³²）·tæ̃ ku³⁴
（一）担₂水₁（i³⁴⁻³²）·tæ̃ suəi³⁴
一进院子 i³⁴⁻³²ʃiən⁴¹yæ⁴¹⁻³⁴·tə
（一）挂鞭（i³⁴⁻³²）kua⁴¹piæ̃³¹³
（一）挂犁具（i³⁴⁻³²）kua⁴¹ly³¹³⁻³²·cy
（一）挂大₂车（i³⁴⁻³²）kua⁴¹ta⁴¹⁻³²tʃʰiɤ³¹³
（一）句话₂（i³⁴⁻³²）cy⁴¹xua⁴¹
（一）双₁鞋（i³⁴）·suaŋ ɕie⁵³
（一）双₁袜子（i³⁴）·suaŋ ua⁴¹·tə
（一）双₁筷子（i³⁴）·suaŋ kʰue⁴¹·tə
（一）对花瓶儿（i³⁴⁻³²）təi⁴¹xua³¹³⁻³²·pʰiəŋɻ
（一）对鸳鸯（i³⁴⁻³²）təi⁴¹iæ̃³¹³⁻³²·iaŋ
（一）对蝴蝶儿（i³⁴⁻³²）təi⁴¹xu⁵²⁻³⁴·tiɻ
一副眼镜儿 i³⁴⁻³²fu⁵³iæ̃³⁴⁻³²ciəŋɻ⁴¹
一副手巴掌儿（i³⁴⁻³²）fu⁵³ʃiəu³⁴·pa tʃiaŋɻ³⁴
一副手套儿 i³⁴⁻³²fu⁵³ʃiəu³⁴⁻³²tʰɔɻ⁴¹
（一）副对子（i³⁴⁻³²）fu⁵³təi⁴¹·tə
（一）套衣裳（i³⁴⁻³²）tʰɔ⁴¹i³¹³⁻³¹·ʃiəŋ
（一）套瓷盆儿（i³⁴⁻³²）tʰɔ⁴¹tsʰʅ⁵³⁻³²pʰəɻ⁵³
一桩虫子 i³⁴·tsuaŋ tsʰuŋ⁵³⁻³⁴·tə
一桩营生 i³⁴·tsuaŋ iəŋ³¹³⁻³²səŋ³¹³⁻³⁴
一桩儿人 i³⁴tsuaŋɻ³¹³iən³¹³
捏₁那行₁儿虫子 ȵiɤ³⁴xaŋɻ⁵³tsʰuŋ⁵³⁻³⁴·tə
这₁行₁儿人 tʃiɤ³⁴xaŋɻ⁵³iən³¹³
这₁回儿虫子 tʃiɤ³⁴xuəiɻ tsʰuŋ⁵³⁻³⁴·tə
捏₁那回儿人 ȵiɤ³⁴xuəiɻ iən³¹³
捏₁那候儿虫子 ȵiɤ³⁴xəuɻ tsʰuŋ⁵³⁻³⁴·tə
这₁候儿人 tʃiɤ³⁴xəuɻ iən³¹³
（一）帮儿人儿（i³⁴）

paŋɻ³¹³iəɻ³¹³

一帮子人 i³⁴paŋaŋ³¹³³iən³¹³

一起儿 i³⁴⁻³²cʰiɻ³⁴ 一拨儿：这集来儿好几起儿人，先来儿~管市场的，再来儿~收税的，又来儿~拍录像的……

（一）窝蜂子（i³⁴）·uɤ fəŋ³¹³⁻³¹·tə

（一）窝狗（i³⁴）·uɤ kəu³⁴

（一）窝鸡（i³⁴）·uɤ ci³¹³

（一）嘟噜儿葡萄（i³⁴）tu³¹³⁻³¹·luɻ pʰu³⁴·tʰɔ

（一）嘟噜儿棒儿（i³⁴）tu³¹³⁻³¹·luɻ paŋɻ⁴¹⁻³⁴·rə

一捺 i³⁴⁻³²na⁴¹

一虎口 i³⁴xu³⁴⁻³²·kʰəu

一庹 i³⁴⁻³²tʰuɤ³⁴

一指宽 i³⁴⁻³²tsʅ³⁴kʰuæ̃³¹³

一停儿 i³⁴⁻³²tʰiəŋɻ⁵³

一沟儿 i³⁴kəuɻ³¹³

一脸泥₁ i³⁴⁻³²liæ̃³⁴mi³¹³

一脸不是 i³⁴⁻³²liæ̃³⁴pu³⁴⁻³²sʅ⁴¹

一肚₁子气 i³⁴⁻³²tuuə³⁴³cʰi⁴¹

一肚₁子本事 i³⁴⁻³²tuuə³⁴³pən³⁴⁻³²sʅ⁴¹

一肚₁子坏水儿 i³⁴⁻³²tuuə³⁴³xue⁴¹⁻³²suəiɻ³⁴

（一）脬尿（i³⁴）·pʰɤ ȵio⁴¹

（一）脬尿（i³⁴）·pʰɤ sʅ³⁴

吃一顿 tʃʰi³⁴⁻³²·i tən⁴¹

揍一顿 tsəu⁴¹·i tən⁴¹

说一顿 ʃyɤ³⁴⁻³²·i tən⁴¹

鸠一顿 cyɤ⁵³⁻³⁴·i tən⁴¹

跑（一）趟 pʰɔ³⁴（⁻³²·i）tʰaŋ⁴¹

去（一）趟 cʰy⁴¹⁻³²（·i）tʰaŋ⁴¹

来（一）趟 le³¹³⁻³²（·i）tʰaŋ⁴¹

打（一）下儿 ta³⁴（⁻³²·i）ciaɻ⁴¹

亲₁（一）下儿 tʃʰiən³¹³⁻³²（·i）ciaɻ⁴¹

看（一）眼 kʰæ⁴¹（·i）iæ̃³⁴

瞪一眼 təŋ⁴¹⁻³⁴·i iæ̃³⁴

吃（一）口 tʃʰi³⁴⁻³²（·i）kʰəu³⁴

喝（一）口 xa³⁴⁻³²（·i）kʰəu³⁴

咬（一）口 io³⁴⁻³²（·i）kʰəu³⁴

喂（一）口 uəi⁴¹（·i）kʰəu³⁴

说一气儿 ʃyɤ³⁴⁻³²·i cʰiɻ⁴¹

唱一气儿 tʃʰiaŋ⁴¹·i cʰiɻ⁴¹

走一气儿 tsəu³⁴⁻³²·i cʰiɻ⁴¹

歇一气儿 ciɤ³⁴⁻³²·i cʰiɻ⁴¹

闹一气儿 nɔ⁴¹·i cʰiɻ⁴¹

下一气儿雨 cia⁴¹⁻³⁴·i cʰiɻ⁴¹y³⁴

飐一气儿风 kua³⁴⁻³²·i cʰiɻ⁴¹fəŋ³¹³

说一阵儿 ʃyɤ³⁴⁻³²·i tʃiəɻ⁴¹

哭一阵儿 kʰu³⁴⁻³²·i tʃiəɻ⁴¹

笑一阵儿 ʃio⁴¹·i tʃiəɻ⁴¹

闹一场 nɔ⁴¹·i tʃʰiaŋ³⁴

打一场 ta³⁴⁻³²·i tʃʰiaŋ³⁴

见一面儿 ciæ⁴¹·i miæɻ³⁴

露₂一头 ləu⁴¹⁻³⁴·i tʰəu

押一头 tʃʰiən³¹³⁻³¹·i tʰəu

洗一水₁衣裳 ʃi³⁴⁻³²·i suəi³⁴·i³¹³⁻³¹ ʃiəŋ

（一）扇门（i³⁴⁻³²）ʃiæ̃⁴¹mən³¹³

（一）面膀子（i³⁴⁻³²）miæ̃⁴¹paŋ³⁴⁻³²·tə

（一）面坡（i³⁴⁻³²）miæ̃⁴¹pʰɤ³¹³

一面子墙 i³⁴⁻³²miæ̃æ⁴¹⁻³⁴³tʃʰiaŋ⁵³

一面子猪肉 i³⁴⁻³²miæ̃æ⁴¹⁻³⁴³tʂy³¹³⁻³²iəu⁴¹

一班儿车₁ i³⁴pæɻ³¹³tʃʰiɤ³¹³

（一）堆雪（i³⁴）·təi ʃɤ³⁴

一撮儿 i³⁴⁻³²tsʰuɻɤ³⁴

（一）桄儿线（i³⁴⁻³²）kuaŋɻ⁴¹ʃiæ̃⁴¹

（一）拃儿头髪（i³⁴⁻³²）tsuɻɤ³⁴tʰəu⁵³⁻³⁴·fu

（一）拃儿芫₁荽（i³⁴⁻³²）tsuɻɤ³⁴iæ̃³¹³⁻³²səi³⁴

（一）拃儿韭菜（i³⁴⁻³²）tsuɻɤ³⁴ciəu³⁴⁻³²tsʰe⁴¹

写一手好字儿 ʃiɤ³⁴⁻³²·i ʃiəu³⁴xɔ³⁴tsʅ⁴¹

开一末儿会₂儿 kʰe³¹³⁻³¹·i·mɤɻ xuəiɻ⁴¹

做一任官 tsuɤ⁴¹·i iəŋ⁴¹kuæ̃³¹³

下一盘棋 cia⁴¹⁻³⁴·i pʰæ³¹³cʰi⁵³

打一盘仗 ta³⁴⁻³²·i pʰæ³¹³tʃiaŋ⁴¹

请一桌子客 tʃʰiaŋ³⁴·i tsuɻ³⁴³kʰɤ⁴¹

打一圈儿麻将₂ ta³⁴·i cʰyæɻ⁴³ma³¹³⁻³²tʃiaŋ⁴¹

唱一台戏 tʃʰiaŋ⁴¹·i·te ci⁴¹

一丝儿肉 i³⁴sʅɻ³¹³iəu⁴¹

一丝儿便₂宜 i³⁴sʅɻ³¹³pʰiæ̃³⁴·i

没₂点₂儿一点儿麵 mu⁴¹⁻³²tiæɻ³⁴miæ̃⁴¹

（一）盒儿火火柴（i³⁴⁻³²）xuɻɤ⁵³xuɤ³⁴

（一）匣儿火（i³⁴⁻³²）ciaɻ⁵³xuɤ³⁴

一匣子首饰 i³⁴⁻³²ciaa⁵³⁻³⁴³ʃiəu³⁴·ʃi

一箱子衣裳 i³⁴ʃiaŋaŋ³¹³³i³¹³⁻³¹·ʃiəŋ

一柜书 i³⁴⁻³²kuəi⁴¹ʃy³¹³

一出头抽屉铜钱 i³⁴tʃʰy³⁴⁻³²·tʰəu tʰuŋ⁵³⁻³²tʃʰiæ̃⁵³

（一）筐菠菜（i³⁴）·kʰuaŋ pɤ³¹³⁻³²tsʰe⁴¹⁻³⁴

（一）筐梨（i³⁴）·kʰuaŋ li³¹³

一篓子菜 i³⁴⁻³²ləuəu³⁴³tsʰe⁴¹

一篓子草 i³⁴⁻³²ləuəu³⁴³tsʰɔ³⁴

一锅头灰 i³⁴kuɤ³¹³⁻³²tʰəu⁵³⁻³⁴xuəi³¹³

一锅头草 i³⁴kuɤ³¹³⁻³²tʰəu⁵³⁻³⁴tsʰɔ³⁴

一池子水₁ i³⁴⁻³²tʃʰiiə⁵³⁻³⁴³suəi³⁴

一棒子忌讳醋 i³⁴⁻³²paŋaŋ⁴¹⁻³⁴³ci⁴¹⁻³⁴·xuəi

一罐子糖 i³⁴⁻³²kuæ̃æ̃⁴¹³tʰaŋ⁵³

一坛子酒 i³⁴⁻³²tʰæ̃æ⁵³⁻³⁴³tʃiəu³⁴

（一）桶汽油（i³⁴⁻³²）tʰuŋ³⁴cʰi⁴¹⁻³²·iəu³¹³

（一）壶茶（i³⁴⁻³²）xu⁵³tsʰa⁵³

（一）锅饭（i³⁴）·kuɤ fæ³⁴

（一）锅包儿（i³⁴）·kuɤ pɔɻ³¹³（⁻³²·ɾə）

（一）碟儿菜（i³⁴⁻³²）tiɤɻ⁵³tsʰe⁴¹

一碟子菜 i³⁴⁻³²tiɤɤ⁵³⁻³⁴³tsʰe⁴¹

一钵子饭 i³⁴⁻³²pɤɤ³⁴³fæ̃⁴¹

（一）盅儿酒（i³⁴）tsuŋ³¹³ʧieu³⁴

（一）瓢₁汤（i³⁴⁻³²）pʰiɔ⁵³tʰaŋ³¹³

（一）瓢₁水₁（i³⁴⁻³²）pʰiɔ⁵³suei³⁴

（一）瓢₁食（i³⁴⁻³²）pʰiɔ⁵³ʃi⁵³

一勺子汤 i³⁴⁻³²ʃyɤɤ⁵³⁻³⁴³tʰaŋ³¹³

一勺儿水₁ i³⁴⁻³²ʃɹɤ⁵³suei³⁴

一勺儿清酱 i³⁴⁻³²ʃyɹ⁵³ʧʰiəŋ³¹³⁻³²ʧiaŋ⁴¹ 一勺儿酱油

个把 kuɤ⁴¹·pa

百儿把儿 pɤɤ³⁴paɹ³⁴

　　百儿八十 pɤɤ³⁴pa³⁴⁻³²ʃi⁵³

附加成分等

后加成分：

一极了 ci⁵³⁻³⁴·lə 气~恨~

一要命 iɔ⁴¹⁻³²·miəŋ 气得~｜吓得~

　　一要死 iɔ⁴¹⁻³²sɿ³⁴

一不行₂ pu³⁴⁻³²·ɕiəŋ 气得~｜欢气得~

一死了 sɿ³⁴⁻³²·lə 气~急~

　　一死人 sɿ³⁴⁻³²·iən

一坏了 xue⁴¹⁻³⁴·lə

一不了 ·pu·liɔ 是恁的管紧儿飞~、没有~｜（碗）打~

一了不得₂ liɔ³⁴⁻³²·pu·te 气得~｜欢气得~

一和₁什么样 xuɤ³⁴⁻⁵³ʃi⁵³⁻³⁴·mu·iəŋ

　　（得）慌：气得~｜堵得~

一不楞登的 ·pu ləŋ⁴¹⁻³⁴təŋ³¹³·lə 彪~

一不啐的 ·pu ʧi³¹³·lə 黄~

一不啐啐的 ·pu ʧi³¹³⁻⁵³ʧi³¹³·lə 酸~

再……不过 tse⁴¹…pu·kuɤ 最……不过：

　　再好不过了｜再苦不过了

吃头儿 ʧʰi³⁴⁻³²·tʰəuɹ

喝头儿 xa³⁴⁻³²·tʰəuɹ

看₂头儿 kʰæ̃⁴¹⁻³²·tʰəuɹ

幹头儿 kæ̃⁴¹⁻³²·tʰəuɹ

奔头儿 pən⁴¹·tʰəuɹ

苦头儿 kʰu³⁴⁻³²·tʰəuɹ

甜头儿 tʰiæ̃⁵³⁻³⁴·tʰəuɹ

想头儿 ʃiaŋ³⁴⁻³²·tʰəuɹ

前加成分：

巴— pa³¹³ ~涩

白— pɤ⁵³ ~苦

饱— pɔ³⁴ ~麵

绷— pəŋ³¹³ ~直，~硬

漂₁— pʰiɔ³¹³ ~白

喷₂— pʰən³¹³ ~香

墨— mɤ⁴¹ ~黑

登— təŋ³¹³ ~硬

通— tʰuŋ³¹³ ~绿

溜— ləu³¹³ ~直，~尖

遵— tsən³¹³ ~齐

铿— tsəŋ³¹³ ~绿₂

噌— tsʰən³¹³ ~新

死— sɿ³⁴ ~齐

酥— su³¹³ ~焦

生— səŋ^{313} ~臭

鮋— xəu^{313} ~鹹

绝— tʃyɤ^{53} ~瘦

焦— tʃiɔ^{313} ~酸

精— tʃiəŋ^{313} ~磣

粞— ʃi^{313} ~甜

胶— ciɔ^{313} ~黄

巧— cʰiɔ^{34} ~黄

稀— çi^{313} ~碎

响— çiaŋ^{34} ~乾1

钢— kaŋ^{313} ~硬

光₁— kuɑŋ^{313} ~麵

淹₁— iæ̃^{313} ~湿

怪— kue^{41} ~冷的 | ~难受的

老— lɔ^{34} ~深浅 | ~粗细

虚字：

了 ·lə

着 ·tə 先把灯点2~ | 大2边儿闪~

的 ·lə ~谁~？| 上山~回来了 | 早起儿喝~麵汤

地 ·lə 欢欢儿气气~ | 来儿家~了

得 ·lə ~跑~快 | 穷~掉儿腚骭 | 两家儿臭~不上门儿

来 ·le 用于动词后，表示曾经发生：赶集~ | 上哪儿去~？

唵 æ̃^{41} 打招呼的叹词，相当于"喂"：~，你过1来

揽 læ^{34} 索要物品时的叹词：~，够1儿拿儿来吧

驾 cia^{41} 命令牲口前进的叹词

淅 sɔ^{41} 命令牲口后退的叹词

咦咦 i^{53};i^{53} 命令驴、骡、马左拐弯的叹词

哦哦 uɤ^{53}uɤ^{53} 命令驴、骡、马右拐弯的叹词

哩哩 li^{34}li^{34} 命令耕牛左拐弯的叹词

啦啦 la^{53}la^{53} 命令耕牛右拐弯的叹词

嘹嘹 liɔ^{53}liɔ^{53} 拐弯后命令耕牛对直前行的叹词

□ ye^{313} 命令牲口停下来的叹词

数字等

一号 i^{34}·xɔ

二号 əɤ^{41}·xɔ

三号 sæ̃$^{313-32}$·xɔ

十号 ʃi^{53}·xɔ

初一 tsʰu$^{313-32}$;i^{34}

月一 yɤ$^{41-32}$;i^{34}

初二 tsʰu$^{313-32}$ əɤ^{41}

初三 tsʰu$^{313-34}$sæ̃^{313}

初十 tsʰu$^{313-32}$ʃi^{53}

老大₂ lɔ$^{34-32}$ta^{41}

大₂份儿 ta^{41}·fənɻ

老二 lɔ$^{34-32}$əɤ^{41}

二份儿 əɤ^{41}·fənɻ

老三 lɔ^{34}sæ̃^{313}

三份儿 sæ̃$^{313-32}$·fənɻ

老九 lɔ$^{34-32}$ciəu^{34}

老十 lɔ$^{34-32}$ʃi^{53}

老小 lɔ$^{34-32}$ʃiɔ^{34}

小幺龙子儿 ʃiɔ^{34}iɔ$^{534-32}$luŋ$^{42-34}$·tər （北乡）

大₂哥 ta$^{41-34}$·kuɤ 同胞面称

ta^{41}kuɤ^{313} 非同胞面称

二哥 ər⁴¹⁻³⁴·kuɤ

三哥儿 sæ̃³¹³⁻³²·kɤɤ

一个 i³⁴⁻³²kuɤ⁴¹

两个 liaŋ³⁴⁻³²·kə

  俩 lia³⁴

  一对 i³⁴⁻³²təi⁴¹

三个 sæ̃³¹³⁻³²·kə

  仨 sa³¹³

  对半 təi⁴¹·pæ̃: 三个字儿不识~

四个 sʅ⁴¹·kə

十个 ʃi⁵³⁻³⁴·kə

第一 ti⁴¹⁻³²i³⁴

第二 ti⁴¹⁻³²ər⁴¹

第三 ti⁴¹⁻³²sæ̃³¹³

第十 ti⁴¹⁻³²ʃi⁵³

第一个 ti⁴¹⁻³²i³⁴kuɤ⁴¹

  头一个 tʰəu⁵³⁻³⁴·i kuɤ⁴¹/tʰəuəu⁵³⁻³⁴³kuɤ⁴¹

第二个 ti⁴¹⁻³²ər⁴¹·kə/ti⁴¹⁻³⁴·ər kuɤ⁴¹

  二一个 ər⁴¹⁻³⁴·i·kuɤ

第三个 ti⁴¹⁻³²sæ̃³¹³⁻³²·kə

  三一个 sæ̃³¹³⁻³¹·i·kuɤ

第四个 ti⁴¹⁻³²sʅ⁴¹·kə

  四一个 sʅ⁴¹·i·kuɤ

第五个 ti⁴¹⁻³²u³⁴·kə

  五一个 u³⁴⁻³²·i·kuɤ

第六个 ti⁴¹⁻³²ləu⁴¹·kə

第九个 ti⁴¹⁻³²ciəu³⁴·kə

第十个 ti⁴¹⁻³²ʃi⁵³·kə

一 i³⁴

二 ər⁴¹

三 sæ̃³¹³

四 sʅ⁴¹

五 u³⁴

六 ləu⁴¹

七 tʃʰi³⁴

八 pa³⁴

九 ciəu³⁴

十 ʃi⁵³

十一 ʃi⁵³⁻³²i³⁴

二十 ər⁴¹⁻³⁴·ʃi

二十一 ər⁴¹⁻³⁴·ʃi i³⁴

三十 sæ̃³¹³⁻³²·ʃi

三十一 sæ̃³¹³⁻³²·ʃi i³⁴/sæ̃æ̃³²³³ i³⁴

一百 i³⁴⁻³²pɤ³⁴

一百一 i³⁴⁻³²·pɤ i³⁴

一百一十个 i³⁴⁻³²·pɤ i³⁴⁻³²ʃi⁵³·kə

一百一十一 i³⁴⁻³²·pɤ i³⁴⁻³²·ʃi i³⁴

一百一十二 i³⁴⁻³²·pɤ i³⁴⁻³²·ʃi ər⁴¹

一百二 i³⁴⁻³²·pɤ ər⁴¹

一百二十个 i³⁴⁻³²·pɤ ər⁴¹⁻³⁴·ʃi·kə

一百三 i³⁴⁻³²·pɤ sæ̃³¹³

一百五 i³⁴⁻³²·pɤ u³⁴

一百五十个 i³⁴⁻³²·pɤ u³⁴⁻³²·ʃi·kə

二百二 ər⁴¹⁻³⁴·pɤ ər⁴¹

二百二十个 ər⁴¹⁻³⁴·pɤ ər⁴¹⁻³⁴·ʃi·kə

二百五 ər⁴¹⁻³⁴·pɤ u³⁴ 二百五十, 傻子

二百五十个 ər⁴¹⁻³⁴·pɤ u³⁴⁻³²·ʃi·kə

三百一 sæ̃³¹³⁻³¹·pɤ i³⁴
三百三 sæ̃³¹³⁻³¹·pɤ sæ̃³¹³
三百六 sæ̃³¹³⁻³¹·pɤ ləu⁴¹
三百八 sæ̃³¹³⁻³¹·pɤ pa³⁴
一千 i³⁴tʃʰiæ̃³¹³
一千一 i³⁴⁻³²·tʃʰiæ̃ i³⁴
一千一百个 i³⁴⁻³²·tʃʰiæ̃ i³⁴⁻³²·pɤ·kə
一千二 i³⁴⁻³²·tʃʰiæ̃ əɾ⁴¹
一千两百个 i³⁴⁻³²·tʃʰiæ̃ liaŋ³⁴⁻⁵³·pɤ·kə
一千九 i³⁴⁻³²·tʃʰiæ̃ ciəu³⁴
一千九百个 i³⁴⁻³²·tʃʰiæ̃ ciəu³⁴⁻³²·pɤ·kə
两千二 liaŋ³⁴·tʃʰiæ̃ əɾ⁴¹
两千两百个 liaŋ³⁴·tʃʰiæ̃ liaŋ³⁴⁻⁵³·pɤ·kə
两千二百二 liaŋ³⁴·tʃʰiæ̃ əɾ⁴¹⁻³⁴·pɤ əɾ⁴¹
三千 sæ̃³¹³⁻³⁴tʃʰiæ̃³¹³
五千 u³⁴tʃʰiæ̃³¹³
八千 pa³⁴tʃʰiæ̃³¹³
一万 i³⁴⁻³²·uæ̃⁴¹
一万二 i³⁴⁻³²·uæ̃ əɾ⁴¹
一万两千个 i³⁴⁻³²·uæ̃ liaŋ³⁴·tʃʰiæ̃·kə
两万 liaŋ³⁴uæ̃⁴¹
两万二 liaŋ³⁴·uæ̃ əɾ⁴¹
两万两千个 liaŋ³⁴·uæ̃ liaŋ³⁴·tʃʰiæ̃·kə
两万两千二 liaŋ³⁴·uæ̃ liaŋ³⁴·tʃʰiæ̃ əɾ⁴¹
三万五 sæ̃³¹³⁻³²·uæ̃ u³⁴
三万五千个 sæ̃³¹³⁻³²·uæ̃ u³⁴·tʃʰiæ̃·kə
零 liəŋ³¹³

一百零一 i³⁴⁻³²·pɤ liəŋ³¹³⁻³²;³⁴
两斤 liaŋ³⁴⁻³²·ciən
二斤 əɾ⁴¹⁻³⁴·ciən
二两 əɾ⁴¹⁻³⁴·liaŋ
两钱 liaŋ³⁴·tʃʰiæ̃
二分 əɾ⁴¹⁻³⁴·fən
两厘 liaŋ³⁴·li
两丈 liaŋ³⁴·tʃiaŋ
二尺 əɾ⁴¹⁻³⁴·tʃʰi
两寸 liaŋ³⁴·tsʰən
两丈二 liaŋ³⁴·tʃiaŋ əɾ⁴¹
二尺二 əɾ⁴¹⁻³⁴·tʃʰi əɾ⁴¹
两寸二 liaŋ³⁴·tsʰən əɾ⁴¹
二里 əɾ⁴¹⁻³⁴·li
两斗 liaŋ³⁴⁻³²təu³⁴
两升 liaŋ³⁴ʃiəŋ³¹³
两项儿 liaŋ³⁴çiaŋɾ⁴¹
二亩 əɾ⁴¹⁻³⁴·mu
幾个？ ci³⁴⁻³²·kə 指物
幾个儿？ ci³⁴⁻³²·kəɾ 指人
幾个人？ ciiə³⁴³iən³¹³
多少个？ tuɤ³¹³⁻³⁴·ʃyɤ·kə
好幾个 xɔ³⁴⁻⁵³·ci kuɤ⁴¹
十好幾个 ʃi⁵³⁻³²xɔ³⁴⁻⁵³·ci kuɤ⁴¹
好几百 xɔ³⁴⁻⁵³·ci pɤ³⁴
些 ʃiɤ³¹³ ~学生 | ~孩子的棉袄 | ~鸡 | 这1歇儿的~ 人儿 | 六~儿 | 两个小~儿
没₂些些儿 mu⁴¹⁻³²ʃiɤ³¹³⁻³⁴ʃiɤɾ³¹³ 少量
一大₂些 i³⁴ta⁴¹ʃiɤ³¹³/i³⁴·ta ʃiɤ³¹³ 很多

若干若伙 yɤ⁴¹·kæ̃ yɤ⁴¹⁻³²xuɻ³⁴

老么儿些 lɔ³⁴·muɻ ʃɿɻ³¹³ 很多很多

老儿鼻子了 lɔɻ³⁴·piiə³²³·lə/lɔɻ³⁴·pi⁵³⁻³²·tə·lə

无计其数₂儿 u⁵³⁻³⁴·ci cʰi³⁴·suɻ⁴¹

大₂么些儿 ta⁴¹⁻³⁴·mu ʃɿɻ³¹³/taa³⁴³ʃɿɻ³¹³ 强调数量远远不够

没₂点₂儿 mu⁴¹⁻³²·tiæɻ̃³⁴ 一点儿

没₂点₂点₂儿 mu⁴¹⁻³²·tiæ̃ tiæɻ̃³⁴ 一点点

大₂么点₂儿 ta⁴¹⁻³⁴·mu tiæ̃ɻ³¹³/taa³⁴³tiæɻ̃³¹³ 强调很少的一点儿

十啦多个（儿）ʃi⁵³⁻³⁴·la tuɤ³¹³⁻³²kuɤ（ɻ）⁴¹ 十多个

一百多个（儿）i³⁴⁻³²pɤ³⁴tuɤ³¹³⁻³²kuɤ（ɻ）⁴¹

十啦个（儿）ʃi⁵³⁻³⁴·la kuɤ（ɻ）⁴¹ 十来个

千数个儿 ʨʰiæ³¹³⁻³²·su kuɤɻ⁴¹

千数儿 ʨʰiæ³¹³⁻³²suɻ⁴¹⁻³⁴

千儿把儿 ʨʰiæɻ³¹³paɻ³⁴

千千八百 ʨʰiæ³¹³⁻³²·ʨʰiæ pa³⁴⁻³²pɤ³⁴

一百来个（儿）i³⁴⁻³²pɤ³⁴·le kuɤ（ɻ）⁴¹ 百把个

百十个儿 pɤ³⁴⁻³²ʃi⁵³ kuɤɻ⁴¹

一百啦个（儿）i³⁴⁻³²pɤ³⁴·la kuɤ（ɻ）⁴¹

百儿把儿 pɤɻ³⁴paɻ³⁴

百儿八十 pɤɻ³⁴pa³⁴⁻³²ʃi⁵³

半个 pæ̃⁴¹⁻³²·kə

半拉个儿 pæ̃⁴¹⁻³²·la kuɤɻ⁴¹ 约近二分之一

一半儿 i³⁴⁻³²·pæ̃ɻ⁴¹ 二分之一

两半儿 liaŋ³⁴·pæ̃ɻ/liaŋ³⁴⁻³²·pæ̃ɻ⁴¹

平半儿 pʰiəŋ⁵³⁻³²·pæ̃ɻ⁴¹/pʰiəŋ⁵³⁻³²pæ̃ɻ⁴¹ 各占二分之一：饥荒两家儿~劈

一大₂半儿 i³⁴⁻³²ta⁴¹·pæ̃ɻ⁴¹ 远超二分之一

一大₂缕儿 i³⁴⁻³²ta⁴¹·ləuɻ³⁴⁻³²·ɻə

一小缕₂儿 i³⁴⁻³²ʃiɔ³⁴·ləuɻ³⁴⁻³²·ɻə 一点儿

个半 kuɤ⁴¹⁻³²·pæ̃ 一个半

一半个儿 i³⁴·pæ̃ kuɤɻ⁴¹ 表示少

……成儿 ʨʰiəŋɻ⁵³（⁻³⁴·ɻə）十分之几：少说也有两~秕子｜能有七~好的就不离

……沟儿 kəuɻ³¹³（⁻³²·ɻə）除"十分之几"外的其他分数：三~能有俺一~就行2｜五~营生做儿两~了

……停儿 tʰiəŋɻ⁵³（⁻³⁴·ɻə）分数，专用于大队人马：三~人跟1着他跑儿两~半

……上下儿 ʃiaŋ⁴¹⁻³²·ɕiaɻ 表约数，用于数量名短语之后：个人儿漫有三十岁~｜些苞儿米也就五十斤~

……来往儿 ·le uaŋɻ³⁴ 表约数，用于数量名短语之后：一年~｜十斤~

……左右 tsuɤ⁴¹⁻³²·iəu⁴¹ 表约数，用于数词与名量词之间：个人儿三十~岁儿｜些苞儿米也就五十~斤儿

数字熟语：

一惊一乍 i³⁴·ciəŋ i³⁴⁻³²tsa³⁴⁻⁵³

一反一正 i³⁴·fæ̃ i³⁴⁻³²ʨiəŋ⁴¹

一来二去₂ i³⁴·le ɚ⁴¹⁻³²cʰy⁴¹

一清二白 i³⁴·ʨʰiəŋ ɚ⁴¹⁻³²pɤ⁵³

一清二楚 i³⁴·ʨʰiəŋ ɚ⁴¹⁻³²tsʰu³⁴

一乾₁二净 i³⁴·kæ̃ ɚ⁴¹⁻³²ʨiŋ⁴¹

一差₂两错儿 i³⁴·tsʰa liaŋ³⁴⁻³²tsʰuɤɹ⁴¹
　失手儿差₂脚儿 ʃi³⁴⁻³²ʃiəuɹ³⁴tsʰa⁴¹⁻³²cyɤɹ³⁴
　小来大₂去₂儿 ʃio³⁴·le ta⁴¹⁻³²cʰyɹ⁴¹

一刀₁两断 i³⁴·tɔ liaŋ³⁴⁻³²tæ̃⁴¹

一举两得 i³⁴⁻³²·cy liaŋ³⁴⁻⁵³tɤ³⁴

差一抹₂二 tsʰa⁴¹⁻³²·i mɤ³⁴⁻³²ɚɹ⁴¹

说一不二 ʃyɤ³⁴⁻³²·i pu³⁴ɚɹ⁴¹

不三不四 pu³⁴sæ̃³¹³pu³⁴⁻³²sʅ⁴¹

颠三倒四 tiæ̃³¹³⁻³⁴sæ̃³¹³tɔ³⁴⁻³²sʅ⁴¹

说三道四 ʃyɤ³⁴sæ̃³¹³tɔ⁴¹⁻³²sʅ⁴¹

急三火四 ci³⁴sæ̃³¹³xu³⁴⁻³²sʅ⁴¹

三番五次 sæ̃³¹³⁻³⁴fæ̃³¹³u³⁴⁻³²tsʰʅ⁴¹

三番两次 sæ̃³¹³⁻³⁴fæ̃³¹³liaŋ³⁴⁻³²tsʰʅ⁴¹

三年五载 sæ̃³¹³⁻³⁴ŋæ̃³¹³u³⁴⁻³²tse³⁴

三天两头儿 sæ̃³¹³⁻³⁴·tʰiæ̃ liaŋ³⁴⁻³²tʰəuɹ⁵³/ sæ̃³¹³⁻³⁴·tʰiæ̃ liaŋ³⁴·tʰəuɹ

三天两宿 sæ̃³¹³⁻³⁴·tʰiæ̃ liaŋ³⁴⁻³²ʃy³⁴

三长₂两短 sæ̃³¹³⁻³²ʨʰiaŋ⁵³liaŋ³⁴⁻³²tæ̃³⁴

三言两语 sæ̃³¹³⁻³²iæ̃⁵³liaŋ³⁴⁻³²y³⁴

三心二意 sæ̃³¹³⁻³⁴·ʃiən ɚɹ⁴¹⁻³²i⁴¹

隔三差₂五儿 kɤ³⁴·sæ̃ tsʰa⁴¹⁻³²uɹ³⁴

四平八稳 sʅ⁴¹·pʰiəŋ pa³⁴⁻³²uən³⁴

四通八达 sʅ⁴¹·tʰuŋ pa³⁴⁻³²ta³⁴

四面儿八方 sʅ⁴¹⁻³²miæɹ pa³⁴faŋ³¹³

四六儿不分₁ sʅ⁴¹⁻³²ləuɹ⁴¹pu³⁴fən³¹³

五穀拉₂骚 u³⁴⁻³²·ku la³⁴sɔ³¹³

五湖四海 u³⁴·xu sʅ⁴¹⁻³²xe³⁴

五花八门儿 u³⁴·xua pa³⁴⁻³²mənɹ⁵³

七上八下 ʨʰi³⁴·ʃiaŋ pa³⁴⁻³²cia⁴¹

七七八八 ʨʰi³⁴⁻⁵³·ʨʰi pa³⁴⁻³²pa³⁴

乱七八糟 læ̃⁴¹·ʨʰi pa³⁴tsɔ³¹³

乌七八糟 u³¹³⁻³¹·ʨʰi pa³⁴tsɔ³¹³

零七八当₁儿 liəŋ³¹³⁻³¹·ʨʰi pa³⁴taŋɹ³¹³

零七八碎 liəŋ³¹³⁻³¹·ʨʰi pa³⁴səi⁴¹⁻³¹³

七长₂八短 ʨʰi³⁴·ʨʰiaŋ pa³⁴⁻³²tæ̃³⁴

七灾八难₂ ʨʰi³⁴·tse pa³⁴⁻³²næ̃⁴¹

七拼八凑 ʨʰi³⁴·pʰiən pa³⁴⁻³²tsʰəu⁴¹

七手儿八脚 ʨʰi³⁴⁻⁵³·ʃiəuɹ³⁴pa³⁴⁻³²cyɹ

七嘴儿八舌 ʨʰi³⁴⁻³²tsəiɹ³⁴pa³⁴⁻³²ʃɤ⁵³

歪七咧八 ue³¹³⁻³¹·ʨʰi liɹ³⁴⁻³²pa³⁴

隔沟儿八斜 kɤ³⁴⁻³²kəuɹ³⁴⁻³²pa³⁴⁻³²ʃiɤ⁵³/ kɤ³⁴⁻⁵³·kəuɹ pa³⁴⁻³²ʃiɤ⁵³

千辛万苦 ʨʰiæ̃³¹³⁻³⁴ʃiən³¹³uæ̃⁴¹⁻³²kʰu³⁴

千真万确 ʨʰiæ̃³¹³⁻³⁴ʨiən³¹³uæ̃⁴¹⁻³²cʰyɹ⁵³

千军万马 ʨʰiæ̃³¹³⁻³⁴·cyən uæ̃⁴¹⁻³²ma³⁴

千变万化 ʨʰiæ̃³¹³⁻³²·piæ̃ uæ̃⁴¹⁻³²xua⁴¹

千家万户儿 ʨʰiæ̃³¹³⁻³⁴·cia uæ̃⁴¹⁻³²xuɹ³⁴

千言万语 ʨʰiæ̃³¹³⁻³²·iæ̃ uæ̃⁴¹⁻³²y³⁴

天干地支：

甲 cia³¹³ 乙 i³⁴ 丙 piəŋ³⁴ 丁 tiəŋ³¹³

戊 u³⁴ 己 ci³⁴ 庚 kəŋ³⁴ 辛 ʃiən³¹³

壬 iən³⁴ 癸 kuəi³⁴

子 tsɿ³⁴ 丑 ʧʰiəu³⁴ 寅 iən³⁴ 卯 mɔ³⁴

辰 ʧʰiən⁵³ 巳 sɿ⁴¹ 午 u³⁴ 未 uəi⁴¹

申 ʃiən³¹³ 酉 iəu³⁴ 戌 ʃy³⁴ 亥 xe⁵³

子鼠 tsɿ³⁴⁻³²ʃy³⁴ 丑牛 ʧʰiəu³⁴ŋiəu³¹³

寅虎 iən³⁴⁻³²xu³⁴ 卯兔 mɔ³⁴⁻³²tʰu⁴¹

辰龙 ʧʰiən⁵³⁻³²luŋ⁵³ 巳蛇 sɿ⁴¹⁻³²ʃɤ⁵³

午马 u³⁴⁻³²ma³⁴ 未羊 uəi⁴¹iɑŋ³¹³

申猴儿 ʃiən³¹³⁻³²xəuɻ⁵³ 酉鸡 iəu³⁴ci³¹³

戌狗儿 ʃy³⁴⁻³²kəuɻ³⁴ 亥猪 xe⁵³ʧy³¹³

第四章　语法

语法部分选取与普通话差别较大的方言特点，分专题做出详细描写。

第一节　构词法

莱阳方言既可以使用词根复合、重叠、附加词缀等形式构成新词，又可以使用变韵、变调等语音变化形式派生新词。下面对其中比较独特的构词方式做出描写。

一、合音构词：Z变韵

莱阳方言的词缀语素特别是词尾非常丰富，其中名词词尾"－子"独具特色，"子"本音［tsʅ³⁴］，充当"－子"尾后变读为轻声［·tə］。莱阳方言既可以使用自成音节的［·tə］（－子）构成新词，又可以使用合音形式"Z变韵"构成新词。（体标记"－着"尾同，详见第四章第三节）两种语音形式的分布条件不同，下面分别讨论：

（一）自成音节的轻声［·tə］

"－子"尾词不论是单说，还是在语流中，都可以使用自成音节的语音形式［·tə］。例如：

钩子 kəu³¹³⁻³¹·tə，厨子 tʃʰy⁵³⁻³⁴·tə，眼子 iæ̃³⁴⁻³²·tə 窟窿，蟹子 ɕie⁴¹⁻³⁴·tə，酒盅子 tʃiəu³⁴tsuŋ³¹³⁻³¹·tə，耳底子 ər³⁴⁻⁵³ti³⁴⁻³²·tə 中耳炎，手腕子 ʃiəu³⁴⁻³²uæ̃⁴¹·tə 手段，後脑勺子 xəu⁴¹⁻³²nɔʃɤ⁵³⁻³⁴·tə

如果有同字词，则分别用自成音节的［·tə］和本音［tsʅ³⁴］来区别语音形式，例如：

公子 kuŋ³¹³⁻³¹·tə 雄性：公子 ₂kuŋ³¹³⁻³²tsʅ³⁴ 对他人儿子的尊称

孙子 sən$^{313-31}$·tə 儿子的儿子：孙子 $_2$ sən$^{313-32}$tsʅ^{34} 军事家孙武

庄子 tsuaŋ$^{313-31}$·tə 地名：庄子 $_2$ tsuaŋ$^{313-32}$tsʅ^{34} 道家代表人物庄周

一家子 i^{34}cia$^{313-31}$·tə：一甲子 $_2$i^{34}cia$^{313-32}$tsʅ^{34}

有意思的是，受"-子"尾的影响，不作词尾的"子"如果读轻声，习惯上也读［·tə］，例如：

君子 cyən$^{313-31}$·tə，小子 ʃiɔ$^{34-32}$·tə，种 $_1$ 子 tsuŋ$^{34-32}$·tə，孔子 kʰuŋ$^{34-32}$·tə，墨子 mɤ^{41}·tə

更有甚者，一些其他［tsʅ］音节字变读为轻声后，通常也读［·tə］。例如：

私自 sʅ$^{313-31}$·tə，八字（儿）pa$^{34-32}$·tə（ɻ）生辰八字，福字（儿）fu$^{34-32}$·tə（ɻ），胭脂儿 iæ̃$^{313-31}$·təɻ，戒指儿 cie^{41}·təɻ

（二）合音形式——Z 变韵"RR$^∨$"

"R"代表韵基——指韵腹和韵尾构成的一个整体，"$^∨$"代表曲折调。轻声［·tə］脱落，前字韵基的音长延长（部分韵基发生变化，详见表 4-1），同时前字声调变为一个拖长了的曲折调——阴平变为 3133（5344 北乡），阳平变为 534（423 北乡），上声变为 343，去声变为 413；如果"-子"尾的前字有连读变调，则以连读变调为基础发生声调变化，例如豆子 təuəu^{343}（= təu$^{41-34}$·tə）。其特点补充说明如下：

（1）韵基为 ɿ i u y，音长延长时增生一个央元音 ə。

（2）音长延长时，韵尾 -i 的时值比其他韵尾略短；韵尾为 -n、-ŋ，韵腹延长部分的元音变为鼻化音，例如"根子"的实际音值为［kənən^{3133}］（持续体"跟 $_1$ 着"同此）。为求方便简洁，仅在表 4-1"变韵表"列出实际音值，以下行文时一律记作［kənən^{3133}］，其他鼻尾韵仿此。

（3）北乡的 æ̃ 组变韵后与 aŋ 组合并（表 4-1 不收）——aŋãŋ（< æ̃、aŋ），iaŋãŋ（< iæ̃、iaŋ），uaŋãŋ（< uæ̃、uaŋ），yaŋãŋ（< yæ̃）。北乡变韵举例如下：板子 = 膀子 paŋãŋ^{343}，剪子 ʧiaŋãŋ$^{34-323}$、肠子 ʧʰiaŋãŋ$^{42-343}$，管子 kuaŋãŋ^{343}、眼眶子 kʰuaŋãŋ^{5344}、院子 yaŋãŋ^{413}。

（4）此类构成名词的语音内部屈折形式，学界通常称作"Z 变韵"或"子变韵"。莱阳方言"D 变韵"（用变韵取代谓词后的虚词"着"

所表示的时体意义）中的"持续体"与"Z 变韵"语音形式合流，本文一并称作"Z 变韵"。

表 4-1 莱阳方言语音内部屈折形式变韵表

开口呼	齐齿呼	合口呼	撮口呼
ŋə（＜ɿ） 枝子 柿子	iiə（＜i） 鼻子 裏子	uuə（＜u） 麩子 苏子	yyə（＜y） 厨子 铜子
aa（＜a） 法子 葛子	iaa（＜ia） 架子 卡子	uaa（＜ua） 胯子 袜子	
ɤɤ（＜ɤ） 钵子 麦子	iɤɤ（＜iɤ） 茄子 蝎子	uɤɤ（＜uɤ） 镯子 鹅子	yɤɤ（＜yɤ） 嚼子 靴子
ee（＜e） 栽子 艾子	iee（＜ie） 蟹子 矮子	uee（＜ue） 蝈子 筷子	
ɔɔ（＜ɔ） 袍子 刀₁子	iɔɔ（＜iɔ） 锹₂子 舀子		
əiəi（＜əi） 对子 嘴子		uəiəi（＜uəi） 锥子 苇子	
əuəu（＜əu） 漏子 钩子	iəuəu（＜iəu） 丘子 牛子		
æ̃æ̃（＜æ̃） 嫚子 鞍子	iæ̃æ̃（＜iæ̃） 辫子 键子	uæ̃æ̃（＜uæ̃） 橡子 罐子	yæ̃æ̃（＜yæ̃） 馅子 院子
ən̄ən̄（＜ən） 坟子 囤子	iən̄ən̄（＜iən） 金子 银子	uən̄ən̄（＜uən） 棍子 蚊子	yən̄ən̄（＜yən） 圈子 裙子
aŋ̃aŋ̃（＜aŋ） 房子 缸子	iaŋ̃aŋ̃（＜iaŋ） 幛子 厂子	uaŋ̃aŋ̃（＜uaŋ） 桩子 幌子	
əŋ̃əŋ̃（＜əŋ） 棚子 掌子	iəŋ̃əŋ̃（＜iəŋ） 饼子 性子	uŋ̃uŋ̃（＜uŋ） 盅子 虫子	yŋ̃yŋ̃（＜yŋ） ——

合音形式 Z 变韵"RR˅"有限制条件：

第一，单说时，"-子"尾词不能用"RR˅"，比如，单说"房子"时通常只说 [faŋ$^{53\text{-}34}$·tə]，一般不说 [faŋaŋ^{343}]；在语流中，"RR˅"只能在句中出现，不能出现在句末。此条件限于城区和南乡（北乡不受此条件限制），例如：

对机子 uuə^{343}（＝u^{34}·tə）真不糙

罕儿杠子 kaŋaŋ^{413}（＝kaŋ^{41}·tə）来去！

恁孙子 sənən³¹³³（= sən³¹³⁻³¹·tə）长儿个茄子 cʰiɤɤ³⁴³（= cʰiɤ⁵³⁻³⁴·tə）脸
他逮在哪儿学儿这₂么些二流子 ləuəu³⁴³（= ləu⁵³⁻³⁴·tə）习气？
恁吉今年打儿多少豆子 təu⁴¹⁻³⁴·tə？
咱吉今日割苇子 uei³⁴·tə，脾别忘儿罕拿着绳子 ʃiəŋ⁵³·tə
他家儿 12 亩果峦子 laŋãŋ⁵³⁴⁴！（北乡）

上文第四章第一节中述及的其他含［·tə］音节词，在句中也可以使用 Z 变韵"RR˅"，例如：

先君子 cyənən³¹³³（= cyən³¹³⁻³¹·tə）後小人
个小子 ʃiɔɔ³²³（= ʃiɔ³⁴⁻³²·tə）挺狂气
先批八字 paa³²³（= pa³⁴⁻³²·tə）後起名儿
谁敢私自 sŋŋ³¹³³（= sŋ³¹³⁻³¹·tə）处理了？
都会背《三字 sæ̃æ̃³¹³³ 经儿》

第二，Z 变韵"RR˅"与儿化互相排斥："-子"尾儿化时，不能用"RR˅"；用了"RR˅"的"-子"尾词则不可以再儿化。例如下面的"-子"尾儿化词都不能使用"RR˅"：

小车₁子儿·ɹər，小彪子儿·ɹər，小孩子儿·ɹər，小虫子儿·ɹər，小杌子儿·ɹər，小倮子儿·ɹər，小袜子儿·ɹər，小镜子儿·ɹər

（三）Z 变韵的泛化

莱阳方言里，除了"-子"尾词、持续体可以使用 Z 变韵"RR˅"外，地名、不定称人称代词"人家₂"、含量词"个"的词语作定语、含"头"的数量短语等也可以使用 Z 变韵"RR˅"。下面分别说明。

1. 地名使用 Z 变韵限于三音节词，主要有两种类型：

（1）首音节变韵型。第二音节为"子、格、家"及其同音词时，此音节习惯上脱落，首音节使用合音形式 Z 变韵"RR˅"，例如：

X 子 A：蚬子湾 çiæ̃æ̃³⁴³uæ̃³¹³，猴子沟 xəuəu⁴²³kəu⁵³⁴ 北乡

X 格庄［·kə·tsəŋ］：高格庄 kɔɔ³¹³⁻³²³³·tsəŋ，汪格庄 uaŋaŋ³¹³³·tsəŋ，冯格庄 fəŋəŋ⁵³⁻³⁴³·tsəŋ，徐格庄 ʃyy⁵³⁻³⁴³·tsəŋ，吕格庄 lyy³⁴³·tsəŋ，董格庄 tuŋuŋ³⁴³·tsəŋ，憨格庄 cʰiia⁴¹⁻³⁴³·tsəŋ，教格庄 ciɔɔ⁴¹⁻³⁴³·tsəŋ，谭格庄 tʰaŋaŋ⁴²⁻³⁴³·tsəŋ 北乡

X家［·ci/cia³¹³］A：躬家庄 kuŋuŋ³¹³⁻³²³³tsuaŋ³¹³，马家庄 maa³⁴⁻³²³³tsuaŋ³¹³，褚家疃 tʃʰyyə³⁴³tʰæ̃³⁴，臧家疃 tsaŋaŋ³¹³⁻³²³³tʰæ̃³⁴，刘家疃 liəuəu⁵³⁴tʰæ̃³⁴，房家疃 faŋaŋ⁴²³tʰæ̃³⁴ 北乡，梁家夼 liaŋaŋ³¹³⁻³²³³kʰuaŋ³⁴，姜家泊儿 ciaŋaŋ³¹³⁻³²³³pʰɤɻ³⁴（= ciaŋ³¹³⁻³²pʰɤɻ³⁴），马家泊 maa³⁴⁻³²³pʰɤ³⁴，门家沟 mənən⁵³⁴⁴kəu⁵³⁴ 北乡，臧家沟 tsaŋaŋ⁵³⁴⁴kəu⁵³⁴ 北乡，野鸡泊 iɤɤ³⁴⁻³²³pʰɤ³⁴。

其他：石水头 ʃiiə⁵³⁻³⁴³·tʰəu，塔南泊₂tʰæ̃æ̃³⁴³pʰɤ³⁴，山前店 sæ̃æ̃⁵³⁴⁴tiæ̃⁴¹（= sæ̃⁵³⁴⁻³²tiæ̃⁴¹）北乡。

（2）第二音节变韵型。莱阳北乡靠近海莱山区一带，如果地名里的"格、家"读［ka⁵³⁴］，三音节地名的末音节"庄·tə"习惯上脱落，第二音节使用 Z 变韵 "RRˇ"，例如：思格庄 sʅ⁵³⁴⁻³²kaa⁵³⁴⁻³⁴³，杨格庄 iaŋaŋ⁵³⁴⁻³²kaa⁵³⁴⁻³⁴³，蒲格庄 pʰu³⁴⁻⁴²kaa³⁴³，（南）汪家庄 uaŋ⁵³⁴⁻³²kaa³⁴³；否则，仍然使用首音节变韵型，例如：（北）唐家庄儿 tʰaŋaŋ⁴²³tsuaŋɻ⁵³⁴，（北）王家庄儿 uaŋaŋ⁴²³tsuaŋɻ⁵³⁴。

此外，莱阳北乡、城区部分地区还可以第二音节脱落，其他两个音节不变，由三音节直接缩减变读成双音节，例如上举的"姜家泊儿、山前店"，变读双音节、Z 变韵都常用。部分地名则以变读双音节为常，Z 变韵不太常用，例如：

孙家夼 sən³¹³⁻³²kʰuaŋ³⁴（= sənən³¹³⁻³²³³kʰuaŋ³⁴），後家疃 xəu⁴¹tʰæ̃³⁴（= xəuəu⁴¹³tʰæ̃³⁴），李家沟 li³⁴kəu⁵³⁴（= liiə³⁴³kəu⁵³⁴），迟家沟 tʃʰi⁴¹kəu⁵³⁴（= tʃʰiiə⁴¹³kəu⁵³⁴）。

少数三音节地名甚至已经抛弃了 Z 变韵合音形式，只有变读双音节和三音节两种语音形式，例如：

于家店儿 y⁵³tiæɻ⁴¹（= y⁵³⁻³⁴·cia tiæɻ⁴¹），赵家疃 tʃiɔ⁴¹⁻³⁴·tʰæ̃（= tʃiɔ⁴¹⁻³⁴·cia tʰæ̃³⁴）。

2. 莱阳方言的不定称人称代词"人家₂iən³¹³⁻³²·ci"也可以使用 Z 变韵合音形式［iənən³²³³］（ənən³²³³ = ən⁵³⁴⁻³²·ci 北乡），意义大致相当于普通话的"别人"。例如：

咱自己做好儿自己的营生儿就行₂了，人家₂iənən³²³³（= iən³¹³⁻³²·ci）的营生儿人家₂iənən³²³³（= iən³¹³⁻³²·ci）自己说儿算此外，女性或青少年常常改变"人家₂"的声调兼表第一人称，一般含有撒娇、亲近、责备的意味。表示褒义通常用 Z 变韵合音形式 [iənən³¹³⁻³⁴³]，例如：

人家₂iənən³⁴³ 就要₂捏₁那个，你快点₂儿了！

人家₂iənən³⁴³ 能儘着他打？俺撒腿就跑！

表示贬义则多用离散音节形式 [iən³¹³⁻³⁴·ci]，例如：

恁这₁歇儿用不着₂人家₂iən³¹³⁻³⁴·ci 了，不儿是？

一句话₂把人家₂iən³¹³⁻³⁴·ci 气儿个半死，个老东西！

3. 含量词"个"的词语作定语时，也可以使用 Z 变韵"RRˇ"，例如，幾个 ciiə³⁴³ 女的，三个 sææ̃³¹³³ 老虎，十个 ʃiiə⁵³⁻³⁴³ 梨；如果此类词语独立充当主语、宾语时，则通常行用离散音节形式。试比较：

拢共儿来儿二十六个 ləuəu⁴¹³ 人，给恁组儿八个 pa³⁴⁻³²·kə

这₁个 ʧiɤɤ³⁴³ 老幾俺认得₂，捏₁那个 ŋiɤ³⁴·kuɤ 谁？

他捏₁那个 ŋiɤɤ³⁴³ 猪长₁得比咱这₁个 ʧiɤ³⁴·kuɤ 强₂多了

此外，含有强烈处置义的状中结构"好一个/顿 V"（大致相当于普通话里的"好 V 一顿/通"，例如"好打一顿""好骂一通"）里的"一个"，以离散音节形式为常，语速稍快时，也可以使用 Z 变韵合音形式。例如：

叫₁捏₁那个老头儿好一个 xɔ³⁴·i·kə（=xɔ³⁴iiə²¹²）鵴

叫₁俺把他好一个 xɔ³⁴·i·kə（=xɔ³⁴iiə²¹²）揍

傍明儿小狗儿好一个 xɔ³⁴·i·kə（=xɔ³⁴iiə²¹²）叫₂

老四动弄得些人儿好一个 xɔ³⁴·i·kə（=xɔ³⁴iiə²¹²）笑

夜来他好一个 xɔ³⁴·i·kə（=xɔ³⁴iiə²¹²）发大₂冤

俺爹好一个 xɔ³⁴·i·kə（=xɔ³⁴iiə²¹²）发火儿

如果此结构使用"一顿"，则只能使用离散音节形式，例如：

叫₁捏₁那个老头儿好一顿 xɔ³⁴·i·tən 鵴

老四气得他四婶儿好一顿 xɔ³⁴·i·tən 哭

夜来他好一顿 xɔ³⁴·i·tən 发大₂冤

老四叫₁他四婶儿没₂头儿没₂脑地好一顿 xɔ³⁴·i·tən 拾掇批评，斥责

4. 莱阳方言含"头"的数量短语也可以使用 Z 变韵"RR$^\vee$"。序数词带有后加成分时,"第一"习惯上要换成"头一 t^{h}əuəu^{343}（= t^{h}əu$^{53-34}$·i）",其余的序数词不变,例如:

头一 t^{h}əuəu^{343} 个（儿）,头一 t^{h}əuəu^{343} 遭（儿）,头一 t^{h}əuəu^{343} 天（儿）,头一 t^{h}əuəu^{343} 瞎黑（儿）,头一 t^{h}əuəu^{343} 趟车,头一 t^{h}əuəu^{343} 栋房子

"头"接其他基数词时,习惯上用"头着 t^{h}əuəu^{343}（= t^{h}əu$^{53-34}$·tə）两（三、四……）"结构,此结构不表序数,而表示数量范围。此结构可以分为两类:

（1）如果表示具体数量,"头着"虽然可以使用两种语音形式,但离散音节形式"t^{h}əu$^{53-34}$·tə"更为常用,数词后的名量词一般不儿化,例如:

头着 t^{h}əu$^{53-34}$·tə（= t^{h}əuəu^{343}）两 liaŋ^{34} 天:指第一天和第二天

头着 t^{h}əu$^{53-34}$·tə（= t^{h}əuəu^{343}）两 liaŋ^{34} 盘:指第一盘和第二盘棋

头着 t^{h}əu$^{53-34}$·tə（= t^{h}əuəu^{343}）两 liaŋ^{34} 块:指第一块和第二块

头着 t^{h}əu$^{53-34}$·tə（= t^{h}əuəu^{343}）两 liaŋ$^{34-53}$ 口:指第一口和第二口酒

头着 t^{h}əu$^{53-34}$·tə（= t^{h}əuəu^{343}）三天:指第一、第二天和第三天共三天

头着 t^{h}əu$^{53-34}$·tə（= t^{h}əuəu^{343}）四盘棋:指第一盘、第二盘、第三盘、第四盘共四盘棋

（2）如果表示约数,通常使用"头着两 t^{h}əuəu^{343}·liaŋ+ 名量词"结构——"头着"习惯上行用 Z 变韵合音形式 [t^{h}əuəu^{343}],结构中的"两"通常变为轻声 [·liaŋ],数词后的量词或名词通常要儿化,例如:

头着两 t^{h}əuəu^{343}·liaŋ 天儿:指前面的两三天儿或三四天儿

头着两 t^{h}əuəu^{343}·liaŋ 盘儿:指前面的两三盘儿或三四盘儿棋

头着两 t^{h}əuəu^{343}·liaŋ 块儿:指前面的两三块儿或三四块儿

头着两 t^{h}əuəu^{343}·liaŋ 口儿还$_1$没有事儿,赶第五口儿,一下去就上儿头了。这$_1$个熊酒……三口儿、两口儿问题不大$_2$,再多就得$_2$寻思寻思……

二、变调构词：四声别义

变调构词，又称作"四声别义"，是指用改变声调的方法来区别词义和词性的构词现象。莱阳方言里的变调构词现象，虽然不具备周遍性，却比普通话更丰富，而且还进入了多音节词语的领域。为了方便观察，下面以声调与词性、意义之间的关系为主线，分别对莱阳方言单音节词和多音节词语的变调方式做出详细描写。

（一）单音节词

1. 声调区别词性和意义

莱阳方言里，通过变换声调派生不同词性的新词的现象，主要见于名词、动词和形容词之间，例如：

奶：

① [ne^{34}] 名词，乳汁，乳房：（婴儿）吃～｜牛～｜～子

② [ne^{41}] 动词，用自己的乳汁喂孩子：～孩子

③ [ne^{313}] 形容词，柔软，有乳制品般的口感：小孩子儿身上的肉儿发～，葱嫩儿葱嫩儿的｜豆腐真～，一点₂儿也不好吃｜小猪儿肉吃起来乳～～的

④ [ne^{53}] 形容词，（像小孩恋乳一样）死皮赖脸：这₁个人儿真～气

（按：莱阳方言"奶奶祖母"的"奶"读[nən^{313}]。）

寸：

① [tsʰən^{41}] 名词，长度单位，形容极短或极小：一尺十～｜鼠目～光₁

② [tsʰən^{34}] 动词，断下一小截：些香₁～儿三根

水：

① [suəi^{34}] 名词，最简单的氢氧化合物（H₂O），稀的汁：凉～｜墨～儿

② [suəi^{41}] 动词，墨水扩散使字迹模糊：这₁个本儿～｜捏₁那杆笔写字儿～，俺不要₂

颈：

① [kəŋ³⁴] 名词，脖子的后部：脖次~子

② [kəŋ⁴¹] 动词，比喻不认输：— 他~着个脖子，死犟！— 叫₁他~！看₂他能~到幾时！

肚：

① [tu³⁴] 名词，动物的胃用作食品，（人的）腹部：猪~儿｜俺~子疼

② [tu³⁴] 名词，物体上圆而凸起像肚子的部分：腿~子｜指头~儿

③ [tu⁴¹] 动词，积聚力量使人或物的某一部分圆而凸起：他能把肚 tu³⁴ 子~tu⁴¹ 得滴溜儿圆｜这₁个小人儿硬哭，把脸~得通红｜等地瓜芽儿~粗儿再拔

毛：

① [mɔ³¹³] 名词，动植物皮上所生的丝状物，鸟类的羽毛：羊~｜鸡~｜~笔

② [mɔ⁵³] 形容词，露出线头的，不纯净的，货币贬值：~衫儿｜~收入｜这₁歇儿钱真~

③ [mɔ³⁴] 名词，（人民币）角

雄：

① [ɕyŋ³¹³] 形容词，雄性，有气魄的，强有力的：~鹰｜~伟

② [ɕyŋ⁵³] 名词，精液：青蛙的~

香：

① [ɕiaŋ³¹³] 形容词，好闻，味道好：~味儿｜晌文晌午儿饭真~

② [ɕiaŋ⁴¹] 动词，食物过于油腻：白肉太₁~人了，赶不上红肉好吃

③ [ɕiaŋ³¹³] 名词，用木屑掺香料做成的细条：线~｜烧~磕头

有意思的是"炉、泥③、晴"等字用作动词时，用本调或变调都可以。在北方农村，电烤箱是近年来才有的新兴事物，"炉"字的动词用法可以看作是新出的词类活用例子。更值得注意的是"盘"字，区别词

性的变调先从量词开始。这种本调和变调同时行用的方式，也许代表了变调构成新词的初始状态。

炉：

① [lu³¹³] 名词，炉子：<u>生</u>～子｜锅～儿

② [lu⁴¹/lu³¹³] 动词，用烤箱烤点心：～lu⁴¹/lu³¹³ 馃子｜～儿 luɻ⁴¹ 十斤（蛋糕）

泥：

① [mi³¹³] 名词，含水的半固体状的土，像泥的东西：～块｜～咕蛋子

② [mi³¹³] 内向动词，塞：(给孩子喂饭)<u>给</u>他～儿嘴了

③ [mi³¹³/mi⁴¹] 内向动词，栽种时直接用土盖住幼苗的根部：～小葱儿｜～韭菜

④ [mi⁴¹] 外向动词，泡沫状汤汁从锅盖与锅的缝隙中挤出：米儿汤都～出来了

晴：

① [tɕʰiəŋ⁵³] 形容词，天空无云或云很少：<u>饱</u>～的天儿

② [tɕʰiəŋ³¹³/tɕʰiəŋ⁵³] 动词，天空变得无云或云很少：<u>吉</u>今日总算～儿天了

盘：

① [pʰæ̃⁵³] 名词：～子｜棋～

② [pʰæ̃⁵³] 动词，回绕：～炕｜～腿儿

③ [pʰæ̃³¹³/pʰæ̃⁵³] 量词：八～儿 pʰæ̃ɻ⁵³ 菜｜两～ pʰæ̃³¹³/pʰæ̃⁵³ 磨₂｜这₁个月儿喜酒喝儿五～ pʰæ̃³¹³/pʰæ̃⁵³ 了，<u>真</u>喝不起了

④ [pʰæ̃³¹³]（部分）动量词：杀两～儿（棋）｜打～<u>仗</u>｜打两～扑克

2. 同一词性以声调区别意义

莱阳方言里有一些字形相同、词性相同而以不同声调区别意义的派生词，这类词多见于动词。不同声调之间的关系，大致有如下几种情况：一是区别内向动词与外向动词的不同，例如"戳、抓、捆"；二

是区别意义程度的轻重,例如"挣、装、捂、掐";三是区别自动和使动/他动,例如"裂、洒、分、滋、淹、搣、劐";四是区别抽象与一般,例如"捞、挺、爷",等等。此外,区别尊卑、上下、褒贬、断续等关系构成的派生词也可以归入这一类,例如"爷②③、提①②、扬、挂"。

有意思的是,古入声字舒化后也使用舒声变调构成新词,如下举例中的"戳、掐、裂",表明变调构词仍具有能产性。多音节词语里的古入声字舒化后,同样也使用舒声变调构成新词,例如"合子、煤锞子、黑脸儿、出产"等。

戳:

① [tsʰua⁴¹] 内向动词,用力捅:俺一棍子~死儿个老鼠丨往锅头儿直~柴禾

② [tsʰua³¹³] 外向动词,为了寻找某物,把所有物品乱翻乱扔:满碟子~,也找₁不出块肉来丨满家~,也不知道他逮在捏₁那儿找₁什么

抓:

① [tsua³¹³] 名词,一种齿状小农具:~子(比较:爪 tsua³⁴ 子禽兽的脚)

② [tsua³¹³] 内向动词,手指聚拢,使物体固定在手中:~儿一把昌果儿

③ [tsua³⁴] 外向动词,捕捉,铁器工具朝下切入土中或物体中:~鱼摸₂虾丨一抓 tsua³¹³ 子~ tsua³⁴ 下去,~儿 tsuaɻ³⁴ 两块地瓜

捆:

① [kʰuən³⁴] 内向动词,用绳索等缠紧打结:~麦子丨~儿车₁子上丨~达完儿就家去

② [kʰuən³¹³] 外向动词,用软索之类的东西抽打:~儿他一皮带丨~达~达泥儿

挣:

① [tsəŋ⁴¹] 动词,用力拉扯:甭别~猫尾₂巴!

② [tsəŋ³¹³] 动词,撑开口袋以便倒入粮食、液体等:给恁哥

哥~着袋子口儿，赶快把麦子装₁起来｜帮着俺~着塑料袋儿，俺给恁倒₂（散₁啤）

装：

①［tsuaŋ³¹³］动词，把体积小于器物的东西放进器物内：把钢笔~儿书包儿了_裹

②［tsuaŋ⁴¹］动词，把体积大且有弹性的东西压缩放进器物内：把树叶儿~儿网包了｜——剩儿些衣裳装 tsuaŋ³¹³ 不进去了。——使劲儿~ tsuaŋ⁴¹ 就~ tsuaŋ⁴¹ 进去了！

捂：

①［u³¹³］动词，借助工具，以遮盖的方式用力拍打：一笤帚~下儿个家雀儿来｜~儿他一铁锨

②［u³⁴］动词，轻轻用手遮盖并封闭起来：~儿个蝴蝶儿｜~着嘴儿笑

③［u³⁴］名词，捂₂眼儿（专门给牲畜遮盖眼睛的物体）：先给驴戴上~眼儿

掐：

①［cʰia³⁴］动词，用拇指指甲和另一个指甲按或截断：~花儿｜指头盖儿~人真疼

②［cʰia³¹³］动词，用手的虎口及手指紧紧握住：~脖子｜够₁儿赶快撒儿手！个猫好叫₁你~死了

裂：

①［lɤ⁴¹］动词，自动破裂：水₁瓮~儿个大₂璺｜天一冷俺的脚就~口子

②［lɤ³⁴］动词，撕，扯：~半儿纸给俺｜这₁块布真壮₂，咱~不开

洒：

①［sa⁴¹］动词，液体自动从容器的小缝里慢慢渗出，重物沉入水底：捏₁那个瓮~水₁｜木头逮在水₁儿不~底儿

②［sa³⁴］动词，不小心打翻容器，使内容物倾出：这₁遭儿好！苞米叫₁你~儿一地｜俺把碗羊奶₃~了

（按：莱阳方言用"淋₁"或"喷"表示"喷洒"。例如：先淋₁上点₂儿水₁儿再扫（地）｜罕荽着喷₁壶喷₁上点₂儿水₁儿)

分：

① [fən³¹³] 动词，使整体变成几部分或使连在一起的事物离开：~儿三份儿｜~家

② [fən⁵³] 动词，在茎节上生出分枝：棵花儿~儿三个枝儿

③ [fən⁴¹] 动词，哄抢：老孤拐一死，家产就叫₁外人~了

④ [fən⁴¹] 名词：成~

滋：

① [tsʅ³¹³] 动词，增添水分，使返青：~润｜（打蔫的蔬菜）淹上水₁~生它一宿，明日照样儿卖好价儿

② [tsʅ⁴¹] 动词，水从地表快速往下渗：一担₂水₁浇下去，没₂歇儿~了₁了

淹：

① [iæ̃³¹³] 动词，淹没：~死儿人了

② [iæ̃⁴¹] 动词，浸湿：车₁链子好~油了｜（打蔫的菜）~上点₂儿水₁儿滋₁生滋₁生

搣：

① [mɔ⁴¹] 动词，（主动）快速掷出石子、土块等：脾别朝人家₂家儿~石头

② [mɔ³⁴] 动词，被迫用石子、土块、拳头等打人：俺火儿了，一石头~上去了

劃：

① [xua³¹³] 动词，用锋利的东西分开或割破表层：罕荽着玻璃刀₁子把它~开｜俺大₂拇指头上~儿个口子

② [xua⁴¹] 动词，在表面上擦过去，集中：~洋火

捞：

① [lɔ³¹³] 动词，从液体里取得或用不正当手段取得，取得物归自己所有：~鱼｜~笤｜瞅准机会₂儿~一把

②［lɔ³⁴］动词，得到意外之财：——恁~着了？——还₁有俺~不着₂的东西？

③［lɔ⁴¹］动词，把自己的钱物拿出来给别人：——这₁把喝喜酒，老三不知道~儿多少₂钱？——就老三啊，他顶多~六十！

挺：

①［tʰiəŋ³⁴］动词，伸直或凸出（身体或身体的一部分）：~起胸脯来

②［tʰiəŋ⁴¹］动词，僵直，比喻死亡：~儿尸了

爷：

①［iɤ³¹³］名词，祖父。

②［ia³⁴］动词，长辈收义子/女、义孙：俺大₂爷₅夜来~儿个乾₁儿

③［ia⁴¹］动词，晚辈拜义父/母、义祖：俺二姐夜来~儿个乾₁奶₅奶₅

④［iɤ⁵³］名词，对官僚、财主等的旧称，自以为身份地位高而傲慢无礼的人：大₂~

提：

①［ti³¹³］动词，垂手拿着：~溜儿个鱼

②［ti⁵³］动词，用力向上拽出：~蒜苗儿｜~韭菜花儿

③［tʰi⁵³］动词，使事物由下往上移：~鞋跟₁儿｜马尾~豆腐——~不起来

④［ti³¹³/tʰi⁵³］量词：一~ti³¹³溜儿酒｜一~儿tʰiɤ⁵³酒

扬：

①［iaŋ³¹³］动词，中性、褒义：~场，表~

②［iaŋ⁵³］动词，贬义，又作"泚扬tsʰʅ³¹³⁻³²·iaŋ、扬铺iaŋ⁵³⁻³⁴·pʰu"，到处乱放，挥霍：破衣裳~儿一地｜管着有多少₂钱，他也能把它~儿它

挂

①［kua³¹³］动词，（＋延续）悬挂，接通电话：屋檐底下~着把

锄｜（姐姐在打电话，调皮的弟弟切断了电源。姐姐说）妈——俺还₁没₂～kua³¹³完儿电话，俺弟弟就给俺挂kua⁴¹了！

②［kua⁴¹］动词，(-延续)悬挂，电路断开：把锄～儿屋檐底下｜打不通（电话）就～儿吧

（二）单音节词与多音节词语共现

上节提到的各组词，不论名词、动词还是形容词，都可以单说。另外还有一部分变调词，最多只有一种词性可以单说；有意思的是，其中的"吞、合、壮、话"等，作名词时不仅不可以单说，而且只能构成一个多音节词，他们的其他词性则没有限制；更有意思的是，他们仍然通过变调来区别词性。例如：

吞：

①［tʰən⁴¹］名词，咽喉（不单说，仅有一个词）：～子

②［tʰən³¹³］动词，整个儿地或成块儿地咽下去，吞没：一口～下去了｜独～

合

①［xa⁵³］动词，铺瓦，盖瓦：～瓦｜当₁年咱这₁栋房子拢共儿～儿五千小瓦儿

②［xa³⁴］名词，众怒（不单说，仅有一个词）：～子｜亘古以来咱疃儿的人儿就心齐，动不动儿满疃就起儿～子了

壮：

①［tsuaŋ³¹³］名词，指人或动物发育到了半成熟期（不单说，仅有一个词）：半～子｜十四五儿的小伙儿半～子

②［tsuaŋ⁴¹］形容词，结实，强壮，雄壮：这₁块布真～｜年轻力～｜理直气～

③［tsuaŋ⁴¹］动词，加强，使壮大：～胆儿

话

①［xua⁴¹］名词，语言：说儿两句～

②［xua³¹³］构成动词（不单说，仅有一个词）：～诮 数落、责备

陷：

① [ɕiæ⁴¹] 构成名词（不单说）：～阱｜～坑儿

② [ɕiæ³⁴] 动词，掉进（泥土、沼泽等松软的物体里），陷害：这₁个地掉人，一不小心就～儿裏头去了｜老三叫₁人家₂～害了

瓢：

① [pʰiɔ⁵³] 名词，把葫芦对半剖开做成的器具：一扇～｜水₁～｜驴屎～

② [pʰiɔ³⁴] 动词，能说会道：长₁儿个瓢儿 pʰiɔŋ⁵³ 嘴，也会溜也会～pʰiɔ³⁴，一天到晚儿管哪儿瞎～pʰiɔ³⁴ 扯

③ [pʰiɔ³⁴] 构成形容词（不单说）：～偏｜～歪

（三）多音节词语

莱阳方言里，除了单音节词的变调构词之外，多音节词语之间也可以通过变调来构词。

1. 声调区别词性和意义

莱阳方言里的一些词形相同的多音节词语可以通过改变某个字的声调来区别词性和意义，主要见于动词性词语和形容词性词语之间，例如"淹湿、龇牙、闯荡"；名词性词语和谓词性词语之间，例如"下货、忌讳、煤稞子、财主"；还有少数其他情况，例如"轱辘（儿）、两下儿、先来、一堆儿"。

淹湿：

① [iæ³¹³ʃi³⁴] 形容词，湿漉漉的：块抹₁布儿～

② [iæ⁴¹ʃi³⁴] 动词，浸湿：先把抹₁布儿～儿它，纔能擦乾₁净了

龇牙：

① [tɕʰi³⁴ia³¹³] 动词，露（牙）：疼得他～咧嘴的｜龇着个牙儿咧着个嘴儿，就知儿笑！

② [tɕʰi⁴¹·ia] 形容词，（因为心情不好）态度恶劣：这₁两天儿他真～，谁也不敢和₁他说话₂儿

闯荡：

① [tsʰuaŋ⁴¹·taŋ] 动词，为一定目的而奔走活动：老古语说：男大₂

儿闯₂，女大₂儿浪。小士子长₁大₂儿就得₂出去～天下

②［tsʰuaŋ³⁴·taŋ］形容词，又作"闯朗 tsʰuaŋ³⁴·laŋ"，走南闯北见过世面的：这₁个人儿办事儿真～｜这₁个孩子上济南去₂儿半年，长₁儿出息了，成儿个～人儿了

下货：

①［ɕia⁴¹⁻³²xuɤ⁴¹］动词，售出货物：～快

②［ɕia³¹³xuɤ⁴¹］名词，又作"下水₁儿 ɕia⁴¹⁻³⁴·suəiɻ"，猪牛羊等的内脏

忌讳：

①［ɕi³⁴·xuəi］名词，醋。

②［ɕi⁴¹·xuəi］动词，禁忌

煠馃子：

①［tsa³⁴·kuɤ·tə］名词，又作"煠糊（馃子）tsa⁴¹⁻³⁴·xu（kuɤ³⁴⁻³²·tə）"，一种油炸麵食

②［tsa⁴¹kuɤ³⁴·tə］动词：俺妈逮<u>在</u>家儿～

财主：

①［tsʰe⁵³tʂy³⁴］名词：大₂～｜所有的～都是大₂坏蛋

②［tsʰe³⁴·tʂy］形容词，富有：这₁家儿～得要₂命｜她嫁儿个～茬₂儿_{家庭}

轱辘（儿）：

①［ku³¹³⁻³²ləu³⁴］动词，滚动：～儿桌子底儿下去了

②［ku³¹³⁻³²ləuɻ³⁴］量词，又作"骨节儿 ku³⁴⁻³²tɕiɤɻ³⁴"，（通常是圆圆的）段儿，截儿：把葱切儿三～

③［ku³⁴⁻³²ləuɻ⁴¹］名词，车轮，轮状物：车₁～，线～

两下儿：

①［liaŋ³⁴ɕiaɻ⁴¹］名量短语，(a)两次：俺纔打儿他～，恁就来了(b)两边：个老头儿～住，两个儿轮着伺乎

②［liaŋ⁵³·ɕiaɻ］名词，又作"两下子（儿）liaŋ⁵³ɕia⁴¹⁻³⁴·tə(ɻ)"，本事、技能：她可真有～，到时会₂儿够₂你受的

③［liaŋ³⁴⁻³²·çiaɻ］名量短语，泛指幾次：气得俺打儿他～

先来：

①［ʃiæ⁴¹·le］时间名词，以前某个时间

②［ʃiæ³¹³⁻³⁴le³¹³］谓词，来得早

一堆儿：

②［i³⁴təiɻ³¹³］数量词语：～地瓜

②［i³⁴⁻³²təiɻ³⁴］副词，一起，一同：咱幾个儿～走吧

2. 同一词性以声调区别意义

莱阳方言里有一些词形相同、词性相同的多音节词或词组也通过改变某个字的声调来区别意义。与单音节词相同的是，这种变调现象也见于谓词性词语，通常区别意义程度的轻重、区别自动和他动、区别抽象与一般等，例如"拍打、劃啦、理数、进来、出产、空身儿、容易"；与单音节词不同的是这种变调现象还见于名词性词语之间，例如"母子、雨水₁、上头儿、下面儿"。

拍打：

①［pʰɤ³⁴·ta］动词，轻拍：～～灰儿｜～～孩子就睡着了

②［pʰɤ³¹³⁻³¹·ta］动词，用力打：～儿他幾鞋底子

劃啦：

①［xua³¹³⁻³¹·la］动词，松土，使土壤中有空隙：下完儿种₁儿，还₁得₂拉₂着耙～～

②［xua⁴¹⁻³⁴·la］动词，又作"劃₂溜xua⁴¹⁻³⁴·ləu"，（a）收集，集中：～树叶儿｜他把店儿的东西都～～卷₁着跑了（b）把他人之物据为己有：属₂笊扒钩儿的，就知儿往家儿～

理数：

①［li³⁴·su］动词，批评：恁望望他捏₁那些臭毛₁病，叫₁俺～儿他一顿

②［li⁴¹·su］动词，打死：你再熊气，就～儿你！

进来：

①［tʃiən⁴¹·le］动词，（自动）从外面到里面来：他还₁真～了，咱

哪么办？

②［tɕiən³⁴⁻³²·le］动词，（使动）从外面到里面来：够₁儿~喝口水₁儿歇歇吧

出产：

①［tɕʰy³⁴⁻³²·sæ］动词，生长：咱这₁块场儿还₁真~儿些好东西

②［tɕʰy⁴¹·sæ］动词，培养，儿女长大成材：脾别看₂主儿不强₂，还₁真~儿个好孩子

③［tɕʰy⁴¹·sæ］形容词，特指出落得漂亮：她小时会₂儿不像样儿，这₁歇儿真是~了

空身儿：

①［kʰuŋ³¹³⁻³⁴ʂiənr³¹³］动词，指身边没有携带东西：他就~一个人儿来了

②［kʰuŋ⁴¹ʂiənr³¹³⁻³⁴］动词，指未穿贴身的衣服：俺就~穿儿个棉袄，冻死了

容易：

①［yŋ³⁴·i］形容词，不困难。

②［yŋ³⁴⁻⁴¹i³⁴］形容词，指儿童不无理取闹、容易照看的：真~的个孩子，一点儿也不嗯乎人儿

母子：

①［mu³¹³⁻³¹·tə］名词，特指生长芋艿的老母本

②［mu³⁴·tə］名词，又作"母₂儿mur³⁴⁻³²·rə"，雌性，特指红薯母本：地瓜~

（按：［mu³⁴⁻⁵³tsʅ³⁴］母亲与孩子）

雨水₁：

①［y³⁴⁻³²suəi³⁴］名词，节气名称

②［y³⁴⁻³²suəi³⁴⁻⁵³］名词，容器中的雨水

上头儿：

①［ʂiaŋ⁴¹⁻³⁴·tʰəur］方位名词，又作"上边儿ʂiaŋ⁴¹⁻³⁴·piær、上面儿ʂiaŋ⁴¹⁻³⁴·miær"：杆子~绑₂儿个什么玩意儿？

②［ʃiaŋ⁴¹·tʰəu］名词，上级，又作"上边儿 ʃiaŋ⁴¹·piær、上面儿 ʃiaŋ⁴¹·miær"：～有什么指示？

（按：上头 ʃiaŋ⁴¹⁻³² tʰəu⁵³ 动词，酒后头晕、头疼：咱这₁个酒喝醉儿不～）

下面儿：

①［çia⁴¹⁻³⁴·miær］方位名词，又作"下边儿 çia⁴¹⁻³⁴·piær、下头儿 çia⁴¹⁻³⁴·tʰəur"：杌子～有个什么东西儿？

②［çia⁴¹·miær］名词，下级，又作"下边儿 çia⁴¹·piær、下头儿 çia⁴¹·tʰəur"：给～透点₂儿风儿？

（按：下面 çia⁴¹⁻³⁴·miæ 形容词，不顾面子贪小便宜：老六真～，连根破草绳儿都偷着往家儿罕拿）

上述使用变调构词的多音节词语，有两个重要的特点，表明他们与连读变调无关：

一是通过变调派生出来的多音节新词的声调模式，不见于纯语音的连读变调，例如上文举例中的"淹湿②、下货②、两下儿②、先来①"。

二是很多词本地居民写不出本字，如上举例中的"忌讳醋、容易形容儿童不无理取闹、吞子咽喉的'吞'、一堆儿副词的'堆儿'、理数打死的'理'"。有意思的是，虽然不知道本字的写法，但本地居民都能够说出字或词的本调，即使写不出本字的词有连读变调，本地居民也能还原出本调。例如他们会说"拍打用力打 pʰɤ³¹³⁻³¹·ta"的"拍 pʰɤ³¹³"，"母子芋母 mu³¹³⁻³¹·tə"的"母 mu³¹³"，"□溜搅拌 kɤ³⁴⁻³²·ləu"的"□ kɤ³⁴"，"□溜画圈儿 kɤ³¹³⁻³² ləu³¹³⁻³⁴"的"□ kɤ³¹³"……这表明莱阳方言多音节词语也通过变调派生新词。

此外，这类词当地居民常写同音别字，通过这些别字也可以还原出本调，例如"半壮子"误写作"半桩 tsuaŋ³¹³ 子""半庄 tsuaŋ³¹³ 子"，"下货②"误写作"虾 çia³¹³ 货"。

事实上，莱阳方言也使用不同的连读变调模式构成新词：（1）例如"吃水₁、休闲、下场、捞₁捞、歪歪、弯弯、书房、三十"等前字变调相同，后字声调不同以区别词性或意义；（2）例如"神魂、缓缓、磨₁

磨₁、搓搓、撸巴、大₂老婆"等后字变调相同,前字声调不同以区别词性或意义;(3)例如"小姑儿、锅腰儿、将₁军、顺脚儿、开通、冰凉、相₁应、天生儿、磨₁蹭、测验、打水₁漂₁儿、甜水₁儿、黑脸儿、指头儿、十五、好孩子、耳根子、老爷₃爷₃、老奶₅奶₅、大₂闺娘"等则前后字声调都不同以区别词性或意义。

吃水₁:

① [tɕʰi³⁴⁻³²suəi³⁴] 动词,吸收水分:棉花最～｜些苞儿米吃儿tɕʰir³⁴①水₁了,精艮!

② [tɕʰi³⁴⁻³²suəi³⁴⁻⁵³] 名词,可饮用的水:这₁个井儿的纔是～,捏₁那个井太溇了。

休闲:

① [ɕiəu³¹³⁻³²ɕiæ⁵³⁻³⁴] 动词,没有事情,与正事无关的:老王又上哪儿～去了?

② [ɕiəu³¹³⁻³²ɕiæ⁵³] 构成名词:～装₁｜～裤儿

下场:

① [ɕia⁴¹⁻³²tɕʰiaŋ³⁴] 动词,入场(考试)。

② [ɕia⁴¹⁻³²·tɕʰiaŋ] 名词,比喻结局、收场:坏蛋都没₂有好～

(按:下场 ɕia⁴¹⁻³²tɕʰiaŋ⁵³ 动词,把晒干的粮食搬回家)

捞₁捞₁:

① [lɔ³¹³⁻³²·lɔ] 动词,从液体中捞取,粗略地冲洗:扽₁儿水₁儿～就中₁得₂了

② [lɔ³¹³⁻³²lɔ³¹³⁻³⁴] 动词,玩水:小人儿就爱～水₁儿

歪歪:

① [ue³¹³⁻³²·ue] 形容词,歪

② [ue³¹³⁻³²ue³¹³⁻³⁴ (xue⁵³⁴⁻³²xue⁵³⁴⁻³⁴ (北乡))] 动词,(a)变歪(b)不讲理,勒索:叫₁他～儿200块钱去

---

① 前字儿化构形恢复本调,参见第四章第三节。

弯弯：
①［uæ̃³¹³⁻³²·uæ̃］形容词，弯
②［uæ̃³¹³⁻³²uæ̃³¹³⁻³⁴］动词，（a）变弯（b）坏心眼儿多（c）学唱婉转的曲调：这₁个歌儿一般人儿～不上来

书房：
①［ʃy³¹³⁻³²·fɑŋ］名词，学校（新派多说学校）
②［ʃy³¹³⁻³²fɑŋ⁵³］名词，家中读书写字的房间

三十：
①［sæ̃³¹³⁻³²·ʃi］数词
②［sæ̃³¹³⁻³²ʃi⁵³］名词，大年三十

神魂：
①［ʃiən⁵³·xuən］名词，精神，神志：～儿颠倒₁｜～儿不定
②［ʃiən⁵³⁻³⁴·xuən］形容词，比喻离奇古怪：真是～了，子么怎么一转₁眼儿就没₂有了？

缓缓：
①［xuæ̃³⁴⁻⁵³·xuæ̃］动词，使自我恢复生机：把鱼稳儿水₁儿～
②［xuæ̃³⁴·xuæ̃］动词，已恢复，已变得旺盛：没₂歇儿条鱼～过来了

磨₁磨₁：
①［mɤ³¹³⁻³²·mɤ］动词，打磨：～剪子
②［mɤ³¹³⁻³⁴·mɤ］动词，与人相处：～儿三年，也该结₂婚了

搓搓：
①［tsʰuɤ³¹³⁻³²·tsʰuɤ］动词，双手对搓
②［tsʰuɤ³¹³⁻³⁴·tsʰuɤ］动词，折磨：当₁儿半年小工儿，把个人～得不像样儿

撸巴：
①［lu⁴¹·pa］动词，捋，撤职：袄袖儿一～，罕拿起镢来就刨₂地
②［lu³¹³⁻³²·pa］动词，磨炼，边干边学：跟₁着老王幹上三个月，就～出来了

大₂老婆：

① [ta⁴¹⁻³⁴lɔ³⁴⁻³²·pʰu] 名词，又作"大₂婆儿 ta⁴¹⁻³⁴pʰɤɻ⁵³"，原配妻子

② [ta⁴¹lɔ³⁴⁻³²·pʰu] 名词，又作"妇道人儿 fu⁴¹·tɔ iənɻ³¹³⁻³²·rə、老娘₂儿们 lɔ³⁴⁻³²ȵiaŋɻ⁵³·mən"，已婚妇女

锅腰儿：

① [kuɤ³¹³⁻³²iɔɻ³¹³⁻³⁴] 名词，又作"锅锅腰儿 kuɤ³¹³⁻³²·kuɤ iɔɻ³¹³"，驼背

② [kuɤ³¹³⁻³⁴iɔɻ³¹³] 动词，弯腰：一～就拾起来了

将₁军：

① [tɕiaŋ³¹³⁻³²cyən³¹³⁻³⁴] 名词，高级军官

② [tɕiaŋ³¹³⁻³⁴cyən³¹³] 动词，象棋术语

顺脚儿：

① [suən⁴¹cyɤɻ³⁴] 动词，顺路，顺道：俺～就给恁捎儿去了

② [suən⁴¹⁻³⁴·cyɤɻ] 名词，两只鞋都是左脚或右脚：（买鞋）买儿双～，赶快回去换

开通：

① [kʰe³¹³⁻³⁴tuŋ³¹³] 动词，交通、通信等线路开始使用：～儿有线电视

② [kʰe³¹³⁻³²·tuŋ] 形容词，开明，不守旧：这₁个人儿真～

冰凉：

① [piəŋ³¹³⁻³⁴liaŋ³¹³] 形容词，冰冷：炕没₂烧火，～

② [piəŋ³¹³⁻³²·liaŋ] 名词，冰块：一块大₂～

相₁应：

① [ɕiaŋ³¹³⁻³⁴iəŋ³¹³] 名词，好处：谁得₁儿～了？

② [ɕiaŋ³¹³⁻³²·iəŋ] 副词，凑巧，恰好：一个不～儿，磕倒₁了｜个祆你穿着正～儿

天生儿：

① [tʰiæ̃³¹³⁻³²səŋɻ³¹³⁻³⁴] 副词，又作"原本儿 yæ⁵³⁻³²pənɻ³⁴、从根儿 tsʰuŋ⁵³kənɻ³¹³、坐窝儿 tsuɤ⁴¹⁻³²uɤɻ³¹³、一老儿 i³⁴⁻³²lɔɻ³⁴"，本来，原来：～没₂

打算着来，抗不了他硬说｜自己～不长₁脑子，能怪谁？

② [tʰiæ³¹³⁻³⁴səŋ³¹³] 形容词，自然的，天成的：～的性子｜～一对儿

磨₁蹭：

① [mɤ³¹³⁻³⁴·tsʰəŋ/mɤ³¹³⁻³⁴·tsʰaŋ] 动词，又作"挨筛 ie³¹³⁻³²·se，蹭工 tsʰəŋ⁴¹·kuŋ"，拖延：就这₂么点₂儿营生儿，他能～到几时？

② [mɤ³¹³⁻³²tsʰəŋ⁴¹⁻³⁴/mɤ³¹³⁻³²tsʰaŋ⁴¹⁻³⁴] 动词，略加打磨：找个石头儿把镰～～就快了

测验：

① [tsɤ³⁴iæ⁴¹] 动词（具体），暗中考察、考验：子么地怎么着先～他个年年半载的再说

② [tsɤ³⁴⁻³²·iæ] 动词（抽象），内心比较分析：幾码儿营生下来，俺～出来了，这₁个人儿不糙。

打水₁漂₁儿：

① [ta³⁴⁻³²suəi³⁴pʰiɔɹ³¹³] 动词短语，一种游戏

② [ta³⁴suəi³⁴⁻³²pʰiɔɹ³¹³⁻⁵³] 动词短语，比喻花冤枉钱：2000 块就这₁么打儿水₁漂₁儿了？

小姑儿：

① [ʃiɔ³⁴kuɹ³¹³] 名词，小姑姑

② [ʃiɔ³⁴⁻³²kuɹ³¹³⁻⁵³/ʃiɔ³⁴⁻³²·kuɹ] 名词，小姑子

甜水₁儿：

① [tʰiæ⁵³suəiɹ³⁴] 名词，糖水：一碗～

② [tʰiæ⁵³⁻³⁴·suəiɹ] 名词，指味道不苦的水：～井

黑脸儿：

① [xə³⁴·liæɹ] 名词，人脸的肤色黑：这₁个人儿～

② [xə³⁴⁻⁵³liæɹ³⁴] 名词，一种戏曲角色，借指耿直、无私的人：当₁爹的就得₂唱～

指头儿：

① [tsɿ³⁴⁻³²tʰəuɹ⁵³] 名词，又作"指望儿 tsɿ³⁴⁻³²·uaŋɹ"，依靠，希望：他家儿日子过₂的穷巴巴儿的，没₂什么～

②［tsʅ³⁴·tʰəuɻ］名词：手指

十五：

①［ʃi⁵³u³⁴］数词

②［ʃi⁵³⁻³⁴·u］名词，元宵节

好孩子：

①［xɔ³⁴xe⁵³⁻³²·tə］名词，懂事、听话的孩子

②［xɔ³⁴⁻⁵³xe⁵³⁻³⁴·tə］名词（多用于讽刺），坏孩子，经常闯祸的孩子：可不儿～□·nən，先气死儿他爹，再把他妈气儿个半死儿。～啊！

耳根子：

①［əɻ³⁴kən³¹³⁻³¹·ɻ］名词，耳的根部，耳边

②［əɻ³⁴⁻⁵³kən³¹³⁻³⁴·tə］名词，又作"耳刮子 əɻ³⁴⁻⁵³·kua·tə"，耳光

老爷₃爷₃：

①［lɔ³⁴iɤ³¹³⁻³²iɤ³¹³⁻³⁴］名词，曾祖父，爷爷的父亲

②［lɔ³⁴⁻⁵³iɤ³¹³⁻³⁴·iɤ］名词，儿童对老年男子的统称

老奶₅奶₅：

①［lɔ³⁴nən³¹³⁻³²nən³¹³⁻³⁴］名词，曾祖母，爷爷的母亲

②［lɔ³⁴⁻⁵³nən³¹³⁻³²·nən］名词，儿童对老年女子的统称

大₂闺娘：

①［ta⁴¹kuən³¹³⁻³¹·ɲiəŋ］名词，又作"大₂嫚 ta⁴¹mæ̃³¹³"，长女

②［ta⁴¹⁻³²kuən³¹³⁻³²ɲiəŋ³⁴］名词，又作"大₂嫚儿 ta⁴¹mæ̃ɻ³¹³"，大姑娘

上述这些用于构词的连读变调模式，虽然都见于纯语音的连读变调，但在语义关系上却与之不同：纯语音的连读变调之间都是异源的；通过连读变调派生的词语之间却语义相关，多属于同源关系，在性质上与单音节词的"四声别义"没有什么不同，因而用于构词的连读变调，大致也可以看作是古代汉语"四声别义"变调构词规则在现代汉语方言中的继承发展。

下面再来观察异源多音节同音词之间的变调现象。异源同音词语里的单字，单念的时候读音相同，例如乾₁ = 甘 kæ̃³¹³、炒 = 草 tsʰɔ³⁴；分别构成多音节词语时，常常通过变调别义例如乾₁炒 kæ̃³¹³⁻³²tsʰɔ³⁴ 动词 ≠

甘草 kæ̃$^{313-53}$tsʰɔ^{34} 名词，从广义上看，这也许可以看作是变调构词现象的泛化。再例如：

八路 pa^{34}lu^{41} 名词, 八路公交车 ≠ 八路 pa$^{34-313}$lu^{41} 名词, 八路军

小伙儿 ʃiɔ$^{34-32}$xuɤ^{34} 名词 ≠ 小火儿 ʃiɔ$^{34-53}$xuɤ^{34} 名词, 温火

县城儿 çiæ̃^{41}tʃʰiəŋ^{53} 名词 ≠ 现成儿 çiæ̃$^{41-34}$tʃʰiəŋ^{53} 形容词

得₁益 tɤ$^{34-32·41-34}$i^{1} 动词, 受益, 占便宜 ≠ 得₁意 tɤ$^{34-32·41}$i^{1} 形容词, 称心如意, 满足

月忌 yɤ$^{41-32}$ci^{41} 名词, 农历每月十四日 ≠ 月季 yɤ^{41}·ci 名词, 一种植物

马虎 ma$^{34-32}$xu^{34} 名词, 狼 ≠ 马虎 ma$^{34-32}$·xu 形容词, 粗心大意

这₁就 tʃiɤ^{34}tʃiəu^{41} 副词, 马上 ≠ 接就 tʃiɤ^{34}·tʃiəu 动词, 迁就, 忍让

应当指出的是，"四声别义"的变调构词现象，在莱阳方言里更常见的情况是写不出本字，例如：

□₁xɤ：

①［xɤ^{313}］动词，从容器内朝外舀或撩水（或别的液体）：先把水₁瓮～乾₁儿它

②［xɤ^{41}］动词，朝容器内舀水（或别的液体）：给俺上湾儿～筲水₁来去

□₂xɤ：

①［xɤ^{53}］动词，用巴掌或片状物打别人或物：巴掌使劲儿～｜把茧儿朝捏₁那儿～

②［xɤ^{313}］动词，用巴掌或片状物打自己：老三没₂□₂xɤ^{53} 着人家₂，气得□₂儿xɤ^{313}自己一鞋底子

□kɤ溜：

①［kɤ$^{34-32}$·ləu］动词，搅拌，翻动：罕着勺子～～凉得快

②［kɤ$^{313-32}$ləu$^{313-34}$］动词，围，画圈儿：～儿个场儿好晒麦子

③～儿［kɤ$^{313-32}$ləuɻ$^{313-34}$］名词，(a) 圈儿：你看₂他急得转₂儿好几个～(b) 液体在固体上留下的痕迹：你望望，褥子上净些尿～

更多四声别义的例子请参看"同音字表"和"词汇"。

三、变调构词：BA 式变调别义

莱阳方言的单音节性质形容词，通常可以加上一个前加成分构成 BA 式双音节形容词，表示程度加深，此类双音节形容词都可以重叠，构成形容词的生动形式。（详见第四章第二节）这些前加成分的能产性虽然不高，但他们根据一定的变调规则成词，属于变调构词的范畴，因而可以处理为词头。与"四声别义"的规则不同，这种变调构词遵循 2 类 4 条变调规则，为方便观察，列出简表（表 4-2），下面分别说明。

表 4-2 莱阳方言 BA 式双音节形容词变调规则表

B（前字）	A（后字）	单说或强调	一般陈述
阴平（313）阳平（53）上声（34）去声（41）	阴平	34+313	34+ 轻声
	阳平、上声、去声	313+ 本调	32+ 轻声

（一）B$_{阴阳上去}$A$_{阴平}$：34+313（重读+重读）——34+ 轻声（重读+轻声）

后字为阴平，前字不论本调是哪个声调，一律读上声（34）；BA 式单说或强调时，后字声调不变，读阴平（313），前后字都重读，也可以记作"重读+重读"；BA 式在一般陈述的语句中，后字读轻声，也可以记作"重读+轻声"。试比较：

溜轻 ləu$^{313-34}$ tɕʰiəŋ^{313}，个书包儿溜轻儿 ləu$^{313-34}$ tɕʰiəɲɹ^{313} 的！——个书包儿溜轻 ləu$^{313-34}$·tɕʰiəŋ，溜轻 ləu$^{313-34}$·tɕʰiəŋ 的个书包儿

响乾 ˌɕiaŋ^{34}kæ̃^{313}，些昌果儿晒得响乾 ˌɕiaŋ^{34}kæ̃^{313} 啊！——些昌果儿晒得响乾 ˌɕiaŋ^{34}·kæ̃，响乾 ˌɕiaŋ^{34}·kæ̃ 的些昌果儿

其他材料全部列举如下，为求行文简洁，下文仅列出 BA 式单说的例子：

阴平+阴平：喷 ₂ 香 ₁pʰən$^{313-34}$ɕiaŋ^{313}，登腥 təŋ$^{313-34}$ʃiəŋ^{313}，溜（精）纰 ləu$^{313-34}$ tʃiəŋ$^{313-34}$）pʰi^{313}，溜胎 ləu$^{313-34}$tʰe^{313}，溜鬆 ləu$^{313-34}$suŋ^{313}，溜尖 ləu$^{313-34}$tʃiæ̃^{313}，溜桴 ləu$^{313-34}$ɕio^{313}，溜光 ˌləu$^{313-34}$kuaŋ^{313}，铛生 tsəŋ$^{313-34}$səŋ^{313}，铛蓝 tsəŋ$^{313-34}$læ̃^{313}，铛青 tsəŋ$^{313-34}$tʃʰiəŋ^{313}，铛清 tsəŋ$^{313-34}$tʃʰiəŋ^{313}，

噆新 tsʰəŋ³¹³⁻³⁴ʃiəŋ³¹³，酥焦 su³¹³⁻³⁴ʧiɔ³¹³，焦酸 ʧiɔ³¹³⁻³⁴sæ̃³¹³，焦黏 ʧiɔ³¹³⁻³⁴ȵiæ̃³¹³，精摙 ʧiəŋ³¹³⁻³⁴tsʰe³¹³

上声+阴平：顶凉 tiəŋ³⁴liaŋ³¹³，巧臊 cʰiɔ³⁴sɔ³¹³，巧膻 cʰiɔ³⁴ʃiæ̃³¹³，饱暄 pɔ³⁴ɕyæ̃⁵³⁴ 北乡

去声+阴平：透暄 ₁tʰəu⁴¹⁻³⁴ɕyæ̃³¹³，透鲜 tʰəu⁴¹⁻³⁴ʃyæ̃³¹³

（二）B 阴阳上去 A 阳上去：313+本调（重读+重读）——32+轻声（重读+轻声）

后字为阳平、上声、去声，BA 式单说或强调时，前字不论本调是哪个声调，一律读阴平（313），后字声调不变，也可以记作"重读+重读"；BA 式在一般陈述的语句中，前字不论本调是哪个声调，一律读 32，后字读轻声，也可以记作"重读+轻声"。试比较：

铿绿 ₂tsəŋ³¹³lyɤ⁴¹，铿绿 ₂tsəŋ³¹³lyɤ⁴¹ 的块石头——铿绿 ₂儿 tsəŋ³¹³⁻³²·lyɤ 的块石头

死沉 sʅ³⁴⁻³¹³ʧʰiəŋ⁵³，个箱子死沉 sʅ³⁴⁻³¹³ʧʰiəŋ⁵³ 啊！——个箱子死沉 sʅ³⁴⁻³²·ʧʰiəŋ，死沉 sʅ³⁴⁻³²·ʧʰiəŋ 的个箱子

其他材料全部列举如下：

阴平+阳平：绷直 pəŋ³¹³ʧi⁵³，漂 ₁白 pʰiɔ³¹³pɤ⁵³，通红 tʰuŋ³¹³xuŋ⁵³，溜滑 ləu³¹³xua⁵³，溜直 ləu³¹³ʧi⁵³，遵齐 tsən³¹³ʧʰi⁵³，生疼 səŋ³¹³tʰəŋ⁵³，胶黄 ciɔ³¹³xuaŋ⁵³，精浑 ʧiəŋ³¹³xuən⁵³，牺甜 ʃi³¹³tʰiæ⁵³，鲍鹹 xəu³¹³ɕiæ⁵³

上声+阳平：饱晴 ₂pɔ³⁴⁻³¹³ʧʰiəŋ⁵³，饱成 pɔ³⁴⁻³¹³ʧʰiəŋ⁵³，死平 sʅ³⁴⁻³¹³pʰiəŋ⁵³，死直 sʅ³⁴⁻³¹³ʧi⁵³，死齐 sʅ³⁴⁻³¹³ʧʰi⁵³，巧白 cʰiɔ³⁴⁻³¹³pɤ⁵³，巧黄 cʰiɔ³⁴⁻³¹³xuaŋ⁵³

阴平+上声：巴涩 pa³¹³sɤ³⁴，溜短 ləu³¹³tæ̃³⁴，溜（绵/脓）软 ləu³¹³（miæ̃³¹³/nəŋ³¹³）yæ̃³⁴，溜窄 ləu³¹³tsɤ³⁴，精秕 ʧiəŋ³¹³pi³⁴，精碜 ʧiəŋ³¹³tsʰən³⁴，精艮 ʧiəŋ³¹³kən³⁴，淹 ₁湿 iæ³¹³ʃʅ³⁴

阳平+上声：白苦 pɤ⁵³⁻³¹³kʰu³⁴

去声+上声：墨紫 mɤ⁴¹⁻³¹³tsʅ³⁴，墨黑 mɤ⁴¹⁻³¹³xɤ³⁴，落儿湿 laɤ⁴¹⁻³¹³ʃʅ³⁴

阴平+去声：绷（登/钢）硬 pəŋ³¹³（təŋ³¹³/kaŋ³¹³）iəŋ⁴¹，通绿 ₂tʰuŋ³¹³lyɤ⁴¹，铿亮 tsəŋ³¹³liaŋ⁴¹，葱嫩 tsʰuŋ³¹³lən⁴¹，葱绿 ₂tsʰuŋ³¹³lyɤ⁴¹，酥

脆 su³¹³tsʰəi⁴¹，生辣 səŋ³¹³la⁴¹，生臭 səŋ³¹³ʧʰiəu⁴¹，精淡 ʧiəŋ³¹³tæ̃⁴¹，精瘦 ʧiəŋ³¹³səu⁴¹，稀碎 çi³¹³səi⁴¹，稀（糜）烂 çi³¹³（mi³¹³）læ̃⁴¹，光₁麵 kuɑŋ³¹³miæ̃⁴¹

阳平 + 去声：绝瘦 ʧyɤ⁵³⁻³¹³səu⁴¹，绝细 ʧyɤ⁵³⁻³¹³ʃi⁴¹，绝密 ʧyɤ⁵³⁻³¹³mi⁴¹，绝碎 ʧyɤ⁵³⁻³¹³səi⁴¹

上声 + 去声：饱麵 pɔ³⁴⁻³¹³miæ̃⁴¹，顶硬 tiəŋ³⁴⁻³¹³iəŋ⁴¹，滚热 kuən³⁴⁻³¹³iɤ⁴¹

去声 + 去声：透熟₂ tʰəu⁴¹⁻³¹³ʃy⁴¹

（按：上述举例中的很多词单说时，都有普通连读变调的又读。另外，正向量形容词"大₂、高、长₂、深、粗、厚、宽、肥、远"不能构成 BA 式双音节形容词，只能加前缀"老-"构成三音节结构"老 AB/C"或其他形式：老大₂小、老高矮、老长₂短、老深浅、老粗细、老厚薄、老宽狭、老肥狭、老距远；"沉"则两类都可以：死沉、老沉重。）

与普通连读变调相比，BA 式变调规则"34+313"中的"阴平+阴平、上声+阴平"和"313+本调"中的"阴平+上声"，与普通连读变调重合，其余各类都不同于普通连读变调。例如，莱阳方言的"阴平+阳平、上声+去声"都有两种普通连读变调，以他们为例，试比较：

阴平+阳平：
普通连读变调：32+53 开学 kʰe³¹³⁻³²çyɤ⁵³，32+34 朱红 ʧy³¹³⁻³²xuŋ⁵³⁻³⁴
BA 式：313+53（脸）通红 tʰuŋ³¹³xuŋ⁵³

上声+去声：
普通连读变调：34+41 好意 xɔ³⁴i⁴¹，32+41 韭菜 ciəu³⁴⁻³²tsʰe⁴¹
BA 式：313+41（炕烧得）滚热 kuən³⁴⁻³¹³iɤ⁴¹

可以看出，上述例词中，不论哪种普通连读变调，其前字都不会读为阴平（313）；只有 BA 式的前字才必须读为阴平（313）。这表明：变调规则"313+本调"是 BA 式独有的规则，其中"阴平+上声"与普通连读变调的重合，可以看作是偶合现象。如果从系统的角度看，变调规则"34+313"的 2 小类，同样也可以看作是偶合现象，处理为构词变调。如此则上述 3 小类偶合现象，可以看作是同一变调规则负担了普通连读变调与构词变调两类功能。

四、重叠构词

莱阳方言用同音字重叠组合成的叠音词中，动词性的占优势，名词性和形容词性（详见第四章第二节）的次之，副词性的较少。

（一）动词

<u>白白</u> pe$^{313-32}$pe$^{313-34}$ 胡说八道，编编 piæ̃$^{313-32}$·piæ̃ 针走8字形从正面缝合，眯眯 mi$^{313-32}$mi$^{313-34}$ 两眼微合，眯缝，翻翻 fæ$^{313-32}$fæ$^{313-34}$ 向外翻卷，切切 tɔ$^{313-32}$tɔ$^{313-34}$ 交往，来往，鬭鬭 təu^{41}·təu 皱紧，煴煴 tʰəŋ$^{313-32}$·tʰəŋ 加热饭菜，拉$_2$拉$_2$la$^{34-53}$·la 交谈，谈心，<u>落落</u> la$^{41-34}$·la （无意中）点滴断续丢撒，咧咧 liɤ$^{34-32}$liɤ^{34} 信口胡说，<u>连连</u> liæ̃$^{313-32}$·liæ̃ 缝起来，<u>抓$_1$抓</u>$_1$tsua$^{313-32}$·tsua 信口胡说，诌诌 tsəu$^{313-32}$tsəu$^{313-34}$ 信口胡说，吵吵 tsʰɔ$^{313-32}$·tsʰɔ 争吵，转$_2$转$_2$tsuæ̃^{41}·tsuæ̃ ①旋转②闲逛，欻欻 tsʰua$^{313-32}$tsʰua$^{313-34}$ 低声说话，<u>喳喳</u> tʃia$^{313-32}$tʃia$^{313-34}$ 信口胡说，战战 tʃiæ̃^{41}·tʃiæ̃ 颤抖，唧唧 tʃi$^{313-32}$tʃi$^{313-34}$ ①哭着提要求②比喻斤斤计较，啁啁 tʃiɔ$^{313-32}$·tʃiɔ 抢着说话，吃吃 tʃʰi$^{34-32}$·tʃʰi 嬉笑，<u>蛆蛆</u> tʃy$^{313-32}$tʃy$^{313-34}$ 小气，搐搐 tʃʰy$^{34-32}$·tʃʰy 变绉，繰繰 tʃʰiɔ$^{313-32}$·tʃʰiɔ 繰边，舒舒 ʃy$^{313-32}$ʃy$^{313-34}$ 伸出一截，收收 ʃiəu$^{313-32}$ʃiəu$^{313-34}$ 保管，收藏，醒醒 ʃiəŋ$^{34-32}$ʃiəŋ^{34} 由于兴奋处于清醒状态，<u>撅撅</u> cyɤ$^{313-32}$cyɤ$^{313-34}$ 翘起，拘拘 cy$^{313-32}$cy$^{313-34}$ 因受热或干枯而收缩，拎拎 ciən$^{313-32}$ciən$^{313-34}$ 收缩，聚拢，鬈鬈 cʰyæ̃$^{34-32}$·cʰyæ̃ 卷曲，鼓鼓 ku^{34}·ku 鼓胀，佝佝 kəu$^{313-32}$kəu$^{313-34}$ 弯腰，挂$_2$挂$_2$kua^{41}·kua 挂念，乾$_1$乾$_1$kæ̃$^{313-32}$·kæ̃ ①变干②干，弓弓 kuŋ$^{313-32}$kuŋ$^{313-34}$ 变弯，拱拱 kuŋ$^{34-53}$·kuŋ 隔针走线缝起来，空$_2$空$_2$kʰuŋ^{41}·kʰuŋ 倒立使残液流出，哇哇 ua$^{313-32}$ua$^{313-34}$ 叫喊，胡说，围围 uəi$^{313-32}$·uəi ①围绕②交往，蔫蔫 iæ̃$^{313-32}$·iæ̃ ①枯萎②情绪低落，萎靡不振，嚷嚷 iaŋ$^{34-32}$·iaŋ ①声张②在非正式场合大声提议，嚷嚷 iaŋ^{34}·iaŋ 安排，命令：不听~

（二）名词

梆梆儿 paŋ³¹³⁻³²paŋ³¹³⁻³⁴ 短而细的棍子，饽饽 pɤ³¹³⁻³²pɤ³¹³⁻³⁴ 馒头，道道儿 tɔ⁴¹⁻³⁴·tɔɻ ①道理②智谋③城府，渣渣儿 tsa³¹³⁻³²tsaɻ³¹³⁻³⁴ 碎屑，齿齿儿 tsʰʅ³⁴⁻³²tsʰʅɻ³⁴ ①毛边②线索，揪揪儿 ʃiəu³¹³⁻³²ʃiəuɻ³¹³⁻³⁴ 一端固定另一端凸起的圆疙瘩，醒醒儿 ʃieŋ³⁴⁻³²ʃieŋɻ³⁴ 精力旺盛睡眠很少的人，尖尖儿 ʃiæ³¹³⁻³²ʃiæɻ³¹³⁻³⁴ 尖端，咣咣 kuaŋ³¹³⁻³²kuaŋ³¹³⁻³⁴ 打击乐器（主要指钹），柯柯儿 kʰɤ³⁴⁻³²·kʰɤɻ 权状突出物，阳阳儿 iaŋ³¹³⁻³²iaŋɻ³¹³⁻³⁴ 阳光

五、外部屈折构词：附加法

附加法指的是把词缀语素附加在词根语素上构成新词的方法。莱阳方言的词缀语素特别是词尾非常丰富，附加法构词能力强，不仅能构成数量众多的名词，还能构成大量的动词、形容词等。下面对其中独具特色的做出描写。

（一）名词词缀

莱阳方言除了习用"阿""初""第""老"等普通话常见的名词词头外，还有一个独具特色的名词词头"二 əɻ⁴¹"。"二"作词头构成的名词，通常含有蔑视之意。例如：

二虎　二斡　二大₂斡　二彪子　二混子　二流子　二百五　二忘种₁　二愣子　二皮脸　二五眼　二尾₁子　二半吊子　二八角子

（二）动词词缀

莱阳方言常用的动词词尾主要有"-巴、-么、-达、-腾、-啦、-溜、-弄、-乎"等，这些词尾都可以置于单音节动词词根后，构成"V+词尾"型的双音节动词。这类动词主要有以下两大特色：一是多数都增加了"轻松、随便、粗率"的意味，二是这类词多数都可以作ABAB式重叠（如包巴包巴、蹾达蹾达、钩啦钩啦等），其作用大致相当于普通话的"V一下""V一V"结构。这些词尾大多由轻声变韵或变声演变而来，很多仍然可以写出本字，甚至少数词还保留了本字的方音又读，下面举例时在词尾后用小字注出本字，例如"唖么摸"；或者用括号括出本字，例如"瞒乎（瞒哄₂）"；写不出本字的，则直接用括号括出本音，例如"瞧乎 ʧʰiɔ⁵³⁻³⁴·xu（ʧʰiɔ⁴²⁻³⁴·xuɤ（北乡））"。下节形容词

词尾同此。

（1）-巴 ·pa（·pu（南乡））

包巴 pɔ³¹³⁻³¹·pa 包，裹，绑₂巴 paŋ³⁴⁻³²·pa 捆绑，劈巴 pʰiɤ³⁴⁻³²·pa（用刀斧）劈，跨巴 pʰaŋ³⁴⁻³²·pa 踩踏，叠巴 tiɤ⁵³⁻³⁴·pa 折叠，夺巴 tuɤ⁵³⁻³⁴·pa 推让，剁巴 tuɤ⁴¹·pa 剁，钉₂巴 tiəŋ⁴¹·pa 用钉子钉，填巴 tiæ̃⁵³⁻³⁴·pa 填平凹处，垫巴 tiæ̃⁴¹⁻³⁴·pa 垫高加厚，充饥，点₁巴 tiæ̃³¹³⁻³¹·pa 用锤子敲，挑巴 tʰiɔ³¹³⁻³¹·pa 挑拣，挪巴 nuɤ³¹³⁻³¹·pa 挪，拿巴 na⁵³·pa 双手用力朝内挤压，给人穿小鞋，捏巴 ŋiɤ⁴¹·pa 反复捏，拈巴 ŋiæ³¹³⁻³¹·pa 用手播种，碾巴 ŋiæ³⁴⁻³²·pa 碾压，拉₂巴 la³⁴⁻³²·pa 助人升职，捋巴 luɤ³⁴⁻³²·pa 捋，捞₁巴 lɔ³¹³⁻³¹·pa 捞，推卸责任，连巴 liæ³¹³⁻³¹·pa 缝，砸巴 tsa⁵³⁻³⁴·pa 砸，贱卖，择巴 tsɤ⁵³⁻³⁴·pa 择菜，支巴 tsʅ³¹³⁻³¹·pa 支撑，擦巴 tsʰa³⁴⁻³²·pa 擦拭，插巴 tsʰa³⁴·pa 安插在一起，拆巴 tsʰɤ³⁴⁻³²·pa 拆开，搋巴 tsʰe³¹³⁻³¹·pa 揉，搓巴 tsʰuɤ³¹³⁻³¹·pa 搓，锄巴 tsʰu⁵³⁻³⁴·pa 锄地，撕巴 sʅ³¹³⁻³¹·pa 撕扯，塞巴 sɤ³⁴⁻³²·pa 挤压，挤巴 ʧi³⁴⁻³²·pa 挤，截巴 ʧiɤ⁵³⁻³⁴·pa 割成多块，铰巴 ʧiɔ³⁴⁻³²·pa 剪，拣巴 ʧiæ³⁴⁻³²·pa 挑拣，斥巴 ʧʰi⁴¹·pa 斥责，切巴 ʧʰiɤ³⁴·pa 切，缠巴 ʧʰiæ⁵³⁻³⁴·pa 缠绕，押巴 ʧʰiən³¹³⁻³¹·pa 用力拉伸，洗巴 ʃi³⁴⁻³²·pa 洗，卸巴 ʃiɤ⁴¹·pa 卸车，断成多块，锯巴 cy⁴¹⁻³⁴·pa 锯，卷₁巴 cyæ³⁴⁻³²·pa 卷，掐₂巴 cʰia³⁴⁻³²·pa 掐，掀巴 çiæ³¹³⁻³¹·pa 揭，翻，割巴 ka³⁴⁻³²·pa 割，磕巴 kʰa³⁴⁻³²·pa 敲打，砍巴 kʰæ³⁴⁻³²·pa 砍，啃巴 kʰən³⁴⁻³²·pa 啃，捆₂巴 kʰuən³⁴⁻³²·pa 捆绑，和₂巴 xuɤ⁴¹⁻³⁴·pa 搅拌揉合，糊巴 xu⁵³⁻³⁴·pa 粘贴，烀巴 xu⁵³⁴⁻³²·pa 蒸煮（北乡），换巴 xuæ⁴¹⁻³⁴·pa 对换，交换，揉巴 uɤ³¹³⁻³¹·pa 揉成团，捐巴 yɤ³⁴⁻³²·pa 折。

（2）-达 ·ta

巴达 pa³¹³⁻³¹·ta 嘴唇开合作声，蹦达 pəŋ⁴¹·ta 蹦跳，发脾气，滴达 ti³⁴⁻³²·ta 滴落，跺达 tuɤ⁴¹·ta 跺脚，蹾达 tən³¹³⁻³¹·ta 蹾，颠簸，跳达 tʰiɔ⁴¹⁻³²·ta 跳跃，拉₂达 la³⁴⁻³²·ta 乱放，摞达 luɤ³¹³⁻³¹·ta 摞，蹓达 ləu³¹³⁻³⁴·ta 闲逛，抡达 liən³¹³⁻³¹·ta 来回摆动，装₁达 tsuaŋ³¹³⁻³¹·ta 装，拆达 tsʰɤ³⁴⁻³²·ta 拆，龇达 tsʅ³¹³⁻³¹·ta 批评，捶达 tsʰuəi⁵³⁻³⁴·ta 打，锄达 tsʰu⁵³⁻³⁴·ta 锄，靸达 sa³⁴⁻⁵³·ta 穿鞋（脚踩鞋后帮），甩达 suei³¹³⁻³¹·ta 摆动，喳达 ʧia³¹³⁻³¹·ta 信口胡说，趋达 ʧʰy³¹³⁻³¹·ta 鞋底擦地而行，摔达 ʃɤ³¹³⁻³¹·ta 锻炼，摔脸子，撅达 cyɤ³¹³⁻³¹·ta 一端向上翘起，敲达 cʰiɔ³¹³⁻³¹·ta 敲，掀达 çiæ³¹³⁻³¹·ta 掀，勾达 kəu³¹³⁻³¹·ta 串通，引诱，磕达 kʰa³⁴⁻³²·ta 饮食没有规律，喝达 xa³⁴⁻³²·ta 呵斥，呼达 xu³¹³⁻³¹·ta 开合，扔达 xəŋ³¹³⁻³¹·ta 扔，放任自流

（3）-啦 ·la

扒啦 pa$^{313-31}$·la 翻动，聚拢，叭啦 pa$^{34-32}$·la 下小雨儿，弊啦 piɤ$^{41-34}$·la 插，卡住，编啦 piæ̃$^{313-31}$·la 粗略缝补，说谎，不拨啦 pu^{34}·la 拨动，趴啦 p^{h}a$^{313-31}$·la 毁坏无用，撇啦 p^{h}iɤ$^{34-32}$·la 跛腿走路，装腔，扑啦 p^{h}u$^{34-32}$·la 扇动翅膀，答啦 ta$^{34-32}$·la 答拉话儿，婴孩学说话，趔啦 liɤ$^{41-32}$·la 串门儿，淋₁啦 liən$^{313-31}$·la 下小雨儿，撸啦 lu$^{313-31}$·la 在实践中学艺，嚓啦 ts^{h}a^{34}·la 背后说人坏话，粗啦 ts^{h}u$^{313-31}$·la 粗糙，不拘小节，烧啦 ʃɔ$^{313-31}$·la 烧心，轱₁啦 ku$^{313-53}$·la 涂抹，沾，呱啦 kua$^{313-31}$·la 聊天，挂₁啦 kua$^{313-31}$·la 拉关系，有瓜葛，硌啦 kuɤ$^{41-34}$·la 眼中有异物，钩啦 kəu$^{313-31}$·la 钩，哗啦 xua$^{313-31}$·la 毁坏无用，劃₁啦 xua$^{313-31}$·la 松土，劃₂啦 xua$^{41-34}$·la 又作2溜，搜罗，集中，捞取，瘸啦 c^{h}yɤ$^{53-34}$·la 像瘸子一样走路，歪啦 ue$^{313-31}$·la 像瘸子一样走路

（4）-嘎 ·ka

切嘎 tɔ$^{313-31}$·ka 嬉闹，扽₂嘎 tən^{41}·ka 拽，蹬嘎 təŋ$^{313-31}$·ka 蹬，啦嘎 la$^{34-32}$·ka 拉呱儿，蹉嘎 tsa$^{313-31}$·ka（幼儿）试探着走路，挣₂嘎 tsəŋ$^{41-34}$·ka 挣，嚼嘎 tʃyɤ$^{53-34}$·ka 咀嚼，唧嘎 tʃi$^{313-31}$·ka 抱怨，吵嘴，张嘎 tʃian$^{313-31}$·ka 一开一合，喊嘎 tʃ^{h}i$^{34-32}$·ka 说笑，抻嘎 tʃ^{h}iən$^{313-31}$·ka 抻，夹嘎 cia$^{34-32}$·ka 小气，吝啬（北乡）

（5）-嚓 ·ts^{h}a、-刺 ·ts^{h}ɿ

"-嚓"尾和"-刺"尾呈互补分布：词根的韵母为 a、ia、ua 时，其后通常接"-嚓"尾；词根为其他韵母时，后面一般接"-刺"尾。北乡习惯上都接"-嚓"尾；沿海地区则习惯上都接"-刺"尾，词根为 a、ia、ua 韵母时，其后既可以接"-刺"尾，也可以接"-嚓"尾。例如：

扒嚓 pa$^{313-31}$·ts^{h}a，剥嚓 pa$^{34-32}$·ts^{h}a，爬嚓 p^{h}a$^{53-34}$·ts^{h}a 爬，高升，割嚓 ka$^{34-32}$·ts^{h}a，刮₁嚓 k^{h}ua$^{34-32}$·ts^{h}a，挖嚓 ua$^{34-32}$·ts^{h}a，压嚓 ia^{34}·ts^{h}a 霸道

劈刺 p^{h}i$^{34-32}$·ts^{h}ɿ 持续劈，搅刺 tʃiɔ$^{34-32}$·ts^{h}ɿ 胡搅蛮缠，胀₂刺 tʃian$^{41-34}$·ts^{h}ɿ 怀抱中的孩子持续扭动，囊刺 naŋ$^{34-32}$·ts^{h}ɿ 狼吞虎咽，挖苦，捏刺 ŋiɤ^{41}·ts^{h}ɿ 不停地捏，捻刺 ŋiæ̃$^{34-32}$·ts^{h}ɿ 不停地捻，屈刺 c^{h}y$^{34-32}$·ts^{h}ɿ 抽泣，扛刺 k^{h}ue$^{34-32}$·ts^{h}ɿ 不停地搔痒，抠刺 k^{h}əu$^{313-32}$·ts^{h}ɿ 不停地抠，砍刺 k^{h}æ$^{34-32}$·ts^{h}ɿ 持续砍，啃刺 k^{h}ən$^{34-32}$·ts^{h}ɿ 持续啃，糊刺 xu$^{34-32}$·ts^{h}ɿ（糊嚓 xu$^{42-34}$·ts^{h}a（北乡）孩子不时搂抱纠缠大人，要求陪同玩耍，围刺 uəi$^{313-32}$·ts^{h}ɿ（围嚓 uəi$^{534-32}$·ts^{h}a（北乡）孩子围在大人身边自行嬉戏

（6）-扑 ·pʰu

打扑拍 ta³⁴⁻³²·pʰu 把土块儿打碎，差₁扑 tsʰa³¹³⁻³¹·pʰu 使吃亏，暗算，瞌扑 kʰa³⁴⁻³²·pʰu 打瞌睡，哈扑 xa³⁴⁻³²·pʰu（哈爬 xa³⁴⁻³²·pʰa（北乡））俯卧

（7）-么 ·mu

对么目 təi⁴¹⁻³⁴·mu 弄合适，合得来，对付，端么目 tæ̃³¹³⁻³²·mu 观察（对方的相貌和言行），舔么摸 tʰiæ̃³⁴⁻³²·mu 拍马溜须，咂么摸 tsa³⁴⁻³²·mu 品滋味，琢磨，瞅么目 tsʰəu³⁴⁻³²·mu 随意地看，瞰么眯 sa⁴¹·mu 扫视，寻找，索么摸 suɤ³⁴⁻⁵³·mu 不择手段索取，照么目 tʃɔ⁴¹⁻³⁴·mu 按照，沾么摸 tʃiæ̃³¹³⁻³²·mu 沾便宜，臭么骂 tʃʰiəu⁴¹·mu 当面揭短，缠么摸 tʃʰiæ̃⁵³⁻³⁴·mu 纠缠，相₂么目 ʃiaŋ⁴¹·mu 观察，打量，睄么骂 cyæ̃³¹³⁻³²·mu 嘲讽，挖苦，嘎么骂 ka³¹³⁻³²·mu（以开玩笑的方式）逗弄，估么摸 ku³⁴⁻³²·mu 估计，盖么摸 ke⁴¹·mu（为他人）遮掩，约么摸 yɤ³⁴⁻³²·mu 估算，思量，脏么骂 tsɑŋ³¹³⁻³²·mu 背后批评

（8）乎 ·xu

瞒乎 mæ̃³¹³⁻³²·xu（瞒哄₂mæ̃³¹³⁻³²·xuŋ）隐瞒，忙乎活 mɑŋ³¹³⁻³²·xu 忙活，调₂乎和 tʰiɔ⁵³⁻³⁴·xu（调₂和₂tʰiɔ⁵³⁻³⁴·xuɤ，又作"和₂调₂xuɤ⁴¹⁻³⁴·tʰiɔ"）调和，凿乎 tsɔ⁵³⁻³⁴·xu 抹黑，污蔑，伺乎 tsʰɿ⁴¹·xu 伺候，照顾，吹乎 tsʰuəi³⁴⁻⁵³·xu 吹牛，瞧乎 tʃʰiɔ⁵³⁻³⁴·xu（tʃʰiɔ⁴²⁻³⁴·xuɤ（北乡））等着瞧，笑乎话 ʃiɔ⁴¹·xu 笑话，搅乎和 ciɔ³⁴⁻³²·xu 搅拌，巧乎 cʰiɔ³⁴·xu 巧合（贬义），嫌乎 ciæ̃⁵³⁻³⁴·xu（ciæ̃⁴²⁻³⁴·xəu（北乡））嫌弃，佮乎 ka³⁴⁻³²·xu 交往，通好，告乎 kɔ⁴¹⁻³²·xu 告诉，疑乎惑 i⁵³⁻³⁴·xu 疑惑，惹乎 iɤ³⁴⁻³²·xu 惹，喝乎 ɑŋ³⁴⁻³²·xu 儿童撒娇索要某物

（9）-溜 ·ləu

白溜 pɤ⁵³⁻³⁴·ləu 用白眼睛看，扑溜 pʰu³⁴·ləu 用手集中什物，收拾，□溜 tɤ³¹³⁻³⁴·ləu 抖落，无法推辞，提₁溜 ti³¹³⁻³²·ləu 提，眦溜 tsʰɿ³⁴·ləu 斜眼看人（轻蔑），不服，搊溜 tsʰəu³¹³⁻³²·ləu 吹，晾干，搜溜 səu³¹³⁻³²·ləu 搜寻，嗖溜 səu³¹³⁻³²·ləu 用吸的方式喝，涮溜 suæ⁴¹·ləu 麻利，动作敏捷，直溜 tʃi⁵³⁻³⁴·ləu 使不弯曲，趋溜 tʃʰy³¹³⁻³²·ləu 到处闲逛，滑行，斜溜 ʃiɤ⁵³⁻³⁴·ləu 斜着眼看，拎溜 ciən³¹³⁻³²·ləu 拎，隔溜 kɤ³⁴·ləu 搅拌，翻动，劃₂溜 xua⁴¹⁻³⁴·ləu 搜罗，集中，捞取，滑溜 xua⁵³⁻³⁴·ləu 滑，黑溜 xɤ³⁴⁻⁵³·ləu 用黑眼睛看人，敌视，眍₂溜 xəu³¹³⁻³²·ləu 眼窝塌陷，齁溜 xəu³¹³⁻³²·ləu 因呼吸困难而发出声响

（10）-勾 ·kəu

蹲勾 tən³¹³⁻³²·kəu 待在家里，等勾 təŋ³⁴·kəu 坚持等待，勒勾 lɤ⁴¹·kəu 坚持索要高价，

犁勾 li$^{313-32}$·kəu 教训，钻₁勾 tsæ̃$^{313-32}$·kəu 举动不稳重，瞅勾 tsʰəu$^{34-32}$·kəu 偷看，胀₂勾 tʃiaŋ^{41}·kəu 骄傲，押勾 tʃʰiən$^{313-34}$·kəu 伸长，偷看，偷听，夹勾 cia$^{34-32}$·kəu 小气，吝啬，撅勾 cyɤ$^{313-32}$·kəu 一端向上翘起

（11）-腾·təŋ/təŋ^{53} 俗常写作"登、噔、蹬"等/-腾·tʰəŋ

搬腾 pæ̃$^{313-32}$·təŋ 搬动物品，嘣腾 pəŋ$^{313-32}$·təŋ 用锤子敲，发脾气，翻腾 fæ̃$^{313-32}$·təŋ 漫无目的地翻看，打腾 ta$^{34-32}$·təŋ 拾掇，倒₁腾 tɔ$^{34-32}$·təŋ 买进卖出，挪借，踢腾 tʰi$^{34-32}$·təŋ 损坏，俗常写作"踢蹬"，作₁腾 tsuɤ$^{34-32}$·təŋ 干坏事，折₁腾 tʃiɤ$^{34-32}$·təŋ^{53} 折磨，收获，做力不从心的事，咯腾 kɤ$^{34-32}$·təŋ^{53} 咯噔，象声词，咯腾 kɤ$^{34-32}$·təŋ 咯噔，持续小幅度晃动，闹腾 nɔ^{41}·tʰəŋ 无理取闹，扑腾 pʰu$^{34-32}$·tʰəŋ 胡乱踩踏，挥霍

（12）-楞·ləŋ

斜楞 ʃiɤ$^{53-34}$·ləŋ 倾斜，侧楞 tsɤ$^{34-32}$·ləŋ 侧着，扑楞 pʰu$^{34-32}$·ləŋ，不拨楞 pu$^{34-32}$·ləŋ 来回摆动，登楞 təŋ$^{313-32}$·ləŋ（təŋ$^{534-32}$·luŋ（北乡））事业发展，高升

（13）-弄·luŋ

拨弄 pɤ$^{313-32}$·luŋ 抚养，摆弄 pe$^{34-32}$·luŋ 乱放，修理，照顾，搬弄 pæ̃$^{313-32}$·luŋ 搬动，办弄 pæ̃$^{41-34}$·luŋ 弄，置办，谝弄 pʰiæ̃$^{34-32}$·luŋ 炫耀，墁弄 mæ̃$^{313-32}$·luŋ 抹，动弄 tuŋ^{41}·luŋ 逗弄，套弄 tʰɔ^{41}·luŋ 设计骗取，团弄 tʰæ̃$^{53-34}$·luŋ 揉成团，交往，玩弄，逗弄，錾₁弄 tsæ̃^{34}·luŋ 挑逗，撮弄 tsʰuɤ$^{34-32}$·luŋ 挑唆，耍弄 sua$^{34-32}$·luŋ 玩弄，上弄 ʃiaŋ$^{41-34}$·luŋ（放低姿态）商量，恭维，圈₂弄 cʰyæ̃$^{313-32}$·luŋ 关闭，讲弄 ciaŋ^{34}/kaŋ^{34}·luŋ 讲价，议论，架弄 cia^{41}·luŋ 表面上是，赶弄 kæ̃^{34}·luŋ/kæ̃$^{34-32}$·luŋ 交往，归弄 kuəi$^{313-32}$·luŋ 收拾整理，糊弄 xu^{53}·luŋ 哄骗，敷衍，应付，惹弄 iɤ$^{34-32}$·luŋ 惹，引₁弄 iən$^{34-32}$·luŋ 引诱，舞弄 u$^{34-32}$·luŋ 指挥，处理，愚₂弄 y^{34}·luŋ 欺骗

莱阳方言的动词词缀，除了词尾外，还有一个独特的词头"害-xe^{41}"，构成的新词往往带有贬义或者令人有不舒适的感觉。此类词列举如下：

害怕 xe$^{41-32}$·pʰa^{41}，害淡 xe$^{41-32}$·tæ̃^{41} 害羞，害疼 xe$^{41-32}$·tʰəŋ^{53} 心疼，舍不得，害馋 xe$^{41-32}$·tsʰæ̃ 馋，害愁 xe$^{41-32}$·tsʰəu 犯愁，害使 xe$^{41-32}$·sʅ^{34} 使人疲累，害事 xe$^{41-32}$·sʅ^{41} 阻碍，耽误，害口 xe$^{41-32}$·kʰəu^{34} 不好意思告诉对方，害气 xe$^{41-32}$·cʰi^{41} 嫉妒，害喜 xe$^{41-32}$·ɕi^{34} 怀孕反应

(三)形容词词缀

莱阳方言常用的形容词词尾主要有"–乎、–巴"等。例如：

(1) – 乎 ·xu

不善乎 pu³⁴⁻³² ʃiæ̃⁴¹⁻³⁴·xu（pu³⁴⁻³² ʃiæ̃⁴²⁻³⁴·xuɤ（北乡）——善朴 ʃiæ̃⁴¹⁻³⁴·pʰ 反义词）厉害，意料之外，黏乎 ȵiæ̃³¹³⁻³²·xu 黏，亲密，暖乎和 no³⁴⁻³²·xu/lo³⁴⁻³²·xu 暖和，俗常写作"恼乎/老乎"，烂乎 læ̃⁴¹⁻³⁴·xu 熟烂，急乎火 ci³⁴⁻³²·xu 匆忙，玄乎 çyæ̃⁵³⁻³⁴·xu 不安全的，难达到的，热乎火 iɤ⁴¹·xu 热情，亲昵，温乎 uən³¹³⁻³²·xu 不冷不热，匀乎 yən³¹³⁻³²·xu（匀和 ₂yən³¹³⁻³²·xuɤ）均匀，二乎 ər⁴¹⁻³⁴·xu 迷茫

(2) – 巴 ·pa（·pu（南乡））

窄巴 tsɤ³⁴⁻³²·pa 不宽敞，紧巴 ciən³⁴⁻³²·pa 紧，野巴 iɤ³⁴⁻³²·pa 野蛮

(3) – 透 ·tʰəu

宽透 kʰuæ̃³¹³⁻³²·tʰəu 宽敞，富裕的，美好的，暄₁透 çyæ̃³¹³⁻³²·tʰəu，肥透 fəi⁵³⁻³⁴·tʰəu

第二节 形容词的比较级和生动形式

程度性是形容词的典型语义特征。从本质上看，不论是形容词本身，还是形容词的比较级，抑或是以性质形容词为词根构成的形容词生动形式，都表示不同的量度在线性向度上的序列分布。程度计量有数值计量和模糊计量之别。单从计量的角度看，单音节形容词前加词头、形容词的比较级、生动形式等都属于模糊计量的范畴。

一、数值计量

莱阳方言单音节形容词前加词头属于模糊计量，详见第四章第一节。本节讨论数值计量。

在数值计量方面，莱阳方言的单音节形容词通常限于表量度的词，与普通话同中有异。相同之处是：正向量形容词（如"大₂、高、长₂、沉"，以下行文用 A_1 表示）与负向量形容词（如"小、矮、短、轻"，以下行文用 A_2 表示，用 A 表示包含 A_1 和 A_2）在句法组配和语义表述

上具有不对称性，只有"数量短语+A_1"是合法的。例如：

三米长$_2$的绳子 *三米短的绳子（普通话：三米长的绳子 *三米短的绳子）

个机井五十米深 *个机井五十米浅（普通话：机井五十米深 *机井五十米浅）

两斤沉的个鱼 *两斤轻的个鱼（普通话：两斤重的一条鱼 *两斤轻的一条鱼）

不同的是：莱阳方言除了"数量短语+A_1"之外，还可以使用"数量短语+A_1A_2儿"结构，此结构在语义表述上没有限制，例如：

三米长$_2$短儿（＝三米长$_2$）的绳子就够$_2$了

三米长$_2$短儿（＝三米长$_2$）的绳子能做什么？哪儿够$_2$头儿？

——俺疃儿的个机井有五十米深浅儿（＝五十米深）！

——五十米深浅儿（＝五十米深）还$_1$能叫$_2$个机井？俺疃儿的八十米深浅儿（＝八十米深）！

有意思的是，农民日常生活所用的度量单位往往"近取诸身、远取诸物"，因而此类结构中的"数量短语"常常是不含数词的名词短语（这些名词短语可以看作是"临时数量短语"）。如果形容词短语表示负向量，通常只能使用"数量短语+A_1A_2"结构，例如：

些草也就腿肚$_1$子高矮儿 *些草也就腿肚$_1$子高 *些草也就腿肚$_1$子矮

纔驴蹄子窝儿深浅儿的水$_1$儿 *纔驴蹄子窝儿深的水$_1$儿 *纔驴蹄子窝儿浅的水$_1$儿

漫$_{至多}$有两指深浅儿的雨 *漫$_{至多}$有两指深的雨 *漫$_{至多}$有两指浅的雨

如果形容词短语表示正向量，则没有上述限制。例如：

齐腰儿深浅儿的水$_1$＝齐腰儿深的水$_1$

鱼苗儿长$_1$到儿一虎口长$_2$短儿了＝鱼苗儿长$_1$到儿一虎口长$_2$了

更有意思的是，一部分词还可以使用"数量短语+AC"结构，C是A的书面语同义词或反义词。例如：

五米宽狭儿的街＝五米宽的街 *五米宽窄儿的街

两斤沉重儿的鱼＝两斤沉的鱼 *两斤沉轻儿的鱼

个本儿_笔记本_半寸₂厚薄儿＝个本儿半寸₂桯薄儿＝个本儿半寸₂厚 *个本儿半寸₂厚桯儿

关于差量表述，陆俭明（1989：49）指出，普通话的"A+数量成分"是一个有歧义的格式，既可分析为述宾结构，例如：这块板子比那块长三十公分；又可分析为主谓结构，例如：那块板子长三十公分，宽二十公分。

莱阳方言与此不同。莱阳方言分别使用两种不同的结构表述，因而没有歧义。普通话的述宾结构，莱阳方言通常使用"A₁着/儿+数量短语"表示，此类其实是常用比较句式的一种，例如：

恁望望这₁块板子比捏₁那块长₂着三十公分₁，是截儿去呢还₁是另找₁块？

这₁块板子比捏₁那块长₂儿三十公分₁，截儿去就孤费_浪费_了

走大₂道比小道儿远着三里（地）

俺从大₂道来的，也就远儿三里（地）

普通话的主谓结构，莱阳方言则通常使用"数量短语+A₁""数量短语+A₁A₂儿"结构或其他形式，例如：

捏₁那块板子三十公分₁长₂，二十公分₁宽

＝捏₁那块板子三十公分₁长₂短儿，二十公分₁宽狭儿

捏₁那辀₁辘₁儿道儿也就三里（地）距远儿

二、比较级

不同形容词的比较级，一般都用相同的修饰语表示程度递增或递减。根据比较标准的不同，莱阳方言形容词的比较级可以分为"普通型"和"夸张型"两大类。

（一）普通型

普通型用"A_原级_、A些·ʃi_稍高级_、更₁ kəŋ⁴¹A_更高级_、最A_最高级_、太₁A_超高级_"表示程度递增或递减，说话人往往根据比较的结果做出评价。"A些"相当于普通话的"有点₂儿A"，表示程度上略有差别；"更₁A"表

示差别相对较大；"太₁A"则表示程度上远远超过标准要求，通常含有"过犹不及"之意，因而多用于消极意义（"太₁好"为积极意义，例外）。例如：

大₂：恁俩的夹袄，他的大₂些（＝他的比恁的大₂些）

你的夹袄大₂，他的更₁大₂

三个夹袄，捏₁那个黄的最大₂

个夹袄太₁大₂了，得₂改改

小：这₁个凿子大₂，捏₁那个小些（＝捏₁那个比这₁个小些）

这₁个凿子小，捏₁那个更₁小

五个凿子，这₁个最小

个凿子太₁小了，换个大₂些儿的

长₂：两个锨柄，俺的个长₂些

他的锨柄是长₂，俺的更₁长₂

咱疃儿谁的锨柄最长₂？

个锨柄太₁长₂了，得₂截块儿去

短：咱俩儿的裙子，还₁是恁的短些

俺裙子短？电影儿明星更₁短！

姊妹五个数₁着她裙子最短

她个裙子太₁短了。太₁不像了！

尖：恁比比这两个锥子哪个尖些？

最尖的捏₁那个锥子不能买，个橛儿歪歪着

个锥子太₁尖了，捅的眼儿太₁小了

热：这₁个（暖手宝）热些，买这₁个吧

这₁两天儿吉日热

吉日是热。天气儿预报说是明日更₁热

夜来也就太₁热了。不知儿真的假₁的，说是老歪嘴儿的鸡热死儿一百多

俊：往一堆儿一站，还₁是恁家儿小二嫚俊些

姊妹们一大₂堆，还₁是人家₂小二嫚最俊

你<u>寻</u>思着太₁俊儿是些好处₂？一天到黑招蜂儿引₁蝶儿的……

（二）夸张型

夸张型用"A_{原级}、够₂儿A_{稍高级}、更₁儿 kəŋɻ⁴¹/kaŋɻ⁴¹ A_{更高级（感叹句）}、老 A₁A₂ _{更高级（肯定句）}（没₂A₁A₂ 儿_{更高级（否定句）}、<u>大么</u> ta³⁴·mu/taa³⁴³A₁（A₂）儿_{更高级（反问句、感叹句）}）、老么儿 A₁（A₂）_{超高级}"表示对不同量度的夸大或强调。这些结构通常带有强烈的感情色彩，因而本质上可以看作是形容词比较级的生动形式。

1."够₂儿A"强调在量度上已经达到标准且略有富余，足以令人满意，是表示积极意义的结构，是比较级中的稍高级。例如（举例略去原级）：

个锨柄够₂儿<u>长</u>₂了！再<u>长</u>₂就不顺手了

她裙子够₂儿短了！再短就不好看₂了

个夹袄够₂儿大了！就打着_{就算}是老三个儿高吧，肯定能穿！

个凳子够₂儿小了！找₁不着₂<u>更</u>₁小的了

2."更₁儿"所指的量度非常高或非常低，大致相当于普通话的"十分、非常"，通常带有强烈的感情色彩，因而多用于感叹句，可以看作是比较级中的更高级。另外，"更₁儿"有文白异读，文读［kəŋɻ⁴¹］与白读［kaŋɻ⁴¹］在语义上没有区别，受过教育的人倾向于使用文读音，未上过学的普通人则通常使用白读音。（按：上文普通型一般都使用文读"<u>更</u>₁kəŋ⁴¹"，不用白读音，与此结构不平行。）例如：

他钉₂儿个锨柄更₁儿<u>长</u>₂了！外人谁也没₂有法儿使唤

人家₂电影儿明星穿的裙子更₁儿短了！更₁儿好看₂了！

<u>吉年</u>_{今年}怹家儿的苹果更₁儿大₂了！能卖俺两页儿的钱

个夹袄更₁儿大₂了！咱不能穿

<u>捏</u>₁那个品种₁的昌果仁儿更₁儿小了！更₁儿香₁了！

个凳子更₁儿小了！咱没₂有法儿使唤

3."老 A₁A₂"仅用于修饰表量度的形容词，通常略带夸张意味，感情色彩不如"更₁儿A"强烈。结构中的"A₁A₂"是偏义复词，而且结构中的"A₂"不能省略，例如老高矮＝非常高，老粗细＝非常粗，老长短＝非常长，整个结构表示正向量或积极意义，因而多用于肯定陈述，所指量度与"更₁儿 A"大致相若，也属于比较级中的更高级。

"没₂A₁A₂儿"在语义上则与"老 A₁A₂"相反，用于否定陈述，表示负向量或消极意义，是对正向或积极意义量度形容词的否定（没₂高矮儿＝非常矮，没₂粗细儿＝非常细，没₂长短儿＝非常短）。

"大么 A₁（A₂）儿"在语义上也与"老 A₁A₂"相反，通常用于反问句、感叹句，表示负向量或消极意义，往往带有轻视、批评的意味。其中"大么"有两种语音形式，通常为 [ta³⁴·mu]，语速较快时用 [taa³⁴³]。试比较：

恁哥哥老高矮，谁敢得₁着㗓你？

恁哥哥没₂高矮儿，谁还₁怕他？

恁哥哥纔大么高（矮）儿？谁怕他？

根绳子老粗细

根绳子没₂粗细儿

根绳子纔大么粗（细）儿？

捏₁那个伙家胳膊老长₂短，摘梨不用踏凳子

捏₁那个伙家胳膊没₂长₂短儿

捏₁那个伙家胳膊纔大么长₂（短）儿？

有意思的是，表示"小"，"没₂A₁A₂儿"只能用"没₂顶儿/没₂点₂儿"；"大么 A₁（A₂）儿"则可以用"大么大₂（小）儿"和"大么顶儿/大么点₂儿"。例如：

吉年苹果不强₂，长得没₂顶儿/没₂点₂儿，卖不着₂钱

个夹袄纔大么大₂（小）儿/大么顶儿/大么点₂儿！老三哪儿能穿进去？

此外，"大么 A₁（A₂）儿"还可以用于一般疑问句，此时"大么 A₁（A₂）儿"不再起强调作用，仅表示普通陈述。如果用于量度形容词，"大么 A₁（A₂）儿"还可以用"多 A₁（A₂）儿"替换。例如：

——头晌儿恁抓₂的个长虫大么长₂儿（长₂短儿）[＝多长₂儿（长₂短儿）]？

——有一庹长₂。

——树上最大₂的个苹果大么大₂（小）儿［= 多大₂（小）儿］？（*大么顶儿 / 大么点₂儿）

——同个西瓜样。

4. "老么儿 A₁（A₂）"所指量度比"老 A₁A₂"大，并且带有强烈的感情色彩与过度夸张意味，属于比较级中的超高级。"老么儿 A₁（A₂）"与"老 A₁A₂"的相同之处是——通常仅用来表示正向量或积极意义；与"老 A₁A₂"不同的是，"老么儿 A₁（A₂）"中表示负向量或消极意义的"A₂"可有可无。例如：

啊呀，恁哥哥老么儿高（矮）！谁敢得₁着罪你？

根绳子老么儿粗（细）！

他胳膊老么儿长₂（短）！摘梨不用踏凳子

应补充说明的是，在鄙俗不文的人口中，"老么儿 A₁（A₂）"可以用詈词"老屄养 piaŋaŋ³¹³³ A、老鸡子劲 ʧiiə³¹³³ ciən⁴¹ A"替换。"老么儿 A₁（A₂）"仅限用来表示正向量或积极意义，詈词则没有此条件限制，因而其结构为"老屄养 A、老鸡子劲 A"。"大么 A₁（A₂）儿"与詈词相同，也没有条件限制。由于詈词很不礼貌，温文尔雅的人一般不说。例如：

她穿儿个裙子老屄养 / 老鸡子劲长₂了！= 她穿儿个裙子老么儿长₂短！

个长虫老屄养 / 老鸡子劲粗了！= 个长虫老么儿粗细！

他西瓜老屄养 / 老鸡子劲甜了！

吉日老屄养 / 老鸡子劲冷了！

老钱老屄养 / 老鸡子劲黑了！

他两家儿老屄养 / 老鸡子劲近便₁了！

捏₁那个王八蛋老屄养 / 老鸡子劲无赖了！

5. 如果"A₁"为"沉、厚、宽、肥、远"等几个形容词时，"老 A₁A₂、没₂A₁（A₂）儿、大么 A₁（A₂）儿、老么儿 A₁（A₂）"结构须变形为"老 A₁C、没₂AC 儿、大么 AC 儿、老么儿 A₁C"或其他形式。例如：

个锨老沉重　个锨没$_2$沉重儿　个锨纔大么沉$_2$重儿？　个锨老么儿沉重（*沉轻，*轻重）

个被老厚薄　个被没$_2$桴薄儿　个被纔大么厚薄儿/桴薄儿？　个被老么儿厚薄（*厚桴）

个裤子老肥狭　个裤子没$_2$肥狭儿　个裤子纔大么肥狭儿？　个裤子老么儿肥狭（*肥瘦）

他的菜畦子老宽狭　他的菜畦子没$_2$宽狭儿　他的菜畦子纔大么宽狭儿？　他的菜畦子老么儿宽狭（*宽窄）

捏$_1$那$_1$场儿$_{地方}$隔着咱这$_1$儿老距远　捏$_1$那$_1$场儿隔着咱这$_1$儿没$_2$距远儿　捏$_1$那$_1$场儿隔着咱这$_1$儿纔大么距远儿？空$_1$行$_2$人儿走也走过去了　捏$_1$那$_1$场儿隔着咱这$_1$儿老么儿距远（*远近）

6. "更$_1$儿A、老A$_1$A$_2$、没$_2$A$_1$A$_2$儿、大么A$_1$A$_2$儿（此式不能省略A$_2$，与比较级"大么A$_1$（A$_2$）儿"不同）、老么儿A$_1$（A$_2$）"还可以通过重叠加强形容词的生动程度，其中的可重叠成分都可以无限重叠（下文用"……"表示），表示量度和生动程度的无限递增或递减，共有两种类型。下面分别举例说明。

（1）前加成分重叠型："更$_1$儿A、老么儿A$_1$（A$_2$）"中的前加成分"更$_1$儿、老么儿"可以重叠为"更$_1$儿更$_1$儿……A、老么儿老么儿……A$_1$（A$_2$）"。例如：

捏$_1$那个神仙老头儿更$_1$儿更$_1$儿（……）老了

他说儿个媳妇儿更$_1$儿更$_1$儿（……）勤快了

抓$_2$儿个长$_2$虫更$_1$儿更$_1$儿（……）长$_2$了

抓$_2$儿个长$_2$虫老么儿老么儿（……）长$_2$短

他两家儿更$_1$儿更$_1$儿（……）近便$_1$了

他两家儿老么儿老么儿（……）近便$_1$了

俺舅儿老么儿老么儿（……）高矮

个树窝子老么儿老么儿（……）深浅，小人儿都靠後！看$_1$儿$_{小心}$掉进去！

（2）形容词词根前字重叠型："老 A_1A_2、没 $_2A_1A_2$ 儿、大么 A_1A_2 儿"中形容词词根的前字"A_1"可以重叠为"老 A_1A_1（……）A_2、没 $_2A_1A_1$（……）A_2 儿、大么 A_1A_1（……）A_2 儿"。与基式相同，这三个结构通常限于量度形容词，例如：

俺舅儿老高高（……）矮

恁舅儿缠没 $_2$ 高高（……）矮儿

恁舅儿缠大么高高（……）矮儿？

个树窝子挖得老深深（……）浅，真个二秆！

个树窝子没 $_2$ 深深（……）浅儿，真能糊弄人！

个树窝子缠大么深深（……）浅儿？真能糊弄人！

与基式相同，上述结构有时也可以使用变式，结构变形为"老 A_1A_1（……）C、没 $_2A_1A_1$（……）C 儿／没 $_2A_2A_2$C 儿、大么 A_1A_1（……）C 儿／大么 A_2A_2（……）C 儿"或者其他形式。例如：

做儿个被老厚厚（……）薄

做儿个被没 $_2$ 厚厚（……）薄儿＝做儿个被没 $_2$ 柠柠（……）薄儿

做儿个被缠大么厚厚（……）薄儿＝做儿个被缠大么柠柠（……）薄儿？

他的菜畦子老宽宽（……）狭

他的菜畦子没 $_2$ 宽宽（……）狭儿

他的菜畦子缠大么宽宽（……）狭儿？

条裤子老肥肥（……）狭

条裤子没肥肥（……）狭儿

条裤子缠大么肥肥（……）狭儿？

捏 $_1$ 那场儿隔着咱这 $_1$ 儿老距距（……）远

捏 $_1$ 那场儿隔着咱这 $_1$ 儿没距距（……）远儿

捏 $_1$ 那场儿隔着咱这 $_1$ 儿缠大么距距（……）远儿？

（三）准比较级

莱阳方言还有"真 A、挺 $_1$A"结构，这两个结构通常用于普通陈述，虽然没有比较意味，但涉及的程度都超过原级，本文把他们看作是准比较级。

"真 A"多用于说话人做出肯定陈述，表示对自己主观判断的自我确认。"真"相当于普通话的"确实很、真的很"，即"真 A"的肯定结构包含了"确实、真的"与"很"两层意思，因而其否定结构有两种形式：一是对程度的否定，用"不很 A"结构，与普通话相同；二是强调句，用"真不 A"做出强调或确认，此时"真"不再有"很"的意思，意在强调"是真的，不是假的""确实如此"。试比较：

（肯定）个凿子真小 （否定）个凿子不很小 （强调）个凿子真不小
爹的夹袄我穿真大₂ 爹穿这₁个夹袄不很大₂ 爹穿儿个夹袄真不大₂
他的镢柄真长₂ 他的镢柄不很长₂ 他的镢柄真不长₂
她裙子真短 她裙子不很短 她裙子真不短
那₁块布真红 那₁块布不很红 那₁块布真不红
那₁个锥子真尖 那₁个锥子不很尖 那₁个锥子真不尖
这₁两天儿真热 这₁两天儿不很热 这₁两天儿真不热
小二嫚真俊 小二嫚不很俊 小二嫚真不俊
老刘栽的辣椒真辣 老刘栽的辣椒不很辣 老刘栽的辣椒真不辣

"挺₁A"大多用来表示略微超过标准，但仍可以勉强凑合，即说话人通常根据自己的主观经验得出的大众标准或者根据听话人也能接受的评价标准，做出一般陈述，通常含有消极意义；只有用于少数表积极评价的形容词（例如"俊、精、好、香₁、甜、正"）时，"挺₁A"才可以表示积极意义，而且多用于礼貌场合的褒扬，往往有敷衍的意味。例如：

个夹袄看₂着挺₁大₂，穿儿身上不大₂不小儿正合适
个凿子挺₁小，接就着使唤吧
个镢柄挺₁长₂，反正就使唤它一过₁响，接就接就吧
个裙子给俺做的挺₁短，可也行₂得₂，漫至多俺妈说数着俺一顿
个袄挺₁红，小士子穿不大₂合适
个锥子挺₁尖，好慎儿罕拿着，甽别吃儿亏
恁家儿小二嫚挺₁俊

棵花儿老远儿闻着挺₁香₁，到儿跟₁前就不行₂了，受不了这₁个味儿

恁疃儿个书记为人挺₁正啊，挺₁好！

三、形容词的生动形式

莱阳方言形容词的生动形式比较丰富，有多种变调规则。从本质上看，这些变调规则分别属于语法变调、构词变调的范畴。他们不仅与一般所谓的"纯语音变调"不同，与莱阳方言谓词的体的构形变调不同，也与莱阳方言"四声别义"的变调构词规则不同。下面分别举例说明。

（一）AA 式

与普通话有 167 个（约 50%）单音节形容词可以重叠为 AA 式（王启龙，2003：137—139）不同，莱阳方言只有少数单音节形容词能构成 AA 式形容词生动形式，这些 AA 式不仅有纯语音变调，有些还产生了构词变调。下面先分类列出调查所得的常用词：

1. 单一变调类

扁扁（儿）$piæ̃^{313-32}·piæ̃(ɹ)$，团团（儿）$tʰæ̃^{53-34}·tʰæ̃(ɹ)$，斜斜（儿）$ʃiɹ^{53-34}·ʃiɹ(ɹ)$，空₁空₁（儿）$kʰuŋ^{313-32}·kʰuŋ(ɹ)$，花花（儿）$xua^{313-32}·xua(ɹ)$

2. 构词变调类（形容词：动词/名词）

偏偏 $pʰiæ̃^{313-32}·pʰiæ̃_{形容词}$：$pʰiæ̃^{313-32}pʰiæ̃^{313-34}_{动词}$，尖尖（儿）$ʨiæ̃^{313-32}·ʨiæ̃(ɹ)_{形容词}$：$ʨiæ̃^{313-32}ʨiæ̃^{313-34}_{动词}$，长₂长₂ $ʨʰiaŋ^{53-34}·ʨʰiaŋ_{形容词}$：$ʨʰiaŋ^{313-32}ʨʰiaŋ^{313-34}_{动词}$，乾₁乾₁ $kæ̃^{313-32}·kæ̃_{形容词}$：$kæ̃^{313-32}kæ̃^{313-34}_{动词}$，蔫蔫 $iæ̃^{313-32}·iæ̃_{形容词}$：$iæ̃^{313-32}iæ̃^{313-34}_{动词}$，歪歪 $ue^{313-32}·ue_{形容词}$：$ue^{313-32}ue^{313-34}_{动词}$，新新 $ʃiən^{313-32}·ʃiən_{形容词}$：$ʃiən^{313-32}ʃiən^{313-34}_{名词(儿化)}$，娇娇 $ɕiɔ^{313-32}·ɕiɔ_{形容词}$：$ɕiɔ^{313-32}ɕiɔ^{313-34}_{名词(儿化)}$

3. 语法变调类（语音变调_谓语：语法变调+谓语）

方方（儿）$faŋ^{313-32}·faŋ(ɹ)$：$faŋ^{313-32}faŋ(ɹ)^{313-34}$，温温（儿）$uən^{313-32}·uən(ɹ)$：$uən^{313-32}uən(ɹ)^{313-34}$，慢慢儿 $mæ̃^{41-34}·mæ̃ɹ$：$mæ̃^{41-34}mæ̃ɹ^{41-313}$，悄悄儿 $ʨʰiɔ^{313-34}·ʨʰiɔɹ$：$ʨʰiɔ^{313-34}ʨʰiɔɹ^{313}$，轻轻儿 $ʨʰiəŋ^{313-34}·ʨʰiəŋɹ$：

$c^hiəŋ^{313-34}c^hiəɹ^{313}$

从音变规则看,"北京口语中第二个 A 一般读阴平调,儿化"。(吕叔湘,1999:716)[①] 莱阳方言与此不同:

(1)不计完成体,莱阳方言 AA 式仅有少数词必须儿化;其余的通常不儿化,只有一部分可以儿化,这里记作"(儿)"。

(2)莱阳方言的变调规则也不同,有纯语音变调、构词变调和语法变调 3 类。

先看纯语音变调。莱阳方言 1 组 AA 式只有一类纯语音变调,第二个 A 一般读轻声,其变调规则记作"重读+轻声",未见构词变调和语法变调;2、3 两组的第一类,与 1 组变调规则相同,因而本文把他们与 1 组都归为纯语音变调。

再看构词、语法变调。2、3 两组里的第二类要求第二个 A 重读,其变调规则记作"重读+重读"。2 组第二类的词性发生了变化,可以看作是构词变调。试比较:

—— 恁妈长儿个偏偏 $p^hiæ̃^{313-32}·p^hiæ̃$ 心。

—— 可不儿口·nən 语气词。她偏偏 $p^hiæ̃^{313-32}p^hiæ̃^{313-34}$ 俺弟弟偏偏儿 $p^hiæ̃^{313-32}p^hiæ̃ɹ^{313-34}$ 多少年了!

做儿些长₂长 ₂tɕʰiaŋ^{53-34}·tɕʰiaŋ 饽饽

个大汉们待炕上长₂长 ₂着 $tɕʰiaŋ^{313-32}tɕʰiaŋ^{313-34}$·tə,像什么?

俺买儿些新新 $ʃiən^{313-32}·ʃiən$ 鱼。咱晌午儿吃个新新儿 $ʃiən^{313-32}ʃiənɹ^{313-34}$。

3 组第二类"重读+重读"限于充当谓语,单说或充当其他语法成分时,则一律使用纯语音变调规则"重读+轻声",属于语法变调。试比较:

—— 兑₂点儿温温 $uən^{313-32}·uən$ 水儿洗洗脸。

—— 些水晒得刚温温儿 $uən^{313-32}uənɹ^{313-34}$,正合适。

—— 轻轻儿 $c^hiəŋ^{313-34}·c^hiəɹ$ 拍打拍打,孩子就睡了。脾别使大₂劲

[①] 此规则有例外,详参石锓(2010:21)的综述。

儿，吭 3。

——啈，俺轻轻儿 c^{h}iəŋ$^{313-34}$c^{h}iəŋɾ^{313} 的。

从句法结构看，普通话 AA 式"大多数需要加'de'后方能入句"，少数"不用加'de'也可入句，但多数只用作状语"，也有极少数"不加'de'作定语的，但有一定的附加条件"。（王启龙，2003：143—144）莱阳方言与普通话相反，入句时通常不加"的"，只有"慢慢儿、悄悄儿、轻轻儿"作谓语时必须加"的"，例如：

扁扁水壶，尖尖儿鞋

这个团团，捏 1 那个方方

你慢慢儿的，不用瞎着急

些人儿都悄悄儿走了

些人儿都悄悄儿的，都不敢放声了

除了"慢慢儿、悄悄儿、轻轻儿"之外，莱阳方言 AA 式如果加"的"就成了代替名词的"的字结构"，例如：

这 1 是个团团（儿）的，捏 1 那是个方方（儿）的

些新新的给恁，些蔫蔫的给俺

（二）BABA 式

莱阳方言的 BA 式形容词都可以重叠为 BABA 式形容词生动形式。与普通话的规则"在 BABA 四个音节中，重音常落在第一个音节 B 上"（吕叔湘，1999：719）不同，莱阳方言 BABA 式与 BA 式平行对应，也有两类四条平行的变调规则：

（1）B$_{阴阳上去}$A$_{阴平}$重叠为 BABA：34+313+34+313，此规则仅用于强调或夸张，也可以记作"重读＋重读＋重读＋重读"；34+轻声+34+轻声，此规则为一般式，用于单说、一般陈述，也可以记作"重读＋轻声＋重读＋轻声"。试比较：

溜轻溜轻 ləu$^{313-34}$c^{h}iəŋ^{313} ləu$^{313-34}$c^{h}iəŋ^{313} 的个书包儿，比张纸儿都轻！——溜轻溜轻 ləu$^{313-34}$·c^{h}iəŋ ləu$^{313-34}$·c^{h}iəŋ 的个书包儿

俺的昌果儿响乾 1 响乾 1 çiaŋ^{34}kæ̃^{313}çiaŋ^{34}kæ̃^{313}，恁落儿落儿湿！——些昌果儿响乾 1 响乾 1 çiaŋ^{34}·kæ çiaŋ^{34}·kæ

（2）B_{阴阳上去}A_{阳上去}重叠为 BABA：313+ 本调 +32+ 本调，此规则仅用于强调或夸张，也可以记作"重读 + 重读 + 重读 + 重读"；32+ 轻声 +32+ 轻声，此规则为一般式，用于单说、一般陈述，也可以记作"重读 + 轻声 + 重读 + 轻声"。试比较：

个箱子死沉死沉 sʅ³⁴⁻³¹³·tʃʰiən⁵³sʅ³⁴⁻³²·tʃʰiən⁵³，可压死我了！——个箱子死沉死沉 sʅ³⁴⁻³²·tʃʰiən sʅ³⁴⁻³²·tʃʰiən 的

铿绿₂铿绿₂ tsəŋ³¹³ly⁴¹tsəŋ³¹³⁻³²ly⁴¹ 的块石头，真好看！——铿绿₂铿绿₂ tsəŋ³¹³⁻³²·ly tsəŋ³¹³⁻³²·ly 的块石头

按：此条规则有例外，"栖甜、死齐、葱嫩、葱绿₂、精淡、精瘦、稀碎、稀（糜）烂、光₁麵、顶硬、滚热"等 11 个 BA 式词派生的 BABA 式，仅有"32+ 轻声 +32+ 轻声"一条变调规则，不能使用"313+ 本调 +32+ 本调"。例如：

栖甜栖甜 ʃi³¹³⁻³²·tʰiæ̃ ʃi³¹³⁻³²·tʰiæ̃ 的西瓜，不甜不要钱！ ：栖甜栖甜 ʃi³¹³⁻³²·tʰiæ̃ ʃi³¹³⁻³²·tʰiæ̃ 的西瓜

需要指出的是，BA 式本身如果没有积极意义与消极意义之别，则通常用儿化"BA 儿 BA 儿"表示积极意义，例如：

（肚子疼）疼了他脸胶黄胶黄的

小甜瓜儿胶黄儿胶黄儿的，真香₁啊！

另外，BABA 式还有一种变式"B 死 B 死"，通过重叠"B 死"使形容词生动化，同时表示程度加深。此结构限于少数表示消极意义的形容词，例如：

笨死笨死　拙死拙死　馋死馋死　懒死懒死　忙死忙死

从句法结构看，莱阳方言的 BABA 式也与 BA 式平行，作定语时通常都要加"的"。例如：

葱嫩儿的小手儿——葱嫩儿葱嫩儿的小手儿；喷香的饭儿——喷香喷香的饭儿；铿清的水儿——铿清铿清的水儿；齁鹹的菜——齁鹹齁鹹的菜

作谓语时，如果 A 儿化，通常都要加"的"；如果 A 不儿化，一般不加"的"。试比较：

小手儿葱嫩儿的——小手儿葱嫩儿葱嫩儿的；小手儿葱嫩——小手

儿葱嫩葱嫩

河儿的水锃清儿的——河儿的水锃清儿锃清儿的：河儿的水锃清——河儿的水锃清锃清

些菜齁鹹——些菜齁鹹齁鹹

（三）ABB 式

ABB 式通常仅仅是生动形象地描写事物的性状，一般带有感情色彩，结构式本身不可以再重叠。与"北京口语中 BB 常读阴平调"（吕叔湘 1999：716）不同，莱阳方言 ABB 式根据语义褒贬的不同，有如下两条构词变调规则：

（1）32+34+313$_{+褒义}$。此类为褒义词，末音节通常可以儿化，带有喜爱、明快的感情色彩。不论末音节是否儿化，都用同一变调规则。例如：

个人儿粗墩墩（儿）的 tsʰu$^{313-32}$tən$^{313-34}$tən（ɹ）^{313}·lə

粗墩墩的 tsʰu$^{313-32}$tən$^{313-34}$tən^{313}·lə 个人儿，真不糙

些菜辣嗖嗖儿的 la$^{41-32}$səu$^{313-34}$səuɹ^{313}·lə，挺$_1$好吃

俺慢悠悠儿地 mã$^{41-32}$iəu^{34}iəuɹ$^{34-313}$·lə 走，赶晌儿也到儿家了

其他此类常用词列举如下：

蓝锃锃（儿）læ̃$^{313-32}$tsəŋ$^{313-34}$tsəŋ（ɹ）^{313}，鬆<u>溜溜</u>（儿）suŋ$^{313-32}$ləu$^{313-34}$ləu（ɹ）^{313}，新噌噌（儿）ʃən$^{313-32}$tsʰən$^{313-34}$tsʰən（ɹ）^{313}，香$_1$喷$_2$喷$_2$（儿）ɕiaŋ$^{313-32}$pʰən$^{313-34}$pʰən（ɹ）^{313}，纰朗朗（儿）pʰi$^{313-32}$laŋ^{34}laŋ（ɹ）$^{34-313}$，温突突儿 uən$^{313-32}$tʰu^{34}tʰuɹ$^{34-313}$，青郁郁（儿）tɕʰiəŋ$^{313-32}$y$^{41-34}$y（ɹ）$^{41-313}$，高量$_2$量$_2$（儿）kɔ$^{313-32}$liaŋ$^{41-34}$liaŋ（ɹ）$^{41-313}$，<u>高桑桑</u>儿 kɔ$^{534-32}$·saŋ saŋ^{534}（北乡），宽透透儿 kʰuæ$^{313-32}$tʰəu$^{41-34}$tʰəuɹ$^{41-313}$，暄$_1$透透儿 ɕyæ$^{313-32}$tʰəu$^{41-34}$tʰəuɹ$^{41-313}$，甜丝丝（儿）tʰiæ̃$^{53-32}$sɿ$^{313-34}$sɿ（ɹ）^{313}，甜粞粞（儿）tʰiæ̃$^{53-32}$ʃi$^{313-34}$ʃi（ɹ）^{313}，红通通（儿）xuŋ$^{53-32}$tʰuŋ$^{313-34}$tʰuŋ（ɹ）^{313}，黄<u>熏熏</u>（儿）xuaŋ$^{53-32}$ʃyən$^{313-34}$ʃyən（ɹ）^{313}，黄瓢瓢（儿）xuaŋ$^{53-32}$iaŋ$^{313-34}$iaŋ（ɹ）^{313}，鹹滋$_1$滋$_1$儿 ɕiæ̃$^{53-32}$tsɿ$^{313-34}$tsɿ^{313}，平扑扑儿 pʰiəŋ$^{53-32}$pʰu^{34}pʰuɹ$^{34-313}$，红扑扑儿 xuŋ$^{53-32}$pʰu^{34}pʰuɹ$^{34-313}$，<u>长$_2$产产</u>（儿）tɕʰiaŋ$^{53-32}$sæ̃^{34}sæ̃（ɹ）$^{34-313}$，成<u>约约</u> tɕʰiəŋ$^{53-32}$yɤ^{34}yɤ$^{34-313}$，红郁郁（儿）xuŋ$^{53-32}$y^{41-}

^{34}y（ɿ）$^{41\text{-}313}$，浅溜溜（儿）tɕʰiæ̃$^{34\text{-}32}$ləu$^{313\text{-}34}$ləu（ɿ）^{313}，胖墩墩（儿）pʰaŋ$^{41\text{-}32}$tən$^{313\text{-}34}$tən（ɿ）^{313}，胖乎乎（儿）pʰaŋ$^{41\text{-}32}$xu$^{313\text{-}34}$xu（ɿ）^{313}，麵灰灰 miæ̃$^{41\text{-}32}$xuəi$^{313\text{-}34}$xuəi^{313}，大$_2$来来（儿）ta^{41}le$^{313\text{-}34}$le（ɿ）^{313}，淡隆隆儿 tæ̃$^{41\text{-}32}$luŋ$^{313\text{-}34}$luŋɿ^{313}，绿$_2$微微（儿）ly$^{41\text{-}32}$uəi$^{313\text{-}34}$uəi（ɿ）^{313}，亮铮铮（儿）liaŋ$^{41\text{-}32}$tsəŋ$^{313\text{-}34}$tsəŋ（ɿ）^{313}，贱溜溜（儿）tɕiæ̃$^{41\text{-}32}$ləu$^{313\text{-}34}$ləu（ɿ）^{313}，细隆隆儿 ʃi$^{41\text{-}32}$luŋ$^{313\text{-}34}$luŋɿ^{313}，大$_2$甩甩（儿）ta$^{41\text{-}32}$se^{34}se（ɿ）$^{34\text{-}313}$，厚黢黢（儿）xəu$^{41\text{-}32}$tɕʰy^{34}tɕʰy（ɿ）$^{34\text{-}313}$，赤栩栩 tɕʰi$^{41\text{-}32}$ɕy^{34}ɕy$^{34\text{-}313}$，慢蹭蹭儿 mæ̃$^{41\text{-}32}$tsʰəŋ$^{41\text{-}34}$tsʰəŋɿ$^{41\text{-}313}$，熟$_2$透透 ʃy$^{41\text{-}32}$tʰəu$^{41\text{-}34}$tʰəu$^{41\text{-}313}$

（2）32+53+313$_{+贬义}$。此类为贬义词，通常不儿化，带有批评、厌恶的感情色彩。例如：

个汉们长得黑黢黢的 xɤ$^{34\text{-}32}$tsʰæ̃$^{34\text{-}53}$tsʰæ̃$^{34\text{-}313}$·lə

些什么东西？死悠悠的 sʅ$^{34\text{-}32}$iəu$^{313\text{-}53}$iəu^{313}·lə 沉

这场儿臊烘烘的 sɔ$^{313\text{-}32}$xuŋ$^{313\text{-}53}$xuŋ^{313}·lə，什么味儿？

其他此类常用词列举如下：

彪来来 piɔ$^{313\text{-}32}$le$^{313\text{-}53}$le^{313}，彪乎乎 piɔ$^{313\text{-}32}$xu$^{313\text{-}53}$xu^{313}，粘乎乎 ŋiæ̃$^{313\text{-}32}$xu$^{313\text{-}53}$xu^{313}，囊歪歪 naŋ$^{313\text{-}32}$ue$^{313\text{-}53}$ue^{313}，腥歪歪 ʃiəŋ$^{313\text{-}32}$ue$^{313\text{-}53}$ue^{313}，生歪歪 səŋ$^{313\text{-}32}$ue$^{313\text{-}53}$ue^{313}$_{生分}$，酸歪歪 sæ̃$^{313\text{-}32}$ue$^{313\text{-}53}$ue^{313}，酸唶唶 sæ̃$^{313\text{-}32}$tɕi$^{313\text{-}53}$tɕi^{313}，清离离 tɕʰiəŋ$^{313\text{-}32}$li$^{313\text{-}53}$li$^{53\text{-}313}$，光$_1$秃秃 kuaŋ$^{313\text{-}32}$tʰu$^{34\text{-}53}$tʰu$^{34\text{-}313}$，凉抓$_2$抓$_2$liaŋ$^{313\text{-}32}$tsua$^{34\text{-}53}$tsua$^{34\text{-}313}$，粘抓$_2$抓$_2$ŋiæ̃$^{313\text{-}32}$tsua$^{34\text{-}53}$tsua$^{34\text{-}313}$，馋牺牺 tsʰæ̃$^{53\text{-}32}$ʃi$^{313\text{-}53}$ʃi^{313}，野巴巴 iɤ$^{34\text{-}32}$pa$^{313\text{-}53}$pa^{313}，紧巴巴 tɕiən$^{34\text{-}32}$pa$^{313\text{-}53}$pa^{313}，冷清清 ləŋ$^{34\text{-}32}$tɕʰiəŋ$^{313\text{-}53}$tɕʰiəŋ^{313}，湿乎乎 ʃi$^{34\text{-}32}$xu$^{313\text{-}53}$xu^{313}，黑乎乎 xɤ$^{34\text{-}32}$xu$^{313\text{-}53}$xu^{313}，黑歪歪 xɤ$^{34\text{-}32}$ue$^{313\text{-}53}$ue^{313}，扁秋秋 piæ$^{34\text{-}32}$tɕʰiəu$^{313\text{-}53}$tɕʰiəu^{313}，秕约约 pi$^{34\text{-}32}$yɤ$^{34\text{-}53}$yɤ$^{34\text{-}313}$，烂东东 læ̃$^{41\text{-}32}$tuŋ$^{313\text{-}53}$tuŋ^{313}，锹乎乎 tɕʰiɔ$^{41\text{-}32}$xu$^{53\text{-}32}$xu^{313}，臭烘烘 tɕʰiəu$^{41\text{-}32}$xuŋ$^{313\text{-}53}$xuŋ^{313}，密层层 mi$^{41\text{-}32}$tsʰəŋ^{53}tsʰəŋ$^{53\text{-}313}$，木懒懒 mu$^{41\text{-}32}$læ̃$^{34\text{-}53}$læ̃$^{34\text{-}313}$，木艮艮 mu$^{41\text{-}32}$kən$^{34\text{-}53}$kən$^{34\text{-}313}$，碎约约 səi$^{41\text{-}32}$yɤ$^{34\text{-}53}$yɤ$^{34\text{-}313}$

有意思的是，中性词也要根据所用意义褒贬的不同，使用不同的构词变调规则：中性词用于褒义时，必须使用变调规则 32+34+313$_{+褒义}$，末音节通常儿化；用于贬义时，则必须使用变调规则 32+53+313$_{+贬义}$，

末音节不儿化。试比较：

褒义：吉瞎黑_{今晚上}儿小风儿凉嗖嗖儿的 liaŋ$^{313-32}$səu$^{313-34}$səuɻ^{313}·lə，真风凉

贬义：吉日_{今天}天儿不强。小北风儿凉嗖嗖的 liaŋ$^{313-32}$səu$^{313-53}$səu^{313}·lə，冻死人了

褒义：些干干肉艮揪揪儿的 kən$^{34-32}$ʧiəu$^{313-34}$ʧiəuɻ^{313}·lə，真好吃

贬义：她说话管紧儿_{总是}艮揪揪的 kən$^{34-32}$ʧiəu$^{313-53}$ʧiəu^{313}·lə，塞人耳朵。谁爱听？

其他此类常用词以"贬义/褒义"为序标音，列举如下：

酸溜溜 sæ̃$^{313-32}$ləu$^{313-53}$ləu^{313} / ～儿 sæ̃$^{313-32}$ləu$^{313-34}$ləuɻ^{313}

尖溜溜 ʧiæ̃$^{313-32}$ləu$^{313-53}$ləu^{313} / ～儿 ʧiæ̃$^{313-32}$ləu$^{313-34}$ləuɻ^{313}

枵溜溜 çiɔ$^{313-32}$ləu$^{313-53}$ləu^{313} / ～儿 çiɔ$^{313-32}$ləu$^{313-34}$ləuɻ^{313}

白寥寥 pɤ$^{53-32}$liɔ$^{313-53}$liɔ^{313} / ～儿 pɤ$^{53-32}$liɔ$^{313-34}$liɔɻ^{313}

白来来 pɤ$^{53-32}$le$^{313-53}$le^{313} / ～儿 pɤ$^{53-32}$le$^{313-34}$leɻ^{313}

沉兜兜 ʧʰiən$^{53-32}$təu$^{313-53}$təu^{313} / ～儿 ʧʰiən$^{53-32}$təu$^{313-34}$təuɻ^{313}

苦溜溜 kʰu$^{34-32}$ləu$^{313-53}$ləu^{313} / ～儿 kʰu$^{34-32}$ləu$^{313-34}$ləuɻ^{313}

紧绷绷 ciən$^{34-32}$pəŋ$^{313-53}$pəŋ^{313} / ～儿 ciən$^{34-32}$pəŋ$^{313-34}$pəŋɻ^{313}

懒遢遢 læ̃$^{34-32}$tʰa$^{34-53}$tʰa$^{34-313}$ / ～儿 læ̃$^{34-32}$tʰa^{34}tʰaɻ$^{34-313}$

紫约约 tsɿ$^{34-32}$yɤ$^{34-53}$yɤ$^{34-313}$ / ～儿 tsɿ$^{34-32}$yɤ^{34}yɤɻ$^{34-313}$

矮扑扑 ie$^{34-32}$pʰu$^{34-53}$pʰu$^{34-313}$ / ～儿 ie$^{34-32}$pʰu^{34}pʰuɻ$^{34-313}$

热烫烫 iɤ$^{41-32}$tʰaŋ$^{41-53}$tʰaŋ$^{41-313}$ / ～儿 iɤ$^{41-32}$tʰaŋ$^{41-34}$tʰaŋɻ$^{41-313}$

更有意思的是，莱阳方言 ABB 式中的"AB"如果可以单独成词，不论词义的褒贬，ABB 都还可以使用轻声模式"A+轻声+313（阴平）"构词。试比较：

馉饳儿汤厚墩墩（儿）的 xəu$^{41-32}$tən$^{313-34}$tən（ɻ）^{313}·lə（=xəu$^{41-34}$·tən tən（ɻ）^{313}·lə），真好喝

辣嚎嚎的 la$^{41-32}$xɔ$^{313-53}$xɔ^{313}·lə（=la^{41}·xɔ xɔ^{313}·lə），一点儿也不好吃

有的词甚至只有轻声模式，例如：软乎乎儿 yæ̃$^{34-32}$·xu xuɻ^{313}。轻声模式是 ABC 式的唯一构词变调规则，也是三音节词变调规则中唯一与

普通话相同的，也许 ABB 式的此类变调是受到了 ABC 式的影响所致。其他此类常用词列举如下：

麻酥酥（儿）ma$^{313-32}$su$^{313-34}$su（ɻ）^{313} = ma$^{313-32}$·su su（ɻ）^{313}

乾₁桑桑（儿）kæ$^{313-32}$saŋ$^{313-34}$saŋ（ɻ）^{313} = kæ$^{313-32}$·saŋ saŋ（ɻ）^{313}

肥透透（儿）fəi$^{53-32}$tʰəu$^{41-34}$tʰəu（ɻ）$^{41-313}$ = fəi$^{53-34}$·tʰəu tʰəu（ɻ）$^{41-313}$

烂乎乎儿 læ̃$^{41-32}$xu$^{313-34}$xuɻ^{313} = læ̃$^{41-34}$·xu xuɻ^{313}

硬邦邦 iəŋ$^{41-32}$paŋ$^{313-34}$paŋ^{313} = iəŋ$^{41-34}$·paŋ paŋ^{313}

脆<u>生生</u>（儿）tsʰəi$^{41-32}$səŋ$^{313-34}$səŋ（ɻ）^{313} = tsʰəi^{41}·səŋ səŋ（ɻ）^{313}

热乎乎（儿）iɤ$^{41-32}$xu$^{313-34}$xu（ɻ）^{313} = iɤ^{41}·xu xu（ɻ）^{313}

瘦<u>刮刮</u>（儿）səu$^{41-32}$kua^{34}kua（ɻ）$^{34-313}$ = səu^{41}·kua kua（ɻ）$^{34-313}$

胀勾勾 tɕiaŋ$^{41-32}$kəu$^{313-53}$kəu^{313} = tɕiaŋ^{41}·kəu kəu^{313}

（四）BBA 式

莱阳方言 BBA 式中的"BB"通常都要儿化，儿化使形容词生动化，同时表示程度加深。儿化有"B 儿 B 儿"和"BB 儿"两种形式，不同的儿化形式必须使用不同的构词变调规则：

（1）B 儿 B 儿 A——313+313+ 本调。例如：

粞儿粞儿甜 ʃiɻ^{313}ʃiɻ^{313}tʰiæ^{53}，鼩儿鼩儿鹹 xəuɻ^{313}xəuɻ^{313}çiæ̃^{53}，绷儿绷儿紧 pəŋɻ^{313}pəŋɻ^{313}ciən^{34}，脓儿脓儿软 nəŋɻ^{313}nəŋɻ^{313}yæ̃^{34}，糜儿糜儿烂 miɻ^{313}miɻ^{313}læ̃^{41}，登儿登儿硬 təŋɻ^{313}təŋɻ^{313}iəŋ^{41}，<u>落儿落儿湿</u> laɻ$^{41-313}$laɻ$^{41-313}$ʃi^{34}，透儿透儿熟 tʰəuɻ$^{41-313}$əuɻ$^{41-313}$ʃy^{41}

（2）BB 儿 A—— 32+34+ 本调。例如：

喷喷儿香 pʰən$^{313-32}$pʰənɻ$^{313-34}$çiaŋ^{313}，绷绷儿紧 pəŋ$^{313-32}$pəŋɻ$^{313-34}$ciən^{34}，绷绷儿硬 pəŋ$^{313-32}$pəŋɻ$^{313-34}$iəŋ^{41}，<u>落落儿湿</u> la$^{41-32}$laɻ$^{41-34}$ʃi^{34}

（五）ABC 式、AXBB 式、AABB 式与 AXYZ 式

莱阳方言 ABC 式、AXBB 式、AABB 式与 AXYZ 式形容词生动形式通常都要加"的"，他们都仅有一条构词变调规则。

（1）ABC 式

莱阳方言 ABC 式的变调规则是"A+ 轻声 +313（阴平）"，变调规则与普通话"B 读轻音，C 读阴平调"相同。普通话褒义词、贬义词数量都很多，莱阳方言与此不同，仅有个别词（粗不墩儿 tsʰu³¹³⁻³²·pu tənɹ³¹³，酸唧溜儿 suæ̃³¹³⁻³²·tʃi ləuɹ³¹³，甜么嘎儿 tʰiæ̃⁵³⁻³⁴·mu kaɹ³¹³）可以表示褒义，通常多表示贬义。例如：

蓝不噌 læ̃³¹³⁻³²·pu tsʰəŋ³¹³，臊不登 sɔ³¹³⁻³²·pu təŋ³¹³，暄₁不呲 çyæ̃³¹³⁻³²·pu tsʰɿ³¹³，苦不唧 kʰu³⁴·pu tʃi³¹³，黄不唧 xuaŋ⁵³⁻³⁴·pu tʃi³¹³，麵不唧 miæ̃⁴¹⁻³²·pu tʃi³¹³，麵不嘟 miæ̃⁴¹·pu tu⁵³⁴（北乡），尖不溜 tʃiæ̃³¹³⁻³²·pu ləu³¹³，苦不溜 kʰu³⁴⁻³²·pu ləu³¹³，鹹噜嘟 çiæ̃⁵³⁻³⁴·lu tu³¹³，湿达拉 ʃi³⁴·ta la³¹³，玄达呲 çyæ̃⁵³⁻³⁴·ta tsʰɿ³¹³，热咕嘟 iɤ⁴¹⁻³²·ku tu³¹³，闷咕嘟 mən⁴¹⁻³²·ku tu³¹³，凉咕嚷 liaŋ³¹³⁻³²·ku taŋ³¹³，酸唧呀 suæ̃³¹³⁻³²·tʃi ia³¹³，臭登生 tʃʰiəu⁴¹⁻³²·təŋ səŋ³¹³，瘦儿嘎呀 səuɹ⁴¹·ka ia³¹³，翳鸸糊 i³⁴⁻⁵³·ma xu⁵³⁻³¹³（模糊），淡么索 tæ⁴¹⁻³⁴·mu suɤ³⁴⁻³¹³（不害羞的）

（2）AXBB 式、AABB 式与 AXYZ 式

AXBB、AABB、AXYZ 都遵循同一变调规则：32+ 轻声 +34+313。其中 AXBB、AXYZ 中的末音节可以儿化，AABB 中的第二个 A 也可以儿化，儿化后变调规则都不变。例如：

AXBB：滑不溜溜（儿）xua⁵³⁻³²·pu ləu³¹³⁻³⁴ləu（ɹ）³¹³，涩不揪揪（儿）sɿ³⁴⁻³²·pu tʃiəu³¹³⁻³⁴tʃiəu（ɹ）³¹³，苦不丢丢（儿）kʰu³⁴⁻³²·pu tiəu³¹³⁻³⁴tiəu（ɹ）³¹³，软咕儿奶₁奶₁yæ̃³⁴⁻³²·kuɹ ne³¹³⁻³⁴ne³¹³

AABB：清清（儿）凉凉 tʃʰiəŋ³¹³⁻³²·tʃʰiəŋ（ɹ）liaŋ³¹³⁻³⁴liaŋ³¹³，支支儿翘翘 tsɿ³¹³⁻³²·tsɿɹ cʰiɔ³¹³⁻³⁴cʰiɔ³¹³，冷冷儿清清 ləŋ³⁴⁻³²·ləŋɹ tʃʰiəŋ³¹³⁻³⁴tʃʰiəŋ³¹³，爽爽（儿）当₁当₁suaŋ³⁴⁻³²·suaŋ（ɹ）taŋ³¹³⁻³⁴taŋ³¹³，花花搭搭 xua³¹³⁻³²·xua ta³⁴ta³⁴⁻³¹³，乾₁乾₁儿净净 kæ³¹³⁻³²·kæɹ tʃiəŋ⁴¹⁻³²tʃiəŋ⁴¹⁻³¹³，精精儿细细 tʃiəŋ³¹³⁻³²·tʃʰiəŋɹ ʃi⁴¹⁻³⁴ʃi⁴¹⁻³¹³，勤勤（儿）快快 cʰiən⁵³·cʰiən（ɹ）kʰue⁴¹⁻³⁴kʰue⁴¹⁻³¹³，便₁便₁（儿）宜宜 piæ̃⁴¹⁻³²·piæ̃（ɹ）i⁵³⁻³⁴;⁵³⁻³¹³，邋邋撒撒 la³⁴·la sa³⁴sa³⁴⁻³¹³，暖暖儿和和 nɔ³⁴⁻³²·nɔɹ xu³⁴ xu³¹³，亮亮（儿）堂堂 liaŋ⁴¹⁻³²·liaŋ（ɹ）tʰaŋ⁵³⁻³⁴tʰaŋ⁵³⁻³¹³，悟悟儿灵灵 u⁴¹⁻³²·uɹ liaŋ⁵³⁻³⁴liaŋ⁵³⁻³¹³

AXYZ：彪不楞登 piɔ³¹³⁻³²·pu ləŋ⁴¹⁻³⁴təŋ³¹³，彪不啦唧（儿）piɔ³¹³⁻³²·pu la³⁴tʃi（ɹ）³¹³，苦不啦唧（儿）kʰu³⁴⁻³²·pu la³⁴tʃi（ɹ）³¹³，黄不拉唧（儿）xuaŋ⁵³⁻³²·pu la³⁴tʃi（ɹ）³¹³，软不拉唧（儿）yæ̃³⁴⁻³²·pu la³⁴tʃi（ɹ）³¹³，绿不

拉哹（儿）ly⁴¹⁻³²·pu la³⁴ʧi（ɹ）³¹³，黑不溜秋（儿）xɤ³⁴⁻³²·pu ləu³¹³⁻³⁴ ʧʰiəu（ɹ）³¹³

第三节　谓词的体

莱阳方言的体态助词"-着、-了、-过"、结构助词"的、地、得"和"-子"尾、"-儿"尾等，可以使用四种语音形式表示：[·tə]、"RR ˇ"（韵基延长+曲折调）、[-ɹ（+·ɹə）]、[·lə]。（见表4-3）这样一来，莱阳方言的同一语法意义就可以有语音外部屈折和语音内部屈折两种表达形式共时并存。例如：

轻轻儿地 ·lə 把小猫儿 mɔɹ³¹³ 稳儿在凳子 təŋ⁴¹·tə（= təŋəŋ⁴¹³）上

听的 ·lə 都笑了　听得 ·lə 都笑了　听儿了 tʰiəŋɹ³¹³ 都笑了

听着 tʰiəŋ³¹³⁻³¹·tə（= tʰiəŋəŋ³¹³³）听着都笑了

听儿过 tʰiəŋɹ³¹³ 这₁个笑话₂儿的 ·lə 人儿都笑来

表4-3　莱阳方言形态结构表

语法意义	构词成分					构形成分			
	-子	-儿	的地	得	-着		-了	隐含完成义	-过
语音形式	·tə	RRˇ	-ɹ+·ɹə	-ɹ(+·ɹə)	·lə	·tə	RRˇ	-ɹ	·lə	-ɹ	-ɹ(+···来)
条件	-单说	+单音节	-单音节	+前接-ɹ	-前接-ɹ	北乡	城区南乡	+句中	+句末	+句中	+句中
							+句中			

从跟普通话的对当关系来看，这四种语音形式既是构词法范畴的构词成分，又是构形法范畴的构形成分。构词成分"-儿"尾、"-子"尾分别详见第二章第三节和第四章第一节，本节讨论构形成分。

一、Z变韵标记的持续体

莱阳方言里的动态助词"着"（相当于普通话的"-着"尾），属于构形成分，常常使用 Z 变韵的语音屈折形式，表示动作的进行和状态的延续，从本质上看，它们都是在时间向度上的持续，这类结构本文称作持续体。

（一）持续体的形式

莱阳方言持续体标记的两种语音形式与"-子"尾相同：(1) 外部屈折形式——自成音节的轻声 [·tə]；(2) 内部屈折形式"RR$^\vee$"。（"RR$^\vee$"的变韵变调规则，详见第四章第一节）

（1）持续体标记——外部屈折形式 [·tə]，没有分布条件限制。例如：

老二扛着 kʰaŋ^{53}·tə（= kʰaŋaŋ^{534}）麻袋改在後头儿

好好儿坐着 tsur$^{41-34}$·tə！

小三儿逮在地下哈扑俯卧着 ·pʰu·tə（= pʰuuə^{212}）幹什么？

啊呀，家儿还₁亮着 liaŋ^{41}·tə（= liaŋaŋ^{413}）灯来

（2）构形成分"RR$^\vee$"，相当于普通话的"-着"尾，是持续体的又一种体标记。在语法意义上，构形成分"RR$^\vee$"与构形成分 [·tə] 完全相同；不同的是分布条件：[·tə] 没有分布条件限制，"RR$^\vee$"在莱阳城区话和南乡话里要受分布条件的限制，只有不出现在句末的"-着"尾才可以使用。例如：

咱俩儿抬着 tʰee^{343}（= tʰe$^{53-34}$·tə）吧

先把饭熥着 tʰəŋəŋ^{3133}（= tʰəŋ$^{313-31}$·tə）吧

叫₂你领着 liəŋəŋ^{323}（= liəŋ$^{34-32}$·tə）小妹儿出去耍耍，你子么怎么老是逮在炕上躺着 tʰaŋ$^{34-32}$·tə？

他比咱大₂着 taa^{413}（= ta^{41}·tə）三岁

墙上挂₂着 kuaa^{3133}（= kua$^{313-31}$·tə）个犁

桌子底下趴着 pʰaa^{3133}（= pʰa$^{313-31}$·tə）个狗

他老是低着 tiiə^{3133}（= ti$^{313-31}$·tə）个头儿

孩子吃着 tʃʰiiə^{323}（= tʃʰi$^{34-32}$·tə）吃着奶₃睡着 suəiəi^{343}（= suəi$^{41-34}$·tə）了

夜瞎黑儿看₂着 kʰæ̃æ̃^{413}（= kʰæ̃^{41}·tə）看₂着电影下儿雨了

莱阳北乡话在句末也可以使用"RR $^\vee$",或许,这暗示了"RR $^\vee$"在整个莱阳方言中的最终发展方向。例如:

恁爹叫₂俺速在哪儿等着 təŋəŋ³²³(= təŋ³⁴⁻³²·tə)?（北乡）

你㷟别速在捏₁那儿坐着 tsuɤɤ³⁴³(= tsuɤ⁴¹⁻³⁴·tə)（北乡）

与"-子"尾相同,北乡话使用"RR $^\vee$"时,æ̃组韵母也要变为 aŋ 组韵母。例如:

好好站着 tsaŋaŋ⁴¹³(= tsæ̃⁴¹·tə)!（北乡）

眼儿看₂着 kʰaŋaŋ⁴¹³(= kʰæ̃⁴¹·tə)雨就下来了（北乡）

演着 iaŋaŋ³²³(= iæ̃³⁴⁻³²·tə)演着电影下儿雨了

他什么营生都管着 kuaŋaŋ³²³(= kuæ̃³⁴⁻³²·tə)（北乡）

卷₁着 cyaŋaŋ³²³(= cyæ̃³⁴⁻³²·tə)管子的空₂儿黑儿天了（北乡）

在连动句里,如果两个动作都带"-着"尾,语流中通常至少有一处会使用构形成分"RR $^\vee$",构形成分"RR $^\vee$"和〔·tə〕在连动句里可以交叉使用,只有听话者因未听清而要求重述或说话者放慢语速以示强调时,两个"-着"尾才会都使用构形成分〔·tə〕,例如:

帮着 paŋaŋ³¹³³ 俺两个儿想着 ʃiaŋaŋ³⁴⁻³²³ 这₁个营生儿

= 帮着 paŋ³¹³⁻³¹·tə 俺两个儿想着 ʃiaŋaŋ³⁴⁻³²³ 这₁个营生儿

= 帮着 paŋaŋ³¹³³ 俺两个儿想着 ʃiaŋ³⁴⁻³²·tə 这₁个营生儿

——千万帮着 paŋ³¹³⁻³¹·tə 俺两个儿想着 ʃiaŋ³⁴⁻³²·tə 这₁个营生儿!

个老财迷!吃着 ʧʰiiə³²³ 锅看₂着 kʰæ̃æ̃⁴¹³ 盆儿

= 个老财迷!吃着 ʧʰi³⁴⁻³²·tə 锅看₂着 kʰæ̃æ̃⁴¹³ 盆儿

= 个老财迷!吃着 ʧʰiiə³²³ 锅看₂着 kʰæ̃⁴¹·tə 盆儿

——不兴₂以吃着 ʧʰi³⁴⁻³²·tə 锅看₂着 kʰæ̃⁴¹·tə 盆儿!

与普通连动句不同,叠置式"A 着 A 着"另有限制条件——交叉使用两种构形成分时,如果第一个动作使用〔·tə〕,则第二个动作只能使用〔·tə〕,不能使用"RR $^\vee$";如果第一个动作使用"RR $^\vee$",第二个动作没有限制,使用"RR $^\vee$"或者〔·tə〕都可以。例如:

她说着 ʃyɤ³⁴⁻³²·tə 说着 ʃyɤ³⁴⁻³²·tə 就哭了

= 她说着 ʃyɤɤ³²³ 说着 ʃyɤɤ³²³ 就哭了

= 她说着 ʃyʀ³²³ 说着 ʃyʀ³⁴⁻³²·tə 就哭了

* 她说着 ʃyʀ³⁴⁻³²·tə 说着 ʃyʀ³²³ 就哭了

（3）构形成分"RR[∨]"在莱阳方言里有进一步泛化的趋势，复合介词里的"着"也可以使用"RR[∨]"。例如：

顺着 suənən³⁴³（= suən⁴¹⁻³⁴·tə）这₁个小道儿一直往前走就看₂见了

子么怎么朝着 tɕʰiɔɔ³⁴³（= tɕʰiɔ⁵³⁻³⁴·tə）俺来了？

充当结果补语的"着"也使用"RR[∨]"，但有分布条件限制："V 不着"结构中的"着"，语音形式与充当谓语的动词"着₂tʃyʀ⁵³"相同。例如：

捏₁那帮儿赌钱的叫₁公安局抓₂着 tsuaa³²³（= tsua³⁴⁻³²·tə）了

叫₁人家₂折₁腾着 tənən⁵³⁴（= tən⁵³·tə）了

恁的钱包没₂找₁着 tsɔɔ³⁴³（= tsɔ³⁴·tə）不要₂紧儿，子么怎么俺的也找₁不着₂tʃyʀ⁵³了？

柴禾湿了，我点₂不着₂tʃyʀ⁵³（比较：捏₁那个草垛着₂儿 tʃyʀʀ⁵³ 火了）

—— 这₁块活儿一万块钱能做着·tə？ —— 做不着₂tʃyʀ⁵³。

（4）莱阳方言的构形成分"RR[∨]"还侵入了反复问句的领域。反复问句即正反问句，普通话通常使用肯定、否定并列的"VP+不/没+VP"式，例如"讨论没讨论这个问题"；莱阳方言可以使用多种表达方式。

反复问句的提问部分如果使用单音节谓词，有两类表达形式：①离散音节形式"V+不/没₂+V"式，与普通话相同；②体标记形式："V+不+V"中的"不"字脱落，前一个"V"使用语音内部屈折形式"RR[∨]"；"V+没₂+V"可以用完成体结构"V儿没₂已没有"替换。例如：

明日恁去₂不 cʰyyə⁴¹³（= cʰy⁴¹·pu）去₂？

你到底会₂不 xuəiəi⁴¹⁻³⁴³（= xuəi⁴¹⁻³⁴·pu）会₂？

个花儿香₁不 ɕiaŋaŋ³¹³³（= ɕiaŋ³¹³⁻³¹·pu）香₁？

夜来恁去₂没₂去₂？= 夜来恁去₂儿 cʰyʀ⁴¹ 没₂已？

她脸红没₂红？= 她脸红儿 xuŋʀ⁵³ 没₂已？

反复问句的提问部分如果不是单音节谓词，也有两类表达形式：①离散音节形式：截取双音节或多音节谓词的第一音节作肯定形式，与完整谓词的否定形式并列，构成"V+不/没₂+VP"式，与普通话相同；②体标记形式："V+不+VP"中的"不"字脱落，前一个"V"使用语音内部屈折形式"RR˅"。"V+没₂+VP"中的"VP"，如果是述宾式，可以使用完成体结构"V儿N了没₂已"；如果是述补式，可以使用完成体结构"VP儿没₂已"。例如：

（饭做好了）吃不 tʃʰiiə³⁴³（= tʃʰi³⁴·pu）吃饭？

样是如果他这₂么说你，你生不 səŋəŋ³¹³³（= səŋ³¹³⁻³¹·pu）生气？

走黑道儿你害不 xee⁴¹³（= xe⁴¹·pu）害怕？

打不 = taa³⁴³（= ta³⁴·pu）打算去₂？

恁吃没₂吃饭？= 恁吃儿 tʃʰiɻ³⁴ 饭了没₂已？

他将娶没₂将媳妇儿？= 他将儿 tʃiɑɻ³¹³ 媳妇儿没₂已？

夜来他这₂么说你，你生没₂生气？= 你生儿 səŋɻ³¹³ 气了没₂已ᴀ？

夜来你害没₂害怕？= 夜来你害儿 xeɻ⁴¹ 怕了没₂已？

他学没₂学会₂？= 他学会₂儿 xuəiɻ⁴¹ 没₂已？

打没₂打算好？= 打算好儿 xɔɻ³⁴ 没₂已？

"VP"如果是其他结构，则不能使用"V+没₂+VP"，只能使用"V+不+VP"，例如：

以後再也不眼馋人家₂的东西了，你能不 nəŋəŋ⁵³⁻³⁴³（= nəŋ⁵³⁻³⁴·pu）能已？

街上风不 fəŋəŋ³¹³³（= fəŋ³¹³⁻³¹·pu）风凉？

聪不 tsʰuŋuŋ³¹³³（= tsʰuŋ³¹³⁻³¹·pu）聪明？

家儿乾₁不 kæ̃æ̃³¹³³（= kæ̃³¹³⁻³¹·pu）乾₁净？

你闻闻，块肉臭不 tʃʰiəuəu⁴¹³（= tʃʰiəu⁴¹·pu）臭登生的？

最后需要说明的是，尽管句中的构形成分既可以使用［·tə］，也可以使用"RR˅"，但在实际交际的语流中，除非语速较为缓慢，否则总是倾向于使用"RR˅"。特别是当句子里有构词成分［·tə］时，句中的构形成分总是以使用"RR˅"为常。例如：

恁俩儿抬着 tʰee⁵³⁻³⁴³ 这₁个箱子 ·tə

墙上钉₂着 tiəŋəŋ⁴¹³ 个橛子 ·tə

(二)"-子"尾与"-着"尾的区别

构词成分"-子"尾和构形成分"-着"尾的语音形式相同,除了各自的语法意义不同外,"-子"尾字组和"-着"尾字组还有两点不同:

(1)"-子"尾可以儿化(详见第四章第一节),"-着"尾不可以儿化。

(2)"-子"尾字组在句子里的位置,制约着"-着"尾字组的语音形式:以"-子"尾结尾的句子,"-子"尾只能使用[·tə],如果句中有"-着"尾字组,"-着"尾字组则通常只能使用"RRˇ",如果"-子"尾出现在句子的其他位置,则无此限制,例如:

成天儿提₁溜着 ləuəu³¹³⁻³⁴³ 个酒棒子·tə

橛子 cyɤ³⁴·tə = cyɤɤ³⁴³ 上挂₂着 kua³¹³⁻³¹·tə = kuaa³¹³³ 个东西儿

二、儿化标记的完成体

(一)完成体的词尾形式

莱阳方言表示动作完成的语法成分标记有两种,这两种标记都相当于普通话里的助词"了₁",此类结构本文称作完成体:(1)外部屈折形式——自成音节的轻声"了·lə"。(2)内部屈折形式——儿化。这里的儿化成分属于语音内部屈折造成的形尾,是构形成分,为了区别于儿化韵,本文称之为完成体标记,记作[-ɻ]。

(1)外部屈折形式"了·lə",仅用于句末(含小句),与体标记[-ɻ]在句子里出现的位置互补。例如:

人老了·lə,就不中₁用了·lə

恁二大₂爷₅夜来晌文儿老了·lə

——恁吃儿饭了? ——吃了·lə

忘儿罕⸗钥匙,家不去₂了·lə

孩子大₂了·lə,就难₁管了·lə

(2)内部屈折形式——儿化即体标记[-ɻ]不能用于句末,而且习惯上在非句末只使用体标记[-ɻ]表示"完成"义,通常不用"-了"

或其他形式。完成体标记［-ɹ］在莱阳方言各类句式里的使用情况大致如下：

俺爹吉₄日买儿 meɹ³⁴ 两筐苹果（V+-ɹ+O）

夜来瞎黑儿他折₁腾儿 təŋɹ⁵³ 一宿

俺二妈给儿 cʰiəɹ³⁴ 俺个桃儿（V+-ɹ+O₁+O₂）

老三挖䁖翻白眼儿 xəuɹ⁴¹ 她两眼

恁妈听儿 tʰiəŋɹ³¹³ 真欢气（V+-ɹ+ 补）

他不就比咱大₂儿 taɹ⁴¹ 三岁

家儿少儿 ʃiəɹ³⁴ 把镰（处所+V+-ɹ+NP）

纔刚儿桌子底下趴儿 pʰaɹ³¹³ 个狗来。哪儿去了？

把小黑板儿擦儿 tsʰaɹ³⁴ 它（把字句）

明日你把这₁些衣裳洗儿 ʃiɹ³⁴ 它吧

个二忘种₁！夜来叫₁俺揍儿 tsəuɹ⁴¹ 他一顿（被动句）

捏₁那帮儿赌钱的叫₁公安局抓₂儿 tsuaɹ³⁴ 去了

你找₁儿 tsɔɹ³⁴ 个场儿咱住一宿？［V₁+-ɹ+（O₁）+V₂+（O₂）］

他三婶儿拾掇儿·tɔɹ 个篓儿回儿 xuəɹ⁵³ 娘₂家₂了

俺试儿 sʅ⁴¹ 试（水温），孩子洗澡儿正合适（V+-ɹ+V）

我先洗儿 ʃiɹ³⁴ 洗衣裳，还₁没₂吃（饭）

人老儿 lɔɹ³⁴ 就不中₁用了（紧缩句）

吃儿 ʧʰiəɹ³⁴ 纔觉₁着有点₂儿香₁味儿

吃完儿 uæ̃ɹ⁵³ 纔觉₁着有点₂儿香₁味儿

充当谓语的谓词结构如果是述宾式离合词，则动词直接儿化，记作"V+-ɹ"。例如：

他早就睡儿 suəɹ⁴¹ 觉₂了

老三结₂儿 ciɹɹ³⁴ 婚五年了

如果谓词不是述宾结构，则谓词的最后一个音节儿化。例如：

恁爹给你打算儿 sæɹ⁴¹ 三个营生儿

俺早就打好儿 xɔɹ³⁴ 谱儿了

吃过₁儿 kuɤɹ³¹³ 朝饭儿就上山

俺看₂明白儿·pɤɹ这₁个图纸了

（用铁锤敲核桃）牌别使大₂儿 taɹ⁴¹ 劲儿，使大₂儿 taɹ⁴¹ 劲儿就砸黏了

待出点₂儿力儿，先把地面儿砸结₂实儿ʃɪɹ⁵³ 它

（3）莱阳方言体标记［-ɹ］表示完成义的用法已经泛化。普通话不能使用"－了"的句子，只要隐含有完成义，莱阳方言照样可以使用［-ɹ］，条件是非句末。试比较：

普通话：昨天他吃完（了）饭就走了　　昨天他没吃完饭就走了

莱阳话：夜来他吃完儿 uæ̃ɹ⁵³ 饭就走了　　夜来他没₂吃完儿 uæ̃ɹ⁵³ 饭就走了

普通话：你完成（了）作业了吗？　　我还没完成作业呢

莱阳话：恁完成儿 ʨʰiəŋ⁵³ 作₂业了？　　俺还₁没₂完成儿 ʨʰiəŋ⁵³ 作₂业

上述普通话的肯定句中，"吃完""完成"后面的"－了"可有可无，否定句则不能带"－了"，而莱阳方言里，不论肯定句还是否定句，非句末的谓语后面通常要有体标记［-ɹ］表示完成。上述两例，动作时间分别为过去和现在，再看将来时间的例子。在普通话里，下面这些表示将来完成的句子都是病句：

*应当严肃处理了这件事

*我们必须认真做好了准备

*他们可能会自行解决了这个问题

但在莱阳方言里，使用体标记［-ɹ］表示将来完成却是成立的，例如：

村委一定要₂严肃处₁理儿 ʨʰy⁴¹⁻³⁴·liɹ 这₁个营生儿，坚决不留後患

咱非儿得₂好慎儿预备好儿 xɔɹ³⁴ 这个营生儿

敢保儿他自己能对付儿 təi⁵³⁻³⁴·fuɹ 这₁个营生儿

明日赶集，咱跟₂儿集上吃儿 ʨʰiɹ³⁴ 饭再来家，好不好？

等着过₂两天儿，和₁老三通儿 tʰuŋ³¹³ 气儿就走（进城打工）

快着点₂儿！样是如果翻儿 fæ̃ɹ³¹³ 天就伤麻烦了！

如果强调结果，在否定句和疑问句中通常不使用任何体标记，试比较：

——恁还₁没种₂上麦子？（疑问句，强调结果）

——还₁没种₂上。（否定句，强调结果）

——俺种₂上了·lə。俺种₂上儿·ʃiəɲɻ三天了。（强调完成）

（4）莱阳方言的体标记[-ɻ]还侵入了相当于普通话的"-过"尾的领域。普通话的"-过"尾通常被看作经历体的标记，莱阳方言的经历体既可以用"-过·kuɤ"尾表示，也可以在句末用"来·le"表示。例如：

恁纔刚儿上哪儿去来·le？

夜来俺去赶山来·le。

"经历"隐含有"完成（实现）"义，因此莱阳方言肯定句的"-过"尾也可以使用体标记[-ɻ]代替。莱阳方言肯定句非句末的"-过"尾可以有两种方式：①直接使用"-过·kuɤ"，句末的"来·le"字可有可无；②用[-ɻ]代替"-过"，句末必须有"来·le"字。例如：

俺说儿ʃyɤ³⁴ 这₂么个话₂儿来·le

=俺说过·kuɤ 这₂么个话₂儿（来·le）

咱以前上儿ʃiaɲɻ⁴¹ 他的当₂来·le

=咱以前上过·kuɤ 他的当₂（来·le）

她小时会₂儿胖儿pʰaŋɻ⁴¹一阵儿来·le

=她小时会₂儿胖过·kuɤ一阵儿（来·le）

相当于普通话句末的"-过"，莱阳方言通常用"来·le"字替换，但不能用[-ɻ]代替；普通人习惯上用"来·le"不用"-过·kuɤ"，追求文雅的人常常使用"-过·kuɤ"。例如：

这₁个话₂儿俺说来·le

=这₁个话₂儿俺说过·kuɤ

她小时会₂儿胖来·le

=她小时会₂儿胖过·kuɤ

否定句则通常直接省略"-过·kuɤ"，或者只用"-过·kuɤ"本身。

例如：

俺没₂说（过·kuɤ）这₂么个话₂儿
咱没₂上（过·kuɤ）他的当₂

如上所述，"-过·kuɤ"和句末的"来·le"也可以看作是莱阳方言经历体的标记。

此外，莱阳方言的体标记［-ɽ］也侵入了"谓词+介词"结构。详见第四章第三节。

（二）完成体的声调

莱阳方言的完成体还对声调产生了影响。莱阳方言谓词儿化后，以不同的语法结构为条件，谓词的声调按照一定的规则变调。从本质上看，这种变调属于语法变调的范畴。根据这些语法变调的不同规则，莱阳方言用儿化标记的完成体可以分为两大类型：

1. 儿化构形恢复本调型。其标准形式是：谓语中心必须是单音节儿化词、声调恢复读本调。基本规则是：谓语中心必须是单音节词，如果谓语中心是多音节词，必须通过拆分、删除等手段使之变成单音节词，才能使用儿化标记完成体；单音节谓语中心儿化后不再受连读变调的制约，一律恢复读本调。主要有"单音节谓词儿化恢复读本调""多音节谓词前字儿化恢复读本调""单音节谓词儿化恢复读本调+介词（逮在、到）被儿化吞没"3小类。

2. 儿化构形连读变调型。其标准形式是：多音节谓语中心后字儿化、儿化后使用连读变调。基本规则是：多音节谓语中心后字儿化后，仍然受连读变调制约，其声调要遵循连读变调的规则发生变化。主要有"多音节谓词后字儿化读变调""谓词+介词（给）儿化读变调""多音节谓词后字儿化读变调+介词（逮在、到）被儿化吞没"3小类。

（1）儿化构形恢复本调型：单音节谓词儿化

莱阳方言单音节谓词完成体使用儿化构形时，谓词儿化后不再受语流中连读变调的制约，一律恢复读本调。例如：

挑儿 t^hio^{313} 两担₂水（比较：挑两担₂水 $t^hio^{313-32}liaŋ^{34}$·tæ suəi^{34}）
赔儿 $p^həie^{53}$ 人家老儿鼻子钱了（比较：赔人家 $p^həie^{53-34}nei^{313-32}$·ci 钱）

喝儿 xaɻ³⁴ 这碗面汤（比较：喝这碗 xa³⁴⁻³²tʃiɻ³⁴⁻³²uæ̃³⁴ 面汤的时会儿）

拢共儿卖儿 meɻ⁴¹ 八千斤（比较：卖八千斤 me⁴¹⁻³²pa³⁴·tʃʰiæ ciən³¹³ 也打不死饥荒）

白儿 pɤɻ⁵³ 头三年了

都红儿 xuŋɻ⁵³ 眼珠子了

从形式上看，此类儿化标记完成体的结构形式可以分析为"单音节谓词儿化恢复读本调＋宾语"，属于儿化构形恢复本调型结构。

（2）莱阳方言多音节谓词儿化构形时，谓词的声调与连读变调之间的关系有两种类型：

A. 儿化构形连读变调型：后字儿化

莱阳方言多数非述宾式多音节谓词表示"完成"时，后字儿化构形，儿化后多音节谓词的声调跟着连读变调走。例如：

耽误儿 taŋ³¹³⁻³²uɻ⁴¹⁻³⁴ 营生了

舒翻儿 ʃy³¹³⁻³²fæ̃ɻ³¹³⁻³⁴ 半天也没找着

和调儿 xuɤɻ⁴¹⁻³⁴·tʰiɔɻ 三天饭

白溜儿 pɤɻ⁵³⁻³⁴·ləuɻ 他两眼

如果是"前字变调、后字不变"的连读变调结构，后字儿化后虽然不变调，但这种读本调的形式源于连读变调模式，是连读变调的规则造成的，因而也同样计入此类，例如：

撕挦儿 sɿ³¹³⁻³²luɤɻ³⁴ 半天

把个狗赶跑儿 kæ̃³⁴⁻⁵³pʰɔɻ³⁴ 它

上述儿化标记完成体的结构形式，可以记作"多音节谓词后字儿化读变调"，是儿化构形连读变调型结构。

B. 儿化构形恢复本调型：前字儿化

莱阳方言有一部分多音节谓词通过前字儿化标记完成体，儿化后音节数不变，前字儿化构形后一律恢复读本调，不再使用连读变调，此类以述宾式离合词最为常见。此类词普通话则通常增多一个音节"了"标记完成体，例如"结了婚"。莱阳方言的例子列举如下（举例以双音节为主）：

①前字阴平

翻天 fæ̃$^{313-34}$tʰiæ̃^{313}—— 翻儿天 fæ̃ɹ^{313}tʰiæ̃^{313}

招雷 tʃiɔ$^{313-34}$ləi^{313} 吸引雷电—— 招儿雷 tʃiɔɹ^{313}ləi^{313} 被雷击中

乾₁天 kæ$^{313-34}$tʰiæ̃^{313}—— 乾₁儿天 kæɹ^{313}tʰiæ̃^{313}

酸牙 sæ̃$^{313-34}$ia^{313}—— 酸儿牙 sæ̃ɹ^{313}ia^{313}

伤食 ʃiaŋ$^{313-32}$ʃi^{53}—— 伤儿食 ʃiaŋɹ^{313}ʃi^{53}

开头儿 kʰe$^{313-32}$tʰəʊ^{53}—— 开儿头儿 kʰeɹ^{313}tʰəʊ^{53}

抓₁牌 tsua$^{313-32}$pʰe^{53}—— 抓₁儿牌 tsuaɹ^{313}pʰe^{53}

开怀儿 kʰe$^{313-32}$xueɹ^{53}—— 开儿怀儿 kʰeɹ^{313}xueɹ^{53}

烧火 ʃiɔ$^{313-32}$xuɤ^{34} 烧柴禾做饭—— 烧儿火 ʃiɔɹ^{313}xuɤ^{34}

拖墼 tʰuɤ$^{313-32}$tʃi^{34} 做土坯—— 拖儿墼 tʰuɤɹ^{313}tʃi^{34}

争脸 tsəŋ$^{313-32}$liæ̃^{34}—— 争儿脸 tsəŋɹ^{313}liæ̃^{34}

花眼 xua$^{313-32}$iæ̃^{34}—— 花儿眼 xuaɹ^{313}iæ̃^{34}

开户 kʰe$^{313-32}$xu^{41}—— 开儿户 kʰeɹ^{313}xu^{41}

开秤 kʰe$^{313-32}$tʃʰiəŋ^{41}—— 开儿秤 kʰeɹ^{313}tʃʰiəŋ^{41}

生气 səŋ$^{313-32}$cʰi^{41}—— 生儿气 səŋɹ^{313}cʰi^{41}

通气儿 tʰuŋ$^{313-32}$cʰiɹ^{41}—— 通儿气儿 tʰuŋɹ^{313}cʰiɹ^{41}

栽跟₁头 tse$^{313-34}$kən$^{313-32}$·tʰəu—— 栽儿跟₁头 tseɹ^{313}kən$^{313-32}$·tʰəu

招雹子 tʃiɔ$^{313-32}$pa$^{53-34}$·tə—— 招儿雹子 tʃiɔɹ^{313}pa$^{53-34}$·tə 被冰雹打了

②前字阳平

拔牙 pa$^{53-32}$ia^{313}—— 拔儿牙 paɹ^{53}ia^{313}

砸锅 tsa$^{53-32}$kuɤ^{313}—— 砸儿锅 tsaɹ^{53}kuɤ^{313}

离婚 li$^{53-32}$xuən^{313}—— 离儿婚 liɹ^{53}xuən^{313}

拾交 ʃi$^{53-32}$tʃiɔ^{313} 翻绳游戏—— 拾儿交 ʃiɹ^{53}tʃiɔ^{313}

糊墙 xu$^{53-32}$tʃʰiaŋ^{53}—— 糊儿墙 xuɹ^{53}tʃʰiaŋ^{53}

合房 xuɤ$^{53-32}$faŋ^{53} 同房—— 合儿房 xuɤɹ^{53}faŋ^{53}

拾钱 ʃi$^{53-32}$tʃʰiæ̃^{53}—— 拾儿钱 ʃiɹ^{53}tʃʰiæ̃^{53}

填房 tʰiæ̃$^{53-32}$faŋ^{53}—— 填儿房 tʰiæ̃ɹ^{53}faŋ^{53}

拔草 pa$^{53-32}$tsʰɔ^{34}—— 拔儿草 paɹ^{53}tsʰɔ^{34}

贫血 $p^hiən^{53-32}çiɤ^{34}$ —— 贫儿血 $p^hiənɻ^{53}çiɤ^{34}$
扛榖 $k^haŋ^{53-32}ku^{34}$ —— 扛儿榖 $k^haŋɻ^{53}ku^{34}$
抬水 $t^he^{53-32}suəi^{34}$ —— 抬儿水 $t^heɻ^{53}suəi^{34}$
盘炕 $p^hæ̃^{53-32}k^haŋ^{41}$ _{垒炕} —— 盘儿炕 $p^hæ̃ɻ^{53}k^haŋ^{41}$
岔气 $ts^ha^{53-32}c^{h\cdot}i^{41}$ —— 岔儿气 $ts^haɻ^{53}c^{h\cdot}i^{41}$
抬轿 $t^he^{53-32}ciɔ^{41}$ —— 抬儿轿 $t^heɻ^{53}ciɔ^{41}$
合账 $xuɤ^{53-32}tʃiaŋ^{41}$ _{核对账目} —— 合儿账 $xuɤɻ^{53}tʃiaŋ^{41}$

③前字上声（"上声＋阴平"字组连读时不变调）

打春 $ta^{34}ts^huən^{313}$ _{立春} —— 打儿春 $taɻ^{34}ts^huən^{313}$
发蓝 $fa^{34}læ̃^{313}$ —— 发儿蓝 $faɻ^{34}læ̃^{313}$
结₂婚 $ci^{34}xuən^{313}$ —— 结₂儿婚 $ciɻ^{34}xuən^{313}$
煞₁风 $sa^{34}fəŋ^{313}$ _{风停} —— 煞₁儿风 $saɻ^{34}fəŋ^{313}$
发红 $fa^{34-32}xuŋ^{53}$ —— 发儿红 $faɻ^{34}xuŋ^{53}$
返潮 $fæ̃^{34-32}tʃ^hiɔ^{53}$ —— 返儿潮 $fæ̃ɻ^{34}tʃ^hiɔ^{53}$
出怀 $tʃ^hy^{34-32}xue^{53}$ —— 出儿怀 $tʃ^hyɻ^{34}xue^{53}$
铰头 $tʃiɔ^{34-32}t^həu^{53}$ —— 铰儿头 $tʃiɔɻ^{34}t^həu^{53}$
发纸 $fa^{34-53}tsɿ^{34}$ —— 发儿纸 $faɻ^{34}tsɿ^{34}$
吃屈 $tʃ^hi^{34-32}c^hy^{34}$ —— 吃儿屈 $tʃ^hiɻ^{34}c^hy^{34}$
佮伙 $ka^{34-53}xuɤ^{34}$ _{合伙} —— 佮儿伙 $kaɻ^{34}xuɤ^{34}$
找₁主儿 $tsɔ^{34-32}tʃyɻ^{34-32}\cdot ɻə$ —— 找₁儿主儿 $tsɔɻ^{34}tʃyɻ^{34-32}\cdot ɻə$
瞎眼 $çia^{34-32}iæ̃^{34}$ —— 瞎儿眼 $çiaɻ^{34}iæ̃^{34}$
喝₁水 $xa^{34-32}suəi^{34}$ —— 喝儿水₁ $xaɻ^{34}suəi^{34}$
打炕 $ta^{34-32}k^haŋ^{41}$ _{拆炕} —— 打儿炕 $taɻ^{34}k^haŋ^{41}$
缕₁腔 $ly^{34-32}tiəŋ^{41}$ —— 缕₁儿腔 $lyɻ^{34}tiəŋ^{41}$
发喀 $fa^{34-32}k^ha^{41}$ —— 发儿喀 $faɻ^{34}k^ha^{41}$
合₁账 $ka^{34-32}tʃiaŋ^{41}$ _{合计总数} —— 合₁儿账 $kaɻ^{34}tʃiaŋ^{41}$
结₂窗花儿 $ci^{34-32}ts^huaŋ^{313-34}xuaɻ^{313}$ —— 结₂儿窗花儿 $ciɻ^{34}ts^huaŋ^{313-34}xuaɻ^{313}$

④前字去声

变天 piæ̃⁴¹⁻³²tʰiæ³¹³ —— 变儿天 piæɹ⁴¹tʰiæ³¹³

下班儿 ɕia⁴¹⁻³²pæɹ³¹³ —— 下儿班儿 ɕiaɹ⁴¹pæɹ³¹³

入冬 y⁴¹⁻³²tuŋ³¹³ —— 入儿冬 yɹ⁴¹tuŋ³¹³

放彪 faŋ⁴¹⁻³²piɔ³¹³ 犯傻 —— 放儿彪 faŋɹ⁴¹piɔ³¹³

下蛰 ɕia⁴¹⁻³²tʂʅ⁵³ —— 下儿蛰 ɕiaɹ⁴¹tʂʅ⁵³

入伏 y⁴¹⁻³²fu⁵³ —— 入儿伏 yɹ⁴¹fu⁵³

害愁 xe⁴¹⁻³²·tsʰəu —— 害儿愁 xeɹ⁴¹tsʰəu⁵³

<u>上集</u> ʃiaŋ⁴¹⁻³²tʂi⁵³ —— <u>上儿集</u> ʃiaŋɹ⁴¹tʂi⁵³

放学 faŋ⁴¹⁻³²ɕyɤ⁵³ —— 放儿学 faŋɹ⁴¹ɕyɤ⁵³

下学 ɕia⁴¹⁻³²ɕyɤ⁵³ —— 下儿学 ɕiaɹ⁴¹ɕyɤ⁵³

放假 faŋ⁴¹⁻³²cia³⁴ —— 放儿假 faŋɹ⁴¹cia³⁴

垫底儿 tiæ̃⁴¹⁻³²tiɹ³⁴ —— 垫儿底儿 tiæ̃ɹ⁴¹tiɹ³⁴

洒₂底 sa⁴¹⁻³²ti³⁴ —— 洒₂儿底 saɹ⁴¹ti³⁴

惯鬼儿 kuæ̃⁴¹⁻³²kuəiɹ³⁴ —— 惯儿鬼儿 kuæ̃ɹ⁴¹kuəiɹ³⁴

化冻 xua⁴¹⁻³²tuŋ⁴¹ —— 化儿冻 xuaɹ⁴¹tuŋ⁴¹

<u>上冻</u> ʃiaŋ⁴¹⁻³²tuŋ⁴¹ —— <u>上儿冻</u> ʃiaŋɹ⁴¹tuŋ⁴¹

下梢 ɕia⁴¹⁻³²sɔ⁴¹ —— 下儿梢 ɕiaɹ⁴¹sɔ⁴¹

断₂顿儿 tæ̃⁴¹⁻³²tənɹ⁴¹ —— 断₂儿顿儿 tæ̃ɹ⁴¹tənɹ⁴¹

上述举例中的多音节谓词前字儿化构形后，同时恢复读本调。因此，其结构形式可以重新分析为"单音节谓词儿化恢复读本调+宾语"，与单音节谓词儿化合流，也属于儿化构形恢复本调型结构。

另外，范继淹（1963：136—160）把"V 了 Ny"（拿了一本书来）分析为"动+了+宾+间接趋向成分"，把"V 了 y"（拿了来）分析为"动+了+间接趋向成分"。据此，本文把莱阳方言"动趋"结构中的"单音节动词儿化读本调+趋向成分（来、去）"也归入此类，比如"(把砖)搬儿来""(把钱)送儿去"，可以看作是"搬儿砖来""送儿钱去"宾语位移形成的变式，句式变化后仍受原来的语法变调制约。

搬砖 pæ̃³¹³⁻³⁴tsuæ̃³¹³

俺把砖搬儿 pæ̃r³¹³ 来了。

= 俺搬儿砖 pæ̃r³¹³tsuæ̃³¹³ 来了。

送钱 suŋ⁴¹⁻³²ʨʰiæ̃⁵³

俺先把钱给他送儿 suŋr⁴¹ 去，回来咱再说。

= 俺先给他送儿钱 suŋr⁴¹ʨʰiæ̃⁵³ 去，回来咱再说。

值得注意的是，与普通话非述宾式谓词通常在后字之后加"了"做标记不同，莱阳方言里的一些非述宾式多音节谓词（多为有口语化倾向的书面语，例如"高兴"，方言口语为"欢气"），也可以使用"前字儿化恢复读本调"的规则，进入了儿化构形恢复本调型结构。他们以分布不同为条件，与儿化构形连读变调型结构共时并存，试比较：

高儿兴 kɔr³¹³ɕiəŋ⁴¹，高儿 kɔr³¹³ 三天兴，高兴儿 kɔ³¹³⁻³²ɕiəŋr⁴¹ 三天

又例如：

投₁降 tʰəu⁵³⁻³²ɕiaŋ⁴¹

普通话：投降了（*投了降）①

莱阳话：这把（棋）又投₁儿降 tʰəur⁵³ɕiaŋ⁴¹ =（少用）这把又投₁了降 tʰəu⁵³⁻³²·lə ɕiaŋ⁴¹ = 这把又投₁降了 tʰəu⁵³⁻³²ɕiaŋ⁴¹⁻³⁴·lə（*这把又投₁降儿）

投₁儿 tʰəur⁵³ 两把降了 =（少用）投₁了两把降了 = 投₁降儿 tʰəu⁵³⁻³²ɕiaŋr⁴¹ 两把了（*投₁降了两把了）

叛变 pʰæ̃⁴¹⁻³²piæ̃⁴¹

普通话：叛变了（*叛了变）| 叛变了一年了

莱阳话：他叛儿变 pʰæ̃r⁴¹piæ̃⁴¹（*他叛了变）= 他叛变了 pʰæ̃⁴¹⁻³²piæ̃⁴¹·lə（*他叛变儿）

他叛儿 pʰæ̃r⁴¹ 两末儿变（*他叛了两末儿变）= 他叛变儿 pʰæ̃⁴¹⁻³²piæ̃r⁴¹ 两末儿（*他叛变了两末儿）

他叛儿变 pʰæ̃r⁴¹piæ̃⁴¹ 一年了（*他叛了变一年了）= 他叛变儿 pʰæ̃⁴¹⁻³²piæ̃r⁴¹ 一年了（*他叛变了一年了）

失败 ʃi³⁴⁻³²pe⁴¹

---

① 此处的普通话例，参照孟琮等（1999）。

普通话：失败了（*失了败）｜失败了两次

莱阳话：这把又失儿败 ʃiɻ³⁴pe⁴¹ ＝（少用）这把又失了败 ＝ 这把又失败了 ʃi³⁴⁻³²pe⁴¹⁻³⁴·lə（*这把又失败儿）

失儿 ʃiɻ³⁴ 两末儿败 ＝（少用）失了两末儿败 ＝ 失败儿 ʃi³⁴⁻³²peɻ⁴¹ 两末儿（*失败了两末儿）

上述非述宾式双音节词"高兴、投₁降、叛变、失败"等都要重新分析为前字是单音节的离合词，才能在完成体中使用"前字儿化恢复读本调"的规则。这表明：多音节词如果要使用"前字儿化恢复读本调"这一规则，必须要拆分出单音节前字；同时还表明莱阳方言"前字儿化恢复读本调"的规则正处于泛化（甚或是语法化？）的状态。有意思的是，这一规则还侵入了"谓词＋介词（逮在、到）"结构、名词性词组与主谓词组等领域。

（3）"谓词＋介词"儿化构形

莱阳方言"谓词＋介词"结构的完成体形式也分成了恢复本调型与连读变调型两类。

A. 儿化构形连读变调型：介词儿化

普通话的"单音节谓词＋介词短语"结构里，由于韵律的制约，完成体标记"了"必须加在介词后面，例如"那本书，他放在了（*放了在）桌子上"。与普通话在介词后加"了"类似，莱阳方言"单音节谓词＋介词（给）"标记完成体时，通过介词"给"儿化标记完成体，单音节谓词不儿化，整个结构的声调跟着连读变调走。例如：

个房场宅基地批给儿 pʰi³¹³⁻³² cʰiɻ³⁴ 前街上老歪嘴儿了。

些苹果送给儿 suŋ⁴¹⁻³²·cʰiɻ 小妹儿了。

莱阳方言"多音节谓词＋介词（给）"同样也通过介词"给"儿化标记完成体，儿化字的声调跟着连读变调走。例如：

些苹果都拾掇给儿 ʃi⁵³⁻³⁴·tə cʰiɻ³⁴ 小妹儿了。

块饼子发吐赠送给儿 fa³⁴⁻⁵³·tʰu·cʰiɻ 要饭儿的了。

从形式上看，不论是单音节谓词还是多音节谓词，上述"谓词＋介词（给）儿化"结构中，"谓词＋介词（给）"在完成体中已经被莱阳方言处理成了一个整体，作为一个多音节词语来充当谓语中心，可以看作是多音节谓词后字儿化，其结构形式因而可以记作"多音节谓词后字儿化读变调"，应纳入儿化构形连读变调型结构。

再来看"多音节谓词后字儿化读变调＋介词（逮在、到）被儿化吞没"结构。由于多音节谓词儿化受连读变调的制约，介词（逮在、到）被删除后，其结构形式就变成了"多音节谓词后字儿化读变调"，也应处理为儿化构形连读变调型结构。例如：

老三哈扑俯卧儿 xa³⁴⁻³²·pʰuɻ（*哈扑儿逮在）桌子上，不知儿寻思什么。

样是如果闺娘不愿意，绑缚儿 paŋ³⁴⁻³²fuɻ⁵³（*绑缚儿到）一堆儿也没有用。

俺先把饭拾掇儿 ʃi⁵³⁻³⁴·tɔɻ（*拾掇儿到）炕上再说。

此类结构也有泛化现象。莱阳方言"来、去"构成的可能式的否定形式中，"单音节谓词＋不"被处理为一个整体，相当于一个多音节词语来充当谓语中心，也要使用此类儿化构形形式："不 pu³⁴"必须儿化，"单音节谓词＋不儿 pəɻ³⁴"的声调跟着连读变调走。例如：

他脾气儿大，咱请不儿 tɕʰiəŋ³⁴⁻³²pəɻ³⁴⁻⁵³ 来。

些东西太沉了，俺搬不儿 pæ̃³¹³⁻³²pəɻ³⁴ 来。

不罕拿身份证儿，谁也领不儿 liəŋ³⁴⁻³²pəɻ³⁴⁻⁵³ 去。

太远了，俺捎不儿 sɔ³¹³⁻³²pəɻ³⁴ 去。

通过上述材料可以看出，由于"后字儿化、儿化后使用连读变调"规则的制约，莱阳方言把"谓词＋介词（给儿）"与"单音节谓词＋不儿"处理为一个整体，作为一个多音节词语来充当谓语中心。

B. 儿化构形恢复本调型：单音节谓词儿化、介词删除或不儿化

与普通话差别很大的是，莱阳方言"单音节谓词＋介词短语"中的介词为"逮在、到"时，莱阳方言通常用谓词儿化标记完成体，儿化后的谓词恢复读本调，介词"逮在、到"常常被儿化吞没。"逮在"和"到"被儿化吞没的表现不同，下面分别说明。

莱阳方言用于完成体的介词"到"，已习惯于被儿化完全吞没，没有分布条件限制，也就是说，介词前的单音节谓词儿化后，"到"通常

被直接删除。例如：

这₁歇儿俺心都飞儿 fəir³¹³（*飞儿到 *飞到儿）天上去了。

有本事飞儿 fəir³¹³（*飞儿到 *飞到儿）天上！

（比较：飞到 fəi³¹³⁻³²tɔ⁴¹⁻³⁴ 天上）

夜来你跑儿 pʰɔr³⁴（*跑儿到 *跑到儿）他跟前儿咧着个嘴直哭。捏₁那是哪么了？

你跑儿 pʰɔr³⁴（*跑儿到 *跑到儿）他跟前儿咧着个嘴直哭，看看他能哪么说。

（比较：跑到 pʰɔ³⁴⁻³²tɔ⁴¹ 桥头就住下停下）

介词"逮在"则尚未完全被儿化吞没，有分布条件限制：

①如果"单音节谓词儿化+逮在"结构含有"完成持续"义，通常保留介词"逮在"，例如a1、b1。

②如果删除了"逮在"，这两个句子就不再含有"持续"义，而变成了仅含有"将来完成"义的祈使句，例如a2、b2。也就是说，含有"将来完成"义的句子必须删除"逮在"。试比较：

a1. 剪子稳儿 uənr³⁴ 逮在（*稳逮在儿）桌子上。

a2. 剪子稳儿 uənr³⁴ 桌子上。

b1. 个狗关儿 kuæ̃r³¹³ 逮在（*关逮在儿）厢屋儿。

b2. 个狗关儿 kuæ̃r³¹³ 厢屋儿！

等着钥匙给你稳儿 uənr³⁴（*稳儿逮在）门框顶儿上，你放儿学自己来家开门。

过儿年明年俺也把豆角儿掩儿 æ̃r³⁴（*掩儿逮在）它西山上。

③表示"现在完成、过去完成"义，介词"逮在"可有可无，例如：

夜来瞎黑儿猫趴儿 pʰar³¹³ 装篓儿睡觉₂来

＝夜来瞎黑儿猫趴儿 pʰar³¹³ 逮在装篓儿睡觉₂来

成天儿脚趾挖腚地幹，也没看见他富儿 fur⁴¹ 哪儿

＝成天儿脚趾挖腚地幹，也没看见他富儿 fur⁴¹ 逮在哪儿

通过上述可以看出，在莱阳方言里，儿化标记了完成体之后，介词"逮在、到"直接删除，整个结构形式从儿化前的"谓词+介词+宾

语"演变成了儿化后的"单音节谓词儿化恢复读本调+宾语"。虽然介词"逮在"有分布条件限制，但介词"到"却已经没有了限制，因而此类结构仍然可以大致归入儿化构形恢复本调型结构。

综上所述可以看出："单音节谓词儿化恢复读本调""多音节谓词前字儿化恢复读本调""单音节谓词儿化恢复读本调+介词（逮在、到）被儿化吞没"的结构形式，在莱阳方言里都可以分析为"单音节谓词儿化读本调"，他们合流为儿化构形恢复本调型结构。合流的条件是：以"谓语中心必须是单音节儿化词、声调恢复读本调"为标准语音形式，完成体的语法意义以儿化为标记。

"多音节谓词后字儿化读变调""谓词+介词（给）儿化读变调""多音节谓词后字儿化读变调+介词（逮在、到）被儿化吞没"的结构形式，在莱阳方言里都可以分析为"多音节谓词后字儿化读变调"，他们合流为儿化构形连读变调型结构。合流的条件是：谓语中心必须是不少于两个音节的多音节词语，以"多音节谓语中心后字儿化、儿化后使用连读变调"为标准语音形式，完成体的语法意义以儿化为标记。

最后再来比较两个类似最少对立元的例子——儿化标记的完成体谓词词组的宾语相同，多音节谓词前字或单音节谓词儿化后恢复读本调；多音节谓词后字儿化后使用连读变调：

开儿眼 $k^h e \textrm{r}^{313} i\tilde{æ}^{34}$ 长了见识——睁开儿眼 $tsəŋ^{313\text{-}32} k^h e \textrm{r}^{313\text{-}34} i\tilde{æ}^{34}$

倒₁儿麦子 $tɔ\textrm{r}^{34} m\textrm{r}^{41} \cdot tə$ 田中的小麦被风刮倒——割倒₁儿麦子 $ka^{34\text{-}32} tɔ\textrm{r}^{34\text{-}53} m\textrm{r}^{41} \cdot tə$ 麦收以后

（4）前字儿化读本调与变调构词

有意思的是，莱阳方言有些名词性词组、主谓词组等常常前字儿化，前字儿化后也必须读本调，不再产生连读变调，儿化前后词组的意义不变。例如：

片松 $p^h i\tilde{æ}^{41\text{-}32} ʃyŋ^{313}$ = 片儿松 $p^h i\tilde{æ} \textrm{r}^{41} ʃyŋ^{313}$

天长₂ $t^h i\tilde{æ}^{313\text{-}32} tɕ^h iaŋ^{53}$ = 天儿长₂ $t^h i\tilde{æ} \textrm{r}^{313} tɕ^h iaŋ^{53}$

天短 $t^h i\tilde{æ}^{313\text{-}32} tæ^{34}$ = 天儿短 $t^h i\tilde{æ} \textrm{r}^{313} tæ^{34}$

其中有一部分词甚至丢失了原形，只剩下了前字儿化的形式，例如：

苞儿米 pɔɹ³¹³mi³⁴，表儿麵 piɔɹ³⁴miæ̃⁴¹，棒儿核 paŋɹ⁴¹ku⁵³，贼儿船 tsɤɹ⁵³tsʰuæ̃⁵³，贼儿星 tsɤɹ⁵³ʃiəŋ³¹³，刺儿槐 tsʰɹ⁴¹xue⁵³，裏儿麵 liɹ³⁴miæ̃⁴¹，扣₁儿门儿 kʰuɹ³¹³məɹ³¹³·ɹə，六月儿天 lɤu⁴¹·yɤ tʰiæ̃³¹³，老泥₁儿钵子 lɔ³⁴miɹ³¹³pɤ³⁴⁻³²·tə 特指民办教师

更有意思的是，如果前字儿化的名词性词组与前字儿化的完成体谓词词组的单字本音相同，一般通过声调别义，通常完成体谓词词组的动词读本调，名词性词组使用连读变调。例如：

分儿钱：fəɹ³¹³⁻³²tɕʰiæ̃⁵³ 分币——fəɹ³¹³tɕʰiæ̃⁵³ 分完了钱

过儿年：kuɤɹ³¹³⁻³⁴ŋiæ̃³¹³ 明年——kuɤɹ³¹³ŋiæ̃³¹³ 过完了年（指除夕到正月十五）

（按：过儿年 kuɤɹ⁴¹ŋiæ̃³¹³ 过完了年（指除夕到正月初二送年））

另外，名词如果通过前字儿化别义，通常也是儿化名词读本调，非儿化名词使用连读变调。例如：猫眼 mɔ³¹³⁻³²iæ̃³⁴ 猫的眼睛——猫儿眼 mɔɹ³¹³:iæ̃³⁴ 一种植物。

从本质上看，此类利用声调区别词性、词义的现象，大约可以看作是广义上的"四声别义"，是现代方言对古汉语"四声别义"变调构词现象的继承和发展。此外，值得注意的是，对于只有3个声调的新派莱阳方言来说，"儿化构形读本调"在本质上大约相当于恢复古本调。由此看来，"儿化构形本调型结构"也许是声调简化造成的语言补偿现象。

（三）时态助词"了"与结构助词"的、地、得"的区别

与时态助词"了"（句末）一样，结构助词"的、地、得"也使用自成音节的语音形式[·lə]表示，但不可以像"了"（句中）一样儿化。例如：

六月儿的·lə 韭菜，婆儿娘₂儿的·lə，吃屎的·lə 孩子，有种₁的·lə 有胆量有骨气的人，有种₁儿的·lə 有籽的果实，河儿的·lə 鱼，是俺的·lə 爷₃爷₃！不是恁的·lə！

再三地·lə 说，哗啦哗啦地·lə 洗，门裏门外地·lə 走，眼睁睁地·lə 望着，苦脸儿悲悲地·lə 家去了

雲得·lə老厚薄，吓得·lə要₂命，颠达得·lə真厉害，撑得·lə仰歪歪的·lə，热得·lə睡不着₂，恁望望个孩子哭得·lə！欢气得·lə直蹦高儿，恁望望把她臭美得·lə！

结构助词"的·lə"前面的成分如果是表示完成义的结构，只要是动宾结构，前面的成分一般不可以儿化，例如：扛活的·lə，瞪眼扒皮的·lə样儿；如果是其他动词结构，则必须儿化，例如：吃饱儿的·lə，吓哭儿的·lə，打烂儿的·lə碗，泼儿的·lə水₁；如果是形容词结构，儿化、不儿化都可以，例如：凉（儿）的·lə热（儿）的·lə，红（儿）的·lə白（儿）的·lə。

结构助词"地·lə"前面的成分如果带有强烈的感情色彩，该成分也可以儿化，儿化后可以省略结构助词"地·lə"。例如：

慢慢儿地·lə搅 = 慢慢儿搅，好好儿地·lə念₂书 = 好好儿念₂书，急得来回儿地·lə走 = 急得来回儿走，出心出意儿诚心诚意地·lə来帮忙 = 出心出意儿来帮忙，眼睁睁儿地·lə看₂着 = 眼睁睁儿看₂着，喜滋滋儿地·lə跑了 = 喜滋滋儿跑了

结构助词"得·lə"可以后接补语，但前面的成分不可以儿化，例见上文。

此外，"得"在"V+（不+）得"结构中充当可能补语，莱阳方言使用语音形式[te³⁴]，例如：

昌果儿刨₂得₂te³⁴了

——这₁个场儿还₁住得₂te³⁴？——唉！住不得₂te³⁴了。

孩子大₂了，也打不得₂te³⁴，也鸠不得₂te³⁴，恁说哪么弄？

此结构在疑问句中还可以使用"能（V）不能V"，例如：

昌果儿能不能刨₂？ = 昌果儿能刨₂不能刨₂？

这₁个场儿能不能住？ = 这₁个场儿能住不能住？

相当于普通话"V+得+补语"结构的肯定句和疑问句，莱阳方言通常使用"能+V+补语""能+V+补语（儿）+V+不+补语"结构，否定句为"V+不+补语"结构。例如：

能吃饱了？（=能吃饱儿吃不饱？*吃得饱？）

——这₁样儿人儿能靠住了？（＝能靠住儿靠不住？＊靠得住？）

——能。知根儿知底儿的还₁能靠不住？

——怎能听懂了？（＝能听懂儿听不懂？＊听得懂？）

——咱听不懂／能听懂了。

三、介词短语标记的持续体与完成持续体

普通话可以用"在、正、正在、在这（那）里"等副词、介词短语表示正在进行，与此类似，莱阳方言里也有一种介词短语标记的持续体，此类持续体使用"逮在（改在／跟₂儿／走儿／苟儿）+NP"作为标记，这种标记一般放在动词前面，其中的"NP"通常是"这₁儿／捏₁那儿"，有时也会使用"处所词＋这₁儿（捏₁那儿）"，处所词后的"这₁儿／捏₁那儿"通常不能省略。分布条件是：限于持续义。通常有两种情况：

1. 只表示持续义的句子，如果是普通陈述，莱阳方言通常不使用体标记"[·tə]"或"RR$^∨$"，例如：

他逮在（改在／跟₂儿／走儿／苟儿）捏₁那儿吃 tʃʰi³⁴ 饭，咱等等他

＝他逮在（改在／跟₂儿／走儿／苟儿）家儿捏₁那儿吃 tʃʰi³⁴ 饭，咱等等他

俺逮在（改在／跟₂儿／走儿／苟儿）这₁儿烧 ʃiɔ³¹³ 火看 ₁kʰæ̃³¹³ 孩子，有营生？

＝俺逮在（改在／跟₂儿／走儿／苟儿）家儿这₁儿烧 ʃiɔ³¹³ 火看 ₁kʰæ̃³¹³ 孩子，有营生？

怎妈逮在（改在／跟₂儿／走儿／苟儿）平房上捏₁那儿摘 tsɤ³⁴ 昌果儿

如果强调动作或状态的持续，或者强调可能持续较长时间，则必须使用体标记"RR$^∨$"或"[·tə]"标记"持续"义。例如：

逮在（改在／跟₂儿／走儿／苟儿）捏₁那儿吃着 tʃʰiiə³⁴³（＝tʃʰi³⁴·tə）饭的空₂儿，下大₂儿雨了

他逮在（改在／跟₂儿／走儿／苟儿）捏₁那儿吃着 tʃʰiiə³⁴³（＝tʃʰi³⁴·tə）饭看₂着 kʰæ̃ə⁴¹³（＝kʰæ̃⁴¹·tə）书，拖拖拉拉，咱还₁等他？

俺逮在（改在／跟₂儿／走儿／苟儿）这₁儿烧着 ʃiɔɔi³¹³³（＝ʃiɔ³¹³·tə）

火看₁着 kʰæ̃æ̃³¹³³（= kʰæ̃³¹³·tə）孩子，哪儿有空₂儿？

2.表示完成持续义，莱阳方言不再使用持续体标记"[·tə]"或"RR˅"，持续义使用"逮在（改在/跟₂儿/走儿/苟儿）+NP"表示，完成义则仍然使用完成体标记[-ɽ]。此类也可以称作"完成持续体"。例如：

他逮在（改在/跟₂儿/走儿/苟儿）捏₁那儿哭儿一过₁晌

俺逮在（改在/跟₂儿/走儿/苟儿）这₁儿等儿他三个钟头

就这么点₂儿营生儿，逮在（改在/跟₂儿/走儿/苟儿）桃儿园捏₁那儿做儿一天？

莱阳方言的完成持续还包括动作结果的持续，动作结果的持续使用"逮在这₁儿（捏₁那儿）"表示，要放在动词后面。例如：

他把营生做儿逮在这₁儿，谁还₁好意思说不好听的？

衣裳俺洗儿逮在捏₁那儿，够₁儿赶快帮忙晒晒

第四节 句式

一、把字句

把字句又叫处置式，是指在谓语动词前头用介词"把"引出受事（有时也可以是施事）、对受事加以处置的一种主动句。莱阳方言把字句的限制条件基本与普通话相同，不同的只有一条：普通话把字句中，除了双及物动词之外，动词的受事宾语由"把"引出后，动词后不得再出现宾语。莱阳方言把字句的动词都可以带形式宾语，形式宾语通常由代词[·tʰə]（他/她/它）充当。这一规则有限制条件，下面分别说明。

1.表示强调、命令、禁止、质问或严厉批评时，把字句的谓词通常要带形式宾语，例如：

先把饭吃（饱）儿它·tʰə 再说！

把它捆₂结₂实儿它·tʰə！

你把些小鸡儿抓₂儿它·tʰə 纸盒子了

老天爷$_4$这$_1$是非儿得把雨下大$_2$儿它 ·tʰə 不行$_2$？

你非儿得$_2$把个吞$_2$子勒哑儿它 ·tʰə 不行$_2$？

把些四类儿分子都关儿他 ·tʰə 小仓库儿了！

你还$_1$能把恁妈饿死她 ·tʰə？哼！样$_{如果}$真饿死儿她你不得$_2$偿命？

——小红，把个狗撵儿它 ·tʰə 家去！

——俺纔刚儿把它撵儿（它 ·tʰə）家去了。它哪么又跑出来了？

——恁没$_2$看$_2$见俺把个线刨$_1$子稳儿（它 ·tʰə）哪儿去了？

——谁知道？就这么点$_2$儿场儿你能稳儿它哪儿？（寻找中……）捏$_1$那儿$_{在}$逮板子下面儿盖的？个老尻养的你！你把它稳儿它 ·tʰə 哪儿不好？你能把它稳儿它 ·tʰə 捏$_1$那儿？

表示一般性陈述或表示请求、征询意见、建议时，把字句谓词后的形式宾语可有可无，例如：

等着俺把大$_2$门挂$_1$上（它 ·tʰə）把锁咱就走

些熊孩子把恁二爷$_3$爷$_3$气得（他 ·tʰə）胡子都乱颤颤

俺先把衩袖儿往上撸撸（它 ·tʰə），牌$_{别}$给俺湿儿衩袖儿

但如果形式宾语位于句末，通常不能省略，例如：

住歇儿你把桌子抹$_1$抹$_1$它 ·tʰə＝住歇儿你把桌子抹$_1$抹$_1$（它 ·tʰə）吧

俺待把些旧书都卖儿它 ·tʰə

试比较：

俺先把些衣裳洗洗它 ·tʰə！（强调）

俺先把些衣裳洗洗它 ·tʰə，好不好？（征询意见）

＝俺先把些衣裳洗洗，好不好？（征询意见）

把饭家使$_{餐具}$先拾掇好儿它 ·tʰə 再上山！（命令）

把饭家使拾掇好儿（它 ·tʰə）再上山吧（建议）

2. 把字句中，完成体如果用儿化标记且谓词在句末时，谓词后通常要带形式宾语，例如：

俺待把老房子拆儿它 ·tʰə

谁来帮着俺把根绳子铰断$_2$儿它 ·tʰə？

把它$_{药}$当$_1$水$_1$喝儿它 ·tʰə！一闭眼一仰脖儿咕咚咕咚就下去了

如果谓词不在句末，则谓词后的形式宾语可有可无。例如：

把孩子抱儿（他 ·tʰə）来家吧

没₂寻思着把付手巴掌儿掉儿（它 ·tʰə）一只

把树伐倒₁儿（它 ·tʰə）再吃饭也不晚

先把地扫乾₁净儿（它 ·tʰə）再说

个字儿写得真难看₂！够儿把它擦儿（它 ·tʰə）去吧！

——俺把个画儿贴儿（它 ·tʰə）哪儿好？

——贴儿（它 ·tʰə）炕头上算了。

如果句末的完成体用"了"标记时，谓词后通常省略形式宾语，试比较：

你捏₁那是把块绳子哪么铰了？哪么铰儿三轱₁辘₁儿？

——（奶奶和颜悦色地对孙子说）写字儿的时会₂儿啊，把身子坐直了。

——（父亲走过来狠狠打了儿子两巴掌，严厉地说）把身子坐直儿它 ·tʰə！

——（奶奶生气地对孩子父亲说）你哪么下儿死把打？你待把个孩子打死他 ·tʰə？

3. 把字句中，持续体如果使用语音内部屈折形式标记且谓词在句末时，谓词通常要有形式宾语；否则谓词的形式宾语通常省略。试比较：

把门儿开着 kʰee³¹³³ 它 ·tʰə = 把门儿开着 kʰe³¹³⁻³¹·tə

把恁小弟弟也领着 liəŋəŋ³⁴³ 他 ·tʰə！ = 把恁小弟弟也领着 liəŋ³⁴³·tə！

需要指出的是，"着"充当结果补语，虽然与持续体语音形式相同，却不能带形式宾语。例如：

真把老三折₁腾着 təŋəŋ⁵³⁴（= təŋ⁵³·tə）了

4. 如果介词把的宾语是施事，谓词后一般不带形式宾语。例如：

夜来没₂关好儿笼子，把个雀儿飞儿没₂有了

把个狗跑儿外瞳儿去了

不知儿什么时会₂儿把根蜡断₂儿两轱₁辘₁儿

5. 把字句谓词的形式宾语 [·tʰə]（他 / 她 / 它）已经虚化，不限于指称第三人称单数，从本质上看，此时的 [·tʰə]（他 / 她 / 它）已经接近于语气词了。例如：

再熊气俺先把你猴拾儿他 ·tʰə！

就凭着你！你就不怕人家₂把你撵儿他 ·tʰə 井了？

你先（开着拖拉₂机）把他们这₁帮儿拉₂儿（他 ·tʰə）去，腚後儿来的叫₁老三拉₂。

真有本事你吉日_{今天}把俺打死他 ·tʰə！

样是_{如果}当初真知道儿这₁歇儿什么样儿，恁还₁能把俺拖儿（他 ·tʰə）尿坯子儿淹₁死儿他 ·tʰə？

二、被动句

标记被动句的介词，普通话有"被、叫、让"三个常用词；莱阳方言通常使用"叫₁"字，"叫₁"有"[ciɔ³⁴]、[tsɔ³⁴]"任意两读。普通话被动标记后可以省略施事，莱阳方言一般不可以省略；莱阳方言里"叫₁"还可以与"给"或"把"共现，"给"介引的宾语是受事的领有者，"把"介引的宾语则是受事。常用句式举例如下：

个碗叫₁俺打了　个碗叫₁俺给恁打了　个碗叫₁俺把它打了

棵树叫₁风飔倒₁了　棵树叫₁风给俺飔倒₁了　棵树叫₁风把它飔倒₁了

他（的）车₁子叫₁人家₂骑儿去了　他（的）车₁子叫₁人家₂给他骑儿去了

小二嫚叫₁人家₂打哭了　小二嫚叫₁人家₂把她打哭了

三、比较句

莱阳方言的"比"字比较句，用法与普通话大致相同，仅有"比较主体 + 比 + 比较基准 + 比较语 + 数量短语"句式与普通话不同。（详见第四章第三节）此外，莱阳方言还有如下一些独特的比较句式。

（一）"起"字句

"起"字句通常不能接数量短语，多用于肯定句和否定句，用于疑问句时，通常仅限于反问句。例如：

肯定比较：

日子一天好起一天

是亲₁三分₁儿向，是火热起炕

有捏₁那个萝蔔丝儿吃着也强₂起没₂有东西儿吃

否定比较：

老刘也不怯起你

没₂有强₂起这₁歇儿下场雨的

他三个儿没₂有孝纯起老大₂的

疑问比较：

他就强₂起个人儿？

再乾₁净能乾₁净起人家₂家儿？

就给这₂么点₂儿东西儿糙起不给？

方言区内部使用的群体和地域范围有差异：老年人经常使用此句式，年轻人少用；北乡的应用范围广，如"他也不高起俺""谁能勤快起老三家儿的"等仅见于北乡。

（二）"跟₁上/赶上"比较句

"跟₁上/赶上"通常要儿化，意为"能比得上"；"跟₁不上/赶不上"则一般不儿化，意为"比不上"。例如：

肯定比较：

俺出去一天挣₂一毛₃钱也跟₁上儿/赶上儿逮在生产队幹

兼略微幹点₂儿活儿就跟₁上儿/赶上儿逮在家儿住住儿坐着

叫₂是个人儿就能跟₁上儿/赶上儿你

否定比较：

买的衣裳跟₁不上/赶不上自己做的周正

芋头跟₁不上/赶不上饽饽好吃

姐姐跟₁不上/赶不上妹妹白

跟₂儿城里住跟₁不上/赶不上逮在家儿住

恁还₁跟₁不上/赶不上俺来

咱疃儿这₂么大₂,没₂有能跟₁上儿/赶上儿人家₂有钱的

恁几个儿,没₂有哪个能跟₁上儿/赶上儿小玲玲俊的

此句式的否定形式也可以用"不抵"或"没₂有"代替"跟₁不上/赶不上":

买的衣裳不抵/没₂有自己做的周正

俺不抵/没₂有恁有本事

疑问比较:

吉今年的麦子能跟₁上儿/赶上儿上年?

液化气儿做的菜能不能跟₁上儿/赶上儿大₂锅儿做的好吃?

谁能跟₁上儿/赶上儿恁?

就给这₂么点₂儿钱跟₁上儿/赶上儿不给?

街上怪冷怪冷的,哪儿跟₁上儿/赶上儿热炕头儿老乎暖和?

咱指着什么能跟₁上儿/赶上儿人家₂?

逮在家儿做花儿绣花是不儿跟₁不上/赶不上出去干活儿?

俺就赶不上个恁?

(三)和₁……样 [·iəŋ]

此结构表示对等比较,如果比较点是表示性状的形容词,通常省略;否则,一般不省略。例如:

捏₁那个小闺娘儿吃饭和₁猫样饭量小

做点₂儿营生和₁老牛样动作慢

做营生同念₂书样,得₂动脑子

成天儿逮在家儿耍,就和₁恁捏₁那块爹样

你待想要学着和₁他样,不是个玩意儿?

四、几种固定句法结构

(一)V不了₁lio³⁴/完的V

此类结构表示数量多,语含夸张,主要在句子中作谓语或补语,动

词通常是日常生活中吃穿住用等方面的词。例如：

他家儿有的是钱，花不了₁的花

小妹儿的衣裳穿不了₁的穿

咱家儿的柴火烧不了₁的烧

些尿养的营生做不完的做

些老婆凑儿一堆儿说话₂，说不完的说

好东西儿多得吃不了₁的吃

家儿乱得拾掇不了₁的拾掇

（二）可不儿 V 儿去了

此结构通常是感叹句，"可不儿"在结构中的作用是加强肯定语气，不是表示否定意义，而是表示肯定意义。结构中的谓词如果是动作动词，前面一定要加能愿动词。例如：

他可不儿能吃儿去了！

恁妈可不儿能挑儿去了！

老二可不儿会₂差₁扑人儿去了！

他可不儿会₂熊骗人儿去了！

否则，可以不加能愿动词。例如：

老王可不儿有钱儿去了！

他家儿可不儿邋撒儿去了！

她外头可不儿小心眼儿去了！

（三）V 不出（个）好 V 儿来、还₁能 V 出（个）好 V 儿来

"V 不出（个）好 V 儿来"表示否定意义，"还₁能 V 出（个）好 V 儿来"用于反问句，两个结构表达的意义相同，都是"某人受能力、水平、条件等的限制而做不好某件事"的意思，因而都有不信任或轻视的意味，"还₁能 V 出（个）好 V 儿来"使用反问语气，否定语气更重。试比较：

好东西咱也吃不出（个）好吃儿来

好东西咱还₁能吃出（个）好吃儿来？

她打扮不出（个）好打扮儿来

她还₁能打扮出（个）好打扮儿来？

这两个结构内部组合紧密，中间一般不能插入其他词语，结构中第一个"V"表动作、行为，"V儿"则表示此动作、行为的结果。例如：

有儿好衣裳她也穿不出（个）好穿儿来

他不听人说，做不出（个）好做儿来

他弄不出个好弄儿来

好酒他还₁能喝出个好喝儿来？

就他捏₁那个臭观目儿，说媳妇儿还₁能说出（个）好说儿来？

（四）没₂有个V儿、还₁有个V儿

"没₂有个V儿"表示否定意义，"还₁有个V儿"用于反问句，这两种结构的语意相同，都是"不会怎么样""没法怎么样"的意思。"还₁有个V儿"使用反问语气，否定语气更重。例如：

一锅儿煮，没₂有个吃儿

捏₁那个人光₁占₂便₂宜不吃亏儿，没₂有个好儿

道儿上精搌，没₂有个走儿

对机子做得真结₂实，没₂有个踢腾儿

一锅儿煮，还₁有个吃儿？

捏₁那个人光₁占₂便₂宜不吃亏儿，还₁有个好儿？

泥₁乱蚰钻₁儿沼泥₁了，还₁有个死儿？

这₂么做营生，还₁有个不上火儿？

（五）VV 的

结构中的"V"通常是单音节动词或形容词，其中第一个"V"读本调，第二个"V"要变调。"V"带宾语时，也可以用"VNV 的"结构。这两种结构用于解说造成某一结果的原因。例如：

——鼻子哪么出儿血了？——抠抠的 $k^h\text{əu}^{313}k^h\text{əu}^{313\text{-}32}\cdot\text{lə}$

——她哪么眼通红？——（赚儿鸠了。夜来瞎黑儿）哭哭的 $k^h u^{34} k^h u^{34\text{-}32} \cdot \text{lə}$。

——你哪么这₂么些汗？

——（纔刚儿）跑跑的 $p^ho^{34}p^ho^{34-32}\cdot lə$。

——他爹为什么打他？——犟犟的 $ciaŋ^{41}ciaŋ^{41-34}\cdot lə$（=犟嘴犟的 $ciaŋ^{41}tsəi^{34}ciaŋ^{41-34}\cdot lə$）。

——恁儿个脸捏₁那是哪么了？

——皮皮的 $p^hi^{53}p^hi^{53-34}\cdot lə$（=皮脸皮的 $p^hi^{53-32}liæ̃^{34}p^hi^{53-34}\cdot lə$）。

"VV 的"结构要求"V"本身的语意自足，或者能够借助语境使语意自足，否则不可以省略为"VV 的"。例如：

——哪么这₂么些汗？——（纔刚儿）吃饭吃的。（*吃吃的）

——她哪么眼通红？——打扑克打的。（*打打的）

此外，"VV 的"结构中的"V"也可以是双音节词，第二个双音节"V"的后字通常遵循连读变调规则，但不能读轻声，例如：

——炕上哪儿来的这₂么些泥₁？——恁儿□擞□擞的 $tʂ^{313-31}\cdot səu$ $tʂ^{313-31}səu^{34}\cdot lə$（=□擞袄□擞的 $tʂ^{313-31}\cdot səu$ $o^{34}tʂ^{313-31}səu^{34}\cdot lə$）。

——她的手镯儿不知儿叫₁谁给她偷儿去了。

——（还₁不是她自己）谝弄谝弄的 $p^hiæ̃^{34-32}\cdot luŋ$ $p^hiæ̃^{34-32}luŋ^{41}\cdot lə$。

——俺吉早起儿纔把钱装₁儿兜儿了，哪么没₂有了？

——（叫₁你）掏捎掏捎的 $t^ho^{313-32}\cdot so$ $t^ho^{313-32}so^{313-34}\cdot lə$。

如果双音节"V"中的前字或后字本身的语意自足，结构式通常要变形为"V_AV_{AB} 的"（非主谓式）或"$V_{AB}V_B$ 的"（主谓式），例如：

——个东西儿哪么扁扁了？——捏捏巴的 $niɤ^{41}niɤ^{41}\cdot pa\cdot lə$。

——个瓮什么时会₂儿烂儿个璺？

——十有八九是捏₁天逮在车上蹾蹾达的 $tən^{313}tən^{313-31}\cdot ta\cdot lə$。

——他这₁歇儿混得不强₂。——叫₁他经理踩踩挤的 $tsʰe^{34}tsʰe^{34-32}tɕi^{34-53}\cdot lə$。

——恁儿捏₁那是哭什么？——眼馋馋的 $iæ̃^{34-32}tsʰæ̃^{53}tsʰæ̃^{53-34}\cdot lə$。

（六）回 A 朝 B

结构中的"回"没有实在意义，"A"为名词，"B"为方位词，整个结构的意思是"A 面向 B"。例如：

俺家回门儿朝东
回脸儿朝里躺着
所有人都回脸儿朝前!

第五章 语料记音

第一节 歌谣

tsʅ³¹³⁻³² ma³¹³⁻³⁴ kʰe³¹³⁻³⁴ xuaɻ³¹³ tʃiɻ³⁴⁻⁵³tʃiɻɻ³⁴ kɔ³¹³, kuæ̃³¹³lɔ³⁴⁻³² iɻ⁵³ ʃiaŋ⁴¹ ma³⁴
芝 麻 开 花儿 节 节儿 高，关 老 爷₄上 马
ʃiəu³⁴ tʰi⁵³ tɔ³¹³, uɻ³⁴ uən⁴¹ lɔ³⁴⁻³² iɻ⁵³ xuɻ⁵³ tʃʰy⁴¹ cʰy⁴¹, xua³¹³ yŋ³⁴ tɔɻ⁴¹ ·ʃiəŋ taŋ³⁴⁻⁵³
手 提刀₁，我 问 老 爷₄何 处₂去₂，华 容 道儿上 挡
tsʰɔ³¹³⁻³⁴ tsʰɔ³¹³。
曹 操。

　　yæ̃⁴¹⁻³⁴·tər·lə xue⁵³⁻³⁴ʃy⁴¹ tsæ̃⁴¹, tsʰuən³¹³⁻³⁴tʰiæ̃³¹³ kʰeɻ³¹³ xuaɻ³¹³ xɔ³⁴⁻³² kʰæ̃⁴¹,
　　院 子儿的 槐 树 站，春 天 开儿 花儿 好 看₂,
tʃiɔɻ³¹³ cia³¹³⁻³²tʃʰyɻɻ³⁴ i³⁴·ta cʰyən⁵³, xuaŋ³⁴⁻⁵³iəɻ³¹³ i³⁴ tɔɻ⁴¹ tʃiəu⁴¹ tsʰuŋ³¹³⁻³² sæ̃⁴¹。
招儿 家 雀儿 一大₂群，黄 鹰儿 一到儿就 冲 散₂。
uɻ⁴¹·lə tənən⁴¹³ tsæ̃⁴¹, sa³⁴⁻³²ʃiəŋ⁴¹ tʃiɻɻ³⁴⁻³²³ xɔ³⁴⁻³² kʰæ̃⁴¹, tʃiɔɻ³¹³ lɔ³⁴⁻³²·ʃy i³⁴·ta
屋儿的 囤子 站，杀 上 趸子 好 看₂，招儿 老 鼠一大₂
cʰyən⁵³, li³⁴mɔ³¹³ i³⁴ tɔɻ⁴¹ tʃiəu⁴¹ tsʰuŋ³¹³⁻³² sæ̃⁴¹。
群，狸 猫 一到儿就 冲 散₂。

　　nã³¹³⁻³⁴ sæ̃³¹³ tiəŋɻ³⁴·ʃiəŋ i³⁴ luɻɻ³¹³ tsuæ̃³¹³, i³⁴ təi⁴¹ çiɻ³⁴·xuəiɻ uaŋ³⁴⁻³²li³⁴
　　南 山 顶儿上 一 摞儿 砖， 一 对 蝎 虱儿往 裏
tsæ̃³¹³, uɻ³⁴ uən⁴¹ çiɻ³⁴·xuəiɻ tsæ̃³¹³ʃi³⁴·mu, ·tʰə tsæ̃³¹³ tʃʰy³⁴ tʰəu⁵³·le tʃʰi³⁴ tæ̃⁴¹iæ̃³¹³。
钻₁，我 问 蝎 虱儿钻₁什 么，它 钻₁出 头儿 来吃 担袋烟。

næ̃³¹³⁻³⁴ sæ̃³¹³ tiəŋ³⁴·ʃiəŋ i³⁴ kʰuɤ³¹³ ma³¹³, liaŋ³⁴·kə tʃiɤ³⁴·ləu uaŋ³⁴⁻³²ʃiaŋ⁴¹ pʰa⁵³,
南　山　顶儿上一棵　麻，　两个蜇蟉往　上　爬，
uɤ³⁴ uən⁴¹ tʃiɤ³⁴·ləu pʰa⁵³ʃi³⁴·mu, ta⁴¹ mæ̃³¹³·ɹɛ⁴¹⁻³⁴·mæ̃ iɔ⁴¹ suəi³⁴ xa³⁴。næ̃³¹³⁻³⁴
我　问　蜇蟉爬什么，大₂嫚　二　嫚要₂水₁喝。南
sæ̃³¹³ tiəŋ³⁴·ʃiəŋ i³⁴ kʰuɤ³¹³ ku³⁴, lianəŋ³⁴³ pæ̃³¹³⁻³² cʰiɔɹ⁴¹ ʃiəuən³⁴ kʰu³⁴, uɤ³⁴
山　顶儿上一棵　　穀，两个　斑　雀儿守着　哭，我
uən⁴¹ pæ̃³¹³⁻³² cʰiɔɹ³⁴ kʰu³⁴ʃi⁴¹·mu, ta⁴¹ kuɤ³¹³ əɹ⁴¹⁻³⁴·kuɤ mu⁴¹⁻³²·iəu ʃi³⁴·fuɤ。
问　斑　　雀儿哭什么，大₂哥二　哥没₂　有媳妇儿。
næ̃³¹³⁻³⁴ sæ̃³¹³ tiəŋ³⁴·ʃiəŋ i³⁴ kʰuɤ³¹³ ʃyŋ³¹³, liaŋ³⁴·kən³¹³ ma³⁴⁻⁵³ uəi³⁴ tiɔɔ⁴¹³·kə
南　山　顶儿上一棵　松，　两根　马　尾吊着个
tsuŋ³¹³, iəu³⁴ʃiən³¹³ lɔ³⁴·cʰi kuən⁴¹ le³¹³ ta³⁴, ·tʰə təŋ³¹³⁻³²·ləŋ təŋ³¹³⁻³²·ləŋ tʃiən³¹³
鐘，　有心　捞₃起棍儿来打，它登　楞登　楞真
xɔ³⁴·tʰiəŋ³¹³。
好　听。

tʃiən³¹³⁻³² yɤɤ⁴¹⁻³⁴ sʐ⁴¹ ʃiən³¹³⁻³⁴ ȵiæ̃³¹³, tsʰu³¹³ əɹ⁴¹ tɔ⁴¹ tsʰu³¹³⁻³⁴ sæ̃³¹³, ȵiaŋ⁵³
　　　正　月儿是新　年，　初　二到初　三，　娘₂
·ci·lə kuɤ³¹³⁻³² kʰuɤ³¹³⁻³⁴ le³¹³ pa ʃiɔ³⁴ məiɹ⁴¹ pæ̃³¹³, liaŋ³⁴⁻⁵³ iæ̃ɹ³⁴ ləiɹ⁴¹ pu³⁴ kæ̃³¹³,
家₂的哥　哥　　来把小　妹儿搬，　两　　眼儿泪儿不乾₁，
kuɤ³¹³⁻³² kuɤ³¹³⁻³⁴ nən³⁴ pu³⁴ tʃi³¹³, ʃiɔ³⁴⁻³² məiɹ⁴¹ təi⁴¹ nən⁴¹ tʰi⁵³, tʰəu⁵³ȵiæ̃³¹³
哥　哥　恁　不知，小　妹儿对恁　提，头　年
la⁴¹ yɤɤ⁴¹ ɹɛ⁴¹⁻³⁴·ʃi tʃʰi³⁴, kuəiəi³⁴³ sɔ³⁴⁻³² taŋ⁴¹ tɔ⁴¹ tʃiɤ⁴¹·li, tʃiənɹ⁴¹ mənɹ³¹³ la³⁴
腊　月儿二　十七，鬼子　扫　荡　到这₁裏，进儿门儿拉₂
tʃʰy³¹³⁻³²·tʰəu, pa³¹³ lu⁴¹ iəu³⁴·mu iəu³⁴, ta⁴¹ ʃiaŋ³¹³ ʃiɔ³⁴⁻³² kuəiɹ⁴¹ fæɹ³¹³·kə kəuɹ⁴¹,
出　头抽屉，八　路有没₂有，大₂箱小　柜儿翻儿个够₂儿，
xɔ³⁴·lə ·tʰə na³¹³ tsəu³⁴。
好　的他拿　走。（民歌《搬妹妹》）
　　　sæ̃³¹³⁻³⁴ ia³¹³⁻³²·tʃʰiəu, y³⁴⁻³²·paɹ tʃʰiaŋ⁵³, tʃʰiaŋ³¹³⁻³²·lə ʃi³⁴⁻³² fəɹ⁴¹ uaŋ⁴¹·lə
　　　山　鸦　　鹊，尾₂巴儿长₂，将要了媳妇儿忘了

ȵiaŋ⁵³。pa³⁴⁻³²nən³⁴⁻³²ȵiaŋ⁵³ pəi³¹³⁻³²tʃʰyɤ³⁴ faŋ⁵³, kuæ̃³¹³³mənɻ³¹³ tsʰaa³⁴³ tsʰuaŋ⁵³,
娘₂。把　恁　娘₂ 揩　出儿房，关着　门儿 插着 窗，
pa³⁴⁻³²·kə ʃi³⁴⁻³²fəɻ⁴¹ puɻ³¹³ kʰaŋ⁴¹·ʃiaŋ, çi³¹³·ləuɻ xu³⁴⁻³²·luŋ xa³⁴ miæ̃⁴¹tʰaŋ³¹³。
把　个媳　妇儿抱儿炕　上，稀 溜儿呼 隆喝 麵 汤。
　　　ta⁴¹ pʰiəŋ⁵³⁻³² kʰuɤ³⁴, əɻ⁴¹⁻³⁴ ʃi kuɤ⁴¹, tʃʰiəŋ³¹³⁻³⁴ȵiæ̃ʃis³⁴⁻⁵³xuɤ³⁴ pʰa⁴¹
　　　大₂苹　果，二 十个，青　年 小 伙儿 怕
lɔ³⁴⁻³²·pʰɤ, lɔ³⁴⁻³²·pʰu lɔ³⁴⁻³²·pʰu ȵi³⁴ pe⁴¹ ta³⁴⁻³²·uɤ, xee⁵³⁻³⁴³ kʰu³⁴, uɤ³⁴ xuŋ³⁴⁻³²·tə,
老 婆，老 婆老 婆你 孬别打 我，孩子 哭，我 哄₂ 着，
uaŋ³¹³ tiæ̃⁴¹ iəŋ³⁴, uɤ³⁴ liəŋ³⁴⁻³²·tə。
望 电 影，我 领 着。

　　　tʃʰiəŋ³¹³⁻³²·tʰəuɻ laŋ⁵³ sʅ⁴¹ xɔ³⁴·lə, ləu³¹³⁻³¹·cʰiɻ næ̃³¹³⁻³⁴ yæɻ³¹³ ka³⁴⁻³²tsʰɔ³¹³⁻³⁴·lə;
　　　青　头儿郎是 好 的，留　给儿南 园儿割　草　的;
ne³⁴⁻³²·ku təuɻ⁴¹ pu³⁴tʃi⁴¹·lə, ləu³¹³⁻³¹·cʰiɻ kʰaŋ⁴¹·ʃiaŋ tʰɔ³¹³cʰi⁴¹·lə。
芀　骨豆儿不 济 的，留　给儿炕　上 淘　气 的。

第二节　谚语、俗语

　　　tuŋ³¹³ pɤ³⁴fəŋ³¹³, xu⁵³⁻³⁴·tu tsʰuŋ⁵³, kæ̃³¹³⁻³⁴tʰiæ̃³¹³pu³⁴çia⁴¹⁻³²y³⁴, lɔ⁴¹tʰiæ̃³¹³
　　　东　北 风，糊　涂 虫，乾₁天 不 下　雨，涝天
puʃkʰe³¹³⁻³²tʃʰiəŋ⁵³。kʰe³¹³⁻³⁴mənɻ³¹³ y³⁴, kuæ̃³¹³⁻³⁴ mənɻ³¹³ tʃy⁴¹, kuæ̃³¹³⁻³⁴ mənɻ³¹³
不 开 晴₂。开　门儿雨，关　门儿 住，关　门儿
pu³⁴⁻³²tʃy⁴¹, çiaɻ⁴¹ sæ̃³¹³⁻³⁴ tʰiæ̃³¹³ sæ̃³¹³ʃy³⁴。
不 住，下儿三 天　三 宿。

　　　næ̃³¹³⁻³²iɻ³¹³⁻³⁴ fəŋ³¹³, pɤ³⁴ iɻ³¹³⁻⁵³ y³⁴。
　　　南　霓儿 风，北　霓儿 雨。(霓：日落时笔直的彩虹)
tuŋ³¹³ciaŋ⁴¹u⁴¹⁻³⁴·ləu ʃi³¹³ciaŋ⁴¹y³⁴, næ̃³¹³ciaŋ⁴¹tʃʰy³⁴·leɻ mɤ⁴¹ȵiæ̃³¹³⁻³²·y。
东 虹 雾 露₂西 虹 雨，南　虹　出　来儿摸₂鲇　鱼。
(虹：圆弧状的彩虹)

xæ̃⁴¹ kua³¹³ lɔ⁴¹ tsɚ³⁴。
旱 瓜 涝 枣儿。

·tʰə ma³¹³ sʅ⁴¹ ·kə tuɤ³¹³ tʃi³⁴kua⁴¹·lə, kuaŋ³¹³ səŋɤ³¹³ mu⁴¹ tsʅ³⁴ ciɔ⁴¹·tʰə。
他 妈 是 个 拖 鏊挂₂ 的, 光₁ 生儿 没₂指教₂他。

iən³¹³tuɤ³¹³læ̃, luŋ⁵³tuɤ³¹³xæ̃, ʃi³⁴⁻³²fɚ⁴¹tuɤ³¹³·lə, pʰɤ⁵³⁻³⁴·pʰɤ tsʰəu⁴¹fæ̃⁴¹。
人 多儿 乱, 龙 多儿 旱, 媳妇儿 多 了, 婆 婆 做 饭。

pɤ⁵³·lu tsɔ³⁴, xæ̃⁵³⁻³⁴·lu tʰi⁴¹, tʃʰiəu³¹³⁻³⁴fən³¹³tʃʰæ̃⁵³⁻³²·xəuɤ tʃiəŋ⁴¹⁻³⁴ xuɤ⁵³⁻³²ʃi⁴¹。
白 露₁早,寒 露₁迟,秋 分₁前 後儿正 合 适。
（种小麦）

tiɤ⁴¹（= ti⁴¹·lə）mu⁴¹⁻³²iəu³⁴fən⁴¹, təŋ³⁴·i çia³⁴ xu⁵³ xuən⁴¹。
地儿裏 没₂ 有 粪, 等 以于 瞎 胡 混。

iən³¹³cʰiən⁵³ti⁴¹pu³⁴⁻³²læ̃³⁴, ta⁴¹tənən⁴¹³tʰaŋ³⁴, ʃiɔ³⁴təŋɤ⁴¹mæ̃³⁴。
人 勤 地不 懒, 大₂囤子淌, 小 囤儿 满。

tʃʰiæ̃⁵³·sʅ cʰyŋ⁵³⁻³²tsuŋ³⁴, yɤ⁴¹⁻³⁴xua⁵³yɤ⁴¹yŋ³⁴。
钱 是 穷 种₁, 越 花 越 涌。

ciɔ⁴¹·xuən·lə tʃʰyɤ³⁴ mu⁴¹⁻³²·iəu iəu⁴¹。
叫₂唤 的雀儿 没₂ 有 肉。

tiɔ⁴¹⁻³⁴·çi·kə ʃy⁴¹·iɤɤ ta³⁴ pʰɤɤ⁴¹tʰəu⁵³。
掉 下个树 叶儿打 破儿头。（比喻胆小怕事）

səŋ³¹³tʃiəuɤ⁴¹·lə ku³⁴·tʰəu tʃiaŋ³⁴⁻³²tʃiəuɤ⁴¹·lə iəu⁴¹。
生 就儿 的骨 头 长₁ 就儿 的肉。（比喻禀性难移）

pu³⁴⁻³²ʃiən⁴¹·tʰə·nəŋ ly³¹³ ʃiaŋɤ⁴¹ʃy⁴¹。
不 信 他能 驴 上儿 树。

ly³¹³ ɚ³⁴⁻³²·təu tʃiaŋ⁵³, ma³⁴ ɚ³⁴⁻³²·təu tæ̃³⁴, luɤɤ⁵³⁻³⁴³ ɚ³⁴⁻³²·təu tʰiəŋ³¹³
驴 耳 朵长₂, 马 耳 朵短, 骡子 耳 朵听

mæ̃³⁴⁻⁵³tʰæ̃³⁴。
满 瞳。

kuɤɤ³¹³tʃiɤɤ³⁴³tsʰəɤŋ³¹³tʃiəu⁴¹·mu iəu³⁴ tʃiɤɤ³⁴³ tiæ̃ɤ⁴¹·lə。
过₁儿这₁个村儿 就 没₂有 这₁个店儿了。

iiə³⁴³ iən³¹³ pu³⁴ sʅ⁴¹ iən³¹³, iiə³⁴³ iæ̃³⁴ pu³⁴ sʅ⁴¹ iæ̃³⁴。
一个人　不是　人，一个眼　不是　眼。

əɻ³¹³ pu³⁴ ɕiæ̃⁵³ mu³⁴⁻⁵³ tʃʰiəu³⁴, kəu³⁴ pu³⁴ ɕiæ̃⁵³ cia³¹³⁻³² pʰiən⁵³。
儿不嫌母丑，狗不嫌<u>家</u>贫。

iən⁵³⁻³⁴·i tʃi⁵³ tʃʰiæ̃³⁴ ciən³¹³。
<u>仁</u>义值千金。

ɳiəŋ⁵³ taŋ³¹³ ci³¹³⁻³² tʰəu⁵³, pu³⁴ tsuɤ⁴¹ ɳiəu³¹³ xəu⁴¹。
宁当鸡头，不做₂牛後。

tsɔ⁴¹·u iɤ³¹³⁻³⁴·iɤ uæ³⁴ mi³⁴ cʰi³⁴ ci³¹³⁻³² tʃʰi³⁴, ci³¹³⁻³² tʃʰiɻ³⁴ xɔ³⁴ ɕia⁴¹⁻³² tæ⁴¹。
灶屋爷₃爷₃碗米给鸡吃，鸡吃儿好下蛋。

tɔɻ³⁴ tʃʰiæ̃⁵³ ɕiæ̃³⁴⁻³²·tʃʰyɻ lɔ³⁴⁻³² ʃy·le。
倒₁儿墙显出儿老鼠来。

tʃʰiɻ³⁴ iən³¹³⁻³⁴·ci·lə tsəi³⁴⁻⁵³ tæ̃³⁴, naɻ³¹³ iən³¹³⁻³⁴·ci·lə ʃiəu³⁴⁻⁵³ yæ̃³⁴。
吃儿人<u>家₂</u>的嘴短，拿儿人<u>家₂</u>的手软。

pæ⁴¹⁻³² taɻ⁴¹ ʃi³⁴⁻³² sʅŋ⁴¹³ kʰɤ⁴¹⁻³²·ləu tʃy³¹³, pæ⁴¹⁻³² taɻ⁴¹ kuən³¹³⁻³² ɳiəŋ³⁴
半大₂儿小士子<u>壳</u>篓猪，半大₂儿<u>围</u>娘

tʃʰi³⁴⁻³² kuɤɻ⁴¹ ly³¹³。
吃过₂儿驴。

iæ̃³¹³·tʰe·lə pʰiən⁵³⁻³²·kuɤ le³¹³⁻³⁴·iəŋ·lə li³¹³, uən⁵³⁻³⁴·təŋ tʃʰyɻ³⁴·ʃiɤ ly³¹³⁻³²
烟台的苹果莱阳的梨，文登出儿些驴

ciən⁴¹⁻³⁴·lə。
<u>劲</u>的嘲笑文登人的口头禅。

li³⁴ tʃi⁴¹ cyən³¹³⁻³¹·tə, fa³⁴ tʃi⁴¹ ʃiɔ³⁴⁻³²·iən, piæ̃³¹³ kæ̃³⁴ tʃi⁴¹ ly³¹³。
理<u>治</u>君子，法<u>治</u>小人，鞭杆<u>治</u>驴。

第三节　歇后语

xuaŋ⁵³⁻³⁴·mu tse⁴¹·lə piəŋ³⁴⁻³²·tə——pe⁴¹ kʰæ̃⁴¹ iaŋ⁴¹⁻³⁴·əɻ
黄埠寨的饼子——牌别看₂样儿

təu⁴¹ iaɻ³¹³ tsʰuɻ³¹³ ʃiəŋ³⁴·tə —— mɔɻ³¹³ ləɻ⁴¹⁻³⁴·lə
豆　芽儿搓　绳　子——毛₁儿嫩　　了
ləu⁴¹·yɻ　　tʰiæ̃³¹³, xəu⁴¹⁻³⁴·lə·pʰu liæ̃³⁴ —— ʃyɻ³⁴ fæ̃³¹³ tʃiəu⁴¹ fæ̃³¹³
六　月儿天，後　老婆脸　——说　翻　就　翻
tee⁴¹³ y³⁴⁻³²·liæ̃ tʃʰiən³¹³ tsəiɻ³⁴ —— tsʰa³¹³ lɔ³⁴·məɻ cy³¹³ yæ̃³⁴
戴着雨　簾亲₁　嘴儿　——差₁　老　么儿距　远
ta⁴¹ kuən³¹³ n̩iəŋ³⁴ iɔ⁴¹ fæ̃⁴¹ —— sʅ³¹³ ʃiən³¹³⁻³²iæɻ³⁴
大₂闺　娘　要₂饭　——死　心　　眼儿
sæ̃³¹³ tsʰɔ³⁴ly³¹³ piæ̃⁴¹ma⁴¹·tə —— i³⁴ pəiɻ⁴¹ pu³⁴ y⁵³ i³⁴ pəiɻ⁴¹
山　草　驴　变　蚂　子——一　辈儿不　如一　辈儿
tuuə⁴¹³·mu iəɻ³⁴ y³⁴⁻³²·pa—— səiɻ⁵³ uɻ³¹³⁻³² fəŋɻ³¹³⁻³⁴
兔子　没₂有　尾₂　巴——随儿窝　　风儿
tʰiəɻ³⁴ tʃiəu³¹³⁻³⁴tsʰaŋ³¹³ —— liæ̃⁵³xuuə⁵³⁻³⁴³ (=xu⁵³⁻³⁴·tə) tʰən³¹³⁻³¹·lə
吃儿周　　仓　——连　鬍子　　　　　　　　吞₁　了
iaŋ⁵³ kəuɻ³⁴·lə cʰy³⁴ʃiæ̃⁴¹ —— tʃʰiəŋ⁵³⁻³⁴ puɻ⁴¹ (=pu³⁴·liɔ) luŋ⁵³
阳　沟儿的　蛐　蟮　——成　　不儿 (=不了) 龙
ta³⁴ pʰɻ̩⁴¹ tʰəu⁵³ cia³¹³ʃiæ̃æ̃⁴¹³ ʃiæ̃³¹³ —— xuɻ³¹³⁻³²·ʃiəŋ·cʰi·lə
打　破儿头　加　扇子　搧　　——豁　　上　去了
tʰaŋɻ³⁴ piæ̃³⁴⁻³²·tæ̃·ʃiəŋ suəi⁴¹⁻³²ciɔ⁴¹ —— ʃiəŋ³⁴⁻³²·lə kʰuæ̃³¹³⁻³²·tʰəu
躺儿在扁　担₂上　睡　　觉₂　——想　　得宽　　透
ʃiɔ³⁴·lə·ʃyɻ　kʰaŋ⁵³ mu⁴¹çiæ̃³¹³ —— ta³⁴·tʰəuɻ·te xəu⁴¹⁻³⁴·piæ̃
小　老鼠儿扛　木　锹　——大₂头儿逮在後　边
çiaa³⁴³ tiæ̃³⁴ təŋ³¹³ —— pɻ̩⁵³ fəiɻ⁴¹ la⁴¹
瞎子　点₂灯　——白　费儿蜡
ʃiɔ³⁴ ciɻ³¹³ tʃʰi³⁴⁻⁵³çiɻ³⁴·tə —— te³⁴⁻³² tu⁵³
小　鸡儿吃　蝎　子——哆　毒
kuɻ³¹³⁻³² iɔɻ³¹³⁻³⁴ ʃiəŋ⁴¹ sæ̃³¹³ —— tʃʰiæ̃³¹³⁻³² (tʃʰiæ̃⁵³) ciən³⁴
锅　　腰儿上　山　——迁　　 (钱) 紧

taa³⁴³ təŋ³¹³⁻³¹·ləu ʃi⁵³⁻³²fən⁴¹ —— tsɔ³⁴⁻⁵³sʅ³⁴
打着灯　篓拾 粪 ——找₁屎（死）

təu⁴¹⁻³⁴·tsʰuŋ y³⁴⁻³²·pa—— tsʅ⁴¹cyɤɤ³⁴³ ·pu tsʰuɤ⁴¹·cʰi
豆　虫 尾₂ 巴——自 撅（觉）着 不 错 起

kəu³⁴⁻³²·tʰəu ʃiəŋ tʃiaŋ³⁴⁻³²cia³⁴ —— tʃʰy³⁴ iaŋ³¹³⁻³² ʃiaŋ⁴¹
狗　头 上 长₁ 角 ——出 羊（洋）相₂

lɔ³⁴⁻⁵³xu³⁴ la³⁴tʃʰiɤ³¹³ —— ʃyɤ⁵³kæ̃³⁴
老 虎 拉₂车₁ ——谁 赶（敢）

kʰaŋaŋ⁵³⁴ ly³¹³⁻³²cy⁴¹ ʃiaŋ⁴¹ʃi³¹³⁻³⁴ tʰiæ³¹³ —— ciəŋ³¹³⁻³²·kuɤ ta⁴¹ʃi⁴¹⁻³²miæ̃⁴¹
扛着犁 具 上 西 天 ——耕（经）过 大₂世 面

第四节　谜语

i³⁴kʰuɤ³¹³ tʃʰiəŋ³¹³⁻³⁴ʃyŋ³¹³ uæ̃⁴¹tʃiaŋ⁴¹kɔ³¹³, çia⁴¹⁻³²suaŋ³¹³ tar³⁴·tʰə·pu luɤ⁴¹
一棵 青 松 万丈 高, 下 霜 打儿它 不 落

iɤɤ⁴¹, kua³⁴fəŋ³¹³ kuar³⁴·tʰə tsʅr³¹³ xæ⁵³ pu³⁴ iɔ³¹³。
叶儿, 颳 风 颳儿它枝儿还₁不 摇。（月亮）

ʃiaŋ⁴¹⁻³⁴·piæ̃r mɔ³¹³, çia⁴¹⁻³⁴·piæ̃r mɔ³¹³, taŋ³¹³⁻³⁴tsuŋ³¹³iəu³⁴li⁴¹ xɤ³⁴ pʰu³⁴·tʰɔ。
上　边儿毛₁, 下 边儿毛₁, 当₁ 中₁有 粒 黑 葡 萄。
（眼睛）

çyŋ³¹³⁻³² ti⁴¹⁻³⁴ tʃʰi³⁴⁻⁵³·pa kuɤ⁴¹, i³⁴⁻³²·kʰue pæ̃r³⁴·ʃiaŋ tsuɤ⁴¹, kuŋ³¹³⁻³²çiæ̃⁵³
兄 弟 七 八 个, 一 块 板儿上 坐, 弓 弦

tsʰuæ̃æ̃³¹³³·iæ³⁴, i³⁴⁻³² kuɤ⁴¹ ta⁴¹ i³⁴⁻³² kuɤ⁴¹。
穿着 眼, 一 个 大₂一 个。（笙）

sʅ⁴¹ciar³⁴ pe³⁴ sʅ⁴¹faŋ³¹³, tuŋ³¹³⁻³² (tsuŋ³¹³⁻³²) ciær⁴¹ iəu³¹³·cia liaŋ³¹³, cyæ̃⁴¹
四 角儿摆 四 方, 中 （中₁）间儿有 架 梁, 圈₁

tʃy³¹³　pu³⁴ cyæ̃⁴¹iaŋ³¹³。
猪（珠）不 圈₁羊。（算盘）

i³⁴·kə（iiə³⁴³）luɻ⁴¹，pa³⁴⁻³²·kə（paa³²³）cia³⁴，pɤ³⁴iəɻ⁴¹ faŋ⁴¹，çia³⁴⁻⁵³
　一　个　　鹿，八　个　　　角，白日儿放，　瞎
xɤɻ³⁴ tsua³⁴。
黑儿 抓₂。（双人大枕头）
　　　　i³⁴ pʰi³¹³lɔ³⁴⁻⁵³maɻ³⁴，sɿ⁴¹cyɤɻ³⁴la³⁴⁻⁵³sa³⁴，tsəi³⁴⁻³²·lə tʰən³¹³⁻³⁴iən³¹³，tuuə³⁴³
　　　一　匹　老　马，四 脚儿 邋　撒，嘴　裏吞₁ 人，肚₁子
ʃuɻ³⁴⁻³²xua⁴¹。
说　话₂。（房子）
　　　　ʃiɔ³⁴·sɿɻ ci³¹³tsəiɻ³⁴ i³⁴ pæ³¹³，taɻ⁴¹ ly⁴¹ iɤɻ⁴¹ tsæ³¹³⁻³⁴tʰiæ³¹³，cʰy⁴¹·sɿɻ
　　　　小　时儿 鸡　嘴儿 一　般，大₂儿绿₂叶儿 钻₁ 天，去₂时儿
tɕʰiəŋ³¹³⁻³²luŋ⁵³ fu⁵³suəi³⁴，xuəi⁵³⁻³⁴·le ȵian³⁴·ȵian pʰəi⁵³⁻³⁴·pæ。
青　　龙　　凫水₁，回　来娘₃ 娘₃陪　伴。（线麻）
　　　　taa³⁴³ pəŋɻ³¹³⁻³²·pəŋɻ ku³⁴，çiaa⁴¹³ u³⁴·ləu y³⁴，tsʰe⁵³·te ləu⁴¹·ləu·tʰəuɻ，kuɻ⁴¹⁻³²
　　　　打着嘣　　嘣儿鼓，下着　雾露₂雨，纔　待露₂露₂头儿，过₂
·leɻ·tʃi ʃiɔ³⁴lɔ³⁴⁻⁵³xu³⁴。
来儿只小　老　虎。（婴孩大小便）
　　　　tʃiæ³¹³⁻³²tiəŋɻ³⁴ sæɻ³¹³，　　pʰiəŋ⁵³ tiɻ³⁴ yæ⁴¹，　　ʃi⁵³·lu ku³⁴ pa³⁴lu⁴¹
　　　　尖　顶儿　山（草垛），平　底儿院（场院），十　路 股 八 路
ʃiæ⁴¹，　　　pʰəi³¹³⁻³² tʰəu⁵³·lə mæ³¹³·tə　tɕʰy³⁴·le kʰæ⁴¹。
线［搂场钯（耙）］，披　头　的　嫚　子 出　来看₂（扫帚）。
　　　　pɤ⁵³kəuɻ³⁴ ʃiaŋ⁴¹⁻³² kʰaŋ⁴¹，yɤ⁴¹ ta³⁴ yɤ⁴¹⁻³² pʰaŋ⁴¹。
　　　　白 狗　上　　炕，　越 打 越　　胖。（棉花）
　　　　kʰəu³⁴⁻⁵³ iɔ³⁴ u³¹³⁻³²ciən³¹³⁻³⁴tsæ³¹³，ʃiən³¹³⁻³⁴tsʰuæ³¹³ xɤ³⁴⁻⁵³ læ³¹³⁻³⁴sæ³¹³，xɔ³⁴
　　　　　口　咬 乌 金 簪，　身　穿　黑　蓝 衫，好
i³⁴⁻³²·kuɻ ʃiɔ³⁴⁻⁵³ liəŋ³⁴li⁴¹·lə tʃiɻ³⁴，ȵi³⁴·uəi xuɻ⁵³ sɿɻ³⁴·te ʃy⁴¹liən³¹³⁻³⁴ ciæ³¹³。
一　个 小　伶　俐 的 姐，你 为 何　死儿逮在树林　间。（蝉）
　　　　sɿ⁴¹ciaɻ³⁴ faŋ³¹³⁻³² faŋ³¹³⁻³⁴ i³⁴⁻³²tsuɤ⁴¹⁻³⁴tʃiəŋ⁵³，li³⁴miæɻ³⁴ fa³⁴piəŋ³¹³xaŋ⁴¹
　　　　四　角儿方　　方　　一座　城，　裏面儿 发 兵　向

ue⁴¹ɕiəŋ⁵³, iɔ⁴¹ uən⁴¹ piəŋ³¹³ ma³⁴ tɔ⁴¹ narˇ³⁴ ·cʰi, pu³⁴tʃiən⁴¹ xua³⁴ sæ̃³¹³ pu³⁴ xuei⁵³
外 <u>行</u>₂，要₂问 兵 马 到 哪儿去，不 进 花 山 不 回
tʃʰiəŋ⁵³。
城。（蜜蜂）

第五节　故事

le³¹³⁻³⁴·iɑŋ li³¹³·lə ku⁴¹sʅ⁴¹
　莱　阳 梨 的 故 事儿

ku³⁴sʅ⁵³⁻³⁴·xuei ieux⁻ iəu³⁴·kə tʃiən⁴¹ciəŋ³¹³ kæ̃³⁴⁻³² kʰɔ³⁴·lə cɤ³⁴·tə, ta⁴¹ʃiaŋ³⁴⁻³²
古 时　会₂儿有　个 进　京　赶　考　的 举子，大₂晌

uən⁴¹ tʰəuɻ⁵³⁻³⁴·ɻə tʃiən⁴¹·tsa le³¹³⁻³⁴·iɑŋ tiɻ⁴¹, ·tʰə xu³⁴·la pa³¹³ cyɻɻ³⁴³ pu³⁴ y³⁴·tʰiɻ,
<u>文</u> <u>头</u>儿　进儿 咱 莱　阳 地儿，他 忽 <u>喇</u>巴 <u>觉</u>₁着不 熨 帖，

tʃiəu⁴¹ ciɔ⁴¹⁻³⁴·la ʃiɔ³⁴ʃy³¹³ tʰuŋ⁵³ tsɔɻ³⁴·kə ʃiɔ³⁴⁻³² tiæɻ⁴¹tʃy⁴¹⁻³⁴·ɕi·lə。
就 <u>叫</u>₂ 小 书 童儿 找₁儿个 小　店儿 住　下了。

tɔɻ⁴¹ pæ̃⁴¹⁻³²·la ʃyɻ³⁴·ɻə, cyyə³⁴³ xuən⁵³ʃiən³¹³ kuən³⁴⁻³² tʰaŋ⁴¹, iiə³⁴³ ciənɻ⁴¹
　到儿半　啦 宿 儿，举子 浑　身　滚　烫，一个 劲儿

·lə iəŋ⁴¹ kʰɤ³⁴⁻³² səu⁴¹。 ti⁴¹⁻³⁴ əɻ⁴¹ tʰiæ³¹³ tsɔ³⁴⁻³²·cʰiɻ, ʃiɔ³⁴ʃy³¹³ tʰuŋ⁵³ kʰæ̃³⁴·ciæɻ
地硬 咳 嗽。第 二 天　早　起儿，小 书　童儿 看₂ 见儿

tʰæ̃⁵³·yɻ li³⁴⁻³²·miæ̃ iəu³⁴ ɕiɤ³⁴sʅɻ³¹³⁻³²·ɻə, ɕia⁴¹·lə ·tʰə kʰæ̃³⁴⁻⁵³ciən³⁴·lə·cʰi
痰　盂儿裏　面儿有 血 丝　儿，吓 得 他 赶　紧 的去

tsɔ³⁴ tʃiaŋ³⁴⁻³² kuei·lə paŋ³¹³⁻³⁴maŋ³¹³, ·cʰi tʃʰiəŋ³⁴·kə i³¹³⁻³²·səŋ le kʰæ̃⁴¹⁻³² piəŋ⁴¹。
找₁掌　柜 的 帮　忙，　去 请儿 个 医 <u>生</u> 来看₂ 病。

tʃiən³¹³·mu ʃiən⁵³⁻³⁴·sʅ·tə, cyyə³⁴³ kæ̃³⁴³ tʃʰiiə³⁴³ yɻ⁴¹, ·tʰə·lə·kə piəŋɻ⁴¹
　<u>真</u>　没₂寻　思着，举子 赶着 吃着 药，他 的 个 病儿

tʃiəu⁴¹·sʅ pu³⁴ ciæ⁴¹⁻³² cʰiəŋ⁵³, ·sʅ i³⁴ tʰiæɻ⁴¹ tsuŋ⁴¹⁻³⁴·cʰi i³⁴ tʰiæɻ³¹³, i³¹³⁻³²·səŋ
就　是不 <u>见</u>　强₂， 是一天儿 <u>重</u>₁ 起一天儿，医 <u>生</u>

xuæ̃r³¹³ xɔ³⁴⁻⁵³·ci kuɻ⁴¹·iɻ təu³¹³·mu iəu³⁴ ʃi³⁴·m xɔ³⁴ pæ̃⁴¹⁻³⁴·faɻ。 la³⁴·mu liɔɻ³⁴
换儿 好　幾 个　也都　没₂有 什　么 好　办　法儿。落 末了₁儿

ȵiɤɤ³⁴³·i³¹³⁻³²·sən tʃiəu⁴¹ cʰyæ̃⁴¹·tʰə liaŋ³⁴⁻³²·kəɻ:
捏₁那个 医生 就 劝 他 两 个儿:

"nən³⁴ kæ̃³⁴⁻³² kʰue⁴¹ ʃi⁵³⁻³⁴·tɔ ʃi⁵³⁻³⁴·tɔ cia³¹³⁻³²·cʰi·pə……" i³¹³⁻³²·sən kue³⁴
"恁 赶 快 拾 掇拾 掇家 去吧……" 医 生 拐

uæ̃³¹³ mɤ⁴¹ cyɤ³⁴·lə ʃuɻ³⁴ pæ̃⁴¹⁻³² tʰiæ³¹³, i⁴¹·sɿ sɿ⁴¹, iaŋ⁴¹·sɿ tse³⁴ tʃy⁴¹·kə kuɻ⁴¹
弯儿 抹₂ 角儿 地说儿 半 天, 意思是, 样 是如果再 住 个个

·yɤ cʰi³¹³⁻³²·tʃʰiəŋ·lə, xæ̃⁵³ pu³⁴ cia³¹³⁻³²·cʰi, tʃiɤ³⁴pəi⁴¹·tə pʰəŋ³⁴·pʰa sɿ⁴¹ cia³¹³⁻³²
月 期 程 的,还₁不 家 去, 这₁辈 子怦 怕恐怕 是 家

·pu cʰy⁴¹·lə。
不去₂了。

iəui⁴¹ tʃɤ⁴¹·mu iəu³⁴ci³⁴tʰiæ̃³¹³, tʃiɤ³⁴·tʰi·æ³¹³ tsɔ³⁴⁻³²·cʰiɻ, cyyə³⁴³ sŋə⁴¹³ʃiən³¹³
又 住儿没₂有 幾天,   这₁天 早 起儿,举子 试着 身

·ʃiəŋ iəu³⁴ tiæ̃³⁴ ciəɻ⁴¹·lə, tʃiəŋ³¹³⁻³²·ʃiən tʰəu⁵³·iɤ³⁴ ciæ⁴¹⁻³² cʰiaŋ⁵³·lə, tʃiəu⁴¹
上 有儿 点₂儿劲儿了,精   神 头儿也 见   强₂ 了,就

xuɤ³⁴ʃio³⁴ʃy³¹³ tʰuŋɻ⁵³ i³⁴⁻⁴¹·təɻʃiaŋ⁴¹ue⁴¹⁻³⁴miæ̃⁴¹ləu³¹³⁻³⁴·ta ləu³¹³⁻³⁴·ta。tʃy³⁴pʰu³¹³
和₁小 书 童儿 一   堆儿上 外   面儿 蹓   达 蹓 达。主 仆

liaŋ³⁴⁻³²·kəɻ⁴¹ tsəuɻ³⁴ xɔ³⁴·i³⁴⁻³²tʃiənɻ⁴¹·ɻə, cyɻ³⁴³ iəu³⁴⁻⁵³tiæ̃³⁴ ləi⁴¹⁻³⁴·lə, tʃiəu⁴¹
两 个儿走儿 好一 阵   儿, 觉₁着 有   点₂儿累₂ 了, 就

tio⁴¹·xuəi tʰəuɻ⁵³·le, i³⁴⁻⁴¹pu⁴¹ i³⁴ nuɤ³¹³·uaŋ xuəi⁵³ tsəu³⁴。
掉 回 头儿来,一步一 挪儿 往 回 走。

tsəuən³⁴³ tsəu³⁴·tə,·mu ʃiənən⁵³⁻³⁴³·te ·kə ʃio³⁴tsʰa⁴¹ tɔɻ⁴¹·ʃiəŋ, tsəu³⁴
走着 走 着,没₂寻寻思着 逮在个小 岔 道儿上, 走

tsʰuɤ⁴¹ tɔɻ⁴¹·lə, pən³⁴·taŋ ke³¹³ tʃʰio⁵³⁻³⁴tsuɤ⁴¹kue³⁴ tʃiəu⁴¹ xuəiɻ⁵³tiæ⁴¹·lə,
错儿 道儿了,本 当₁该 朝   左₂拐 就 回儿店 了,

ciɤ³⁴⁻⁵³kuɤɻ³⁴·tʰə liaŋ³⁴⁻³²kəɻ⁴¹ tʃʰiɔɔ⁵³⁴ iəu⁴¹piæɻ³¹³ çia⁴¹⁻³⁴·cʰi·lə。
结₂ 果儿 他 两 个儿 朝着 右边儿 下 去了。

tʃiɤ³⁴⁻⁵³ i³⁴çia⁴¹⁻³⁴·cʰi, kʰuɤ³⁴ cio³⁴·tʰə tsɔɔ⁴¹³·lə。tsəu³⁴pu³⁴⁻³² tu³¹³⁻³⁴
这₁ 一 下 去,可 叫₁他找₂着了。走 不儿多

cy³¹³ yæ̃ɻ³⁴, tʃiəu⁴¹ tɔɻ⁴¹ u³⁴⁻³² luŋ⁵³ xuɣ⁵³·ie·lə, i³⁴⁻³² ləu⁵³ ta⁴¹⁻³⁴·xuɣ ie⁴¹, i³⁴⁻³² pʰiæ⁴¹
距 远儿，就 到儿五 龙 河 沿了，一 溜 大₂ 河沿，一 片
i³⁴⁻³² pʰiæ⁴¹·lə tʃiəŋ⁴¹ sʅ⁴¹ li³¹³⁻³⁴ yæ̃ɻ³¹³。
一 片 的 净 是 梨园。

ȵiɻɻ³⁴⁻⁵³ çiɻɻ³⁴ tʃiəŋ⁴¹⁻³⁴ kæ³⁴⁻³²·ʃiaȵɻ tsʰʅ⁵³⁻³⁴·li kʰue⁴¹ ʃy⁵³⁻³⁴·lə, lɔ³⁴⁻⁵³ yæ̃ɻ³⁴
捏₁那 歇儿 正 赶 上儿茌 梨 快 熟₂ 了，老 远儿
uaŋŋ³¹³³ ciəŋ³¹³⁻³² tsʰæ̃ tsʰæ̃⁴¹⁻³¹³·lə, ȵiɻɻ³⁴³ çiaŋ³¹³·ə, tʰə liaŋ³⁴⁻⁴¹ kəɻ⁴¹ lɔ³⁴·məɻ
望 着 金 灿 灿 的，捏₁那个 香₁啊，他 两 个儿 老么儿
yæ³⁴ tʃiəu⁴¹ uən³¹³⁻³²·çiæ̃·lə. cyyə³⁴³ uənən³¹³³ çiaŋ³¹³ uəiɻ⁴¹ tʃiəu⁴¹ cyɻɻ³⁴³ xuən⁵³
远 就 闻 见 了。举子 闻着 香₁味儿 就 觉₁着浑
ʃiən³¹³ ʃy³¹³⁻³¹·tʰæ̃, cyɻ³⁴⁻³² tiɻ³⁴·çi·iə iəuɻ³⁴ çiənɻ⁴¹·lə, pu³⁴ tsʅ³⁴⁻⁵³ cyɻ³⁴·lə·pa
身 舒 坦，脚 底儿下 也有儿 劲儿 了，不 自 觉₁地把
iɔ³¹³·i tʰiəŋ³⁴, tʃiɻɻ³⁴³ piəŋɻ⁴¹⁻³²·ɻə tʃiəu⁴¹ xuɣ³⁴ ȵiɻɻ³⁴³ i³⁴⁻⁴¹ çia³⁴⁻¹⁴ təɻ xɔɻ³⁴ lɔ³⁴
腰 一 挺₁，这₁个 病儿 就和₁ 捏₁那个 一 下 子儿好儿老
piiə⁵³⁻³⁴³·lə·iəŋ。
鼻子 了样。

liaŋ³⁴⁻³²·kəɻ⁴¹ tɔɻ⁴¹ li³¹³⁻³⁴ yæ³¹³ kən³¹³⁻³² tʃʰiæ̃⁵³, tʃiəu⁴¹ uaŋ³¹³·ciæ̃ɻ·i kʰuɣ³¹³
两 个儿到儿梨 园 跟 前，就 望 见儿一棵
lɔ³⁴ li³¹³⁻³²·ʃy, lɔ³⁴·məɻ tsʰu³¹³·ʃi, ȵiɻɻ³⁴³ ta⁵⁴¹ tsʰʅ⁵³⁻³⁴·li xuaŋ⁵³·ʃyənʃyən³¹³·
老梨 树，老么儿粗 细，捏₁那个大₂茌 梨黄 熏熏
lə, ly⁴¹ pu tsʰəŋ³¹³·lə, pa³¹³⁻³²·pa·la la³¹³·lə iəui³⁴·ʃiɻ ʃiɔ³⁴ xɣ³⁴⁻⁵³ tiæ̃ɻ³⁴·ɻə, pu³⁴
的，绿₂不 噌 的，疤 疤瘌瘌 的 有 些 小 黑 点₂儿，不
sʅ⁴¹ tsʅ³⁴·mu tʰe³⁴ ʃiəu⁴¹⁻³² kʰæ̃⁴¹, tʃiəu⁴¹ sʅ⁴¹ uənən³¹³³ pʰən⁴¹⁻³² çiaŋ³¹³ ʃi³¹³ tʰiæ̃⁵³,
是 子 么怎么太₁受 看₂，就 是 闻着 喷₂ 香₁ 栖 甜，
ciɔ⁴¹⁻³⁴ iənɻ³¹³ tʃi⁵³ tʰaŋ³⁴ tʃʰi⁵³⁻³² suəiɻ³⁴。cyyə³⁴³ ʃiən⁵³⁻³⁴ sʅ tə·te me³⁴⁻³²·tʰə
叫₂ 人儿 直 淌 漦 水₁儿。举子 寻 思着 待买 他
ciiə³⁴³ li³¹³ tʰiaŋ⁵³ tʰiaŋ, kʰuɣ⁵³ kuæ³⁴⁻⁵³ naɻ³⁴·iɻ kʰæ̃⁴¹ pu ciæ⁴¹·kə iənɻ³¹³·ɻə,
幾个梨 尝 尝，可 管 哪儿也看₂不见 个人 儿，

cyyə³⁴³ kʰæ̃æ̃⁴¹³ lɔ³⁴li³¹³⁻³²·ʃy, kæ̃³⁴ʃiən³¹³tʃi⁵³ fa³⁴ ta⁴¹ yæ̃³¹³，·tʰə tʃʰiɔɔ⁵³⁴ lɔ³⁴
举子　看₂着老梨　树，赶心儿　直发　大₂冤，　他朝着　老
li³¹³⁻³²·ʃy tsuɤʴ⁴¹·kə i³⁴，ʃɤ³⁴："lɔ³⁴ li³¹³⁻³²·ʃy·ə lɔ³⁴ li³¹³⁻³²·ʃy, nən³⁴·y ʃi⁴¹
梨　树作₂儿个揖，说："老梨　树啊老梨　树，恁 与世
u⁵³tsəŋ³¹³, nəŋ⁵³⁻³⁴·i tʃʰiaŋ⁵³⁻³²ʃiou⁴¹ tʃʰiæ³¹³⁻³⁴n̻iæ̃³¹³，kʰuɤ³⁴⁻³²·liæ æ̃³⁴ tʃʰiəŋ³¹³⁻³⁴
无　争，　能　已长₂　寿　千　年，可　怜俺青
tsʰuan³¹³n̻iæ̃³¹³ʃiɔ³⁴, tʃiəu⁴¹·te kʰɤ³⁴⁻⁵³ sʅ³⁴ tʰa³⁴ çiaŋ³¹³·lə。" cyyə³⁴³ i³⁴ ʃɤ³⁴⁻³²
春　年少，就　待客　死他乡　了。"举子　一说
uæ̃⁵³xua⁴¹, tʃiəu⁴¹ kʰæ⁴¹·ciæ̃ n̻iɤɤ³⁴³ lɔ³⁴li³¹³⁻³²·ʃy tiəŋ⁴¹⁻³²·xəuɤ tsəu³⁴⁻⁵³·tʃʰyʴ·kə
完儿话₂，就　看₂见捏₁那个老梨　树腔　後儿走　出儿个
pɤ⁵³⁻³²xuuə⁵³⁻³⁴³lɔ³⁴⁻³²tʰəuɤ⁵³·le。——·kə lɔ³⁴⁻³²tʰəuɤ⁵³ sʅ⁴¹·kə lɔ³⁴⁻³²ʃiən⁵³⁻³⁴·ʃyæ̃。
白　鬍子　老　头儿来。——个老　头儿是个老神　仙。
lɔ³⁴⁻³²tʰəuɤ⁵³ʃiou³⁴ cʰiəŋəŋ⁵³⁴·kə xuaŋ⁵³·təŋ təŋ³¹³·lə ta⁴¹tsʰʅ⁵³⁻³⁴·li, ʃiɔ⁴¹mi³⁴
老　头儿手儿擎着　个黄　澄澄　的大₂茬梨，笑眯
·mi·lə xuŋ³⁴cyyə³⁴³ ʃɤ³⁴："kuŋ³¹³⁻³²tsʅ³⁴n̻i³⁴pu³⁴·yŋ næ³¹³ʃiou⁴¹。n̻i³⁴ tʰiæ̃æ̃³¹³³
眯 地同举子　说："公　子你不用难₁受。你天着
tʰiæ̃³¹³⁻³⁴ fæ⁴¹xəuɤ⁴¹tʃʰi⁴¹·kə li³¹³, pu³⁴·yŋ iiə³⁴³ yɤ⁴¹ tʃiəu⁴¹xɔ³⁴⁻³²·lə。" ʃyɤɤ³⁴³
天儿　饭後儿吃　个梨，不　用一个月　就　好　了。"说着
tʃiəu⁴¹pa³⁴⁻³² ʃiəuɤ·lə li³¹³ cʰiʴ³⁴ cy³⁴·tə, cyyə³⁴³ tsʰe⁵³ tʃʰi³⁴⁻³²uæ̃⁵³ li³¹³, tʃiəu⁴¹
就　把　手儿的梨　给儿举子，举子　纔　吃　完儿梨，就
cyɤɤ³⁴³tʰən⁴¹·təɤ i³⁴⁻⁵³ tiæ̃ɤ³⁴·iɤ pu³⁴na³²·mu ti⁴¹·lə, u³⁴tsəŋ⁴¹ləu⁴¹fu³⁴təu³¹³
觉₁着吞₂　子儿一　点₂儿也不哪　么地了，五脏　六腑都
tʃʰiəŋ³¹³⁻³²tʃʰiəŋ³¹³⁻³⁴·liaŋ liaŋ³¹³·lə。
清　清儿　凉凉　的。
　　lɔ³⁴⁻³² tʰəuɤ⁵³ iəu⁴¹ na³¹³·tʃʰyɤ i³⁴⁻³² ta⁴¹⁻³²kʰuaŋ³¹³li³¹³·le, ʃɤ³⁴："kuŋ³¹³⁻³²
　　老　头儿又拿出儿一大₂筐　梨来，说："公
tsʅ³⁴ tsʰe⁵³ kɔ³¹³pa³⁴⁻⁵³təu³⁴, ta⁴¹ iəu³⁴ tʰiæ⁵³·tʃʰiəŋ, ne³⁴ sʅ⁴¹ kuɤ³⁴cia³¹³ tuŋ⁴¹
子才　高八　斗，大₂有前　程，乃是国家栋

liaŋ³¹³·tsʅ tsʰe⁵³, tʃʰiæ³¹³⁻³²uæ⁴¹ pe⁵³ tsʰuɤ⁴¹ kuɤɤ³¹³ sæ³¹³⁻³⁴n̠iæ³¹³ ta⁴¹ pi³⁴·tsʅ
梁 之 才，千 万 甭别 错 过₁儿 三 年 大₂比 之
cʰi³¹³！ suŋ⁴¹ kuŋ³¹³⁻³²tsʅ³⁴ le³¹³⁻³⁴·iaŋ tsʅ⁵³⁻³⁴·li i³⁴ kʰuaŋ³¹³, pu³⁴·yŋ tsəu³⁴·tɔ
期！ 送 公 子 莱 阳 茌 梨 一 筐， 不 用 走 到
ciəŋ³¹³⁻³²tʃʰiəŋ⁵³ tʃiəu⁴¹nəŋ⁵³ tsa³⁴·ku xɔɤ⁵³n̠i·lə piəŋ⁴¹." cyɤɤ³⁴³·i³⁴ tʰiəŋ³¹³
京 城 就 能 扎 咕 好儿你 的 病。" 举 子 一 听
kəuɤ³¹³ kuəi⁴¹⁻³⁴·çi·lə, cʰi³⁴ lɔ³⁴⁻³²tʰəuɤ⁵³ kʰa³⁴⁻³²tʰəu⁵³ kʰəu⁴¹ʃiɤ⁴¹ ciəu⁴¹miəŋ⁴¹
够₁儿赶快 跪 下 了， 给 老 头 儿 磕 头 叩 谢 救 命
·tsʅ ən³¹³。
之 恩。

·tʰə liaŋ³⁴⁻³²kəɤ⁴¹ ti⁴¹⁻³⁴ əɤ⁴¹ tʰiæ³¹³ tʃiəu⁴¹·cʰi kæ³⁴⁻⁵³kʰɔ³⁴·cʰi·lə。i³⁴⁻³²tɔɤ⁴¹
他 两 个儿第 二 天 就 去 赶 考 去 了。一 道儿
·ʃiəŋ cyɤɤ³⁴³tʃʰi³⁴⁻³²uæ̃⁵³ fæ⁴¹ tʃiəu⁴¹sʅ⁴¹ i³⁴⁻⁵³·kə ta⁴¹ tsʅ⁵³⁻³⁴·li, kuɤ³⁴⁻⁵³pu³⁴
上 举 子 吃 完儿饭 就 是 一 个 大₂茌 梨，果 不
cʰi³¹³iæ̃⁵³, kʰue⁴¹ tɔɤ⁴¹ ciəŋ³¹³⁻³²tʃʰiəŋ⁵³·lə sʅ⁵³⁻³⁴·xueiɤ, piəŋ⁴¹ tʃiəu⁴¹xɔ³⁴ li⁴¹·su
其 然， 快 到儿京 城 的 时 会₂儿，病 就 好 利 索
·lə。cyɤɤ³⁴³ tɔ⁴¹⁻³²·lə kʰɔ³⁴⁻³² tsuŋɤ⁴¹ tʰəu⁵³·miəŋ tsuaŋ⁴¹·yæ̃, iəu⁴¹taŋ³¹³⁻³²·ʃiəŋ
了。举 子 到 底 考 中₂儿头 名 状 元， 又 当₁上儿
fu⁴¹·ma。tuŋ⁴¹·faŋ xua³¹³⁻³²tsu³⁴·iɤ⁴¹, tsuaŋ⁴¹·yæ̃ na³¹³⁻³²tʃʰyɤ³⁴·kə li³¹³·le, cʰi³⁴
驸 马。洞 房 花 烛 夜， 状 元 拿 出儿 个 梨 来，给
kuŋ³¹³⁻³²tʃy³⁴tʃʰiaŋ⁵³·tʃʰiaŋ。kuŋ³¹³⁻³²tʃy³⁴ tʃʰiɤ⁴¹ i³⁴⁻³² xəu⁴¹, cyɤɤ³⁴³ le³¹³⁻³⁴·iaŋ
公 主 尝儿 尝。 公 主 吃儿以 後， 觉₁着 莱 阳
li³¹³pi³⁴⁻⁵³ ʃi³⁴·mu kuɤ³⁴⁻³²·muɤ təu³¹³ xɔ³⁴⁻⁵³tʃʰi³⁴, tʃiəu⁴¹tʰiɤ³¹³ ci³⁴⁻³²·kə xɔ³⁴⁻³²
梨比 什 么 果 木儿都 好 吃， 就 挑儿幾 个 好
·ʃiəɤ·lə çiæ⁴¹cʰiɤ³⁴ xuaŋ⁵³⁻³⁴·ti xuɤ³⁴ xuaŋ⁵³⁻³⁴·xəu。xuaŋ⁵³⁻³⁴·ti xuɤ³⁴ xuaŋ⁵³⁻³⁴
些 的 献 给儿皇 帝 和₁皇 后。 皇 帝 和₁皇
·xəu tʃʰiɤ³⁴ i³⁴⁻³² xəu⁴¹ təu³¹³ ʃɤ³⁴⁻³² xɔ³⁴。
后 吃儿以 後 都 说 好。

·fa n̪iɤɻ³⁴ i³⁴⁻³² xəu⁴¹, tsa⁵³ le³¹³⁻³⁴·iaŋ li³¹³ tɕiəu⁴¹ tɕʰiəŋɻ⁴¹ xuɑŋ⁵³⁻³⁴·ti ·lə
发 捏₁那 以 後， 咱 莱 阳 梨 就 成儿 皇 帝的

kuŋ⁴¹·pʰiən·lə。
贡 品 了。

参考文献

［1］安作璋.山东通史［M］.济南：山东人民出版社，1993/1994.

［2］陈章太，李行健.普通话基础方言基本词汇集［M］.北京：语文出版社，1996.

［3］范继淹.动词和趋向性后置成分的结构分析［J］.中国语文，1963（2）.

［4］宫钦第，栾瑞波.山东莱阳话的几种语音屈折形式［J］.中国语文，2010（2）.

［5］宫钦第.山东莱阳话的"四声别义"变调构词现象［J］.语言研究，2017（2）.

［6］宫钦第.山东莱阳话儿化标记的完成体与声调的互动［M］//张玉来.汉语史与汉藏语研究（第五辑）.北京：中国社会科学出版社，2019.

［7］姜岚.威海方言调查研究［M］.北京：中国文史出版社，2006.

［8］李申.徐州方言志［M］.北京：语文出版社，1985.

［9］刘丹青.语法调查研究手册［M］.上海：上海教育出版社，2008.

［10］刘君慧.扬雄方言研究［M］.成都：巴蜀书社，1992.

［11］鲁国尧.宋代辛弃疾等山东词人用韵考［J］.南京大学学报，1979（2）.

［12］陆俭明.说量度形容词［J］.语言教学与研究，1989（3）.

［13］罗福腾.牟平方言志［M］.北京：语文出版社，1992.

［14］吕叔湘.现代汉语八百词（增订本）［M］.北京：商务印书馆，1999.

［15］梅耶.历史语言学中的比较方法［M］//岑麟祥译.国外语言学论文选译.北京：语文出版社，1924/1992.

［16］梅祖麟.四声别义中的时间层次［J］.中国语文，1980（6）.

［17］孟琮，郑怀德，孟庆海，等.汉语动词用法词典［M］.北京：商务印书馆，1999.

［18］钱曾怡.胶东方音概况［J］.山东大学文科学报，1959（4）.

［19］钱曾怡.烟台方言报告［M］.济南：齐鲁书社，1982.

［20］钱曾怡，太田斋，陈洪蝗，等.莱州方言志［M］.济南：齐鲁书社，2005.

［21］钱曾怡.山东方言研究［M］.济南：齐鲁书社，2001.

［22］桥本万太郎.语言地理类型学［M］.余志鸿，译.北京：北京大学出版社，1985.

［23］石锓.汉语形容词重叠形式的历史发展［M］.北京：商务印书馆，2010.

［24］山东省莱阳市志编纂委员会.莱阳市志［M］.济南：齐鲁书社，2012.

［25］汪平.方言平议［M］.武汉：华中科技大学出版社，2003.

［26］汪启明.先秦两汉齐语研究［M］.成都：巴蜀书社，1998.

［27］王启龙.现代汉语形容词计量研究［M］.北京：北京语言大学出版社，2003.

［28］王淑霞.荣成方言志［M］.北京：语文出版社，1995.

［29］徐明轩，朴炯春.威海方言志［M］.首尔：学古房，1997.

［30］山东省地方史志编纂委员会.山东省志·方言志［M］.济南：山东人民出版社，1993.

［31］于克仁.平度方言志［M］.北京：语文出版社，1992.

［32］张树铮.蒲松龄《日用俗字》注［M］.济南：山东大学出版社，2015.

［33］张双庆.动词的体［M］.香港：香港中文大学中国文化研究所吴多泰中国语文研究中心，1996.

［34］赵日新，沈明，扈长举.即墨方言志［M］.北京：语文出版社，1991.

［35］周振鹤，游汝杰.方言与中国文化［M］.上海：上海人民出版社，1997.

［36］中国社会科学院语言研究所词典编辑室.现代汉语词典（第7版）［M］.北京：商务印书馆，2016.

［37］凤凰出版社编辑部.中国地方志集成 山东府县志辑53［M］.南京：凤凰出版社，2004.

［38］许慎.说文解字［M］.北京：中华书局，1963.

［39］扬雄.方言［M］∥周祖谟.方言校笺.北京：中华书局，1993.

［40］顾野王.宋本玉篇［M］.北京：北京市中国书店，1983.

［41］陈彭年等.广韵［M］∥余迺永校注.新校互注宋本广韵定稿本.上海：上海人民出版社，2008.

［42］丁度等.集韵［M］.上海：上海古籍出版社，1985.

［43］魏泰.东轩笔录［M］.北京：中华书局，1983.

［44］周德清.中原音韵［M］∥张玉来，耿军校.中原音韵校本.北京：中华书局，2013.

［45］潘耒.类音（四库全书存目丛书·经218）［M］.济南：齐鲁书社，1997.

［46］阮元校刻.十三经注疏［M］.北京：中华书局，1980.

［47］谷应泰.明史纪事本末［M］.北京：中华书局，1977.

图书在版编目(CIP)数据

莱阳方言调查研究 / 宫钦第，栾瑞波著. — 北京：商务印书馆，2022
ISBN 978-7-100-21277-9

Ⅰ. ①莱… Ⅱ. ①宫… ②栾… Ⅲ. ①北方方言－方言研究－莱阳 Ⅳ. ①H172.1

中国版本图书馆CIP数据核字(2022)第100841号

权利保留，侵权必究。

莱阳方言调查研究
宫钦第 栾瑞波 著

商 务 印 书 馆 出 版
（北京王府井大街36号 邮政编码100710）
商 务 印 书 馆 发 行
艺堂印刷（天津）有限公司印刷
ISBN 978-7-100-21277-9

| 2022年7月第1版 | 开本710×1000 1/16 |
| 2022年7月第1次印刷 | 印张 17¼ |

定价：88.00元